Verkehrsgeographie

Verkehrsstrukturen, Verkehrspolitik, Verkehrsplanung

Von Dr. oec. publ. Jörg Maier
Professor an der Universität Bayreuth

Dr. rer. nat. Heinz-Dieter Atzkern
Universität Bayreuth

Mit 44 Abbildungen und 30 Tabellen

B.G.Teubner Stuttgart 1992

Prof. Dr. oec. publ. Jörg Maier

Geboren 1940 in Ulm. Studium der Volkswirtschaftslehre und Wirtschaftsgeographie an der Universität München. Diplom-Volkswirt 1964, Promotion 1970, Habilitation 1975 (Geographie). 1975-1977 Privatdozent, Wissenschaftlicher Rat und Professor am Wirtschaftsgeographischen Institut der Universität München. 1977 o.Professor und Inhaber des Lehrstuhls Wirtschaftsgeographie und Regionalplanung der Universität Bayreuth.

Dr. rer. nat. Heinz-Dieter Atzkern

Geboren 1959 Bendorf/Rhein. Studium der Wirtschafsgeographie und Regionalplanung an der Universität Bayreuth. Diplom-Geograph 1988. Wissenschaftlicher Mitarbeiter der RRV-Forschungsstelle für Raumanalysen, Regionalpolitik und Verwaltungspraxis der Universität Bayreuth 1988-1992. Promotion 1992.

Die Deutsche Bibliothek - CIP-Einheitsaufnahme
Maier, Jörg:
Verkehrsgeographie : Verkehrsstrukturen, Verkehrspolitik, Verkehrsplanung / von Jörg Maier ; Heinz-Dieter Atzkern
Stuttgart : Teubner, 1992
  (Teubner Studienbücher : Geographie)
  ISBN 3-519-03428-X
NE: Atzkern, Heinz-Dieter:

Das Werk einschließlich aller seiner Teile ist urheberrechtlich geschützt. Jede Verwertung außerhalb der engen Grenzen des Urheberrechtsgesetzes ist ohne Zustimmung des Verlages unzulässig und strafbar. Das gilt besonders für Vervielfältigungen, Übersetzungen, Mikroverfilmungen und die Einspeicherung und Verarbeitung in elektronischen Systemen.

© B. G. Teubner Stuttgart 1992

Printed in Germany
Umschlaggestaltung: P.P.K,S-Konzepte, Tabea Koch, Ostfildern/Stuttgart

Gesamtherstellung: Präzis-Druck GmbH, Karlsruhe

Vorwort

Ein Lehrbuch zum Phänomen des Verkehrs in seiner räumlichen Bedeutung zu schreiben, bot für uns als Autoren die Entscheidung zwischen einer allgemeinen, strukturell- und verhaltensanalytisch bezogenen Darstellung und einer weit stärker verkehrspolitisch-gesellschaftliche Herausforderungen aufgreifenden Orientierung. Ursprünglich war das vorliegende Lehrbuch als klassische Verkehrsgeographie konzipiert. Die neueren Entwicklungen, insbesondere im politischen Bereich, und deren Auswirkungen auch auf die Inhalte der Disziplin Geographie haben uns dazu bewogen, die Konzeption der Verkehrsgeographie an die neuen Gegebenheiten anzupassen.

Im Hinblick darauf, daß die fortschreitende Ökonomisierung und Technisierung unserer Welt immer häufiger auf kognitive, ökologische und soziale Grenzen stößt, und viele Projekte, gerade im Verkehrsbereich, ohne ausreichende wissenschaftliche Basis „waghalsig vorangetrieben werden"[1], wird es nun zur zentralen Aufgabe, den „Fortbestand des Lebens in allen seinen vielfältigen Formen" zu sichern. Durch die jüngsten politischen Ereignisse des Scheiterns des sozialistischen Staatsgedankens in Osteuropa und der Öffnung der Grenzen nach Westen wird weltweit der bislang bestehende Gegensatz von Sozialismus und Kapitalismus von der Dichotomie von Ökonomie und Ökologie abgelöst. Die Frage, wie wir mit unseren Ressourcen umgehen, ist ebenso wie unsere räumliche Organisation und unser räumliches Verhalten ein zentraler geographischer Forschungsgegenstand. Damit tritt auch hier die Frage nach den Umweltauswirkungen unseres räumlichen Handels in den Mittelpunkt des wissenschaftlichen Interesses.

Lösungsansätze zur Problematik des Verkehrs in unserer Umwelt liegen insbesondere für den großstädtischen Bereich vor, in dem die Probleme sowohl Planern als auch Politikern über den Kopf zu wachsen drohen. Ein Beispiel hierfür ist das von BMW und der TU München entwickelte Konzept des „kooperativen Verkehrsmanagements" für die Stadt München. Dabei soll versucht werden, mit High-Tech-Instrumenten das städtische Verkehrsnachfrage- und -angebotsverhalten durch organisatorisch-betriebliche Maßnahmen und die Verknüpfung von individuellem und öffentlichem Verkehr direkt zu beeinflussen.[2] Ob die Verkehrsprobleme einer Großstadt allerdings durch eine mit High-Tech-Mitteln organisierte Mangelverwaltung der Verkehrswege, -mittel und des Parkraumes tatsächlich gelöst werden können, muß erst noch die Auswertung der Erprobungsphase zeigen. Vieles deutet jedoch darauf hin, daß auch in diesem Fall, trotz positiver Elemente, die Grenzen einer ökonomisch-technischen Feuerwehrplanung im o. a. Sinne erreicht sind und nur noch Verkehrsvermeidungskonzepte wirksame Erfolge zeitigen können.

---

1) vgl. Boesch, M., Innenwelt/Außenwelt – Die Entwicklung der Geographie als Spiegel ihrer Umwelt, in: Geographica Helvetica, H. Nr. 1, 1992, S. 41–47.
2) vgl. Vereinigung der Stadt-, Regional- und Landesplaner e.V./Münchner Forum, Tagungsunterlagen zum Fachgespräch: kooperatives Verkehrsmanagement – High-Tech-Träume oder echte Chance für den Stadtverkehr? München am 31.1.1992

Um diesen neuen Entwicklungen Rechnung zu tragen, versucht das Lehrbuch verschiedene Aspekte des Verkehrsbereichs unter Beachtung der beschriebenen Problemlagen darzustellen und zu analysieren. Obwohl dabei einzelne Aspekte des komplexen Verkehrsbereichs, wie z. B. der Verkehr in Entwicklungsländern oder die Hochseeschiffahrt, ohne Zweifel problemreiche und wichtige Teile der so verstandenen Verkehrsgeographie, weitgehend ausgespart bleiben, vertreten wir die Auffassung, daß sowohl die Gesamtproblematik als auch die Vielzahl der Einzelaspekte in der von uns gewählten Vorgehensweise deutlich werden.

Bayreuth 1992   Jörg Maier und Heinz-Dieter Atzkern

Inhalt

1 **Einführung**
1.1 Inhalte und Aufgaben der Verkehrsgeographie 13
1.2 Entwicklung der Verkehrsgeographie 14
    1.2.1 Die älteren wissenschaftshistorischen Phasen 14
    1.2.2 Neuere Ansätze wissenschaftlichen Arbeitens in den 70er und 80er Jahren 18

2 **Regional- und gruppenspezifische Differenzierung verkehrsräumlicher Aktivitäten im zeitlichen Wandel**
2.1 Verkehrsbedürfnisse und Verkehrsstrukturen 23
2.2 Gruppenspezifische Differenzierung verkehrsräumlicher Aktivitäten 27
    2.2.1 Der berufsorientierte Bereich 27
    2.2.2 Der versorgungsorientierte Bereich 32
    2.2.3 Der bildungsorientierte Bereich 34
    2.2.4 Der freizeitorientierte Bereich 37

3 **Die Untersuchungsansätze im Güterverkehr**
3.1 Verkehrsstrukturen im Güterverkehr 39
3.2 Der Container-Verkehr 41

4 **Kommunikation und Information**
4.1 Einbindung in das Konzept verkehrsräumlicher Aktivitäten 52
4.2 Informationstheorie und Massenkommunikation als Teil verkehrsräumlicher Forschung 52
4.3 Regionale Differenzierung von Kommunikationsstrukturen ... 58
4.4 Die räumlichen Auswirkungen der neuen Kommunikationstechnologien 64
    4.4.1 Allgemeine Zusammenhänge 64
    4.4.2 Auswirkungen auf die Standortwahl 66
    4.4.3 Flächenbeanspruchung und Auswirkungen im Verkehrsbereich 67
    4.4.4 Auswirkungen auf Stadtentwicklung und Siedlungsstruktur... 68
    4.4.5 Dekonzentrations- bzw. Konzentrationsthese 68
    4.4.6 Zentralisierungs- bzw. Dezentralisierungsthese 69
    4.4.7 Hierarchisierungs- und Polarisierungs- bzw. Nivellierungsthese 69
    4.4.8 These von den eingeschränkten Innovationswirkungen ... 69

8   Inhalt

5 Räumliche Aspekte des Verkehrsangebots
5.1   Das Problem der Verkehrsinfrastruktur 72
5.2   Analyse und Bewertung der Großinfrastruktur im Verkehrsbereich ... 76
    5.2.1   Binnenschiffahrtsstraßen und Binnenhäfen:
           Der Rhein-Main-Donau-Kanal oder neuerdings
           Main-Donau-Kanal 77
    5.2.2   Raumwirksamkeit von Flugplätzen 88
    5.2.3   Autobahnen und Fernstraßen 101

6 Der Einfluß des Staates auf regionale Verkehrsstrukturen
6.1   Verkehrspolitik im Spannungsfeld zwischen ordnungs- und
      strukturpolitischer Zielsetzung 107
    6.1.1   Konflikthaftigkeit des Verkehrssektors und Notwendigkeit
           zur Steuerung 107
    6.1.2   Wahl der Steuerungsinstrumente als Grundsatzproblem 108
    6.1.3   Ordnungs- und Strukturpolitik als Steuerungsmöglichkeiten
           der Verkehrspolitik 109
6.2   Programmatische und rechtliche Grundlagen der Verkehrspolitik
      und -planung 115
    6.2.1   Staatliche Ebenen der Verkehrspolitik und -planung 115
    6.2.2   Verkehrspolitik als Fach- oder Sektoralpolitik 115
    6.2.3   Verkehrspolitik im Rahmen der Raumordnung und
           Landesplanung 121
6.3   Die räumliche Wirkung der Mineralölsteuer als Beispiel für
      staatliche Lenkungsmöglichkeiten 124
    6.3.1   Aufgaben und Funktion von Steuern in der
           Bundesrepublik Deutschland 124
    6.3.2   Steuersystematik in der Bundesrepublik Deutschland und
           die Stellung der Mineralölsteuer 125
    6.3.3   Raumwirksamkeit der Mineralölsteuer 126
    6.3.4   Möglichkeiten und Grenzen einer regionalen Staffelung
           der Mineralölsteuer 129

7 Verkehrsprognosen und Verkehrspolitik als notwendige Bestandteile einer verkehrsgeographischen Analyse
7.1   Sinn und Zweck von Prognosen im Verkehrsbereich 131
7.2   Anwendung und Funktion von Verkehrsprognosen 132
    7.2.1   Prognosearten 132
    7.2.2   Prognoseverfahren 133
    7.2.3   Verkehrsprognosen 134
7.3   Ergebnisse und Erfahrungen bisheriger Verkehrsprognosen 136
    7.3.1   Verkehrsprognosen im Generalverkehrsplan Bayreuth 136

Inhalt 9

7.3.2	Verkehrsprognose des DIW	137
7.3.3	Die Luftverkehrsprognose der DFVLR	140
7.3.4	Verkehrsszenario mittleren Horizonts für den Raum Wunsiedel	141

8 Verkehrsstrukturen und Verkehrspolitik im Verdichtungsraum
8.1 Entwicklung und Leitbilder der städtischen Verkehrsplanung im Spiegel der Generalverkehrspläne 143
    8.1.1 Entwicklung der Stadtverkehrsplanung nach dem Zweiten Weltkrieg 143
    8.1.2 Leitbilder zur Förderung des motorisierten Individualverkehrs 144
    8.1.3 Leitbilder einer restriktiven Verkehrsplanung für den motorisierten Individualverkehr 146
    8.1.4 Ausblick: Leitbild netzstrukturell gleichberechtigter Verkehrsarten 147
8.2 Verkehrsanalysen und angewandte Stadtgeographie 148
    8.2.1 Das Konzept der Verkehrsberuhigung 148
    8.2.2 Die Idee der Fußgängerzonen 157
    8.2.3 Radwegplanung in Verdichtungsräumen 161
    8.2.4 Parkraum-Management und Parkraum-Marketing in Verdichtungsräumen 166
    8.2.5 Entwicklung und alternative Möglichkeiten des innerstädtischen öffentlichen Verkehrs 170

9 Verkehrsstrukturen und Verkehrspolitik im ländlichen Raum
9.1 Verkehrspolitik für den ländlichen Raum und ländliche Verkehrsstrukturen 174
    9.1.1 Verkehrspolitik als Teil der Regionalpolitik 174
    9.1.2 Hintergründe und Entwicklung des Verkehrs im ländlichen Raum 175
    9.1.3 Zusammenhang zwischen Siedlungsstruktur und Verkehrsbedienung in der Fläche 177
    9.1.4 Verkehrsverhalten und Erreichbarkeitsverhältnisse 179
    9.1.5 Leitbilder und neue Instrumente der Verkehrspolitik 181
9.2 Situation des öffentlcihen Verkehrs im ländlichen Raum 185
    9.2.1 Rahmenbedingungen des ÖPNV in der Fläche 185
    9.2.2 Ziele und Programme des Bundes und der Länder 189
    9.2.3 Bestand und Planung 190
9.3 Schienenpersonenverkehr in der Fläche 193
    9.3.1 Fernerreichbarkeit im Schienenverkehr 194
    9.3.2 Regionale Verkehrsbedienung der Deutschen Bundesbahn 195

10 Inhalt

9.3.3 Angebotsstrategien der DB und die Folgen.................... 196
9.3.4 Das Schweizer Konzept „Bahn 2000".............................. 197
9.4 Alternative Konzepte zur flächenhaften Verkehrserschließung......... 200
9.4.1 Kooperationsformen im öffentlichen Verkehr.................... 202
9.4.2 Differenzierung des öffentlichen Personennahverkehrs in der Fläche... 206
9.4.3 Fazit: Mehr Flexibilität = Mehr ÖPNV in der Fläche............ 210

10 Verkehrsaktivitäten, Energie und Umwelt
10.1 Umweltbelastungen durch den Verkehr................................ 212
  10.1.1 Lärmbelastungen... 213
  10.1.2 Luftbelastungen... 216
  10.1.3 Boden- und Wasserbelastungen................................ 217
  10.1.4 Landschaftsbelastungen...................................... 218
  10.1.5 Sekundäreffekte und soziale Folgen.......................... 219
10.2 Energie und Verkehr.. 219
10.3 Maßnahmen zur Vermeidung von Umweltbelastungen..................... 221
  10.3.1 Technische Maßnahmen.. 221
  10.3.2 Verhaltensändernde Maßnahmen................................ 224
10.4 Fazit: Verkehr und Umwelt – unvermeidlicher Gegensatz?............. 225

11 Der Stellenwert der Verkehrsgeographie in Wissenschaft und Praxis
11.1 Beiträge der Verkehrsgeographie zur Verkehrstheorie................ 226
11.2 Positionsbestimmung der Verkehrsgeographie......................... 231

Literaturverzeichnis... 234
Stichwortverzeichnis... 252

Verzeichnis der Abbildungen

1 Reisezwecke im Personenverkehr S. 18
2 Schema des humangeograpischen Paradigmas S. 20
3 Handlungssituationen nach BUTZIN S. 20
4 Anteil des Geschäfts- und Dienstreiseverkehrs am Personenverkehr insgesamt 1976–1982 S. 32
5 Verkehrsmittelwahl der Studenten beim Weg zur Hochschule nach Hochschulstädten 1982 S. 36
6 Containerverkehr der Bundesbahn und der bundesdeutschen Seehäfen Entwicklung 1973–1984 S. 42
7 Containerfahrgebiete West- und Südafrika S. 44
8 Containerbahnhöfe im Bereich der Deutschen Bundesbahn S. 46
9 Containerzüge von deutschen Seehäfen S. 47
10 Containerzüge nach deutschen Seehäfen S. 48
11 Häufigkeit sozialer Kontakte in Abhängigkeit von der Distanz S. 55
12 Konzentration der Telefonhauptanschlüsse im Hohenlohekreis 1955–1986 S. 57
13 Konzentration der Telex-, Telefax- und Btx-Anschlüsse im Hohenlohekreis 1986/1987 S. 57
14 Entwicklung der Kommunikationsdienste S. 59
15 Teletex-Nutzer in der Bundesrepublik Deutschland je 10 000 Einwohner nach Landkreisen 1984 S. 62
16 Telefax-Nutzer in der Bundesrepublik Deutschland je 10 000 Einwohner nach Landkreisen 1984 S. 63
17 An neuen IuK-Techniken orientierte Regionalpolitik S. 71
18 Systematisierung der regionalen Effekte von Verkehrsinfrastrukturmaßnahmen S. 75
19 Güterverkehr 1984 auf dem Hauptnetz der Wasserstraßen in der Bundesrepublik Deutschland und Berlin (West) S. 83
20 Einzugsbereich des Bamberger Hafens S. 86
21 Flächennutzung des Staatshafens Nürnberg S. 87
22 Flughäfen und Landeplätze für den zivilen Motorflugverkehr in der Bundesrepublik Deutschland (ohne Hubschrauberlandeplätze) S. 90
23 Entwicklung der Fluggastzahlen im Luftverkehr der Bundesrepublik Deutschland 1975–1987 S. 91
24 Abgrenzung der Flughafenregionen in der Bundesrepublik Deutschland S. 94
25 Straßenübersichtskarte Oberfranken S. 106
26 Beziehungen zwischen der Kraftstoffverbrauchsquote und der Wirtschaftskraft in den bayerischen Planungsregionen im Jahre 1972 S. 128
27 Arbeitsschritte der Luftverkehrsprognose S. 141
28 Rückbau von Straßenflächen (a: vor dem Rückbau, b: nach dem Rückbau) S. 150

12 Verzeichnis der Abbildungen

29 Fahrbahneinengung und -begründung am Beispiel Turmstraße in Berlin-Moabit S. 29
30 Planungsfall „Kreuzungsaufpflasterung"
Die getroffenen Maßnahmen zur Verkehrsberuhigung lassen den vorhandenen Straßen- und Gehwegebau unberührt. In den Kreuzungspunkten wird die Fahrbahn durch das Aufbringen von Verbundsteinpflaster in Mörtelbett auf Gehwegeniveau angehoben. Die notwendigen Anpassungen werden in bituminöser Bauweise erstellt. Zwischen diesen Aufpflasterungen werden wechselseitig Stellplatzgruppen markiert, deren Anfangs- und Endpunkte durch baulich ausgebildete Versatzköpfe gesichert werden. In diesen Versatzköpfen werden großkronige Bäume gepflanzt. S. 153
31 Aufpflasterung und Einbau von Grünflächen   S. 154
32 Ausgangssituation im Modellgebiet Buxtehude   S. 156
33 Endumbau im Modellgebiet Buxtehude   S. 157
34 Sperrung einer Straßenkreuzung für den Durchgangsverkehr (Kfz), dargestellt als Rechtsverkehr   S. 162
35 Graphische Darstellung des Schnellzug- und Regionalnetzes von „Bahn 2000" S. 199
36 Illustration des Spinnenkonzeptes im Taktfahrplan   S. 200
37 Die Einordnung von Paratransit   S. 201
38 Verkehrsverbünde und großräumige Verkehrsgemeinschaften 1987   S. 203
39 Organisationsstruktur des Zwei-Ebenen-Modells   S. 204
40 Organisationsstruktur des Drei-Ebenen-Modells   S. 205
41 Die Elemente differenzierter Bedienung   S. 206
42 Endenergieverbrauch des Verkehrs   S. 221
43 Modelle der Raumerschließung
Legende: a) Minimierung des Streckennetzes, Maximierung der Summe der Entfernungen zwischen allen Eckpunkten (zugleich Sonderfall der kommerziellen Trasse LAUNHARDTS) (entspricht der Ypsilon-Lösung bei drei Eckpunkten). – b) Die sog. Route der Handlungsreisenden (FLOOD, M.W., The travelling salesman problem, in: Journal of the Operations Research Society of America 4, 1956). – c) Minimierung der Entfernungen zwischen allen Eckpunkten, Maximierung des Streckennetzes (entspricht der Delta-Lösung bei drei Eckpunkten). S. 228
44 „Königsberger Problem"   S. 229

1 Einführung

1.1 Inhalte und Aufgaben der Verkehrsgeographie

Die folgenden Darstellungen legen den Schwerpunkt auf den Versuch, für den Bereich der Verkehrsgeographie herauszuarbeiten, daß ein wesentlicher Teil geographischer Forschungs- und Lehraktivität in der Anwendung für Fragen der Gesellschaftspolitik liegt. Es handelt sich dabei nicht um eine wissenschaftshistorische noch um eine klassisch-funktional ausgerichtete Verkehrsgeographie. Verkehrsgeographie wird vielmehr nachfolgend als Teildisziplin der *angewandten Regionalforschung* verstanden. Die angewandte Regionalforschung ist als Forschungsrichtung innerhalb der Raumwissenschaften durch ihren interdisziplinären Charakter und ihre Orientierung an den Bedürfnissen der raumplanerischen Praxis gekennzeichnet. Dabei ist sie sowohl auf die Politik- und Verwaltungsberatung als auch auf die Beratung der Wirtschaft ausgerichtet. Sie analysiert unter Beteiligung verschiedener Wissenschaftsdisziplinen, wie z. B. der Geographie, der Ökologie, der Ökonomie, der Soziologie und der Rechtswissenschaft, die Raumstrukturen bestimmter Regionen in ihren fachspezifischen Ausprägungen (LESER u. a. 1984, S. 135).

Das Ziel der angewandten Regionalforschung ist letztlich die theoretische Erklärung des Zustandekommens unterschiedlicher räumlicher Strukturmuster sowie die Gewinnung von Einsichten über Entwicklungs- bzw. Gestaltungsmöglichkeiten von Teilräumen. Sie versucht Gesetzmäßigkeiten der bisherigen Entwicklungen im Raum zu erfassen (Theorien räumlicher Ordnung bzw. Gestaltung), die Bestimmungsgründe der weiteren Entwicklung zu ermitteln (Prognose und Szenarien) und die regionalen Wirkungen von Maßnahmen, seien sie bewußt auf bestimmte Entwicklungen gerichtet oder auch unbeabsichtigt, zu erklären (Wirkungsanalysen). Sie kann damit als planungsvorbereitende, planungsbegleitende und planungskontrollierende Forschung verstanden werden. Dies gilt, unter der Beachtung der entsprechenden Entwicklungslinien (vgl. Abschnitt 1.2) auch für den Teilbereich der Verkehrsgeographie.

Die speziellen *Aufgaben der Verkehrsgeographie* liegen demzufolge u. a. in der Analyse der regional- und gruppenspezifisch differenzierten verkehrsräumlichen Aktivitäten, mit dem Ziel, die Ergebnisse in Form von Theorien verkehrsräumlicher Ordnung oder Gestaltung, Verkehrsprognosen sowie von Wirkungsanalysen für die Verkehrsplanung und -politik nutzbar zu machen, wobei die verschiedenen Nachbardisziplinen (u. a. Ökonomie, Soziologie, Ökologie, Rechtswissenschaft und Technik) starke Berücksichtigung finden. In diesem Sinne orientiert sich auch die Verkehrsgeographie an den allgemeinen Zielvorstellungen und Vorgaben, die sich aus den jeweiligen Planungsphilosophien, -ideologien und Leitbildern einer räumlichen Ordnung für den Verkehrsbereich ableiten lassen und wie sie etwa im Raumordnungsgesetz und den „Programmatischen Schwerpunkten der Raumordnung" (BUNDESMINISTER FÜR RAUMORDNUNG, BAUWESEN UND STÄDTEBAU 1984) für die

Bundesrepublik Deutschland festgelegt wurden. So betrifft dies z. B. die Forderung, in der Planung von Verkehrsinfrastrukturen auf eine flächensparende und landschaftsschonende Trassenführung zu achten oder das Straßennetz so auszubauen, daß Städte und Dörfer mit einem hohen Anteil an Durchgangsverkehr entlastet werden (BUNDESMINISTER FÜR RAUMORDNUNG, BAUWESEN UND STÄDTEBAU 1984, S. 10/11).

Ausgehend von den genannten Aufgaben und Zielen einer Verkehrsgeographie ergeben sich eine Vielzahl von möglichen Inhalten. Neben der Darstellung und Analyse der Verkehrsstrukturen im Personen-, Güter- und Nachrichtenverkehr gehören die Berücksichtigung des staatlichen Einflusses auf das Verkehrsangebot, die Einbeziehung der Regionalstrukturen in die Analyse des Verkehrsgeschehens und nicht zuletzt die Auswirkungen des Verkehrs auf die Umwelt zu den aktuellen Inhalten der Verkehrsgeographie. Im Mittelpunkt dieses Buches steht demzufolge die Betrachtung des Verkehrs in seiner Bedeutung für den Menschen und die Umwelt.

Neben einer globalen Darstellung von Verkehrsstrukturen im Personen- und Gütertransport werden verstärkt besondere Aspekte der verkehrsgeographischen Forschung dargestellt. Hierzu gehören insbesondere die räumlichen Auswirkungen von Kommunikations- und Informationstechniken, die räumliche Bedeutung des Verkehrsangebots sowie die direkten oder indirekten Einwirkungen staatlicher oder halbstaatlicher Institutionen auf die regionalen Verkehrsstrukturen und -prozesse. Zudem wird auf die Verkehrsprognosen und deren Einfluß auf die Verkehrsträger und die Zusammenhänge zwischen dem Verkehr auf der einen Seite und dem Energie- und Umweltbereich auf der anderen Seite sowie auf die spezifischen Problemlagen des Verkehrs in Verdichtungsräumen und in ländlichen Räumen eingegangen.

Zur Verdeutlichung werden zu den einzelnen Themenbereichen jeweils konkrete Beispiele aufgezeigt, die diesen Themenkomplex exemplarisch in seiner Bedeutung analysieren.

Die Darstellung ist damit durch eine Schwerpunktsetzung auf angewandte Fragen gekennzeichnet. Damit werden manche Verkehrsstrukturen, so in Entwicklungsländern ebenso nicht diskutiert wie auch verschiedene räumliche Wirkungsfelder, so die Verbindung zwischen Verkehrs- und Stadtgeographie in Gestalt der Hafenstädte, oder auch verschiedene Verkehrsträger, so die Seeschiffahrt. Aufgrund der in den letzten zehn Jahren als Kennzeichen der Entwicklung der Verkehrsgeographie angesehenen Hinwendung zu Fragen der Verkehrspolitik erschien diese Schwerpunktsetzung vertretbar.

1.2 Entwicklung der Verkehrsgeographie

1.2.1 Die älteren wissenschaftshistorischen Phasen

Die historische Entwicklung der Verkehrsgeographie erscheint als ein gutes Beispiel für den Einfluß gesellschaftlichen Wandels auf eine sozialwissenschaftliche Disziplin. Besonders deutlich spiegelt sich dies in der Wahl der Untersuchungsobjekte und der Art der Betrachtung des Zusammenhangs mit dem jeweiligen Stand und Charakter der industriegesellschaftlichen Phase wider.

Eine wissenschaftstheoretische Kritik der verschiedenen verkehrsgeographischen Ansätze kann daher nicht aus unserer heutigen gesellschaftlichen Situation allein erfolgen, sondern muß die spezifischen Ausgangspositionen mit berücksichtigen.

In zahlreichen Beiträgen wird als einer der *ersten Ansatzpunkte* für die Loslösung der Verkehrsgeographie aus der Handelsgeographie in Richtung einer Verselbständigung die Untersuchung von JOHANN GEORG KOHL (1841) über den Verkehr und die Ansiedlung der Menschen in ihrer Abhängigkeit von der Gestaltung der Erdoberfläche aus dem Jahre 1841 genannt.

Wie bereits in der Formulierung des Themas zum Ausdruck kommt, stehen in dieser Studie anthropogeographische Kräfte ebenso im Vordergrund wie die Einbeziehung physisch-geographischer Kräfte in einer stark deterministisch beeinflußten Art und Weise. Der Anlaß für diese grundlegende Studie lag in der durch die Entwicklung des Verkehrsmittels Eisenbahn initiierten räumlichen Veränderung und nicht zuletzt in der sich verstärkenden Differenzierung aktivitätsräumlicher Tätigkeiten. Die zunehmende Trennung von Wohn- und Arbeitsplatz, von Wohn- und Einkaufsort und das wachsende Verkehrsbedürfnis sind als Antriebskräfte für die Untersuchung anzusehen. Trotz der in der Zwischenzeit häufig durch spezielle Untersuchungsmethoden in andere Zielrichtungen orientierten verkehrsgeographischen Ansätze kommt schon in den grundsätzlichen Antriebsfaktoren der KOHLschen Studie die auch später noch dominierende Fragestellung zum Ausdruck. Während allerdings KOHL daraus als Konsequenz eine stärkere Hinwendung zur Siedlungsgeographie sieht, enthält die spätere Betrachtungsweise mit dem Menschen im Mittelpunkt zwangsläufig eine zuerst funktionale und dann sozialgeographische, später auch eine konflikt- und schließlich handlungsorientierte Ausrichtung.

Im Laufe der weiteren Entwicklung der Verkehrstechnik und Verkehrsmittel während der zweiten Hälfte des letzten Jahrhunderts verlagerte sich ein Teil der verkehrsgeographischen Untersuchungen auf die *Analyse distanzieller Fragestellungen*, mit entsprechenden Isochronen-Darstellungen, verbunden im Extrem dann mit einer reinen Entfernungswissenschaft (Kritik Hettners). Neben dem für das erste Drittel dieses Jahrhunderts grundlegenden Werk von HETTNER (1897, S. 624–634 und S. 699–704) über den gegenwärtigen Stand der Verkehrsgeographie bildet sich, bedingt durch die wachsende ökonomische Bedeutung des Teilsektors Verkehr, auch eine Reihe ökonomischer und statistischer Ansätze (SAX 1918–1922; BOYSEN 1890) heraus.

Eine dritte Gruppe wissenschaftlicher Untersuchungen befaßt sich mit einer Reihe von *Spezialthemen*, die man – etwas pauschalierend – als „Paß- und Brückengeographien" bezeichnen kann (vgl. u. a. v. RICHTHOFEN 1877 und 1833 sowie HETTNER 1897). Vor allem das damals besonders interessante Verkehrsmittel Eisenbahn zog eine größere Zahl von Sonderbearbeitungen nach sich (HAUSHOFER 1875; WEBER 1882). Die Erwähnung dieser Teilaspekte in der Zielorientierung der Forschungsansätze geschieht dabei nicht wegen ihres „Spezialcharakters", sondern um die Basiselemente verkehrsgeographischer Denkkategorien vorzustellen, die nicht nur bis zum Zweiten Weltkrieg zahlreiche Arbeiten geprägt haben. Insbesondere die Arbeiten HETTNERS hatten durch ihre weitere Hinwendung zu possibilistischer Betrachtung Anregungen für die späteren verkehrsgeographischen Arbeiten geschaffen. Allerdings muß dabei betont werden, daß HETTNER in der Verkehrsgeographie im wesentlichen eine „Verbreitungslehre der Verkehrsverhältnisse über die Erde und in ihrer Differenzierung in verschiedenen Erdräumen" (HETTNER 1897, S. 626) sah, ein Betrachtungskonzept also, das rein choristisch aufgebaut war.

Wie weit jedoch andererseits, trotz aller Kritik aus unserer heutigen Sicht, HETTNER seinen Nachfolgern voraus war, zeigt u. a. seine Forderung nach Abgrenzung und Bildung von Verkehrsgebieten, die erst nach fast 30 Jahren von SCHEU (1924) wieder aufgegriffen und empirisch untersucht wurde. Zu dem von HETTNER vorgelegten Konzept der „Verkehrsgeographie" trat als zweite, die ersten Jahrzehnte dieses Jahrhunderts mitbestimmende Forderung von OTTO SCHLÜTER (1906, später noch detaillierter: SCHLÜTER 1930) nach einer morphogenetischen Betrachtungsweise. Er griff die Idee einer Abhängigkeit des Verkehrs von der Bodengestalt erneut auf und sah die Entwicklung der Verkehrswege und -mittel analysierbar aus der Verbindung technischer, kulturgeschichtlicher und geographischer Fragestellungen (SCHLÜTER 1930, S. 304).

Die enge Bindung der Verkehrsgeographie an die Entwicklung der Verkehrsmittel in dieser Phase nun des Kraftwagens zeigt sich erneut und setzt sich – in den 30er Jahren – in Gestalt der Luftfahrtgeographie fort. Die Faszination, die von neuen Verkehrstechniken und Verkehrsmitteln ausgeht, kann geradezu als Bindeglied der Verkehrsgeographen in diesem ersten Drittel unseres Jahrhunderts angesehen werden. Während jedoch SCHLÜTER sein Augenmerk auf eine regionale Verbreitungslehre von Verkehrswegen und -mitteln unter morphogenetischen Aspekten richtete, lag der Schwerpunkt der HASSERT'schen Untersuchungen (1931^2), dem zweiten Vorbild verkehrsgeographischer Studien dieser Zeit, mehr auf der distanziellen Analyse, mit einer gewissen Fortsetzung funktionaler Gedanken. Allerdings schränkt HASSERT seinen Ansatz insoweit ein, als er den Verkehr nur in enger Beziehung zur Wirtschaft und nicht auf die gesamtgesellschaftliche Situation bezogen sieht („Verkehr ist nichts anderes als in Bewegung gesetzte Wirtschaft" (1931^2, S. 4)).

In der Folgezeit wurden diese Ideen, ebenso wie die Gedanken von SCHLÜTER, in einer Vielzahl von verkehrsgeographischen Studien, vornehmlich über die Eisenbahn oder ausgewählte Verkehrswege, umgesetzt. Zu den wenigen, die im Sinne possibilistischer Betrachtung eines VIDAL DE LA BLACHE ihre Studien schwergewichtig auf den Menschen und sein Verkehrsverhalten anlegten, kann u. a. SAPPER gerechnet werden (1930^2).

Die überaus dynamisch wachsende Entwicklung des Verkehrs nach dem Zweiten Weltkrieg, die unterschiedliche Einstellung zur gesamtgesellschaftlichen Situation und die variierende wissenschaftstheoretische Position innerhalb der Geographie haben auch in der Verkehrsgeographie zu überaus heterogenen Ansätzen wissenschaftlicher Betrachtungen geführt. Die unterschiedlichsten Inhalte und Methoden

1.2 Entwicklung der Verkehrsgeographie

haben sich bis heute erhalten; deterministische und morphogenetische, statistische und funktionale Studien des Verkehrs stehen nebeneinander.

Trotz des heterogenen Angebots wissenschaftlicher Analysen zeigte sich in den 50er und 60er Jahren eine immer stärker werdende Zuwendung zur *funktionalen Betrachtungsweise*. Sie geht, neben einer Reihe von Hinweisen bereits bei den älteren Verkehrsgeographen, zum größten Teil zurück auf die Kritik von CHRISTALLER, der feststellte, daß „eine rein registrierende, deskriptive oder auf das Erscheinungsbild abgestellte Verkehrsgeographie... nicht bis zu den eigentlichen Problemen durch(dringt). Eine funktionale Betrachtungsweise ist notwendig, sie allein vermag verkehrsgeographische Regeln und Gesetzmäßigkeiten herauszukristallisieren" (CHRISTALLER 1953, S. 159). Der Übergang zur funktionalen Verkehrsgeographie, also hin zu einer Erklärung des anthropogenen Landschaftskomplexes aus der Differenzierung menschlicher Verhaltensbereiche und deren räumlicher Verflechtungsmuster (RUPPERT und SCHAFFER 1969, S. 208), vollzog sich jedoch trotz dieser grundlegenden Aussage CHRISTALLERs in den Jahrzehnten nach dem Zweiten Weltkrieg erst allmählich und zeitlich verzögert gegenüber der Entwicklung in der allgemeinen Wirtschaftsgeographie. Zur Illustration dieses „time-lags" im Entwicklungsablauf sei nur darauf hingewiesen, daß z. B. die umfassenden Lehrbücher von OTREMBA (1961[2]) und OBST (1965 und 1967) zwar auf die funktionale Wirkung des Verkehrs hinweisen, daneben aber ebenso noch physiognomische und morphogenetisch-statistische Betrachtungen als wichtige Elemente ansehen.

OTREMBA bringt das Ziel der funktionalen Verkehrsgeographie, das Verkehrsgeschehen in seiner raumprägenden Wirkung zu untersuchen, in seinem verkehrsgeographischen Überblick aus dem Jahre 1969 deutlich zum Ausdruck, wobei er den Verkehrsraum als Teil des Wirtschaftsraumes zum eigentlichen Forschungsobjekt der „Verkehrsgeographie" erklärt (OTREMBA 1969, S. 435). Zum konzeptionellen Aufbau einer verkehrsgeographischen Untersuchung im Sinne von OTREMBA sei nur erwähnt, daß er grundsätzlich von einer Kräftelehre (natürlicher, ökonomischer und politischer Einflußfaktoren) und einer Wirkungsanalyse (der Verkehrsanlagen und des Zusammenspiels zwischen den Verkehrsmitteln und -wegen) ausgeht (OTREMBA 1969, S. 348).

Auf ein weiteres Problem, eine gewisse Zurückhaltung der Verkehrsgeographie gegenüber der Verkehrsplanung, weist schon OTREMBA hin. Wenn dies sicher zurecht für zahlreiche Vertreter der „Verkehrsgeographie" gilt, so hat sich doch mit der Zuwendung zu quantitativen Methoden und Modellanalysen in den 70er Jahren ein Wandel vollzogen. Das Ziel z. B. der Verkehrsnetzanalysen anhand der Graphentheorie bzw. planologischer Methoden, wie Input-Output-Analysen oder Linear-Programmierung, liegt im allgemeinen in dem Versuch, ökonomisch optimale Lösungen für bestehende Verkehrssituationen zu ermitteln. Damit werden auch Alternativen für planerische Probleme angeboten (auf die Beiträge der Verkehrsgeographie, insbesonders zur Operations Research wird in einem späteren Abschnitt noch vertieft eingegangen).

Weit problematischer für die „Verkehrsgeographie" als dieser methodologische Fragenkomplex erscheint ein weiterer Kritikpunkt OTREMBAs an den bisherigen verkehrsgeographischen Arbeiten, nämlich die Frage nach dem Selbstverständnis dieser geographischen Teildisziplin (OTREMBA 1969, S. 343). Dies führt u. a. zur Diskussion der Grundfunktionen innerhalb des sozialgeographischen Bezugrahmens und der folgenden neueren Ansätze der Verkehrsgeographie. Hierzu zählen insbesondere der entscheidungs- und konfliktorientierte Ansatz der 80er Jahre und der neueste Trend zu einer handlungsorientierten Disziplin.

1.2.2 Neuere Ansätze wissenschaftlichen Arbeitens in den 70er und 80er Jahren

Der aktionsräumliche Ansatz

Die Anfang der 70er Jahre veröffentlichten aktionsräumlichen Untersuchungen kennzeichnen die Wende von den bis dahin dominierenden funktionalen Ansätzen hin zu einer verhaltensorientierten Forschung. Ausgehend von den menschlichen Gruppen und ihren Aktionen bzw. Reaktionen im Raum werden die verschiedenen traditionellen geographischen Teildisziplinen in eine „Geographie verkehrsräumlicher Aktivitäten" aufgelöst. Diese erhält dabei die Aufgabe einer Analyse der Verbindungen zwischen den Grundfunktionsbereichen, wie „Arbeiten", „Sich Versorgen", „Sich Bilden" oder „Freizeitverhalten", da der Verkehr Voraussetzung und gleichzeitig Folge jeglicher räumlicher Betätigung des Menschen ist (vgl. MAIER 1976 a).

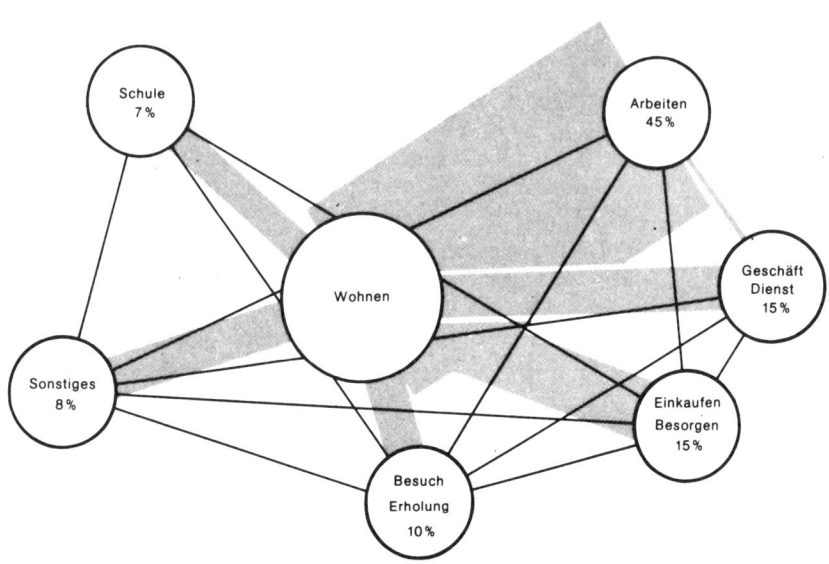

Abb. 1   Reisezwecke im Personenverkehr (Quelle: MAIER u. a. 1977, S. 57)

Ihr inhaltlicher Schwerpunkt liegt auf den raumdistanziellen Aspekten. Die Geographie verkehrsräumlicher Aktivitäten umfaßt auch die Analysen von Auswirkungen der Verkehrsvorgänge im Raum ebenso wie von Rückwirkungen räumlicher Prozeßabläufe auf die Funktion und Struktur des Verkehrs, letztendlich mit dem Ziel der Erfassung regelhafter Erscheinungen. Um an das in der funktionalen Verkehrsgeographie häufig genannte Objekt-Ablauf-Schema Verkehrsweg-Verkehrsmittel-Verkehrsart anzuknüpfen, bedeutet die hier vorgeführte Überlegung eine Umkehr im gedanklichen und methodologischen Ablauf. Nach der Analyse menschlicher Aktivitäten im Raum – verkehrswissenschaftlich als Verkehrsarten auch teilweise statistisch erfaßt – schließt sich die Analyse der gruppenspezifischen Distanzen, der benutzten Verkehrsmittel und -wege an. Die Verkehrsunternehmen werden dabei in ihrer Funktion als Arbeitsstätte einer „Geographie des Arbeitsverhaltens" zugeordnet, in ihrer Bedeutung als spezielle räumliche Organisationsformen der Grundfunktion „am Verkehr teilnehmen" werden sie als weitere Analysestufe in das obige Ablaufschema einbezogen (RUPPERT und SCHAFFER 1969). Was dabei die Analyse menschlicher Verhaltensweisen im Raum betrifft, so soll sie sich keineswegs nur auf den verhaltensanalytischen Teilbereich beschränken, sondern muß ebenso die Einflußfaktoren und Kräfte (gleichwohl anthropogener als auch physisch-geographischer Natur) miteinbeziehen, die zu den spezifischen Verhaltensmustern führen.

Was demnach eine so formulierte „Geographie verkehrsräumlicher Aktivitäten" von der funktionalen Verkehrsgeographie unterscheidet, ist neben dem unterschiedlichen konzeptionellen Ansatz bzw. dem operationalen Ablaufschema vor allem die grundsätzliche Erweiterung im Funktionskatalog (u. a. um den Kommunikationsbereich) sowie die Betonung gruppenspezifischer Reaktionsreichweiten. Verhaltens- wie auch zeitgeographische Ansätze („Time-Geography" von HÄGERSTRAND) spielen hierbei eine große Rolle.

Der entscheidungs- und konfliktorientierte Ansatz

Anfang bis Mitte der 80er Jahre entstanden aus der Kritik an den verhaltensorientierten Ansätzen erste Entwürfe einer konfliktorientierten Forschung. Die theoretischen Grundlagen für eine konfliktorientierte Geographie des Menschen entwickelte BERNHARD BUTZIN 1982 (1982, S. 93–124). Ziel seines Entwurfs ist es, die Ansätze der spatial, behavioral und environmental perception approaches auf Sachverhalte hin zu untersuchen, die für das „Versagen" angesichts bestimmter Fragestellungen verantwortlich erscheinen. Desweiteren versucht BUTZIN einen Basisentwurf zu skizzieren, der zur begrifflichen Erfassung von bestimmten Phänomenen wie Nutzungskonflikten, abhängiger Entwicklung und räumlicher Ungleichwertigkeit beitragen kann (1982, S. 95/96).

Die Hauptkritik BUTZINs an den vorangegangenen Entwürfen besagt, daß diese das menschliche Handeln a) als konfliktfrei, b) als zwischen Alternativen wählbar und c) als bewußt und entscheidungsgesteuert ansehen, und weiterhin der Raum als Zielbereich (behavioral- und spatial approach) bzw. als Ursachenbereich (environmental perception approach) des menschlichen Handelns, nicht aber in seinem Mittelcharakter zur Zielerreichung (Funktionsraum) gesehen wird (BUTZIN 1982, S. 101) (Abb. 2).

20   1 Einführung

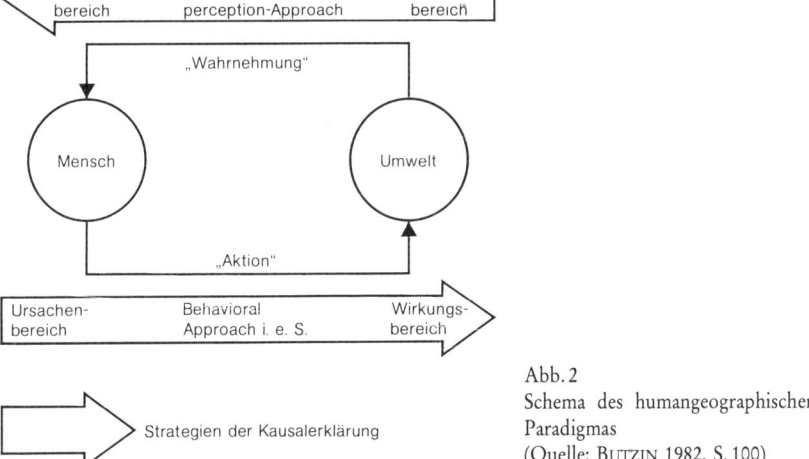

Abb. 2
Schema des humangeographischen Paradigmas
(Quelle: BUTZIN 1982, S. 100)

Den in den vorausgegangenen Entwürfen vernachlässigten Handlungsschranken und Verfügungsmöglichkeiten mißt BUTZIN einen zentralen Stellenwert in seiner Theorie bei. Zwangs- und Wahlhandeln sind demnach als verschiedene Ausprägungen eines Entwurfs von Handlungssituationen aufzufassen (Abb. 3) (BUTZIN 1982, S. 106).

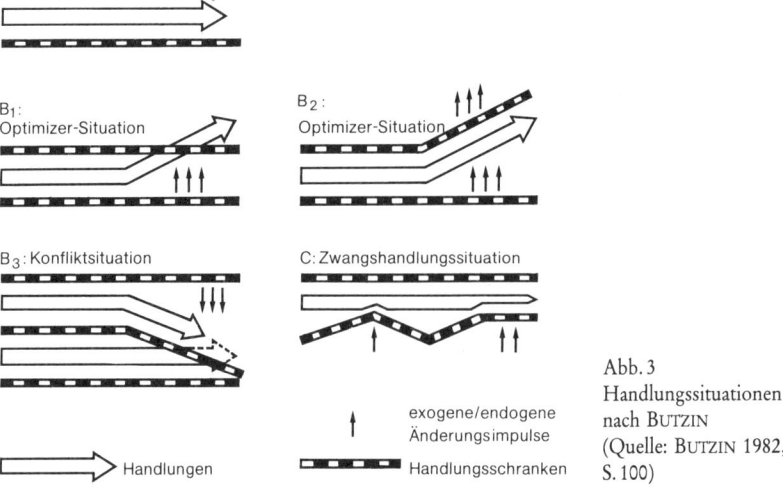

Abb. 3
Handlungssituationen nach BUTZIN
(Quelle: BUTZIN 1982, S. 100)

1.2 Entwicklung der Verkehrsgeographie

Als entscheidende Betrachtungsdimension für eine Handlungssituation erkennt BUTZIN a) die Fähigkeit zur Wahrnehmung von endogen oder exogen entstandenen Handlungsschranken, b) die Konflikthaftigkeit und c) die Verfügungsmöglichkeit über Schranken (1982, S. 108). Handlungen sind allerdings nicht nur nach ihrem Verhältnis zu den Handlungsschranken zu unterscheiden, sondern auch nach Handlungseinheiten, die mit unterschiedlichen Zielen, Mitteln und Wirkungen in und an den Handlungsschranken operieren. BUTZIN unterscheidet drei Grundtypen: politische, ökonomische und soziale Handlungseinheiten. Verbindend ist hier ein einheitliches Handlungsschema, mit dem der Raum bedarfsgerecht organisiert und genutzt wird. Solche Handlungsschemata stellen das analytische Bindeglied zwischen den Dimensionen „Umwelt" und „menschliches Handeln" dar. Die Trennung verläuft also nicht mehr durch die Einheiten, sondern zwischen verschiedenen Mensch-Umwelt-Einheiten (1982, S. 109).

Das dritte Kernelement des Entwurfs ist die „Feldstruktur des Funktionsraumes". Der Raum wird hier aus seinen Funktionen für die Handlungseinheiten verstanden. Jede Raumstelle ist zunächst als Schnittpunkt unterschiedlicher Interessen und Nutzungspotentiale aufzufassen. Zudem ist sie Träger von Leistungspotentialen, die von den naturräumlichen Eignungsfaktoren, der technologischen Kapazität der jeweiligen Handlungseinheit und dem sozio-ökonomischen Konfliktpotential abhängig sind (1982, S. 110). Als letztes Kernelement führt BUTZIN das „funktionsräumliche Konfliktpotential" ein. Zur Verdeutlichung baut er ein vierteiliges Begriffsfeld auf, das sich an der Verfügungsmacht über Schranken des Handlungsraumes orientiert (1982, S. 113).

Die hier dargestellten Elemente eines konfliktorientierten Basisentwurfs ergeben zusammengenommen eine räumliche Konflikttheorie, die von BUTZIN als Kombination eines klassisch-funktionalistischen und eines konflikttheoretischen Ansatzes bezeichnet wird (1982, S. 119). Der Ansatz von BUTZIN beinhaltet für die Geographie ein theoretisches Konzept, das wesentlich zur begrifflichen Erfassung von Konfliktpotentialen beiträgt. Dadurch, daß er nicht auf einen begrenzten Teilaspekt räumlicher Konflikte ausgerichtet ist, besteht die Möglichkeit, ihn sowohl auf der Makro- wie auf der Mikroebene praktischer Konfliktforschung anzuwenden. Als Beispiel sei hier nur die Untersuchung von JANELLE und MILLWARD (1976, S. 102 – 113) angeführt, die zwar im stadtgeographischen Bereich angesiedelt ist, aber auch Aspekte des innerstädtischen Verkehrs und daraus entstehende Konflikte berücksichtigt.

Ergänzend hierzu stehen bei den entscheidungsorientierten Ansätzen die Entscheidungsprämissen im Mittelpunkt. Sie sollen klären, auf welche Weise der Mensch die zu wählende Handlung aus seinen Entscheidungsprämissen ableitet, also wie sich seine individuelle „Entscheidungslogik" äußert. Die Entscheidungstheorie hat darüber hinaus zu klären, wie der Einzelne zu den Prämissen seiner Entscheidung gelangt. Dabei sollen vor allem die Einflüsse aufgezeigt werden, die sich aus der sozialen und ökonomischen Umwelt des Individuums und seiner Beteiligung an kollektiven Entscheidungsprozessen ergeben. Damit zeigen sich auch die Brücken zu anderen verhaltenswissenschaftlichen und zu den aktionsräumlichen Konzepten, weshalb im Verfahrensbereich neben wahrnehmungstheoretischen, kommunikations und sozialisationstheoretischen auch konflikt- und machttheoretische Ansätze zum Tragen kommen. Da die Entscheidungsträger bei diesen Untersuchungen im besonderen Maße berücksichtigt werden, sei hier auch auf die in der Sozialgeographie verbreitete „Community-Power-Group-Forschung" verwiesen (siehe auch Kapitel 4: Information und Kommunikation). Beispiele aus der Stadt- und Regionalsoziologie sind hier etwa die Studien von AMMON (1967) und ZOLL (1974) sowie unter dem wirtschaftsgeographischen Aspekt die Untersuchung von J. WEBER (1980).

Der handlungsorientierte Ansatz

Der handlungsorientierte Ansatz als neueste Entwicklung versucht, im Unterschied zum entscheidungs- und konfliktorientierten Entwurf auch im verkehrspolitischen Bereich wertend Stellung zu beziehen. Während die entscheidungs- und konfliktorientierten Studien eine Auswahl von Entscheidungshilfen in Form von mehreren Handlungsalternativen geben, die dann der Entscheidungsträger zu bewerten hat, beziehen die Vertreter der handlungsorientierten Richtung darüber hinaus insoweit Stellung, als sie bestimmte Handlungsempfehlungen favorisieren und diese aus fachlicher Sicht als bestmögliche Lösung zur Durchführung empfehlen. Der handlungsorientierte Ansatz stellt in der Verkehrsgeographie den konkreten Übergang zur Verkehrspolitik und Verkehrsplanung dar, da er die Möglichkeit bietet, wissenschaftlich begründete Handlungsalternativen aufzuzeigen, weiterführend Handlungsempfehlungen zu geben und damit letztlich nicht unerheblich Politik und Planung zu beeinflussen.

2 Regional- und gruppenspezifische Differenzierung verkehrsräumlicher Aktivitäten im zeitlichen Wandel

2.1 Verkehrsbedürfnisse und Verkehrsstrukturen

Wie bereits im Abschnitt 1.2 angeführt, zählt die Erfassung menschlicher Tätigkeiten im Raum in Gestalt der Grundfunktionen zu den Grundlagen des sozialgeographischen Konzepts. In diesem Abschnitt geht es nun zunächst um die Übertragung und Anwendung des sozialgeographischen Konzepts auf das verkehrsräumliche Verhalten von Privathaushalten.

Im folgenden sollen die Anteile der einzelnen Aktivitätstypen in ihrer quantitativen Gewichtung und ihrer Entwicklung dargestellt und die verschiedenen neueren Ansätze zu ihrer statistischen Erfassung aufgezeigt und analysiert werden. Schließlich soll die Erweiterung dieses Konzepts um den Bereich des nicht-motorisierten Verkehrs und die Ergänzung des berufsorientierten Verkehrs um den Dienst- und Geschäftsreiseverkehr, also die Loslösung von den Privathaushalten hin zu einem umfassenderen Ansatz behandelt werden.

Die Analyse der *verkehrsräumlichen Bewegungsabläufe* (entsprechend den Ausführungen über die Grundfunktionen menschlicher Daseinsäußerung) richtet sich an vier großen Bereichen aus:

- den erwerbs- und berufsorientierten Verkehrsabläufen,
- den versorgungsorientierten Verkehrsabläufen,
- den ausbildungsorientierten Verkehrsabläufen und
- den freizeitorientierten Verkehrsabläufen, wobei diese hier unabhängig von dem Zielgebiet der Freizeitbetätigung gesehen werden (in neueren Untersuchungen wird hier zwischen dem Freizeitverkehr und dem längerfristigen Reiseverkehr unterschieden, vgl. Deutsches Institut für Wirtschaftsforschung DIW 1985, S. 7).

Die quantitative Analyse der Gewichtung dieser Aktivitäten weist im Zeitablauf (zwischen 1960 und 1982) erhebliche Verschiebungen auf (Tab. 1).

Betrachtet man die Aussagen der verschiedenen, bis 1976 meist als regionale Fallstudien angelegten verkehrstechnischen und verkehrswirtschaftlichen Untersuchungen, so erkennt man deutlich die Verschiebung innerhalb der verkehrsräumlichen Aktivitäten. Standen nämlich bis 1970 noch die erwerbs- und berufsorientierten Personenfahrten im Vordergrund, so zeigt sich für die Anteile nach 1976 eine Verschiebung hin zum Freizeitverkehr. Die eindeutige Dominanz des berufsorientierten Verkehrs, der bis dahin mehr als die Hälfte des gesamten Personenverkehrs der privaten Haushalte ausmachte, ging erheblich zurück. Demgegenüber wuchs der Anteil des freizeitorientierten Verkehrs auf etwa 35 % an. Zwischen 1976 und 1982 haben sich die Anteile dann kaum noch verändert.

2 Regional- und gruppenspezifische Differenzierung

Tab. 1 Struktur der Fahrtzwecke in ausgewählten verkehrswissenschaftlichen Untersuchungen (Fahrtzweck, Verkehrsabläufe in % aller Personenfahrten)

Untersuchungsgebiete	Erwerbs- oder berufs- orientiert	Versorgungs- orientiert	Ausbildungs- orientiert	Freizeit- orientiert	sonstige
1. ausgewählte deutsche Städte bei 3-Pers.- Haushalten 1967[1]	49 %	18 %	17 %	13 %	6 %
2. ausgewählte Städte und Gemeinden NRW 1960–1967[2]	54 %	20 %	10 %	10 %	6 %
3. ausgewählte Haushalte in München Verkehrszählung 1965[3]	50 %	25 %	12 %	–*	13 %
4. ausgewählte Haushalte in München Verkehrszählung 1970[4]	57 %	18 %	8 %	17 %	–
5. ausgewählte Haushalte in Südbayern 1971–1973[5]	48 %	21 %	13 %	18 %	–
6. Berechnungen des DIW für die Bundesrepublik 1976–1982[6]***	20 %	27 %	11 %	34 %	8 %**

* in den sonstigen Fahrtzwecken enthalten
** Geschäfts- und Dienstreiseverkehr sowie Urlaubsverkehr
*** Verkehrsaufkommen in % aller beförderten Personen

Quellen:
[1] SCHAECHTERLE S. 9
[2] MÄCKE Abb. 17
[3] STADTPLANUNGSREFERAT MÜNCHEN 1969, S. 114
[4] STADTENTWICKLUNGSREFERAT MÜNCHEN Tabellenband
[5] MAIER 1976 a, S. 63
[6] DIW (HRSG.) 1985, S. 58

Die hier dargestellte Struktur der Fahrtzwecke ist zwar durch die unterschiedliche methodologische Basis bzw. Erhebungsverfahren der einzelnen Studien, ihre unterschiedlichen Erhebungszeiträume und die Ausbreitung ihrer regionalen Anwendungsgebiete nur in begrenztem Ausmaß vergleichbar, der angedeutete Wandel in den verkehrsräumlichen Aktivitäten tritt jedoch sehr deutlich hervor.

Diese Entwicklung zeigt auf der einen Seite den Wandel von agrargesellschaftlichen Verhaltensweisen zu einer industriegesellschaftlichen Orientierung bis in die 70er Jahre mit der verstärkten Neigung zum Berufspendeln und auf der anderen Seite die weitere Entwicklung hin zur Freizeitgesellschaft mit dem stark vergrößerten Anteil des Freizeitverkehrs Ende der 70er bis in die 80er Jahre hinein, wobei ein Ende dieses Trends noch nicht abzusehen ist.

Für die gruppenspezifische Differenzierung verkehrsräumlicher Aktivitäten spielt auch die *regionalspezifische Differenzierung* eine wichtige Rolle im Rahmen der Analyse von Verkehrsbedürfnissen und Verkehrsstrukturen. Sie bildet sozusagen den Rahmen, in dem sich die verkehrsräumlichen Aktivitäten abspielen. Zu nennen sind dabei in erster Linie die Reichweiten der einzelnen Verkehrsaktivitäten und die daraus resultierenden unterschiedlichen Standortkomponenten, die unter dem Einfluß verschiedener sozio-ökonomischer Ausgangssituationen sowie Verkehrsgunstlagen die Verkehrsstruktur und das Verkehrsverhalten beeinflussen.

Dabei ist insbesonders auf die Wechselwirkungen zwischen dem Raum und den verkehrsräumlichen Aktivitäten hinzuweisen. Im Unterschied zum traditionellen Ansatz werden die Regionen mit verschiedenen verkehrsräumlichen Aktivitäten nicht mehr im voraus festgelegt, sondern erst durch regional differenzierte soziodemographische Parameter im Nachhinein bestimmt.

Um die Informationen über verkehrsräumliche Aktivitäten einzelner Individuen für Verkehrsplanung und Verkehrspolitik nutzbar machen können, müssen diese Daten zusammengefaßt werden. Zum einen ist dies notwendig, um den Zeit- und Geldaufwand für den Verkehrssektor zu minimieren sowie eine bessere Übersichtlichkeit herzustellen, zum anderen ist eine Gruppenbildung als Vorauswahl für eine Stichprobe oder für die Anwendung eines Prognosemodells erforderlich.

Mit der Orientierung des sozialgeographischen Konzepts Anfang der 70er Jahre am Menschen und seinem Verhalten traten die bis dahin üblichen funktionsräumlichen Trennungen (Abgrenzungen von Gebieten mit gleicher Funktion nach Homogenitätskriterien) in den Hintergrund. Ausgehend von dem „behavioral approach" von T. HÄGERSTRAND (1970 a, S. 7 – 21), der als Vorreiter den Menschen und nicht nur den Raum in den Mittelpunkt des regionalwissenschaftlichen Interesses rückte, wurde verstärkt das raum-zeitliche Verhalten von Individuen zum Untersuchungsgegenstand. Dabei stand die Frage nach der Definition sozialer Gruppen mit ähnlichem räumlichen Verhalten im Vordergrund (z. B. bei KUTTER 1972 und MAIER 1976 a). Der Unterschied dieser, als disaggregiert und verhaltensorientiert bezeichneten Verkehrsnachfragemodelle zu den traditionellen funktionsräumlichen Analysen lag darin, daß sie über die räumliche Aggregation hinausgehend, diese zusätzlich mit dem Verhalten der Verkehrserzeuger in bezug brachten.

Die Entwicklung der Ansätze zur statistischen Erfassung von gruppenspezifisch differenzierten verkehrsräumlichen Aktivitäten reicht dabei vom Ansatz verhaltenshomogener Gruppen (KUTTER 1972) über den Situationsansatz der KONTIV-Analysen (1977 und 1982) bis hin zu den neueren gruppenspezifischen Ansätzen, wie z. B. von KLINGBEIL (1978).

Das Ziel der Bildung verhaltensorientierter Gruppen bei KUTTER ist es, eine möglichst hohe Homogenität innerhalb der Personengruppen in bezug auf ihr Verkehrsverhalten zu erreichen. KUTTER unterscheidet anhand der sozio-demographischen

Merkmale: Lebensalter, Geschlecht, Erwerbstätigkeit und Pkw-Besitz neun verschiedene Gruppen, die dann mit den drei Merkmalen des verkehrsräumlichen Verhaltens: Haupttätigkeit (Arbeit, Schule, Einkauf, Privat und Vergnügen), Gebiet (Innenstadt, Wohngebiet und Umgebung, sowie übriges Stadtgebiet) und Tageszeit kombiniert werden (KUTTER 1972). Im Vergleich zu den traditionellen verkehrsgeographischen Ansätzen kann das Verkehrsverhalten hier sehr viel präziser beschrieben werden. Für eine Erklärung des Verkehrsverhaltens und damit zur Nutzung in Prognosemodellen ist der Ansatz KUTTERs allerdings noch nicht geeignet.

Im Unterschied zum verhaltensorientierten Ansatz geht der *Situationsansatz* von der Annahme aus, daß das Verkehrsverhalten von Individuen als Prozeß zu betrachten ist, in dem nicht immer aufs neue Entscheidungen getroffen werden, da subjektive und objektive Einschränkungen der Entscheidungsfreiheit gegeben sind. Durch Kreuzklassifikation soziodemographischer Merkmale, die diese unterschiedlichen Einschränkungen der Entscheidungsfreiheit vorgeben, werden Gruppen gebildet, die Wirkung von Restriktionen auf die Entscheidung untersucht werden.

Im Zusammenhang mit dem Situationsansatz ist vor allem die kontinuierliche Verkehrserfassung (KONTIV) des Socialdata-Instituts zu nennen (SOCIALDATA 1977 und 1984). Die KONTIV ist eine mehrstufig geschichtete und gewichtete Zufallsstichprobe mit dem Ziel einer möglichst genauen, bundeseinheitlichen, kontinuierlichen Erfassung und Beschreibung des Verkehrsverhaltens. Sie wurde bislang dreimal, 1975/76, 1982 und 1987 durchgeführt und wird derzeit auf die neuen Bundesländer erweitert. Im Rahmen der Erhebungen wurden sämtliche repräsentativ ausgewählten Haushaltsmitglieder von mehr als neun Jahren gebeten, alle Wege außer Hause eines oder mehrerer Stichtage in einen Fragebogen einzutragen und dabei den Beginn (Tageszeit), das benutzte Verkehrsmittel, den Zweck des Weges, die Entfernung und das Ende (Tageszeit) aufzuzeichnen. Darüber hinaus wurden u. a. soziodemographische Merkmale zur Person und zum Haushalt (z. B. Alter, Berufstätigkeit, Stellung im Beruf, Fahrzeugbesitz und Wohnsituation) erfaßt (Deutsches Institut für Wirtschaftsforschung DIW 1985, S. 16–19). Mit den KONTIV-Untersuchungen konnten erstmals repräsentativ über das Verkehrsverhalten der deutschen Wohnbevölkerung Aussagen gemacht werden, die über einen hohen Beschreibungswert hinaus auch gute Erklärungsansätze lieferten. Das hier gesammelte Datenmaterial fand demzufolge in einer Vielzahl weiterer Untersuchungen als Vergleichs-, Basis- und Ergänzungsmaterial Verwendung (u. a. in der DIW-Studie zur regionalen Personenverkehrsstruktur, Deutsches Institut für Wirtschaftsforschung DIW 1985). Der besondere Vorzug dabei ist, daß alle Verkehrsbewegungen, auch die zu Fuß, in die Betrachtungen miteinbezogen wurden.

In Erweiterung der KONTIV-Analysen beziehen die neueren gruppenspezifischen Ansätze, ebenfalls auf der Grundlage des Situationsansatzes, bisher vernachlässigte oder nur zum Teil erfaßte Bereiche wie die Fußwege, die Tätigkeitskopplung und die Servicewege mitein. KLINGBEIL (1978) untersuchte z. B. die Verkehrsaktivitäten von Hausfrauen anhand von Tagebuchaufzeichnungen, wobei er vor allem Tätigkeitskopplungen bei den außerhäuslichen Aktivitäten berücksichtigte. Insbesonders für den Bereich der innerstädtischen Untersuchungen erwies sich die Erweiterung um den nicht-motorisierten Verkehr (Fußgänger und Radfahrer) als notwendig (z. B. KREUTZER und MAIER 1986). Dies zeigte sich auch bei den Analysen des Ausbildungsverkehrs, wobei hier im Gegensatz zu den KONTIV-Analysen auch die Personengruppe der unter Neunjährigen miteinbezogen wurde (MONHEIM 1986).

Zusätzlich zu diesen Erweiterungen ist im Bereich des berufsorientierten Verkehrs die Einbeziehung des Dienst- und Geschäftsreiseverkehrs und damit die Ausdehnung des Konzepts von den Haushalten auf die Gesamtheit der im Personenverkehr beteiligten Gruppen angebracht.

Zusammenfassend zeigt sich deutlich die Verbindung der einzelnen verkehrsräumlichen Aktivitäten mit den Problem- und Aufgabenstellungen der sog. „Spezialgeographien". So ist der berufsorientierte Verkehrsbereich eng mit der Geographie des Pendlerverhaltens, der bildungsorientierte Verkehrssektor mit der Geographie des Bildungswesens, der versorgungsorientierte Verkehrsbereich mit der Versorgungs- und Handelsgeographie und die freizeitorientierten Verkehrsaktivitäten schließlich mit der Geographie des Freizeitverhaltens verbunden. Die Zusammenhänge zwischen den einzelnen Verkehrsbereichen mit den jeweiligen Spezialdisziplinen der Geographie, ihre Entwicklung und ihre heutigen Ausprägungsformen sollen in den nächsten Abschnitten näher dargestellt werden.

2.2 Gruppenspezifische Differenzierung verkehrsräumlicher Aktivitäten

2.2.1 Der berufsorientierte Bereich

Die Untersuchung des erwerbs- und berufsorientierten Bereichs konzentrierte sich bislang infolge der Ausrichtung auf die Aktivitäten der Haushalte auf die Verkehrsbewegungen der Berufspendler. Erst mit der Ausdehnung auf andere Bezugsgruppen, wie die der Wirtschaftsunternehmen, spielten auch Aspekte des Geschäfts- und Dienstreiseverkehrs im Rahmen der verkehrsräumlichen Aktivitäten eine Rolle.

Die Vorrangstellung der erwerbs- und berufsorientierten Verkehrsbewegungen innerhalb regionalwissenschaftlicher Untersuchungen besitzt gerade in der Geographie in der Gestalt der Erfassung und Darstellung des Berufspendlerphänomens und seinen Auswirkungen auf das Prozeßfeld Landschaft eine lange Tradition. Angefangen von den ersten landeskundlichen Ansätzen Ende des letzten Jahrhunderts oder den regionalstatistischen Arbeiten LOSCHS (1922, S. 237–248) legte vor allem HARTKE (1939, S. 185–190 oder 1948, S. 174 ff.) in den Jahren 1938/39 sowie 1949/50 grundlegende Untersuchungen über räumliche Muster des Berufspendelns bzw. ihrem Beitrag zur regionalen Gliederung vor. Wenn auch damit die für die Industriegesellschaft typische Trennung von Wohn- und Arbeitsort bzw. die unterschiedliche regionale Verteilung zwischen einem mehr oder weniger gestreuten Arbeitspotential und einer eher punktuell auftretenden Arbeitsplatzkapazität bereits klar herausgestellt wurde, erfuhr der Pendelverkehr eigentlich erst seit Mitte der 50er Jahre eine überaus zahlreiche Bearbeitung durch die Geographie. Er wurde insbesondere im Rahmen des Vordringens funktionaler Gedanken zu einem bedeutungsvollen Kriterium zur Ermittlung von Einzugsbereichen zentraler Orte (i. S. v.

Arbeitszentralität) und zur Stadt-Umland-Abgrenzung (als Hinweis auf die Existenz städtischer oder urbaner Lebensformen) sowie zur Ermittlung von Planungsregionen (etwa bei der Abgrenzung der bayerischen Planungsregion (RUPPERT u. a. 1969) oder bei der Entwicklung von Arbeitsmarktregionen als räumliche Ordnungsgrundlage für die Fördergebietsabgrenzung der Gemeinschaftsaufgabe zur Verbesserung der regionalen Wirtschaftsstruktur (KLEMMER und KRAEMER 1975)).

Gegenüber den Untersuchungen funktional-geographischer Ansätze, deren Schwerpunkt neben der Strukturanalyse der Pendler selbst vor allem auf den Wechselwirkungen zwischen Pendlertätigkeit und Landschaftsgefüge liegen, traten in den 70er Jahren Erweiterungen in Richtung mathematisch-geographischer und sozialgeographischer Arbeiten auf. So ergänzte z. B. SAVIRANTA (1970–71, S. 1–136) die von UTHOFF (1967) regional deskriptiv vorgeführten Zusammenhänge zwischen Pendlerverhalten und sozio-ökonomischen Einflußgrößen mit Hilfe von Korrelations- und Regressionsanalysen.

KLINGBEIL sowie GANSER wiesen demgegenüber anhand des Disproportionalitätenansatzes auf die Notwendigkeit von Motivationsanalysen im Bereich des Pendelverkehrs hin (KLINGBEIL 1969, S. 108–131; GANSER 1969). Während GANSER sich am Beispiel von Rheinland-Pfalz den die Pendlertätigkeit steuernden Entscheidungsfaktoren (etwa dem sozialen Milieu oder den Vorstellungen vom besseren Arbeits- und/oder Wohnplatz) widmete, legte der Autor den Schwerpunkt seiner Untersuchung auf die Differenzierung der raumrelevanten Verhaltensmuster insbesonders auf die Reichweitensysteme und die Verkehrsmittelwahl (MAIER 1976 a).

Der *Faktor Distanz*, in metrischer wie in zeitlicher Hinsicht, wird innerhalb der geographischen Forschung in vielfältiger Weise zur Erklärung menschlicher Verhaltensweisen im Raum eingesetzt. Im Bereich des berufsorientierten Pendelverkehrs hat sich insbesondere SAVIRANTA (1970/1971, S. 40) der Darstellung des Zusammenhangs zwischen verschiedenen Distanzrelationen und den Auswirkungen im regionalen Bereich gewidmet. Er geht dabei – ähnlich wie auch andere funktionalgeographische Arbeiten zuvor – von dem aus der Physik entliehenen Begriff des „Kraftfeldes" aus. Das modellhaft angenommene Einpendlerzentrum stellt den (magnetischen) Anziehungspunkt dar, wobei sich der Umfang der Einpendler proportional zur Attraktivität des Ortes als Arbeitsplatz verhält und umgekehrt proportional zur Distanz zwischen Quell- und Zielort.

Der Grundgedanke, mathematisch durch eine Pareto-Funktion hyperbolischen Verlaufs ausgedrückt, ist ein in der Wirtschaftsgeographie – oder auch in der Regionalwissenschaft ganz allgemein – häufig anzutreffendes räumliches Prinzip eines vom Zentrum zur Peripherie abnehmenden Intensitätsfeldes. Im Falle der berufsorientierten Verkehrsaktivitäten muß dieser sicherlich auch für die anderen Verkehrsbewegungen mehr oder weniger geltende Grundsatz insoweit modifiziert werden, als daß hier eine geringere Distanzempfindlichkeit vorhanden ist als z. B. in den Bereichen des Einkaufs- und Freizeitverhaltens. Als Begründung dafür kann u. a. angeführt werden, daß die Distanzempfindlichkeit deshalb geringer ist, weil hinter der berufsorientierten Verkehrsaktivität ein größeres Bedürfnis der Bevölkerung steht und damit auch eine größere Zwanghaftigkeit besteht.

2.2 Gruppenspezifische Differenzierung verkehrsräumlicher Aktivitäten

Tab. 2 Struktur des Berufsverkehrs nach Verkehrsarten in der Bundesrepublik Deutschland zwischen 1976 und 1982 (Quelle: DIW 1985, S. 58)

	1976	1977	1978	1979	1980	1981	1982
	Verkehrsaufkommen (bef. Personen in Mill.)						
Zu Fuß	1 889	1 879	1 866	1 855	1 840	1 810	1 753
Fahrrad	948	954	981	1 008	1 036	1 037	1 020
Nichtmot. Verkehr	2 837	2 833	2 847	2 863	2 876	2 847	2 773
Eisenbahn[1]	439	429	428	443	461	474	461
ÖSPV[2]	1 779	1 678	1 592	1 517	1 478	1 476	1 411
Luftverkehr[3]	–	–	–	–	–	–	–
Öffentlicher Verkehr	2 218	2 107	2 020	1 960	1 939	1 950	1 872
Pkw[4]	6 748	6 893	7 341	7 708	7 901	7 676	7 695
Motorisierter Verkehr	8 966	9 000	9 361	9 668	9 840	9 626	9 567
Insgesamt	11 803	11 833	12 208	12 531	12 716	12 473	12 340
	Struktur (in vH)						
Zu Fuß	16,0	15,9	15,3	14,8	14,5	14,5	14,2
Fahrrad	8,0	8,1	8,0	8,0	8,1	8,3	8,3
Nichtmot. Verkehr	24,0	23,9	23,3	22,8	22,6	22,8	22,5
Eisenbahn[1]	3,7	3,6	3,5	3,5	3,6	3,8	3,7
ÖSPV[2]	15,1	14,2	13,0	12,1	11,6	11,8	11,4
Luftverkehr[3]	–	–	–	–	–	–	–
Öffentlicher Verkehr	18,8	17,8	16,5	15,6	15,2	15,6	15,2
Pkw[4]	57,2	58,3	60,1	61,5	62,1	61,5	62,4
Motorisierter Verkehr	76,0	76,1	76,7	77,2	77,4	77,2	77,5
Insgesamt	100	100	100	100	100	100	100
	Anteil des Berufsverkehrs am Verkehrsaufkommen der Verkehrsarten (in vH)						
Zu Fuß	9,4	9,6	9,7	9,9	10,0	10,0	9,9
Fahrrad	18,6	18,1	18,1	18,0	18,0	17,5	17,0
Nichtmot. Verkehr	11,3	11,4	11,6	11,8	11,9	11,9	11,7
Eisenbahn[1]	42,9	41,9	41,1	41,1	39,8	40,8	41,1
ÖSPV[2]	27,1	25,8	24,5	23,0	21,9	21,7	21,5
Luftverkehr[3]	–	–	–	–	–	–	–
Öffentlicher Verkehr	29,1	27,9	26,7	25,4	24,4	24,4	24,3
Pkw[4]	25,2	25,6	26,3	26,8	27,0	28,2	27,6
Motorisierter Verkehr	26,1	26,1	26,4	26,5	26,4	27,3	26,9
Insgesamt	19,8	19,9	20,3	20,6	20,7	21,1	20,8

[1] Ohne Schiffs- und Militärverkehr
[2] U-Bahn, Straßenbahn, O-Bus und Kraftomnibusverkehr kommunaler, gemischt wirtschaftlicher und privater Unternehmen sowie der Deutschen Bundesbahn, der Deutschen Bundespost und der Nichtbundeseigenen Eisenbahnen, einschl. der Beförderungsleistung ausländischer Unternehmen, ohne Umsteiger.
[3] Einschl. Ausländer- und Transitverkehr, ohne Umsteiger.
[4] Personen- und Kombinationskraftwagen, Krafträder und Mopeds, Taxis und Mietwagen.

Die *Verkehrsmittelwahl* im berufsorientierten Pendelverkehr hat sich in den letzten Jahrzehnten sehr stark verändert. Stand im gesamten Verkehrsbereich vor dem Zweiten Weltkrieg noch die Eisenbahn als Verkehrsmittel im Vordergrund, so entwickelte sich nach 1945 infolge der zunehmenden Flächenerschließung durch die Straßeninfrastruktur der Individualverkehr mit dem Pkw immer mehr zum dominanten Verkehrsmittel. Diese Entwicklung hielt auch in den letzten Jahren noch an, so daß der Pkw-Verkehr inzwischen über 60 % des gesamten berufsorientierten Verkehrs ausmacht (vgl. hierzu Tab. 2).

Diese globale Entwicklung des berufsorientierten Pendelverkehrs läßt sich regional deutlich zwischen den verschiedenen Verkehrsmitteln, je nach Lage, der Quantität und Qualität des vorhandenen Verkehrsangebots, der Distanz zu den Einpendlerzentren und der Sozial- und Verhaltensstruktur der Pendler differenzieren. Dabei ist zwischen innerstädtischem und regionalem Pendelverkehr sowie innerhalb der Städte zwischen verschiedenen Stadtgrößenklassen, also siedlungsstrukturellen Merkmalen, zu unterscheiden. So wird der öffentliche Linienverkehr in den dichtbebauten großen Städten, der dort ein überdurchschnittliches Angebot bereithält, mit ca. 25 % am stärksten genutzt, während bei abnehmender Stadtgröße wegen des schlechteren Angebots im öffentlichen Verkehr und der stärkeren Benutzung des Pkws der Anteil auf etwa 10 % aller Fahrten zurückgeht. Dies hat zur Folge, daß die Benutzung des Pkw in den Mittel- und Kleinstädten ansteigt und dort im Durchschnitt ca. 50 % aller Wege ausmacht (Tab. 3). (APEL und ERNST 1980, S. 80 f.).

Wie sehr die Benutzung des öffentlichen Verkehrsangebotes überwiegend vom quantitativen und qualitativen Angebot abhängt, wird bei einer räumlichen Differenzierung innerhalb der Städte noch deutlicher. Aus einer Reihe von Untersuchungen (INSTITUT FÜR ANGEWANDTE SOZIALWISSENSCHAFT 1970, S. 18 f.) geht hervor, daß sich die Vorteile des Pkw gegenüber einem öffentlichen Verkehrsmittel verringern, wenn der Arbeitsplatz in der Innenstadt liegt; in den anderen Stadtteilen werden diese in der Regel entsprechend größer. Der Anteil des motorisierten Individualverkehrs steigt in der Regel zum Stadtrand hin und erreicht maximale Größen bei geringer Besiedlungsdichte, wo nur wenige Einrichtungen zu Fuß erreichbar sind, die insbesondere für weniger mobile Bevölkerungsgruppen bedeutende ÖPNV-Bedienung unzureichend und außerdem die Bedingungen zum Fahrradfahren ungünstig (Topographie, Entfernungen) sind (APEL und ERNST 1980, S. 93).

Neben der überragenden Bedeutung des Berufspendelverkehrs im Rahmen des erwerbs- und berufsorientierten Verkehrsbereichs soll hier auch auf den bisher wenig beachteten Aspekt des *Dienst-* und *Geschäftsreiseverkehrs* hingewiesen werden. Dieser kann ebenso wie der Pendelverkehr dem erwerbs- und berufsorientierten Bereich zugerechnet werden. Er erweitert damit die Betrachtungsebene, die sich bisher auf die verkehrsräumlichen Aktivitäten der Haushalte beschränkt hat um die Wirtschaftsunternehmen und staatlichen Stellen, so daß der Personenverkehr im Rahmen des verkehrsräumlichen Konzepts nahezu vollständig erfaßt wird.

2.2 Gruppenspezifische Differenzierung verkehrsräumlicher Aktivitäten

Tab. 3 Einteilung der Verkehrsmittelwahl nach Stadtgrößenklassen in der Bundesrepublik Deutschland
Durchschnittliche Wegehäufigkeiten nach den Anteilen der Transportmittel für Stadtgrößenklassen

Stadtgrößenklasse	Wege pro Einwohner am Werktag mit:				
	Pkw Krad Moped	Bahn Bus	Fahrrad Mofa	zu Fuß	insgesamt
Millionenstädte	0,90 30 %	0,80 25 %	0,10 3 %	1,40 45 %	3,20 100 %
Großstädte über 300.000 Einw.	1,20 40 %	0,55 15 %	0,15 5 %	1,30 40 %	3,20 100 %
Großstädte über 100.000 Einw.	1,30 40 %	0,45 15 %	0,25 10 %	1,20 35 %	3,20 100 %
Mittel- und Kleinstädte	1,50 50 %	0,30 10 %	0,40 15 %	1,00 30 %	3,20 100 %

Quellen und Anmerkungen:
Eigene Berechnungen nach den Untersuchungsergebnissen und Materialien in den Tabellen 24 und 25 sowie im Anhang Tabelle 8-11. Außerdem ist berücksichtigt, daß die Fußwege bei den Haushaltsbefragungen im allgemeinen unterrepräsentiert sind. Zugrunde gelegt wurde die Annahme, daß z. B. bei der KONTIV die nicht angegebenen eigenständigen Fußwege eine Häufigkeit von etwa 0,5 Wege pro Einwohner am Tag ausmachen. Diese Annahme stammt von den Autoren der KONTIV (WERNER BRÖG im Nov. 1979 auf dem DVWG-Workshop in Gainau). Daß die Fußwegehäufigkeit in der Realität i. a. größer ist, geht aus spezielleren Aktivitätsuntersuchungen hervor, z. B. aus der Befragung von Bewohnern in Wohnhochhäusern in deutschen Großstädten (HANS BOCK u. a., Verkehrliche Auswirkungen von Wohnhochhäusern, Bonn 1977 (Forschung Straßenbau und Straßenverkehrstechnik, H.238)).
(Quelle: APEL und ERNST 1980, S. 80.)

Seine Bedeutung erlangt dieser Teilaspekt des berufsorientierten Verkehrs vor allem, wenn man den Fernverkehr betrachtet. Während er im Nahverkehr bis zu 50-Km-Entfernungen, die insgesamt rund 98 % aller Wege ausmachen, eine eher untergeordnete Rolle spielt, so erfährt er im Fernverkehr doch eine wesentliche Aufwertung (Abb. 4). 1982 betrug der Anteil des Geschäfts- und Dienstreiseverkehrs am Gesamtverkehrsaufkommen nur 6,9 %, wohingegen der Anteil am Fernverkehr fast doppelt so hoch, nämlich bei 12,2 % lag. Gerade dieser Teilsektor des berufsorientierten Verkehrs spielt bei der Analyse von Fernverkehrsstrukturen, neben dem Urlaubs- und Privatreiseverkehr eine wichtige Rolle. Vor allem bei den Nachfragestrukturen der Fernreiseverkehrsmittel und dort insbesonders dem Flugzeug, darf der Dienst- und Geschäftsreiseverkehr nicht vernachlässigt werden. Ein Beispiel für die Einbeziehung dieser Nachfragegruppe liefert unter anderem die neuere Untersuchung über den Regionalluftverkehr in der Bundesrepublik Deutschland von ATZKERN (1989, S. 32 ff.).

32 2 Regional- und gruppenspezifische Differenzierung

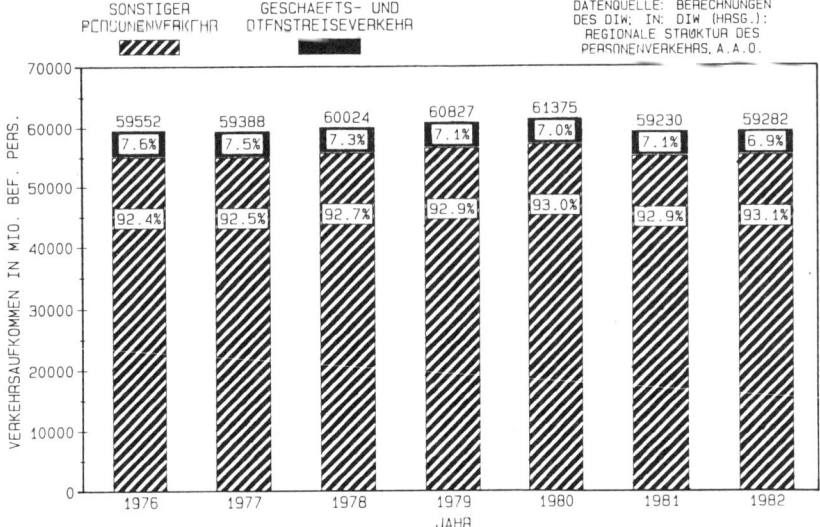

Abb. 4 Anteil des Geschäfts- und Dienstreiseverkehrs am Personenverkehr insgesamt 1976–1982 (Quelle: DIW 1985, eigener Entwurf)

2.2.2 Der versorgungsorientierte Bereich

Der Anteil der versorgungsorientierten Verkehrsbewegungen am gesamten Verkehrsaufkommen hat sich in den letzten fünfzehn bis zwanzig Jahren deutlich vergrößert (vgl. Abschnitt 2.1). Wissenschaftshistorisch in der Geographie seit BOBEKs funktionaler Stadtgeographie (1927, S. 213–224) oder in der Regionalwissenschaft seit CHRISTALLERs Theorie der zentralen Orte (1968, Nachdruck) von langer Tradition, unterscheidet sich der versorgungsorientierte Verkehrsbereich in verschiedener Hinsicht von den berufs- oder bildungsorientierten Verkehrsbewegungen. So ist er u. a. durch eine weit geringere Regelmäßigkeit der Bewegungen sowie durch eine größere Flexibilität in bezug auf die Bindung an einzelne Versorgungsorte ausgezeichnet.

Ohne hier nun eine ausführliche Darstellung und damit Kritik der bisher vorliegenden, überaus zahlreichen Untersuchungen auszubreiten (ein Bericht über Inhalt und Gliederung der verschiedenen Ansätze wurde bereits an anderer Stelle gegeben, vgl. MAIER 1975), sei zusammenfassend erwähnt, daß man grundsätzlich drei unterschiedliche Schwerpunkte der Analysen zentralörtlicher Systeme innerhalb der geographischen Forschung unterscheiden kann (auch aus wissenschaftshistorischer Sicht):

2.2 Gruppenspezifische Differenzierung verkehrsräumlicher Aktivitäten

- Erfassung der zentralen Einrichtungen und Bestimmung der zentralen Schicht,
- Abgrenzung und Beschreibung der funktionalen Einzugsbereiche,
- Analyse der räumlichen Verhaltensmuster verschiedener Gruppen im Bereich der Versorgungsbeziehungen.

Der Begriff der *Zentralität*, von CHRISTALLER (1968, Nachdruck S. 27) noch mit Bedeutungsüberschuß über den Lokalbedarf gleichgesetzt, wird ihm Rahmen zunehmender Urbanisierungstendenzen und damit einem Abbau des in agrargesellschaftlichen Raumorganisationen bestehenden Stadt-Land-Gegensatzes verstärkt nur in bezug auf die zentralen Einrichtungen und die Größe der Einzugsbereiche gesehen (vgl. zur Kritik der CHRISTALLERschen Prämissen insbesondere BOBEK 1969, S. 199–207).

Die Orientierung auf die verorteten Einrichtungen innerhalb der Grundfunktion „Sich versorgen" und nicht – wie in früheren Studien – auf zentrale Orte im Sinne von ganzen Gemeinden, gestattet dabei die Übertragung der lange Zeit eben nur im regionalen Untersuchungsfeld angewandten Verfahren auch auf innerstädtischen Dimensionen. Dies weist erneut auf die enge Verbindung zwischen den allgemeinen Aspekten einer Geographie verkehrsräumlicher Aktivitäten und den speziellen Teilbereichen der Geographie hin. Unter der großen Zahl geographischer Beiträge zum Thema „Zentralitätserfassung und -messung" kann man neben quantifizierenden Versuchen mit Hilfe ausgewählter Indikatoren (u. a. CHRISTALLERs Verfahren über Telefonanschlüsse; NEEFs Ansätze aus dem Einzelhandel; das auf eine Art Basic-Non-Basic-Konzept zurückgehende Verfahren ARNOLDs; KANNENBERGs Arbeits- und Dienstleistungszentralität oder BOBEKs Zentralitätsmessung mit Hilfe der „zentralen Schicht" (CHRISTALLER 1968, S. 110 ff.; NEEF 1950, S. 6–18; ARNOLD 1951, S. 353–362; KANNENBERG, S. 393–404)) oder mathematischen Verfahren (u. a. GUSTAFSSON (1972, S. 49–70)) eine breite Palette eher qualifizierend-wertender Studien, u. a. BOUSTEDT (1952, S. 1–6) oder GRIMME (1971) in Bayern unterscheiden.

Heute besteht zwar bei den meisten Autoren Übereinstimmung darüber, daß ein Indikator allein wohl kaum dem komplexen Sachverhalt gerecht wird und daß Zahl und Art der Einrichtungen nicht unbedingt etwas über die Zentralität einer Gemeinde aussagen. Trotzdem wird in der praktischen Regionalplanung häufig von meist generalisierenden Daten über die Basisbevölkerung zentraler Einrichtungen ausgegangen, was konsequenterweise zu teilweise erheblichen Über- oder Unterbewertungen der regionalen Situation führen muß (vgl. z. B. die Überbewertung von Fremdenverkehrsschwerpunkten im Landesentwicklungsprogramm Bayern (vgl. BAYER. STAATSMINISTERIUM FÜR LANDESENTWICKLUNG UND UMWELTFRAGEN (1972)). Es ist daher notwendig, die Einrichtungen mit Hilfe von Besucher-, Käufer- oder Umsatzzahlen zu gewichten und durch die Erfassung der jeweiligen Einzugsbereiche zu ergänzen.

Auch zu diesem Teilaspekt liegen eine Reihe geographischer Arbeiten vor, wobei der funktionalgeographische Ansatz eindeutig im Vordergrund steht. Während branchen- und güterspezifische Reichweiten in diesen Zielgebietsbetrachtungen durchaus vielfältig analysiert werden (z. B. TOUMINEN 1949, S. 1–138 oder WOLF

1964), spielt der Bezug auf die nachfragenden Sozialgruppen und ihre Bedürfnisstrukturen nur eine geringe Rolle. Deutlich zeigt sich dies bei der Durchführung der „empirischen Umlandmethode" (KLUCZKA 1970, S. 8 ff.), die zwar einen ersten großräumigen Überblick über zentralörtliche Einzugsbereiche in der Bundesrepublik Deutschland erbrachte, jedoch durch ihre Befragung von Schlüsselpersonen den verschiedenen gruppenspezifischen Raumorganisationen der Versorgungsbeziehungen nur teilweise gerecht wurde (zur Kritik gerade dieses Verfassers vgl. GANSER 1969, S. 45–56).

Entsprechende Erweiterungen versuchen deshalb im innerstädtischen Bereich (u. a. SEDLACEK 1973 oder AUST 1970), im regionalen Feld ILLGEN (1971, S. 193–202) und BORCHERDT (1970, S. 433–473), der die Häufigkeit des Besuchs als weiteres Kriterium mit heranzieht. Demgegenüber ist die geographische Forschungstätigkeit in Richtung aktivitätsräumlicher Untersuchungen bisher nur in wenigen Ansätzen festzustellen. In Nordamerika haben sich damit u. a. MURDIE (1965, S. 211–233) und RAY (1967, S. 143–156) im Rahmen von „consumer travel behavior"-Studien und dem Schwerpunkt auf ethnologisch-sprachlichen Verbänden beschäftigt, während in der Bundesrepublik Deutschland vor allem MÜLLER und NEIDHARDT (1972) die Erfassung von Aktions- (oder Aktivitäts-) Reichweiten privater Haushalte versucht haben. Der Ausgangspunkt der Betrachtungen ist hierbei die von RUPPERT (1968, S. 171–176) in die Sozialgeographie eingeführte Reichweite oder Reaktionsweite. Im Vergleich zu dem von CHRISTALLER (1968, Nachdruck S. 59) vorgestellten Begriff der „unteren Reichweite" handelt es sich hierbei nicht um eine betriebswirtschaftlich interpretierte Kosten-Erlös-Schwelle, sondern um eine aus dem Zeit-Kosten-Mühe-Verhältnis resultierende Distanz (eher der „oberen Grenze" CHRISTALLERs entsprechend).

Im Unterschied zu den übrigen verkehrsräumlichen Aktivitäten zeigt sich bei den versorgungsorientierten Verkehrsbewegungen eine deutliche Dominanz des nichtmotorisierten Verkehrs, also von Fußgängern und Radfahrern. Nach einer Untersuchung des DIW (1985, S. 61) entfielen 1982 etwa 55 % des gesamten Einkaufsverkehrs auf diesen Sektor, wobei mit 43,8 % insbesonders der Fußgängeranteil sehr hoch ist. Auf den öffentlichen Verkehr entfielen etwa 10 % und der Pkw-Verkehr verzeichnete nur ca. 35 % des Verkehrsaufkommens (gemessen an beförderten Personen). Dieser hohen Bedeutung des Fußgängerverkehrs trägt vor allem MONHEIM in seiner Studie über die Entwicklung und Auswirkungen von Fußgängerbereichen Rechnung (z. B. MONHEIM 1975).

2.2.3 Der bildungsorientierte Bereich

Die bildungsorientierten Verkehrsbewegungen haben innerhalb der verkehrsräumlichen Aktivitäten eine quantitativ geringe Bedeutung. Ihr Anteil liegt etwa bei 10 % des gesamten Verkehrsaufkommens. Betrachtet man die Entwicklung der Geographie des Bildungsverhaltens, so kann man sie zu jenen Teilbereichen der Anthropogeographie rechnen, die erst durch die sozialgeographische Betrachtungsweise an größerer Bedeutung gewonnen haben.

2.2 Gruppenspezifische Differenzierung verkehrsräumlicher Aktivitäten 35

Zwar wurden Aussagen über Einzugsbereiche von Realschulen und Gymnasien bereits in großer Zahl in funktionalen Untersuchungen in Verbindung mit Analysen zentraler Orte bzw. zwischengemeindlicher Beziehungskreise menschlicher Tätigkeit im Raum dargestellt (u. a. MEYNEN, KLÖPPER und KÖRBER 1957), jedoch erst die Arbeiten ab Mitte der 60er Jahre zogen konsequent sozialgeographische Fragestellungen und spezifische regionalplanerische Überlegungen in den Mittelpunkt ihrer Betrachtungen (u. a. BESCH 1966; GEIPEL 1965 sowie SCHARB und SCHMIDBAUER 1969). Nach GEIPEL soll dabei die Geographie des Bildungswesens „das unterschiedliche Bildungsverhalten von Bevölkerungsgruppen als ein Teil des allgemeinen Sozialverhaltens erkennen, es räumlich begrenzen und zur Bestimmung von Räumen gleichen sozialgeographischen Verhaltens einsetzen" (GEIPEL 1968, S. 155 f.). Als Einflußgrößen für die spezifischen Verhaltensmuster werden dabei meist sozio-ökonomische Faktoren, wie der Sozialstatus der Eltern innerhalb ihrer Wohngemeinden sowie psychologisch bedingte Größen und die Verkehrsgunstlage angeführt.

Die *Diskussion verkehrsräumlicher Aktivitätsmuster* kommt bislang vor allem in den Analysen des zeitlichen, physischen und finanziellen „Transportwiderstandes" bei Fahrschülern (GEIPEL 1965, S. 14) zum Ausdruck. Wenn auch eine umfassende Darstellung für alle Schularten in einem größeren Raum bisher nicht vorliegt, so bestehen doch für Realschulen und Gymnasien eine Reihe von Untersuchungen über gruppen- bzw. schichtenspezifische Reichweiten und Raumdimensionen. In den Studien über Bayern wird allerdings meist von der Situation auf Kreisbasis ausgegangen. (Eine Ausnahme stellen die beiden Karten über die Einzugsbereiche von Realschulen und Gymnasien 1969/1970 im Raumordnungsbericht 1971 der Bayer. Staatsregierung, München 1972 sowie die entsprechenden Ausführungen bei RUPPERT und MAIER 1973 dar.) Bereits einen weiteren Schritt im Untersuchungsablauf in Richtung verhaltensanalytischer Forschung, mit dem Ziel einer Beschreibung individueller Wegewahl innerhalb der bildungsorientierten Verkehrsbewegungen, gehen die Studien von VOGEL (1973) und MAXFIELD (1972, S. 582 – 589). Ohne erneut auf die Probleme einer Erfassung des „action space" (Wahrnehmungsraum) einzugehen, zeigte sich in beiden Untersuchungen, daß die Distanzen in diesem Teilbereich der Verkehrsbewegungen häufig von Sachzwängen (z. B. in Gestalt administrativer Entscheidungen in bezug auf die Wahl des Schulstandortes) abhängig sind, die Wegewahl zum Schulstandort jedoch in Grenzen variierbar ist.

Gerade der Aspekt einer relativ starken „Zwanghaftigkeit" der verkehrsräumlichen Aktivitäten im Bildungsbereich ist der zweite Grund für die eingeschränkte Darstellung in diesem Untersuchungsansatz. Dies ist nämlich, trotz verschiedener verwandter Eigenschaften in bezug auf die Häufigkeit der Verkehrsbewegungen und Kontinuität der Wegewahl auch ein wesentliches Unterscheidungskriterium (neben der Motivation, den benutzten Verkehrsmitteln und der Dimension der Verkehrsräume) zu den berufsorientierten Verkehrsbewegungen. Die Einschränkungen in der Wahl der Ausbildungsstätte fallen besonders bei den Grund- und Hauptschulen durch die Festlegung des jeweiligen Schulsprengels auf, sie treten aber auch bei Realschulen und Gymnasien vor allem im ruralen Raum, durch die nicht vorhandene Wahlmöglichkeit zwischen Schulen gleichen Typs, in Erscheinung.

2 Regional- und gruppenspezifische Differenzierung

Intensive Aufarbeitungen zum ausbildungsorientierten Verkehr hat in jüngster Zeit ROLF MONHEIM für die Stadt Bayreuth vorgelegt (1986 sowie 1988 b). Beiden Arbeiten liegt ein handlungsorientierter Forschungsansatz zugrunde, wobei den Verantwortlichen der Stadtverwaltung und -politik, den Trägern der Bildungseinrichtungen und den Auszubildenden Handlungsempfehlungen gegeben werden. Dabei geht er insbesondere auf die Verkehrsmittelwahl von Schülern und Studenten ein, wobei der nichtmotorisierte Verkehr (Fußgänger und Radfahrer) sowie der ÖPNV besonders hervorgehoben werden (Abb. 5).

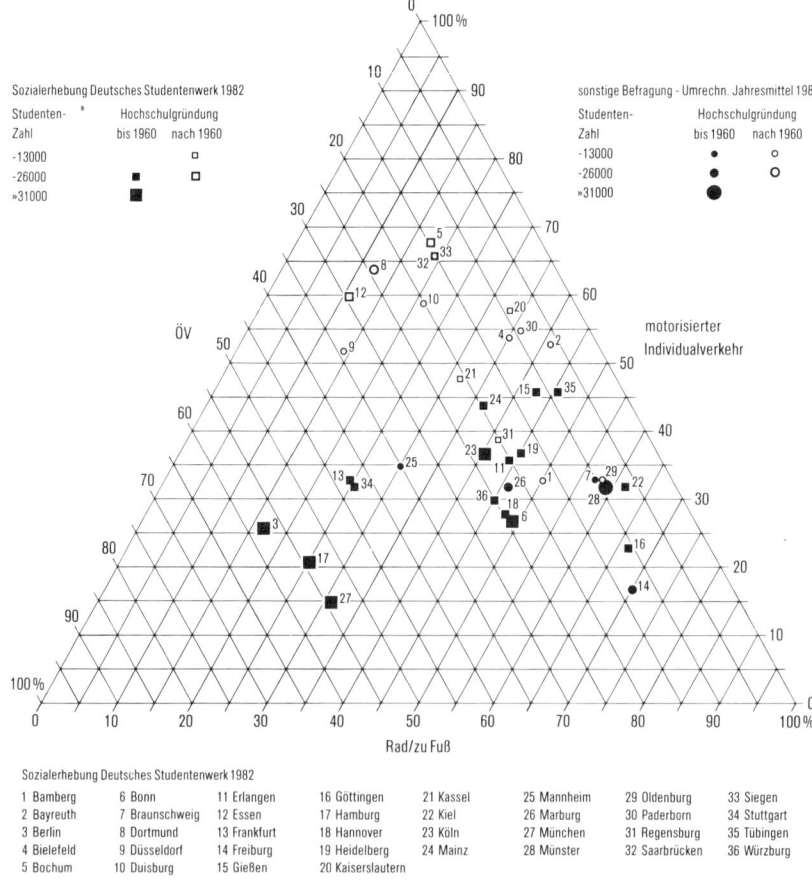

Abb. 5 Verkehrsmittelwahl der Studenten beim Weg zur Hochschule nach Hochschulstädten 1982 (Quelle: MONHEIM 1986, S. 153 nach Daten der 10. Sozialerhebung des Deutschen Studentenwerks: Sonderauswertung HIS 1986 und Angaben der Hochschulverwaltungen auf eigene Umfragen im SS 1983)

2.2 Gruppenspezifische Differenzierung verkehrsräumlicher Aktivitäten 37

Als *Bestimmungsgründe für die Verkehrsmittelwahl* werden, wie auch schon in den vorab beschriebenen Studien, die Distanz, die Lage und die Verkehrserschließung (u. a. die Anbindung an das ÖPNV-Netz) sowie teilweise soziale Einflüsse (z. B. verändertes Umweltbewußtsein) genannt (MONHEIM u. a., S. 14 f.). Als wichtiges Ergebnis ist dabei festzuhalten, daß die Verkehrsmittelwahl, zumindest bei Studenten, kurzfristig eine bisher kaum erwartete Veränderungsdynamik entwickelte. So kann auch die lange Zeit für unausweichlich gehaltene Zunahme der Pkw Benutzung zugunsten von nicht-motorisierten Verkehrsmitteln und da vor allem dem Fahrrad, sowie dem ÖPNV rückgängig gemacht werden (MONHEIM u. a., S. 25).

2.2.4 Der freizeitorientierte Bereich

Die Bedeutung des freizeitorientierten Verkehrsbereichs hat in den letzten Jahren, nicht zuletzt durch den Übergang von der Industrie- zur Freizeitgesellschaft, erheblich zugenommen (siehe auch Abschnitt 2.1). Aus der Sicht der wissenschaftshistorischen Entwicklung kann man feststellen, daß Freizeit als Begriff und inhaltliche Erscheinung in enger Beziehung zur Industriegesellschaft steht. Zwar gab es sie auch in früheren Zeiten als Privileg einzelner Sozialschichten, jedoch erst der gesellschaftliche Wandel wies auf den grundfunktionalen Charakter von Freizeit für breite Bevölkerungsschichten hin. Mit ihrem quantitativen Wachstum, insbesonders im Bereich des längerfristigen Reiseverkehrs begann auch das wissenschaftliche Interesse der Geographie und anderer Wissenschaften anzusteigen.

Zwangsläufig beschäftigten sich die ersten Studien mit jenen Forschungsgegenständen, in denen die ökonomischen und landschaftsgestaltenden Auswirkungen dieses räumlichen Verhaltens einen deutlichen Niederschlag im Bild der Landschaft fanden: in den Fremdenverkehrsorten. Nicht zuletzt spielte dabei auch die zeitlich weit früher verfügbare massenstatistische Erfassung des längerfristigen Reiseverkehrs eine große Rolle.

Durch die verstärkte Bedeutung auch kurzfristiger Freizeitformen im mehr oder weniger nahen Einzugsbereich des Wohnstandortes und die wachsende Differenzierung der Ansprüche der verschiedenen Personengruppen an die Landschaft, erweiterte sich auch der Aufgabenbereich geographischer Untersuchungen. Aus der sprachlich und inhaltlich enger gefaßten Fremdenverkehrsgeographie wurde damit eine Geographie des Freizeitverhaltens, deren Forschungsziel in dem Studium räumlicher Organisationsformen menschlicher Gruppen unter dem speziellen Einfluß der Grundfunktion „Freizeitverhalten" liegt (RUPPERT und MAIER 1970, S. 14).

Aufgrund der Komplexität menschlicher Beziehungen bzw. der Vielfalt an Erscheinungsformen im Bereich des Freizeitverhaltens liegen jedoch in der definitorischen Abgrenzung von *Freizeit* eine Reihe von Schwierigkeiten begründet. Bedingt durch unterschiedliche wissenschaftstheoretische Positionen, methodologische Verfahrensweisen oder auch ideologische Standpunkte entstand keineswegs ein einheitlicher Begriff, sondern eine Vielfalt unterschiedlicher Termini eines „Freiseins-von-etwas" oder eines „Freiseins-zu-etwas". Faßt man dabei die in der Praxis häufig nur

2 Regional- und gruppenspezifische Differenzierung

schwer trennbaren, theoretisch jedoch denkbaren Raum-Zeit-Muster zu operationalen Kapazitäten-Reichweiten-Systemen zusammen, so läßt sich die Freizeit als „relativ frei verfügbare Zeit" (SCHEUCH 1969, S. 757: Freizeit als Bereich, der subjektiv als frei empfunden wird und in dem objektiv ein verhältnismäßig hoher Grad an freier Verfügbarkeit besteht), in eine

- Freizeit in der Wohnung bzw. im engeren Wohnumfeld,
- Freizeit mit Aktionsschwerpunkten innerhalb der Siedlungskerne,
- Freizeit mit Zielen außerhalb der Siedlungskerne, jedoch im Nahbereich (Tages- und Wochenendausflugsverkehr) und
- Freizeit im längerfristigen Reiseverkehr

differenzieren (vgl. auch MAIER 1982, S. 160–276).

Auch im Bereich der freizeitorientierten Verkehrsaktivitäten geht es um die Analyse sozialgeographischer Gruppen und ihrer räumlichen Aktionen, deren Einflußgrößen und Präferenzen. Die Zusammenhänge werden dabei weit schwieriger als bei anderen Verkehrsaktivitäten aufgrund der geringeren „Sachzwänge" zu durchschauen sein, da das räumliche Prozeßfeld des Freizeitverhaltens in besonderem Maße von den bestehenden gesellschaftlichen Wertvorstellungen und Ideologien von Freizeit, von spezifischen Normkonstellationen lokaler und regionaler Bezugsgruppen und von den Werbemaßnahmen der Freizeitindustrie überlagert wird.

Auch auf der Ebene der Verkehrspolitik und Verkehrsplanung spielt der freizeitorientierte Verkehrsbereich inzwischen eine große Rolle. Sein Einfluß reicht dabei von der innerstädtischen Verkehrsstruktur bis hin zum Fernstraßenbau und dem Bereich des Luftverkehrs und den damit verbundenen Problemen der zeitweiligen Spitzenbelastungen während der Hauptreisezeiten. Ein Beispiel für einen solchen Wirkungszusammenhang gibt POHL (1981) in seiner Studie über Fernstraßenplanung und Naherholung, in der er ausgehend von dem Problem der Umweltbelastungen durch den Naherholungsverkehr und den dort auftretenden Verkehrsspitzen als Konsequenz für die Fernstraßenplanung eine stärkere Beachtung auch der kleinräumigen Auswirkungen und aufgrund dessen eine sorgfältigere Planung fordert (1981, S. 95/96).

3 Die Untersuchungsansätze im Güterverkehr

3.1 Verkehrsstrukturen im Güterverkehr

Der Transport von Gütern spielte schon bei den ersten verkehrsgeographischen Studien von LAUNHARDT, WEBER oder VON THÜNEN eine große Rolle (vgl. Abschnitt 1.3). LAUNHARDT (1887) hob dabei erstmals die Bedeutung der Transportkosten für die Abgrenzung von Absatzgebieten hervor. Noch weit differenzierter behandelte ALFRED WEBER die Transportkosten in ihrer Bedeutung für die industrielle Standortwahl (1922). Im Vordergrund seines Konzepts steht die Minimierung der Transportkosten für die Materialbeschaffung und den Absatz der Erzeugnisse. Diese sind vor allem für Industriezweige, die große Mengen sog. „Gewichtsverlustmaterials" umschlagen, von großer Bedeutung. Aus der Ermittlung des Transportkostenminimalpunktes leitet er dann theoretisch den günstigsten Produktionsstandort ab, wobei Betriebe, die einen großen Anteil Gewichtsverlustmaterial zur Produktion benötigen, wie etwa Braunkohle-Kraftwerke, am günstigsten in unmittelbarer Nähe zu den Abbaubetrieben angesiedelt werden (VOPPEL 1980, S. 25 f.).

Durch diese frühe Einbeziehung des Güterverkehrs zeigen sich zwei Aspekte, die für die Verkehrsgeographie kennzeichnend sind. Zum ersten sieht man deutlich die Verbindung zu anderen Teildisziplinen der Geographie, hier der Industriegeographie, und zum anderen wird, im Unterschied zum Personenverkehr, die viel stärkere ökonomische Orientierung im Gütertransport ersichtlich. Dementsprechend wird die *ökonomische Funktion des Verkehrssystems*, die Lücke zwischen dem Produzenten und dem Konsumenten von Gütern zu überwinden, nicht als Entfernungs- oder Distanzüberwindung, sondern als Kostenfaktor interpretiert (SCHLIEPHAKE 1982, S. 56). Diese Kosten umfassen nicht nur das eigentliche Entgelt für den Verkehrsunternehmer, sondern auch:

- den Qualitäts- und Quantitätsverlust des Gutes,
- die Zinskostenverluste, da das Gut während der Transportdauer dem Produktionsprozeß entzogen ist,
- die Verpackungskosten,
- die Transport- und Verladekosten im Betrieb selbst,
- die Verwaltungskosten im eigenen Betrieb und gegebenenfalls
- die Versicherungskosten für das Gut (SCHLIEPHAKE 1982, S. 56).

Im Sinne dieser standorttheoretischen Überlegungen vergrößert sich die „Reichweite" des einzelnen Gutes, je niedriger die Transportkosten und damit der Preis des Gutes ist. Die Zunahme der weltweiten Handelsverflechtungen ist nicht zuletzt auf den kostengünstigen Einsatz der Verkehrsmittel und die stark gesunkenen Transportkosten zurückzuführen.

3 Die Untersuchungsansätze im Güterverkehr

Neben seiner Bedeutung für die entwickelten Volkswirtschaften im allgemeinen, also der eigentliche Transportfunktion, ist der Güterverkehr auch als eigenständiger Produktionszweig ein wichtiges Element der Volkswirtschaft. In der Bundesrepublik waren 1979 ca. 2 Mio. Menschen in der Verkehrswirtschaft (einschließlich Nah- und Fernverkehr) beschäftigt, die einen Umsatz von 43 Mrd. DM erzielten, wobei 80–85 % dieser Aktivitäten dem Güterverkehr zugerechnet werden können, dessen Umfang bei 198 Mrd. tkm lag (SCHLIEPHAKE 1982, S. 57). Vor allem für die Eisenbahnen steht der Güterverkehr an erster Stelle. Wenn auch hier der Massengüterverkehr (feste Brennstoffe, Eisen und Stahl, Erze und Metallabfälle, Mineralöl und Düngemittel), mit 64,8 Mrd. tkm (1979) noch von größerer Bedeutung war, wird der Container-Verkehr immer wichtiger (SCHLIEPHAKE 1982, S. 87). Der Rückgang der Massengutverkehre, beispielsweise infolge abnehmender Stahlproduktion und ein Absinken der Sendungsgrößen bei steigender Bedienungshäufigkeit aufgrund der engeren wirtschaftlichen Verknüpfungen innerhalb Europas und die Produktion immer hochwertigerer Güter sowie die zunehmende Spezialisierung machen diesen Strukturwandel für die Eisenbahnen unabdingbar.

Tab. 4 Entwicklung des Güterverkehrs in der Bundesrepublik Deutschland 1960–1984 (binnenländischer Verkehr einschließlich Straßengüternahverkehr)

	Verkehrsaufkommen in Mio. t	Verkehrsleistungen in Mrd. tkm
1960	1.691,7	142,0
1965	2.196,9	173,3
1970	2.844,5	215,3
1975	2.778,0	213,7
1980	3.229,0	255,3
1984	2.987,9	251,5

(Quelle: BUNDESMINISTER FÜR VERKEHR 1985, S. 184 ff.)

Die zum Teil raumordnungspolitisch unkoordinierte Ansiedlung von Industrie- und Gewerbebetrieben an der Peripherie der Ballungsräume, zumeist ohne eigenen Gleisanschluß, infolge der Expansion einzelner Branchen, kommt vor allem dem Straßengüterverkehr entgegen, zumal die Eisenbahnen es versäumten, den Einzelwagenverkehr durch marktgerechte Angebotsverbesserungen im ausreichenden Umfang auf die neuen Marktbedingungen umzustellen (Güterverkehr in Norddeutschland 1988, S. 30). Gleiches gilt auch für den Güterverkehr mit anderen Verkehrsmitteln, vor allem dem Binnenschiffs- und dem Seeschiffsverkehr. Auf die wichtige Rolle des Container-Verkehrs in diesem Zusammenhang wird im folgenden Abschnitt noch intensiver eingegangen.

Wie sich zeigt, kann man den Güterverkehrssektor nicht unabhängig vom eigentlichen Produktionsbereich betrachten. Mit dem Strukturwandel im Handel vollzog sich auch innerhalb der Unternehmen ein produktionslogistischer Wandel. Mit der zunehmenden vertikalen Arbeitsteilung in vielen Produktionsbereichen fällt dem Güterverkehr, neben seiner primären Transportfunktion auch die, für die moderne, kostensparende „Just-in-time"-Produktion notwendige Lagerhaltungsfunktion zu. So werden beispielsweise in der Automobilindustrie, die für die Produktion erforderlichen Halb- und Fertigteile erst ca. 24 Stunden vor dem Produktions- oder Montagevorgang oder eben „just-in-time" (vgl. etwa das BMW-Werk in Regensburg) angeliefert. Diese Maßnahme ermöglicht neben der Ersparnis der Lagerhaltungskosten eine größere Produktionsflexibilität. Die Folge ist ein hoher Anspruch bezüglich der Schnelligkeit, der Pünktlichkeit und der Zuverlässigkeit an die betroffenen Verkehrsmittel und räumlich eine ganz neue Anordnung von Zulieferbetrieben im engeren Einzugsbereich des Produktionsstandortes.

Ein weiterer Aspekt des Güterverkehrs, der ebenfalls aus räumlicher Sicht zu beachten ist, ist schließlich der Bereich des *leistungsgebundenen Gütertransports*. Hierbei werden sowohl Güter materieller Art, wie Flüssigkeiten (Wasser, Mineralöl), Gase (Erd- und Stadtgas oder feste Körper (Rohrpost, Kohlestaub) wie auch immaterieller Art in Form von elektrischer Energie (Stromleitungen) und elektronischen Impulsen (Telekommunikation und -information) (Güterverkehr in Norddeutschland 1988, S. 69) befördert.

Obwohl hiermit Randbereiche der Verkehrsgeographie angesprochen sind, muß nochmals auf die Raumbedeutsamkeit dieser „Verkehrswege" hingewiesen werden (siehe u. a. Flächensparender Stromleitungs-Trassenbau, in: Informationen zur Raumentwicklung H. 7/8, 1985 und Raumordnungsgerechter Stromleitungs-Trassenbau, in: Informationen zur Raumentwicklung H. 6/7, 1986). Insbesonders der Bereich der Kommunikation und Information ist Gegenstand eines späteren Kapitels.

Zusätzlich zu den schon angesprochenen Verkehrsmitteln im Straßen-, Schienen- und Schiffsgüterverkehr hat der Luftfrachtverkehr in den letzten Jahrzehnten durch seine Zuverlässigkeit, Pünktlichkeit und vor allem Schnelligkeit von o. a. Strukturwandel verstärkt profitiert.

3.2 Der Container-Verkehr

Auf die Bedeutung des Container-Verkehrs im Gütertransportbereich wurde bereits im vorangegangenen Abschnitt hingewiesen. Die folgende Abb. 6 verdeutlicht die Entwicklung des Container-Verkehrs in der Bundesrepublik Deutschland, wobei deutlich wird, daß insbesondere der Container-Umschlag in den deutschen Seehäfen in den 80er Jahren eine sehr positive Entwicklung verzeichnet.

Damit sollen nun kurz die Innovation des Containerverkehrs für den Transportsektor, seine Entwicklung, seine Aufgaben, Vor- und Nachteile und insbesonders seine Auswirkungen auf die Wirtschaft, die Handels- und Verkehrsstrukturen sowie seine geographischen Auswirkungen näher behandelt werden.

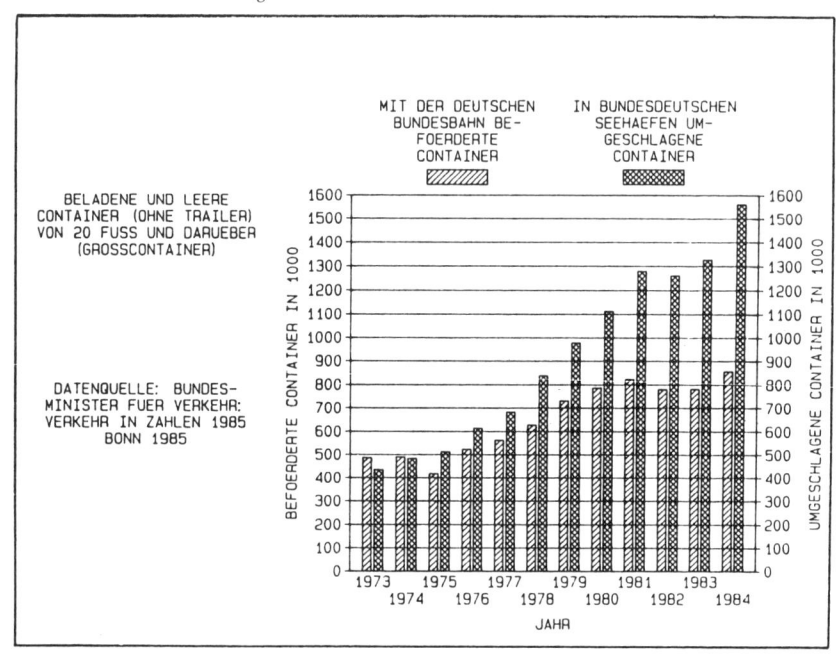

42   3 Die Untersuchungsansätze im Güterverkehr

Abb. 6 Containerverkehr der Bundesbahn und der bundesdeutschen Seehäfen Entwicklung 1973–1984 (Quelle: BUNDESMINISTER FÜR VERKEHR 1985, eigener Entwurf)

Seit seiner Einführung vor etwa 25 Jahren hat der Container-Verkehr das Transportsystem weitgehend verändert. Dieser Prozeß ist weltweit auch heute noch nicht abgeschlossen. Der Aspekt des Container-Verkehrs bezieht sich auf die Verwendung im Straßen-, Schienen- und Schiffsverkehr. Er ist inhaltlich von einer anderen Verwendung zu trennen, nämlich der im Lufttransport. Dabei handelt es sich um eine Spezialform, die bei den anderen Verkehrsmitteln keine Verwendung findet, da ihre Konstruktion ausschließlich auf die Belange der Flugtechnik (in bezug auf Größe, Gewicht und Form) ausgerichtet ist und sich deshalb zum Aufbau eines Transportsystems nur wenig eignet (FRANZ 1981, S. III). Ihre Verbreitung beschränkt sich somit auf die Flughäfen selbst.

„Konventionelle" Container sind im Gegensatz hierzu gerade durch ihre vielseitige Verwendung im Straßen-, Schienen-, Binnenschiffs- und Seeschiffsverkehr gekennzeichnet. Hier führt ihre Verwendung zu einer drastischen Verkürzung der Umschlagzeiten und damit zu einer erheblichen Beschleunigung des Transports. Sie ermöglichen durch den Aufbau von Transportketten einen durchgehenden und ununterbrochenen Transport vom Versender zum Empfänger (FRANZ 1981, S. III). Die transporttechnische Neuerung des Container-Verkehrs wurde zwar in zahlreichen Zeitungs- und Zeitschriftenartikeln behandelt, in den Standardwerken der Verkehrsgeographie, die zumeist vor dem Container-Zeitalter geschrieben wurden, findet sich dazu allerdings kaum etwas. Darstellungen in der verkehrsgeographischen Literatur stammen eher aus der Einführungsphase der Containerisierung wie etwa die Arbeiten von ALEXANDERSON und NORDSTRÖM (1963), MAYER (1973, S. 145– 155) oder VERLAQUE (1975). Aus jüngerer Zeit ist vor allem auf den von J.C. FRANZ herausgegebene Sammelband: „Der Containerverkehr aus geographischer Sicht" (1981) hinzuweisen.

Die Innovation und die Diffusion von *neuen Transporttechnologien* kann in Anlehnung an RITTER allgemein in acht Phasen unterteilt werden (RITTER 1981, S. 5–12). Im Unterschied zu anderen Autoren (WIATH 1979, S. 200–206; GSCHAIDER 1981, S. 12–34) sieht er weder die Adaption noch die Diffusion von Innovationen stark von Zufallskomponenten beeinflußt, sondern vielmehr durch die ökonomische Notwendigkeit für alle Unternehmen, die im Geschäft bleiben wollen. Eine Verzögerung der Ausbreitung ist demzufolge keine Frage des Informationsflusses mehr, sondern allenfalls ein Mangel an Investitionskapital. Diese Besonderheit erklärt RITTER (1981, S. 6) mit den speziellen Wettbewerbsbedingungen auf den Verkehrsmärkten, wobei er insbesonders auf das labile Konkurrenzgleichgewicht der Wettbewerber hinweist. Vor diesem Hintergrund ist auch das Fehlen von Überseeverbindungen im Container-Verkehr in weiten Teilen Afrikas zu verstehen (Abb. 7).

Es fehlt hier nicht an Information, sondern an Kapital für Containerhäfen, an containerisierbarem Transportgut (aus Ländern der „Dritten Welt" werden immer noch überwiegend Rohstoffe im Massengutverkehr transportiert), in entsprechenden Mengen oder an bürokratisch-organisatorischen Mängeln (wie auch in der Anfangsphase in den USA oder Europa).

Überträgt man die Phasen einer Innovationsentwicklung auf die Entwicklung des Containerwesens, so kann man zunächst die Phase der Erfindung mit der Entwicklung der standardisierten Großkiste mit Eckbeschlägen gleichsetzen. Die endgültige Normierung als ISO-Container in Standardabmessungen erfolgte allerdings erst sehr viel später als die eigentliche Erfindung, die wie bei vielen Neuerungen nur genau festgelegt werden kann, nämlich im Jahre 1964 (RITTER 1981, S. 12).

Die ISO (International Organisation for Standardisation = Internationaler Normenausschuß, Genf) definiert in ihrer Empfehlung Nr. 668 (series 1 freight containers – classification, external dimensions and ratings) Container wie folgt (die Übersetzung entspricht der Definition der vorläufigen Fassung der DIN 30781):

„Transportbehälter, der

- von dauerhafter Beschaffenheit und daher genügend widerstandsfähig für den wiederholten Gebrauch ist;
- besonders dafür gebaut ist, den Transport von Gütern mit einem oder mehreren Transportmitteln ohne Umpacken der Ladung zu ermöglichen;
- für den mechanischen Umschlag geeignet ist;
- so gebaut, daß er leicht be- und entladen werden kann;
- einen Rauminhalt von mindestens 1 m^3 hat."

(zitiert nach: FRANZ und SIEMSGLÜSS 1981, S. 27–28)

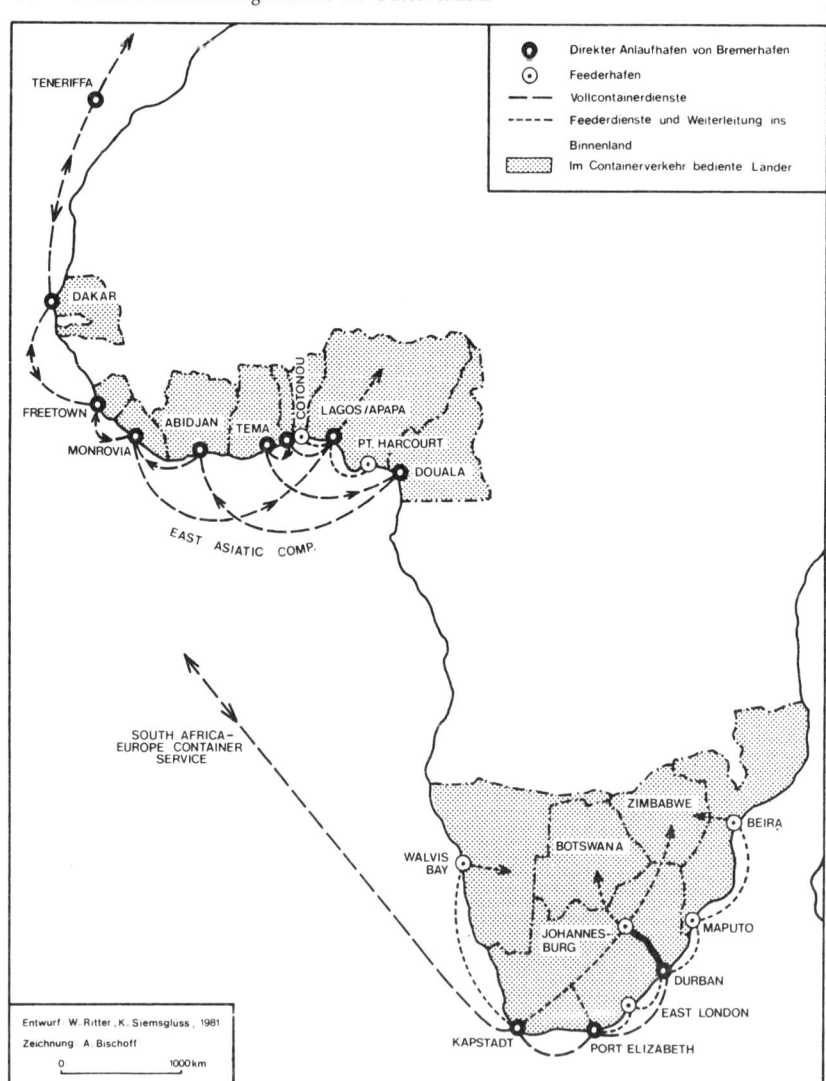

44   3 Die Untersuchungsansätze im Güterverkehr

Abb. 7   Containerfahrgebiete West- und Südafrika (Quelle: SIEMSGLÜSS 1981, S. 128)

Die Erfindungs- und versuchsweise Ausbreitungsphase konzentriert sich zunächst nur auf den Wirtschaftsraum der USA, weil hier die geographischen und rechtlichen Voraussetzungen zur Containeranwendung gegeben waren. Mit Alaska, Hawaii und Guam waren Territorien gegeben, die allein der Bundesregierung unterstanden,

3.2 Der Container-Verkehr

die eine ausreichende Aufnahmefähigkeit für zivile und militärische Industriegüter hatten, weit genug vom Ausgangshafen entfernt lagen, um eine seefeste Verpackung zu erfordern und als Hochlohngebiete mit Arbeitsknappheit jede Rationalisierungsmöglichkeit im Löschvorgang willkommen machten (RITTER 1981, S. 13).

Die Phase der eigentlichen Invention wurde erst mit dem Containereinsatz im Raum der damals 48 Staaten der USA (noch ohne Alaska und Hawaii) eingeleitet, als für diese Gebiete 1954 intermodale Transporte wie Huckepack, Paletten, RoRo und Container zugelassen wurden (MAYER 1973, S. 149, zitiert nach RITTER 1981, S. 13). Auf dieser Basis wurden im April 1956 erstmals 58 Container mit dem umgebauten Frachter Ideal X von Newark nach Housten transportiert (HAYUT 1981, S. 167, zitiert nach RITTER 1981, S. 13).

Die vierte Phase begann 1962 mit der Ausweitung der Containerisierung des Stückgutverkehrs auf der Nordatlantik-Route nach Europa, zunächst durch US-amerikanische Spediteure und Reedereien und dann auch im Nachziehen durch europäische Transporteure (RITTER 1981, S. 13). Im Zusammenhang mit der eigentlichen Stärke der neuen Container-Technik, dem Von-Haus-zu-Haus-Transport, kann man diese Phase in zwei Sub-Phasen untergliedern:

In der ersten erreicht die Container-Ladung nur den Seehafen und wird dort entladen. Diese Phase entspricht etwa dem Stand im Luftfrachtverkehr. Der Transport mit Containern ist also auf nur ein Transportmittel abgestimmt. In der zweiten Sub-Phase werden Container nach inländischen Destinationen weiterbefördert (RITTER 1981, S. 14). Erst hierbei kommt der multimodale Charakter des Containerverkehrs und damit ein weiterer großer Vorteil der neuen Technik zum tragen, da bei der Entladung im Empfangshafen und dem anschließenden Überlandtransport die Zeit- und Verpackungsersparnisse zur vollen Entfaltung kommen. Über die Erschließung der Bundesrepublik mit Infrastruktureinrichtungen für den Containerverkehr der Deutschen Bundesbahn gibt Abb. 8 Aufschluß.

Es zeigt sich, daß inzwischen weite Teile des Bundesgebiets durch Containerbahnhöfe der DB oder privater Transportunternehmen bedient werden können. Dabei erfolgt der Transport, ausgehend von einem der Seehäfen-Umschlagbahnhöfe zu einem im Inland gelegenen Umschlagbahnhof, der entweder von dort mit dem LKW zum Bestimmungsort transportiert wird oder selbst der Bestimmungsort des Containers ist. Die Anbindung der Seehäfen mit Containerzügen wird in den Abb. 9 und 10 deutlich. Es zeigt sich hier, daß einzelne Züge in einem Quellbahnhof, d. h. in einem Seehafen nahegelegenen Rangierbahnhof (Maschen bei Hamburg oder Bremen Hbf), zu Blockzügen zusammengefaßt und über die Verteilerbahnhöfe (Fulda, Frankfurt-Ost oder Nürnberg Hbf. Rbf.) bis zu ihrem (vorläufigen) Zielort transportiert werden. Der Transport erfolgt dabei zwischen den großen Ballungszentren innerhalb einer Nacht (nachmittags Verladung im Seehafen, Ankunft am Zielbahnhof am darauf folgenden Morgen) (MARCINOWSKI 1981, S. 55 ff.).

Der landseitige Transport wird zu einem großen Teil vom bundesbahneigenen Unternehmen Transfracht GmbH (TGF) vorgenommen. Hierzu zählt auch der vor- und nachläufige Güterverkehr auf der Straße (MARCINOWSKI 1981, S. 53). International waren bis zur Jahreswende 1980/81 neben den Industrieländern in West und

3 Die Untersuchungsansätze im Güterverkehr

Abb. 8 Containerbahnhöfe im Bereich der Deutschen Bundesbahn (Quelle: MARCINOWSKI 1981, S. 62)

3.2 Der Container-Verkehr   47

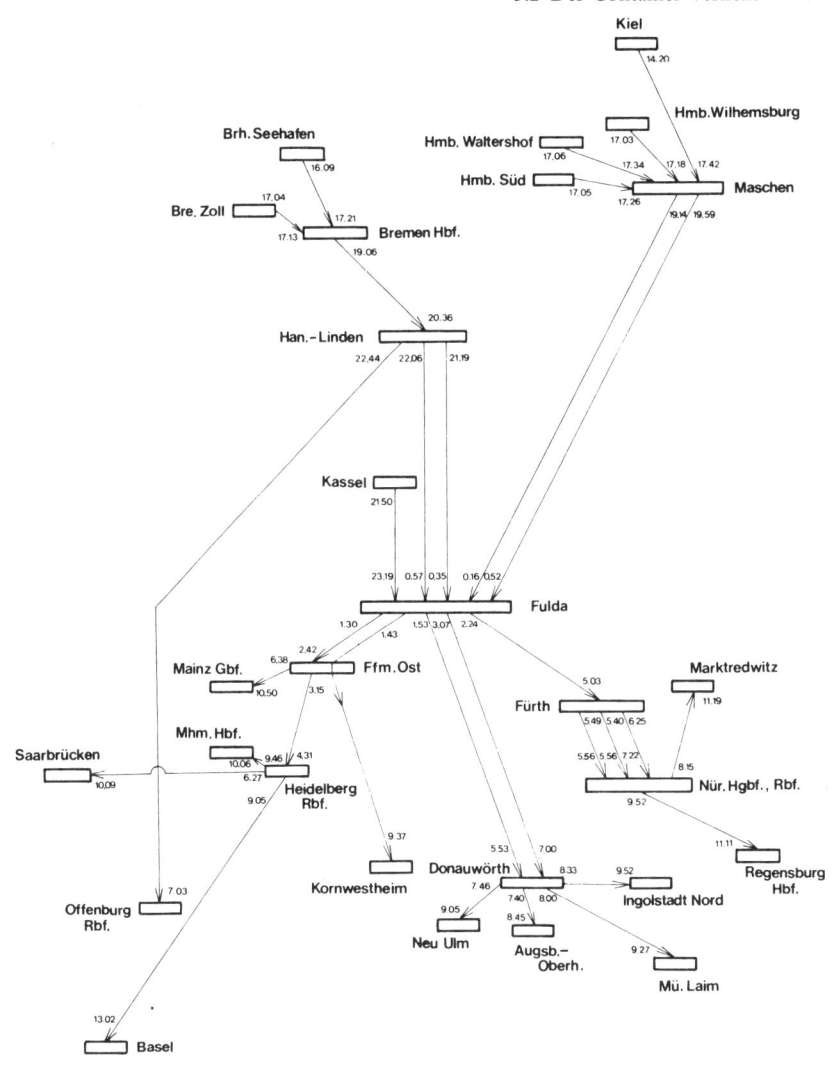

Abb. 9   Containerzüge von deutschen Seehäfen (Quelle: Marcinowski 1981, S. 56)

Ost die Verkehre zu den Exportländern (Australien, Neuseeland, Südafrika, Argentinien und Uruguay), den südostasiatischen Schwellenländern (Südkorea, Taiwan, Hongkong, Malaysia und Singapore) und den Ölländern am arabischen Golf, Nigeria und zu diversen Überseebesitzungen der USA und Frankreichs samt deren Einflußbereiche in Mittelamerika und Afrika in die Containerisierung einbezogen. An-

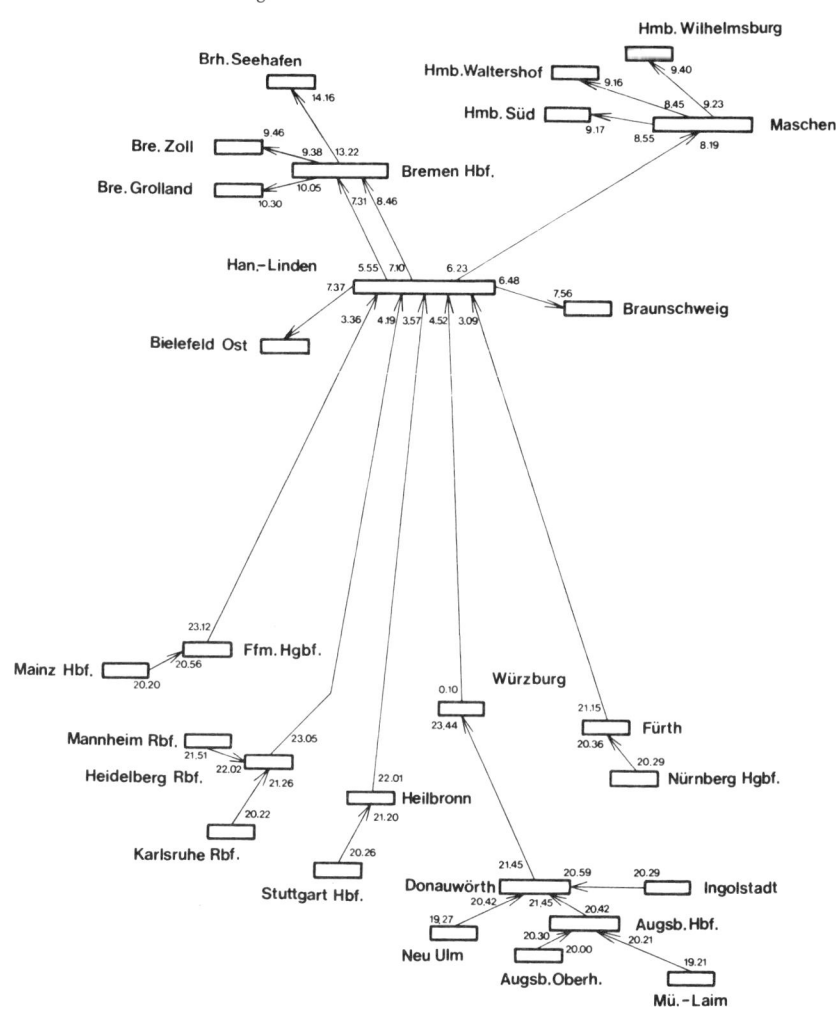

48 3 Die Untersuchungsansätze im Güterverkehr

Abb. 10 Containerzüge nach deutschen Seehäfen (Quelle: MARCINOWSKI 1981, S. 57)

fänge konnten zu diesem Zeitpunkt in Indien, Pakistan, Ostafrika und der Guineaküste festgestellt werden. Der größte Teil von Lateinamerika, Schwarz- und Nordafrika sowie Südasien wurden bis dahin noch nicht durch den Übersee-Containerverkehr bedient (RITTER 1981, S. 14).

Komplementär zur Ausweitung des Containerverkehrs erfolgte die Aufgabe des traditionellen Stückgut- und gelegentlich auch des Massengutverkehrs. Der Extremfall der reinen Containerhäfen ist allerdings noch recht selten (z.B. in Khorfakkan in den Vereinigten Arabischen Emiraten). Für Seehäfen, die dank ansässiger Industrie- und Handelsunternehmen selbst Ziel- und Endpunkte von Güterströmen sind, wird dies kaum eintreten (RITTER 1981, S. 15).

Die *Grenzen der multi-modalen Anwendung* der Container-Technik liegen vor allem in der ökonomischen Durchführbarkeit. Insbesonders in Ländern der „Dritten Welt" kann der Weitertransport, ausgehend von den Seehäfen weit billiger in der früheren Stückgut-Technik vorgenommen werden. Hier werden Container noch relativ lange im Seehafen ihre Endstation haben und allenfalls zu wenigen binnenländischen Großbetrieben gelangen (RITTER 1981, S. 15).

Der Einsatz von Containern im Stückguttransport wird von anderer Seite (FRANZ und SIEMSGLÜSS 1981, S. 27) als der Beginn einer Phase zunehmender Industrialisierung im Seetransport und Güterumschlag bezeichnet. Die Hauptaufgabe bzw. -eigenschaft des Containers, heterogenes Stückgut in homogenes Massengut umzufunktionieren, brachte neben den wichtigen Rationalisierungseffekten für die Transportunternehmen und den Vorteilen für die Verlader, eine Reihe weiterer wichtiger Nebeneffekte mit sich. Hierzu zählen u. a. das Entstehen neuer Dienstleistungsbereiche, die weitere Erschließung des Welthandels für viele Waren und die nicht zu unterschätzenden sozialen Veränderungen im Arbeitsbereich (FRANZ und SIEMSGLÜSS 1981, S. 27).

Die wesentlichen Aspekte, die zu der rasanten Containerentwicklung beitrugen, waren die *Rationalisierung*, die *Verkürzung der Hafenliegezeiten* und die *gesteigerte Produktivität* sowie die verbesserte Sicherheit und Transportqualität, die durch den Einsatz von Containern erreicht werden konnten.

Die Einführung genormter Großbehälter und maßgeschneiderter Spezialgeräte für ihre Handhabung beschleunigte vor allem den Kai-Umschlag enorm. Für das Löschen von 7000 t Stückgut aus einem konventionellen Frachter benötigt man beispielsweise in der Regel eine Woche, wenn man von Nachtschichten der Kaiarbeiter absieht. Ist diese Ladungsmenge dagegen in 600 bis 700 Containern gestaut, so erfordert das Löschen an einem Containerschiff nur noch ca. zehn Stunden (RAABE und ZICKERT 1976, S. 17, zitiert nach FRANZ und SIEMSGLÜSS 1981, S. 30). Ermöglicht wurde diese enorme Reduzierung der Umschlagzeit, die allerdings auch erhöhte Ansprüche an die Planung und Organisation des Be- und Entladevorgangs stellt, durch die zeitliche Vorverlagerung der Stau- und Packtätigkeiten. Während beim konventionellen Stückgut die Stautätigkeit nur im Hafen durchgeführt wurde, kann dies bei der Nutzung von Containern bereits beim Verlader vorgenommen werden (FRANZ und SIEMSGLÜSS 1981, S. 30 – 31). Eine Folge dieser Rationalisierung ist allerdings auch ein starker Arbeitsplatzumstrukturierungseffekt, der verständlich wird, wenn man bedenkt, daß ein Arbeiter beim Container-Kaiumschlag gut 40-mal so viel bewegen kann, wie beim konventionellen Stückgutverkehr (FRANZ und SIEMSGLÜSS 1981, S. 31). Als Folge kam es häufig zu Entlassungen. Der Container-Verkehr kann damit als eine Ursache für die hohe Arbeitslosigkeit in den bundesdeutschen wie auch anderen Hafenstandorten angesehen werden.

3 Die Untersuchungsansätze im Güterverkehr

Ein weiterer wichtiger Aspekt, wenn nicht gar der entscheidendste, bei der Einführung des Überseecontainerverkehrs durch die Reedereien war die Verkürzung der Hafenliegezeiten als Folge der Rationalisierung des Umschlags. Ebenso wie bei anderen Verkehrsmitteln (insbesonders dem Flugzeug) sind Gewinne für den Transporteur nur dann realisierbar, wenn das Fahrzeug in Bewegung bleibt, also tatsächlich Waren oder Güter transportiert. Zeiten des Stillstandes, wie etwa bei der Be- und Entladung, sind wenig produktiv, da hier für den Transporteur nur Kosten, nicht aber Gewinne entstehen.

Die Containerschiffe verbringen im Unterschied zu den konventionellen Frachtern einen weitaus höheren Anteil ihrer gesamten Einsatzzeit auf See und erbringen damit Transportleistungen. Während konventionelle Frachter rund die Hälfte ihrer Betriebszeit im Hafen liegen, reduziert sich diese wirtschaftliche „Totzeit" bei Containerschiffen auf etwa 15 %, wobei Schwankungen in Abhängigkeit von der Länge der Fahrtstrecke und der Anzahl der Anlaufhäfen auftreten (FRANZ und SIEMSGLÜSS 1981, S. 31).

Ein zusätzliches Argument für den Einsatz von Containern war die erhöhte Sicherheit und Transportqualität. FRANZ und SIEMSGLÜSS führen in ihrer Studie Untersuchungen des „American Institute of Merchant Shipping" von 1970 an, wonach die Schadenshäufigkeit bei Containerladungen äußerst gering waren (1981, S. 33). Weitere Untersuchungen des Container-Konsortiums ACT meldeten nach WITTHÖFT (1977, zitiert nach FRANZ und SIEMSGLÜSS 1981, S. 33) für das gleiche Jahr (1970), daß im Containerverkehr nur 5 % der Schäden aufgetreten seien, die man sonst bei konventioneller Verschiffung gewohnt wäre. Zurückzuführen ist diese Verringerung der Beschädigung auf den direkten Von-Haus-zu-Haus-Verkehr, der eine mehrfache Belastung der Güter durch Umladevorgänge ausschaltet. Auch gingen mit der Einführung des Containers, als weiterer Vorteil, die Ladungsdiebstähle stark zurück (FRANZ und SIEMSGLÜSS 1981, S. 33).

Auf ein Problem, das sich mit der Einführung der Containertechnik verbindet, nämlich die *hohe Kapitalintensität* für die Vorhaltung der benötigten Infrastruktur sowohl bei den Hafenanlagen als auch bei den Containerschiffen wurde bereits im Zusammenhang mit der regionalen Ausbreitung des Containerverkehrs hingewiesen. Im einzelnen sind hierbei vor allem die Abfertigungsanlagen, die Umstellung bei den Fahrzeugen (sowohl den Schiffen für See- und Binnenschiffstransporten als auch bei den Fahrzeugen des Landverkehrs wie LKWs und Waggons der Eisenbahnen) angesprochen. Probleme traten hier vor allem in den ersten Jahren der Diffusion auf, als einheitliche Abmessungen der Container infolge administrativer Schwierigkeiten noch weitgehend fehlten (FRANZ und SIEMSGLÜSS 1981, S. 34/35). Inzwischen „reduziert" sich die Problematik der Kapitalintensität auf das schon angesprochene Fehlen finanzieller Mittel zur Erstellung der nötigen Anlagen, vor allem in der „Dritten Welt".

Direkte geographische Auswirkungen der Containertechnik beschränken sich auf einige wenige Hafenneubauten, vornehmlich in sog. Schwellenländern oder in den arabischen Ölländern. In Europa und den USA konnten die Seehäfen mit großem Umschlag und hoher Abfahrtendichte auch den Containerverkehr an sich ziehen, wobei Häfen am offenen Fahrwasser nur leicht gegenüber Flußmündungs- oder Tidehäfen bevorzugt wurden (RITTER 1981, S. 16 f.). Damit ist die verstärkte Konzentration eine der räumlichen Folgen, verbunden selbstverständlich mit einem Rückgang an Umschlag und Arbeitsplätzen in anderen Hafenstädten.

Die Erschließung des Hinterlandes (bzw. Binnenlandes) erfolgte in der Regel über schon vorhandene Verkehrsinfrastruktur. Namentlich in Europa schalteten sich die Eisenbahnen aktiv ins Containergeschäft ein und übernahmen zum großen Teil die Bedienung zu den Häfen (RITTER 1981, S. 16). Daneben konnte auch der Straßengüterverkehr von der Einführung des neuen Transportsystems profitieren. Insbesondere durch die Zubringerdienste zu den Bahnverladestationen aber auch als Transportmittel zu den Seehäfen spielt der LKW-Verkehr eine wichtige Rolle. Durch die Aufgabenteilung im Containerverkehr konnte sich somit ein gut funktionierendes, multimodales System durchsetzen, das in seiner weltweiten Bedeutung nur durch eine ähnliche Entwicklung beim Luftfrachtverkehr erreicht werden könnte.

4 Kommunikation und Information

4.1 Einbindung in das Konzept verkehrsräumlicher Aktivitäten

Im folgenden sollen der Nachrichtenverkehr und die Kommunikation ganz allgemein im Mittelpunkt der Betrachtungen stehen. Geht man dabei vom sozialgeographischen Ansatz der verkehrsräumlichen Aktivitäten aus, und versucht die Grundfunktionen bzw. -bedürfnisse des Menschen in den Vordergrund zu stellen, so zeigt sich bald, daß eine Erklärung des Verkehrsbegriffs als *reiner Transportvorgang* zu eng gefaßt ist.

Zieht man z. B. die Konzeption von PARTZSCH (1970, Sp. 428 – 430) heran, so unterscheidet dieser zwischen der Funktion Verkehrsteilnahme und der Funktion Kommunikation. Während der erste Teilaspekt im wesentlichen auf Transportvorgänge von Personen und Gütern zurückzuführen ist, versteht PARTSCH unter Kommunikation den Bereich der sozialen Kontakte bzw. des menschlichen Zusammenlebens schlechthin. Für eine Geographie verkehrsräumlicher Aktivitäten ist dieser Teilaspekt nicht nur eine wesentliche Ergänzung zu den bisher genannten Verkehrsabläufen, sondern ist gleichzeitig ein wichtiges Grundelement für das Zustandekommen verkehrsräumlicher Bewegungen.

4.2 Informationstheorie und Massenkommunikation als Teil verkehrsräumlicher Forschung

In der Verkehrswissenschaft und vor allem der Soziologie wird dieser Teilbereich menschlichen Verhaltens im Raum auch als „expressive Verkehrskreise" bezeichnet, welche überwiegend qualitativer Natur sind, jedoch für das gesellschaftliche Leben einen unentbehrlichen Teil darstellen. „Expressive Verkehrskreise" beinhalten neben dem Transportvorgang von Personen und Gütern auch Nachrichten und Informationen und tragen somit zu einer Erweiterung des Verkehrsbegriffs bei.

In der traditionellen Geographie wurden sie deshalb kaum erfaßt, weil sie statistisch nicht vorhanden, schwer faßbar und mit naiven regionalen Beschreibungen auch nicht überprüfbar sind. Demzufolge spielte die Einbeziehung derartiger räumlicher Kontakt- und Kommunikationsfelder lange Zeit eine recht bescheidene Rolle in der Geographie. Zwar wurden bereits Untersuchungen über „Heiratskreise" oder das unterschiedliche räumliche Verhalten von Religionsgemeinschaften durchgeführt, was etwa heute bei der Betrachtung räumlicher Situationen von Minderheiten in den USA eine große Rolle spielt. In ähnlicher Weise sind auch die Untersuchungen von HARTKE über die „Einzugsbereiche von Zeitungen" (1962, S. 7 – 32) oder die von SCHÖLLER und BUCHHOLZ analysierten Bereiche gleicher Vereinszugehörigkeit zu diesem Themenkomplex zu rechnen (SCHÖLLER 1955, S. 75 – 122; BUCHHOLZ 1966).

4.2 Informationstheorie und Massenkommunikation

Trotz dieser beispielhaften Untersuchungen ist diese Fragestellung in der deutschen Geographie, nicht zuletzt aufgrund der angesprochenen schwierigen Erhebungsproblematik und starken thematischen Annäherung an soziologische und psychologische Fragestellungen bislang nur wenig entwickelt. Eine grundlegende Arbeit, die sich mit den *sozialen Kommunikationsnetzen im Raum* auseinandersetzt, ist die Untersuchung von HÄGERSTRAND (1970 b, S. 367–379). Durch sie wurde darauf hingewiesen, daß heutige Analysen von Gemeinden eben nicht nur bei der Darstellung sozialstatistischer Daten räumlicher Verhaltensmuster der Bevölkerung stehen bleiben dürfen, sondern auch die zwischen den verschiedenen Bevölkerungsgruppen bestehenden persönlichen und informellen Beziehungen sowie die in einer Gemeinde bestehenden Konflikte und Interessen umfassen muß.

Um die verschiedenen sozialen Kontaktfelder auf ihren räumlichen Niederschlag hin zu untersuchen, werden häufig Indikatoren wie Telefonanschlüsse, Massenmedien und Vereins- und Verbandsaktivitäten zu Hilfe genommen. Die Ausstattung der Haushalte mit Telefon wird deshalb herangezogen, weil der Umfang und die Qualität dieses Teils der Informationsmöglichkeiten ein nicht unwichtiger Faktor für die Ausformung menschlicher Kontakte ist.

Gerade dieses Element wurde in geographischen Analysen sehr früh einbezogen, denkt man nur an die CHRISTALLERsche Telefondichte (1968, Nachdruck) oder an AJO (1962, S. 14 ff.) bzw. ILLERIS und PEDERSEN (1968, S. 1–18), die anhand vorliegender Fernsprechstromdaten versuchten, funktionale Grenzen im Bereich zentralörtlicher Gliederungen zu bestimmen. OBST ging – trotz der inzwischen eingetretenen Behinderung wissenschaftlicher Betätigung aufgrund des Selbstwählfernsprechdienstes – ebenfalls diesen Weg, ausgehend von den Meßdaten der Querleitungen zwischen den einzelnen Knotenvermittlungsstellen (1972, S. 83–88).

Bei der *Informationsübermittlung* als weiterem Teilaspekt für die Ausformung von Aktivitätsmustern hat neben den Massenmedien Fernsehen und Rundfunk auch das Zeitungswesen eine wichtige Bedeutung. Dieser Informationsträger wurde deshalb als Beispiel ausgewählt, weil er neben seiner immer noch sehr bedeutsamen Position unter den Massenmedien auch die in der französischen „géographie humaine" traditionsreiche Arbeitsweise (in der Bundesrepublik insbesondere von HARTKE und seinen Schülern betrieben) und ihre Erkenntnisse anzuwenden gestattet.

Dem Ziel entsprechend, dabei in erster Linie nicht auf einer reinen Ausbreitungslehre zeitungsbezogener Daten, sondern im Sinne der „Geographie der Massenmedien" von MAISTRE (1971, S. 215–228) aufzubauen, geht es darum, den spezifischen Beitrag der verschiedenen Medien für die Raumgestaltung zu erfassen, die Bedeutung der auslösenden Kräfte sowie die Intensität der Informationsströme zu bestimmen. MAISTRE weist in seiner Geographie der Massenkommunikation deutlich auf die notwendigen interdisziplinären Ansätze hin, einem typischen Feld der Raumwissenschaft. Er konzentriert sich dabei auf die Kommunikationsmittel Radio, TV, Kino, Bücher, Zeitschriften und Zeitungen, womit deutlich wird, daß hier Kommunikation einmal als Information und direkter Nachrichtenaustausch (Kommunikation i. e. S.) aber auch als Unterhaltung und persönliche Kontakte verstanden wird. MAISTRE geht es darum, Räume abzugrenzen. Durch die Nutzung verschiedener Informationsträger und durch die in diesen Räumen gleichartige Informationsstruktur schließt er auf gleiche Verhaltensweisen und Personengruppen. Dabei beginnt er mit der Ausbreitung der Informationsträger und endet bei einer Intensitätsdarstellung.

Der Einsatz dieses Informationsträgers zur Stadt-Umland-Abgrenzung, wie sie etwa von SCHÖLLER oder TAUBMANN (1968) verwandt wurde, wird in der französischen Geographie sowie auch von HARTKE bewußt im Hinblick auf sozialgeographische Fragestellungen erweitert. Das Zeitungswesen wird danach als Funktion eines Gebietes und seiner sozioökonomischen Struktur betrachtet.

Als dritten Indikator für die regional differenzierte Ausbildung von Kommunikations- und Informationskreisen wird schließlich die Bedeutung von Mitgliedschaften in Vereinigungen und Vereinen herangezogen. Diese Analyse der institutionellen Beziehungen wurde in der Geographie bislang von SCHÖLLER oder BUCHHOLZ angewandt, um den Grad gesellschaftlicher Kontaktmöglichkeiten bzw. formeller Geselligkeit zu erfassen. So weist zum Beispiel der Anteil der Haushalte, die zumindest einer Vereinigung angehören, regional erhebliche Differenzierungen auf. In den noch eher agrarisch orientierten Gemeinden lag in Bayern der Anteil wesentlich höher als in den stärker urbanisierten Gemeinden. Insbesonders in den neuen städtischen Großwohnsiedlungen liegt der Anteil der Vereinsbeteiligung am unteren Ende der Skala (MAIER 1976 a).

Ein weiterer Versuch, zu einer umfassenderen Begriffsfindung für den „Verkehr" zu kommen, war der Ansatz von VOIGT (1973, S. 7 – 13). Er sieht dabei eine dreifache Bedeutung der Verkehrsfunktion, wonach der Verkehr als Mittel zum Zweck aus drei verschiedenen Gründen durchgeführt wird (SCHMIDT 1977, S. 1 – 3). Erstens ist der Verkehr eine Dienstleistung zur Befriedigung von Konsumbedürfnissen. Hierzu zählen zum Beispiel auch Beziehungen verwandtschaftlicher oder sonstiger zwischenmenschlicher Beziehungen, einschließlich der Unterhaltung und des Zeitvertreibs (SCHUBERT 1952, S. 272 – 275). Zweitens ist die Verkehrsleistung als immanenter Bestandteil jeder Arbeitsteilung und jedes Marktes anzusehen. Die wirtschaftliche Arbeitsteilung ist nur dann von ökonomischem Nutzen, wenn zusätzlich zu guten Möglichkeiten des Personen- und Güterverkehrs die erforderlichen Informationen zum rechten Zeitpunkt vorliegen (z. B. im Bereich des Handels und der Unternehmensführung) (MELCHER 1973). Drittens dient der Nachrichtenverkehr der Integration des Staates und der Gesellschaft. Dabei ist die schwierige Koordinationsaufgabe eines reibungslosen Ineinandergreifens von Wirtschaft, Staat und privatem Bereich sowohl innerhalb eines Staates als auch im internationalen Bereich nur über ein funktionsfähiges Nachrichtensystem möglich (BENNERTZ 1961).

Die neuere Entwicklung auf dem Forschungssektor Information und Kommunikation im Rahmen der Verkehrsgeographie zeigt das Beispiel der Studie von ELISABETH KREITMAYR über das Strukturbild der Stadt-Rand-Gemeinde Karlsfeld im Norden von München (1979). Sie stellt dabei personelle Beziehungen, wie Bekanntschaften, Freundschaften und Verwandtschaft in ihrer räumlichen Dimension dar. Ein Element dieser Dimension war der Ort des Kennenlernens von Bekannten oder Freunden. Während bei den Bekannten, in Anlehnung an SCHÜLER (1971,

4.2 Informationstheorie und Massenkommunikation 55

S. 128) definiert als reduzierte Kontakte mit Personen, die man nicht duzt, aber gelegentlich Gespräche mit ihnen führt, die Nachbarschaft als Ort des Kennenlernens deutlich dominiert, nimmt diese Stellung bei Freunden der Arbeitsplatz und, eingeschränkt, der Verein oder der Club ein.

In Anlehnung an den amerikanischen Geographen STUTZ (1973, S. 134–144) wurde auch in der Studie von KREITMAYR die Kontaktfähigkeit verschiedener Kommunikationspartner als Funktion der Entfernung dargestellt (Abb. 11). Die Kurve, die die Kontakthäufigkeit der Verwandten angibt, ist beispielsweise im nahen Wohnbereich am höchsten, sie fällt dann rasch ab, steigt aber nochmals geringfügig an, bevor sie endgültig langsam auf Null zurückgeht. Außerdem liegt sie immer oberhalb der Freundeskurve, die im Nahbereich ebenfalls häufige Kontakte anzeigt, dann aber zunächst steil und anschließend ausgesprochen flach abfällt (KREITMAYR 1979, S. 133 f.).

Neben diesen Aspekten der personellen Beziehungen gibt KREITMAYR auch ein Beispiel für eine Anwendung der Kommunikationsforschung im Rahmen der Verkehrsgeographie, den sogenannten „*community-power-group-Studien*" (1979, S. 148 ff.). Dabei bemüht sie sich, auf der Basis der früheren soziologischen Studien aus den USA, auch für Karlsfeld räumliche Entscheidungsträger zu erfassen. Als Ausgangspunkt für die Ermittlung jener Gruppen wird der Machtbegriff angese-

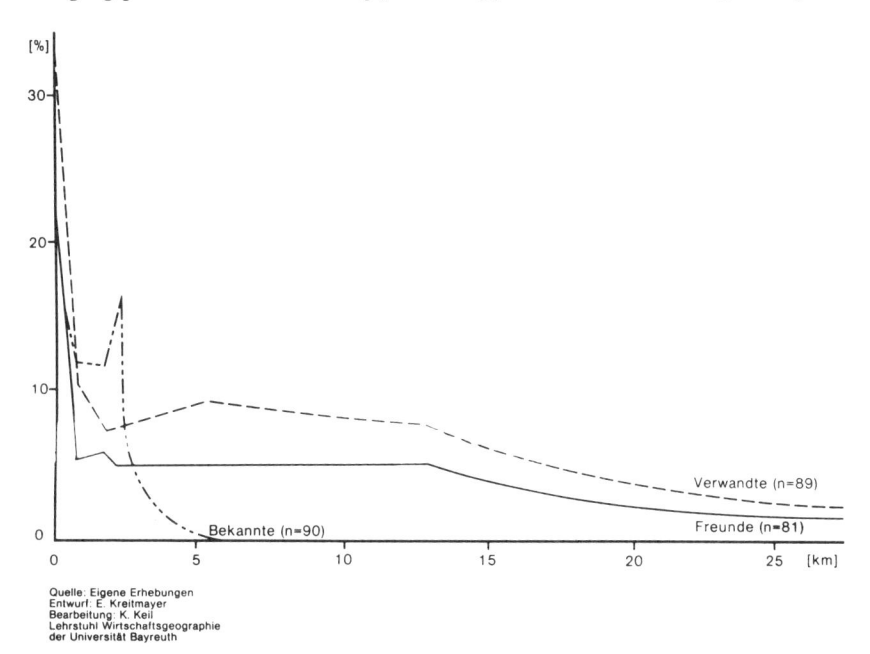

Abb. 11 Häufigkeit sozialer Kontakte in Abhängigkeit von der Distanz (Quelle: KREITMAYR 1979, S. 134)

hen, denn nur wer eine gewisse Macht besitzt, kann eine Beeinflussung der Planung erreichen, die sich letztlich in räumlichen Strukturen niederschlägt (SCHMIDER und BECKER 1968, S. 7–13).

Parallel zu der Verwendung des Begriffs „power" in den USA ist unter Macht ganz allgemein die Chance eines oder mehrerer Menschen zu verstehen, den eigenen Willen in einem Gemeinschaftshandeln auch gegen den Widerstand anderer Beteiligter durchzusetzen (WEBER 1964, S. 678). In der Karlsfelder Studie ging es u. a. darum, diejenigen Personen zu ermitteln, die aufgrund ihres Einflusses fähig sind, die räumlichen Strukturen, beispielsweise durch die Schaffung eines Ortszentrums oder bestimmter kommunaler Bauvorhaben wie Bürgerhäusern, Jugendheimen zu bestimmen. Hierbei zeigt sich deutlich der Übergang von der Kommunikationsforschung im Rahmen der Verkehrsgeographie zu politisch-soziologischen community-power-group-Studien.

Ein weiterer geographischer Ansatz im Zusammenhang mit dem Verkehrsbereich Information und Kommunikation geht von dem verstärkten Interesse an *neuen Technologien* in diesem Bereich aus. PETER GRÄF hat in seiner 1988 erschienenen „Geographie der Kommunikation" (1988, S. 39) ein anderes Forschungsinteresse als dies die bisher genannten Studien hatten. Statt der personellen und informellen Beziehungen stehen vielmehr die neuen Techniken, also die Informationsträger im Vordergrund. GRÄF setzte sich zum Ziel, das theoretische und empirische Forschungsdefizit als interdisziplinäres Problem aus geographischer Sicht abbauen zu helfen. Er stellte sich die Aufgabe, die Informations- und Kommunikationsprozesse im Sinne einer Grundlagenforschung als Steuerungselemente räumlicher Beziehungen zu analysieren, ihre relative Bedeutung für einzelne Grundfunktionen zu erfassen und die Überformung herkömmlicher räumlicher Verflechtungen durch Anwendung eines breiten Spektrums der Informations- und Kommunikationstechniken zu untersuchen und darzustellen.

Im Anschluß an die früheren Studien erfaßt er neben dem Briefaufkommen, als Vorläufer der modernen Informations- und Kommunikationsträger die Entwicklung der Konzentration von Telefonanschlüssen sowie der Telefax-, Teletex- und Btx-Anschlüsse.

Am Beispiel des Hohenlohekreises untersuchte er den Wandel kommunikativer Einrichtungen im Wohnumfeld und die angebots- und nachfragegesteuerte Diffusion der Telekommunikation (Abb. 12 und 13).

Auf diesen empirischen Grundlagen aufbauend, entwickelte er einen theoretischen Ansatz zur Struktur und Dynamik des Telekommunikationsraumes.

Neben den generellen Rahmenbedingungen einer Diffusion von Telekommunikationsdiensten standen dabei die angebotsorientierten Parameter von Tarifräumen sowie die Bedeutung des qualitativen räumlichen Telekommunikationsaufkommens als Grundlage einer betriebswirtschaftlichen Investitionspolitik bei der Einführung neuer Telekommunikationsnetze und -dienste im Vordergrund.

Wesentliche Grundlage für die Bewertung der Raumwirksamkeit von Informations- und Kommunikationstechnologien ist die Analyse der regionalen Differenzierung

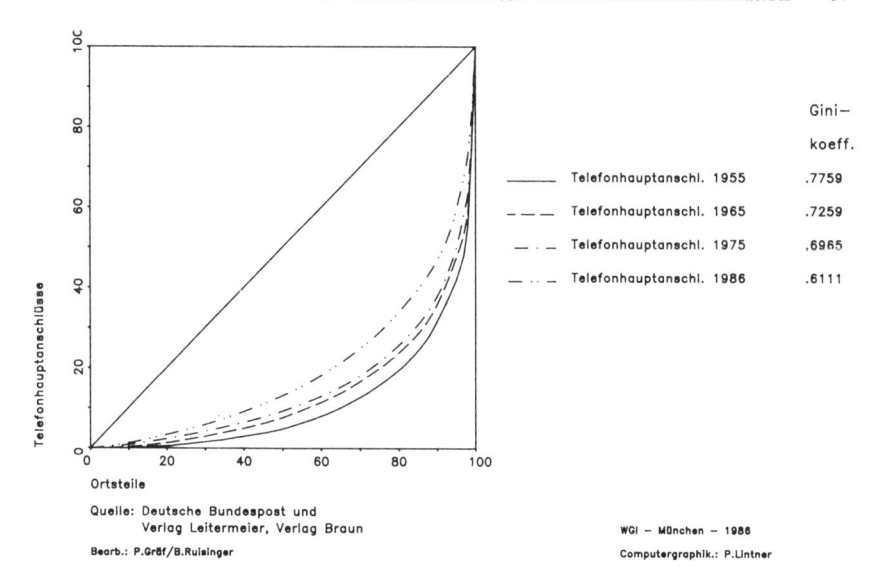

4.2 Informationstheorie und Massenkommunikation 57

Abb. 12 Konzentration der Telefonhauptanschlüsse im Hohenlohekreis 1955–1986 (Quelle: GRÄF 1988, S. 39)

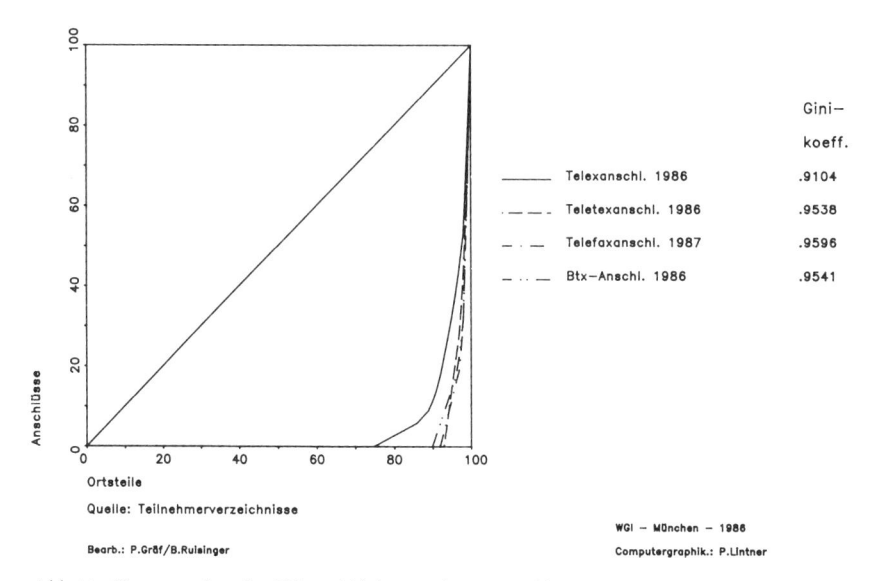

Abb. 13 Konzentration der Telex-, Telefax- und Btx-Anschlüsse im Hohenlohekreis 1986/1987 (Quelle: GRÄF 1988, S. 39)

von Kommunikationsstrukturen. Sie bildet die Voraussetzung für die in Abschnitt 4.4 gemachten Aussagen zu den räumlichen Auswirkungen der neuen Informations- und Kommunikationstechniken und soll im folgenden näher behandelt werden.

4.3 Regionale Differenzierung von Kommunikationsstrukturen

Kommunikationsstrukturen können sich in diesem Zusammenhang auf zwei unterschiedliche Bereiche beziehen. Auf der einen Seite sind die kleinräumigen, auf einzelne Personen und Personengruppen bezogenen, kommunikativen Prozesse zu nennen, wie sie etwa im vorangegangenen Abschnitt über die sozialen Kontakte oder im Rahmen der „community-power-group-Studien" angesprochen wurden. Auf der anderen Seite handelt es sich um großräumig erfaßbare Kommunikationsstrukturen, bei denen die sozialen, psychologischen oder kulturellen Aspekte gegenüber technischen und wirtschaftlichen Gesichtspunkten in den Hintergrund treten.

Nachdem die kleinräumigen Kommunikationsstrukturen im vergangenen Abschnitt anhand einiger Fallbeispiele aufgezeigt wurden, sollen nun die *großräumigen Kommunikationsstrukturen* für die Bundesrepublik Deutschland behandelt werden. Bevor die regionale Differenzierung dieser Strukturen dargestellt und erläutert wird, ist es angebracht, zunächst den Hauptgegenstand, die Informations- und Kommunikationstechnologie (IuK-Techniken, synonym werden in der Literatur auch die Begriffe Telematik und Telekommunikation verwendet) näher zu erläutern. Demnach sind unter IuK-Techniken nachrichtentechnische Verbindungen zur Verbreitung und zum Austausch von Informationen und Meinungen zu verstehen (SPEHL, 1985, S. 254). Diese Definition beinhaltet also sowohl Informationsdienste, wie z. B. TV, Kabelfernsehen und Videotext als auch Kommunikationsdienste wie Telefon, Btx, Telex, Teletex, Telefax und integrierte Arbeitsplätze (HENCKEL u. a. 1984, S. 25 f.). Als Übermittlungsmedium dienen dabei sowohl der Äther (Funk) als auch verschiedene Fernmeldenetze der Bundespost (z. B. Telefonnetz oder die verschiedenen DATEX-Netze).

Die folgende Abb. 14 gibt einen Überblick über die, hier besonders interessierten netzgebundenen Kommunikationsdienste. Die *neuen* IuK-Techniken (in der folgenden Abbildung sind die ab 1980 hinzugekommenen Kommunikationsdienste dargestellt) sind im Unterschied zu den bis dahin üblichen Kommunikationsdiensten durch einen entscheidenden Qualitätsvorsprung charakterisiert: der in absehbarer Zukunft vollintegrierten Verarbeitung und Übermittlung von Sprache, Text, Daten und Bild. In Anlehnung an HOTZ-HART (1987a, S. 8–10) stehen dabei drei Merkmale im Vordergrund:

4.3 Regionale Differenzierung von Kommunikationsstrukturen

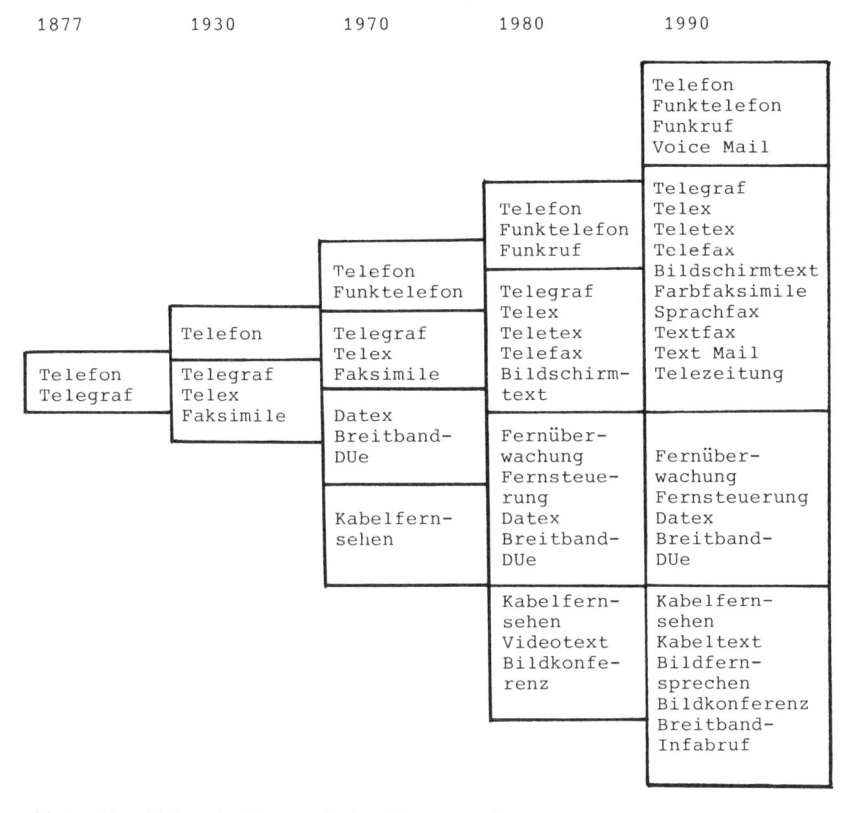

1877	1930	1970	1980	1990
				Telefon Funktelefon Funkruf Voice Mail
			Telefon Funktelefon Funkruf	Telegraf Telex Teletex Telefax Bildschirmtext Farbfaksimile Sprachfax Textfax Text Mail Telezeitung
		Telefon Funktelefon	Telegraf Telex Teletex Telefax Bildschirmtext	
	Telefon	Telegraf Telex Faksimile		
Telefon Telegraf	Telegraf Telex Faksimile	Datex Breitband-DÜe	Fernüberwachung Fernsteuerung Datex Breitband-DÜe	Fernüberwachung Fernsteuerung Datex Breitband-DÜe
		Kabelfernsehen		
			Kabelfernsehen Videotext Bildkonferenz	Kabelfernsehen Kabeltext Bildfernsprechen Bildkonferenz Breitband-Infabruf

Abb. 14 Entwicklung der Kommunikationsdienste (Quelle: HOTZ-HART 1987 a, S. 10)

1. *Dienstintegration:* Hierunter ist die Möglichkeit der simultanen und raschen Inanspruchnahme verschiedener Dienste zu verstehen. In Zukunft soll von einer Stelle (Fernmeldesteckdose) aus Sprache, Text, Daten und Bild übermittelt werden können. Der Teilnehmer eines integrierten Netzes (ISDN = Integrated Services Digital Network) hat nur noch eine Rufnummer und ein multifunktionales Endgerät, in dem die verschiedenen Kommunikationsdienste zusammengefaßt sind.

2. *Vernetzung:* Durch die Schaffung von allgemein akzeptierten Normen und die damit verbundene Standardisierung wird die Integration der verschiedenen Kommunikationsnetze ermöglicht. Die Bedeutung der Distanz schrumpft immer mehr, weil die Netze weltweit sein können. Die räumlichen Auswirkungen der neuen IuK-Techniken sind dabei im wesentlichen vom Grad der flächendeckenden Versorgung mit den notwendigen Infrastruktureinrichtungen abhängig.

4 Kommunikation und Information

3. *Masseneinsatz:* Die Steigerung der Leistungsfähigkeit und die Verbilligung der Endgeräte durch die Miniaturisierung der Technik (ICs, Chips u. ä.) führt ebenso wie die Einfachheit und Sicherheit der Bedienung zu einer Verbesserung der Wirtschaftlichkeit des intensiven Einsatzes der neuen IuK-Technologie.

Entsprechend spiegelt sich diese Entwicklung auch in den Netzausbauplänen der Deutschen Bundespost wider.

Neu ist an diesen Techniken demzufolge, daß sie die bislang noch weitgehend getrennten nachrichtentechnischen Transportkapazitäten und informationstechnischen Verarbeitungskapazitäten zu einer integrierten Technik von Übertragung und Verarbeitung der verschiedenen Kommunikationselemente zusammenführen (KUBICEK und ROLF 1985, S. 17). Die neue IuK-Technologie ist in diesem Sinne keine Neuerung an sich, wie es vor rund 100 Jahren das Telefon darstellte, sie führt vielmehr zu einer „neuen Qualität" von Information und Kommunikation (KÖHLER 1985, S. 308).

Das *Telefon* ist bis heute die wichtigste und am weitesten verbreitete Telekommunikationstechnologie. Darüber hinaus bildet das Telefonnetz den Ausgangspunkt für die Einführung der neuen Techniken. Die Analyse der räumlichen Muster der Ausbreitung des Telefons und dessen siedlungsstrukturelle Folgewirkungen gibt auch wichtige Hinweise auf die regionale Differenzierung der neuen Kommunikationsstrukturen (HENCKEL u. a. 1984, S. 71 f.). Das Telefon war zunächst auf den geschäftlichen Bereich konzentriert und wurde erst nach und nach im privaten Bereich genutzt. Da das Telefon zu Anfang teuer war, war es lange Zeit eine ausgesprochene Mittelstandstechnologie. Insofern hat das ökonomische Interesse der Telefongesellschaften einer räumlichen Konzentration Vorschub geleistet, weil das Netz nutzerabhängig aufgebaut wurde. Die Vollversorgung ist allerdings im Anschluß an diese Entwicklung nur unter staatlicher Einflußnahme möglich gewesen (HENCKEL u. a. 1984, S. 72). Großräumig erfolgte die Ausbreitung demzufolge ausgehend von den Verdichtungsräumen mit sehr deutlicher Verzögerung des Ausbaus im ländlichen Raum. Durch die Parallelität zwischen der Intensität der Telefonnutzung und der städtischen Konzentration konnte z. B. auch CHRISTALLER die Anzahl der Telefonanschlüsse als Indikator für die Zentralität eines Ortes heranziehen (1968, Nachdruck). Inzwischen kann das Netz der Telefonanschlüsse in der Bundesrepublik, ebenso wie die nicht-leitungsgebundenen IuK-Formen (wie TV und Rundfunk), als flächendeckend angesehen werden.

Als Beispiel für die großräumige Verteilung neuer IuK-Techniken in der Bundesrepublik Deutschland sollen im folgenden insbesondere die Dienste TELEX und TELEFAX dargestellt werden. Der TELETEX-Dienst wurde 1981 von der Deutschen Bundespost eingerichtet. Er erlaubt den Austausch maschinengeschriebener Texte zwischen Speicherschreibmaschinen oder Textverarbeitungsanlagen. Als Büroschreibdienst unterscheidet sich TELETEX von seinem Vorgänger TELEX insbesondere durch einen weitaus größeren Zeichenvorrat, höhere Übertragungsgeschwindigkeit und Speichermöglichkeiten. Der TELEFAX-Dienst, der bereits zwei Jahre früher (1979) eingeführt wurde, erlaubt Fernkopien per Telefon. Briefe, Do-

4.3 Regionale Differenzierung von Kommunikationsstrukturen

kumente, Skizzen und Zeichnungen in DIN-A4-Format können mit Hilfe eines Fernkopierers, der die Vorlage in Rasterpunkte zerlegt, über das Fernsprechnetz in Schwarz/Weiß-Qualität übermittelt werden (KÖHLER 1985, S. 309).

Für die räumliche Analyse dieser Dienste wurden die amtlichen Teilnehmer- und Anschlußverzeichnisse der Deutschen Bundespost des Jahres 1984 untersucht. Dabei wurden für den TELETEX-Dienst 4.487 Teilnehmer mit 5.181 Anschlüssen und für den TELEFAX-Dienst 12.627 Teilnehmer und 15.005 Anschlüsse erfaßt. Von den 5.589 Gemeinden bzw. Verbandsgemeinden in der Bundesrepublik wiesen zu diesem Zeitpunkt nur 1.117 (20 %) mindestens einen TELETEX-Teilnehmer und 1.696 (30,3 %) mindestens einen TELEFAX-Teilnehmer auf (KÖHLER 1985, S. 309). Die Untersuchung von KÖHLER analysiert für beide Kommunikationsdienste die jeweiligen Teilnehmer- und Anschlußquoten auf der Ebene der Raumordnungsregionen ebenso wie auf der Landkreisebene (KÖHLER 1985, S. 309–314). Die Ergebnisse dieser ersten räumlichen Erfassung neuer IuK-Techniken sollen im folgenden kurz dargestellt werden:

Bei TELETEX werden hohe Teilnehmerquoten vor allem in den Verdichtungsregionen erreicht, wobei München, Untermain und Düsseldorf mit 1,6 Teilnehmern je 10.000 Einwohnern besonders hervortreten. Wie jedoch Abb. 15 zeigt, weisen nicht alle und nicht allein Verdichtungsräume hohe Quoten auf. So sind die Quoten in den altindustrialisierten Regionen weitaus niedriger als in den übrigen Verdichtungsräumen.

Die Regionen Essen, Duisburg, Aachen und Saar weisen Quoten auf, die deutlich unter dem Durchschnitt liegen und die damit noch von einer Reihe von ländlichen Regionen übertroffen werden. Hierzu zählt auch die Region Oberfranken-Ost, die als ländliche Region mit ungünstiger Struktur noch 1,1 Teilnehmer auf 10.000 Einwohner verzeichnet. Neben dem nicht ganz einheitlichen Gegensatz „ländlicher Raum – Verdichtungsraum" zeichnet sich großräumig noch ein Süd-Nord-Gefälle ab.

Die Betrachtung auf Landkreisebene führt insgesamt zu einem differenzierteren Bild, sowohl im Hinblick auf die Verdichtungsräume als auch die ländlichen Regionen (Abb. 15).

Dabei zeigt sich, daß innerhalb der Verdichtungsräume oft nur die Kernstadt und evtl. noch einige Landkreise in unmittelbarer Nachbarschaft hohe Quoten aufweisen. Innerhalb der ländlich geprägten Räume heben sich fast überall die Mittel- und Oberzentren als Träger hoher Teilnehmer- und Anschlußquoten heraus. Bei TELEFAX bestimmten 1984 noch die Verdichtungsräume mit Ausnahme der altindustrialisierten Regionen das Bild.

Die höchsten Quoten werden bei diesem Kommunikationsdienst durchwegs in den Verdichtungsregionen erzielt. Bei der Nutzung von TELEFAX zeichnet sich somit ein viel ausgeprägteres Stadt-Land-Gefälle ab. Wie auch beim TELETEX-Dienst zeigt sich auf der Landkreisebene die hohe Teilnehmerdichte in den Zentren der Verdichtungsräume (Abb. 16).

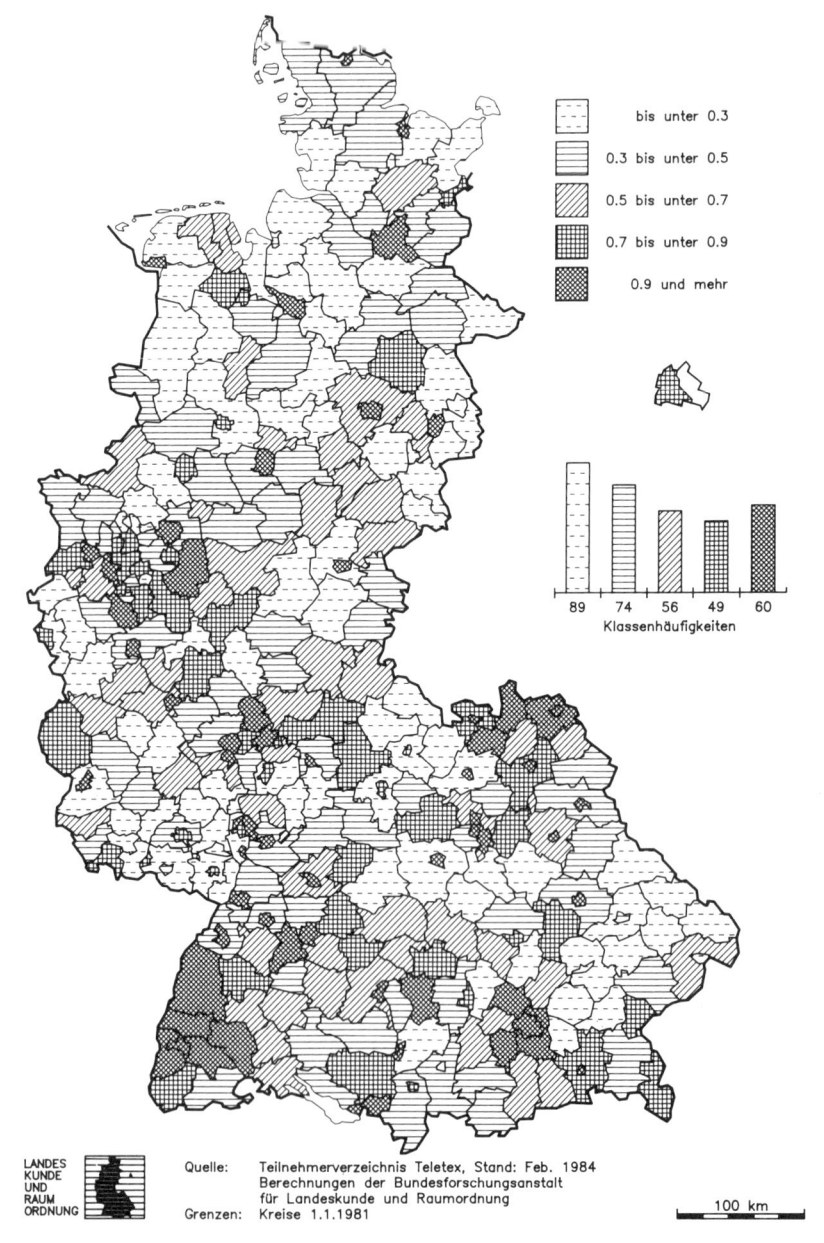

Abb. 15 Teletex-Nutzer in der Bundesrepublik Deutschland je 10.000 Einwohner nach Landkreisen 1984 (Quelle: KÖHLER 1985, S. 312)

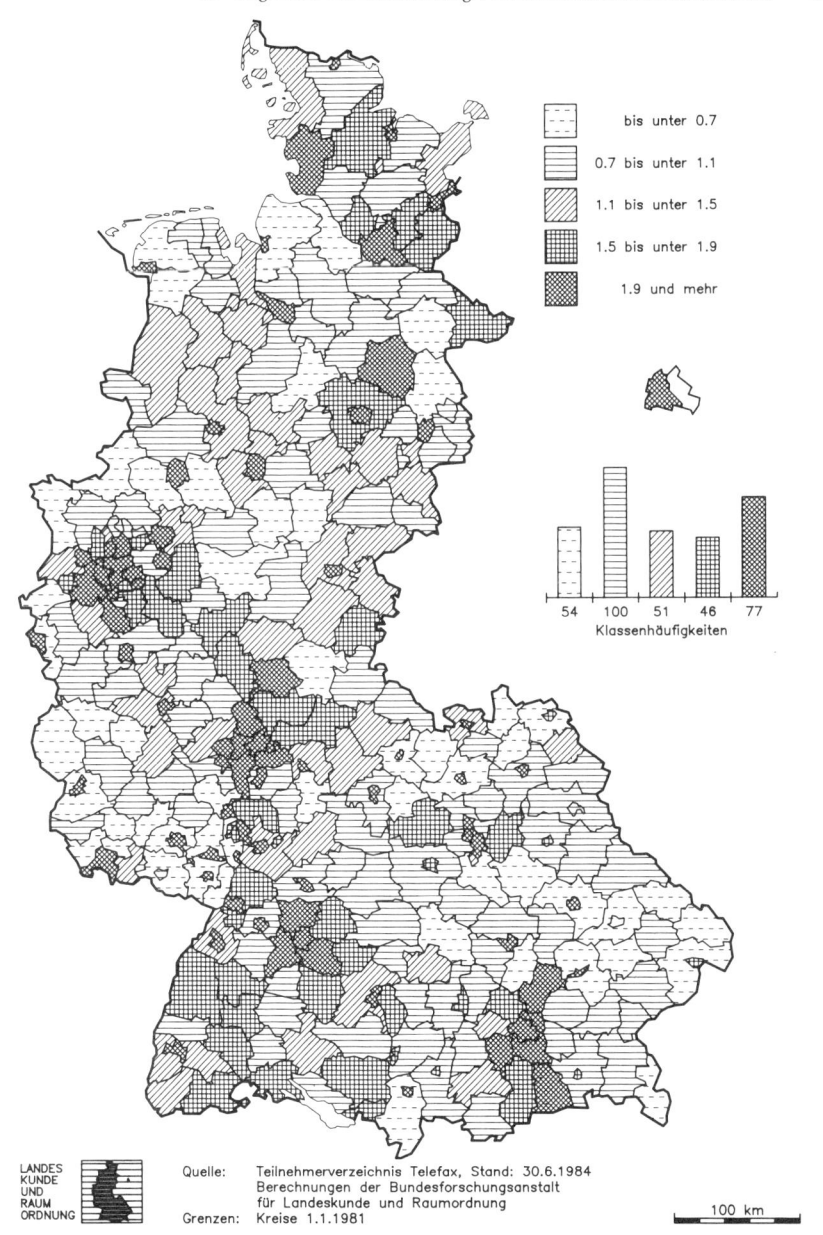

4.3 Regionale Differenzierung von Kommunikationsstrukturen 63

Abb. 16 Telefax-Nutzer in der Bundesrepublik Deutschland je 10.000 Einwohner nach Landkreisen 1984 (Quelle: KÖHLER 1985, S. 314)

64   4 Kommunikation und Information

Die höchsten Quoten weisen die Großstädte Düsseldorf (10,2), Frankfurt (9,9), Bonn (6,0), Stuttgart (5,9) und München (5,8) auf. Aber auch die Zentren innerhalb der ländlich geprägten Räume treten stark hervor, wie es die Beispiele Bayreuth (3,3), Flensburg (3,2), Kempten (2,6) und Bamberg (2,1) zeigen. Als wichtigste, sich auf Gemeindeebene abzeichnende Tendenz kann zusätzlich festgehalten werden, daß die Umlandgemeinden, außer in den Fällen von Stuttgart und München, niedrigere Quoten bei den Teilnehmern und Anschlüssen als die Kernstädte aufweisen. Werden TELETEX und TELEFAX gemeinsam berücksichtigt, dann zeigt sich, daß in mehr als einem Drittel aller Gemeinden Teilnehmer angeschlossen sind.

In regionaler Hinsicht deckt sich die Anwendung von TELETEX und TELEFAX somit überwiegend (KÖHLER 1985, S. 309). Ausgehend von dieser noch statischen Betrachtung der Kommunikationsstrukturen sollen im weiteren die räumlichen Auswirkungen der neuen Informations- und Kommunikations-Techniken im Mittelpunkt stehen.

4.4   Die räumlichen Auswirkungen der neuen Kommunikationstechnologien

4.4.1   Allgemeine Zusammenhänge

Die technische Entwicklung der Informations- und Kommunikationssysteme ist inzwischen so weit fortgeschritten, daß ihr Einsatz heute in fast allen Lebensbereichen möglich ist. Der nationale wie der internationale Wettbewerb macht ihren Einsatz notwendig, weil er ökonomische Vorteile (z. B. Kostenersparnisse bei Informationsübertragungen über längere Distanzen und Zeitersparnisse) mit sich bringt (HENCKEL u. a. 1984, S. 15). Wirtschaft und Verwaltung werden unter Rationalisierungsgesichtspunkten oder zur Erweiterung ihrer Produktpalette die neuen Informations- und Kommunikationsmöglichkeiten sicherlich wahrnehmen. Bei den privaten Haushalten bleiben Vermutungen über einen stark wachsenden zusätzlichen Bedarf angesichts der gegebenen Informations- und Kommunikationsmöglichkeiten allerdings spekulativ. Gerade in Wirtschaft und Verwaltung dürfte sich jedoch der Trend zur „Kapitalisierung" von Arbeitsplätzen und die damit meist verbundene Produktionssteigerung bei gleichzeitigem Abbau menschlicher Arbeitsplätze durch Maschineneinsatz noch verstärken, denn z. B. die Dialogverarbeitung mit Bildschirmen am Arbeitsplatz hat Arbeitsabläufe oder aber auch bestehende Berufsbilder verändert. Wenn nun die räumlichen Implikationen neuer Techniken behandelt werden, so geht es dabei nicht nur um eine Prognose künftiger räumlicher Entwicklungen, sondern auch darum, den Stellenwert der Technik bei räumlichen Entwicklungen aufzuzeigen bzw. dafür zu sensibilisieren. Die wachsende technologische Verknüpfung und vor allem die grundlegenden Gemeinsamkeiten sind der Grund, warum die Wirkungen der verschiedenen neuen Techniken nicht getrennt gesehen werden sollten (GRABOW und NOPPER 1986, S. 7).

4.4 Die räumlichen Auswirkungen

Die räumliche Fragestellung bei der *Technologiefolgenabschätzung* wurde bis vor kurzem meist vernachlässigt. Erst seit Anfang der 80er Jahre rückten die verschiedenen Autoren die große Bedeutung für die räumliche Organisation der Gesellschaft in den Vordergrund. Unter Raumwirksamkeit wird dabei die Eigenschaft von Aktivitäten oder Verhaltensweisen, insbesonders der öffentlichen Hand, aber auch von sozialen Gruppen verstanden, die raumprägend oder raumverändernd wirken. Die Inhalte dieses Abschnitts sind demnach die raumprägenden oder raumverändernden Wirkungen der neuen IuK-Techniken, wobei das Leitbild einer gewünschten räumlichen Entwicklung eine wichtige Rolle spielt. Ausgehend von der Vorstellung der gleichwertigen Lebensbedingungen wird der Abbau regionaler Disparitäten, hier im wesentlichen auf den Abbau der wirtschaftlichen Ungleichgewichte bezogen, gefordert. Konkret übertragen auf den hier zu behandelnden Gegenstand ist dies gleichbedeutend mit der insbesonders von der Bundesregierung vertretenen Hypothese, daß die neuen IuK-Techniken zu einem Abbau der o. a. regionalen Disparitäten beitragen können und werden (BUNDESMINISTER FÜR RAUMORDNUNG, BAUWESEN UND STÄDTEBAU 1985 a, S. 12). Bei den Hauptbetroffenen der neuen Informations- und Kommunikationstechniken kann zwischen Wirtschaftsunternehmen und staatlichen Verwaltungen auf der einen und den privaten Haushalten auf der anderen Seite unterschieden werden. Betriebe und Verwaltungen, bei denen die erwerbswirtschaftliche Anwendung der neuen Technologien im Vordergrund steht, weisen in Abhängigkeit von der ökonomischen Vorteilhaftigkeit und der damit verbundenen Akzeptanz drei unterschiedliche *Entwicklungstrends* auf:

- Zum ersten kann der Einsatz neuer Techniken zu einer Dezentralisierung bei gleichzeitiger organisatorischer Konzentration führen. Dies ist insbesonders bei der Einführung der „Teleheimarbeit" zu erwarten.
- Eine Konzentration, sowohl auf räumlicher wie auch auf organisatorischer Ebene ist bei Einsatz von Btx, Home-banking oder Home-shopping zu befürchten. Hierbei ist jeweils nur noch ein zentraler Abfertigungsstandort nötig, bei dem alle Anfragen, Bestellungen und Aufträge eingehen und von dem aus auch der Versand bzw. die Durchführung der Aufträge veranlaßt und durchgeführt wird.
- Eine Dezentralisierung auf räumlicher und organisatorischer Ebene, entspricht schließlich am ehesten dem beschriebenen Leitbild eines Abbaus regionaler Disparitäten. Diese Steigerung der Kompetenz dezentraler Einheiten ist vor allem durch eine verbesserte Zugänglichkeit zu Informationen und eine verbesserte Kommunikationsfähigkeit mit anderen Einheiten (z. B. durch TELETEX und TELEFAX) möglich geworden.

Private Haushalte werden insbesonders durch den Bereich der neuen Informationsmedien (wie Kabel- und Satellitenfernsehen) und bestimmte neue Kommunikationsdienste betroffen. Unter den letzten Punkt fallen weniger die sog. „Bürodienste" (TELETEX, TELEFAX u. ä.) als vielmehr Btx zum Home-banking und Home-shopping sowie die Teleheimarbeit allgemein. Als räumliche Auswirkung eines verstärkten Einsatzes dieser Technik in privaten Haushalten werden eine Reduzierung des Verkehrsaufkommens, ein steigender Wohnflächenbedarf und eine größere Standortwahlfreiheit (infolge des Nichtmehrgebundenseins an den jeweiligen Arbeitgeberstandort) angenommen.

Auswirkungsbereiche der Anwendung neuer IuK-Techniken sind insbesonders die Standortwahl der Unternehmen (schon kurz unter der Betroffenengruppe Wirtschaftsunternehmen angesprochen), die Flächenbeanspruchung (Gegensatz Rationalisierung – Anschaffung neuer Geräte), der Verkehrsbereich (Substitutionsmöglichkeiten durch den Einsatz von IuK-Techniken) sowie die Stadtentwicklung und die Siedlungsstruktur.

Neben diesen räumlichen Auswirkungen, die hier natürlich im Vordergrund stehen, sollen aber auch die nicht-räumlichen Auswirkungen, insbesondere auf die Gesellschaft allgemein wie auch auf die Beschäftigungsstruktur zumindest angesprochen werden. Unter den allgemeinen gesellschaftlichen Auswirkungen ist vor allem die Konzentration des Lebens auf das nähere Wohnumfeld mit Folgen für das Zusammenleben und damit verbunden auch ein Wertewandel zu nennen. Die Beschäftigungsfolgen werden sehr unterschiedlich beantwortet: während man kurz- und mittelfristig von negativen Folgen durch Rationalisierungsmaßnahmen ausgeht, werden langfristig überwiegend positive Auswirkungen durch die größere Wettbewerbsfähigkeit gesehen. Umstritten ist dabei vor allem der Zeitpunkt, an dem sich die negativen in positive Effekte wandeln.

Neben den quantitativen Beschäftigungseffekten sind noch die qualitativen Effekte anzuführen. Hierzu zählen die Qualifikationsanforderungen, die infolge der Einführung neuer Techniken durchwegs steigen werden und die Arbeitsbedingungen, die sich ebenfalls verändern werden (im Hinblick auf die Belastungsaspekte wie Lärm, Schmutz sowie Unfall- und Gesundheitsgefahren) (DOSTAL 1986, S. 129). Positive und negative Aspekte der Teleheimarbeit sind bislang allerdings nur wenig behandelt worden. Hierbei spielen insbesonders Probleme der Arbeitsbedingungen und der sozialen Sicherung eine Rolle.

4.4.2 Auswirkungen auf die Standortwahl

Allgemein nimmt die Standortbindung durch den Einsatz der neuen IuK-Techniken ab. Auf mittlere Sicht ist eine deutliche Erhöhung des Verlagerungspotentials nicht zu erwarten, nur bei ohnehin geplanten Verlagerungen und Neuansiedlungen nimmt die Zahl der Freiheitsgrade in der Standortwahl zu. Eine Untersuchung der Einwirkung neuer Telekommunikationsdienste auf Standortentscheidungen ergibt für peripher gelegene Regionen kein sehr günstiges Bild (HALDENWANG 1986, S. 89–112). HALDENWANG findet bei seiner Befragung von Unternehmen im Raum Ostbayern heraus, daß trotz der Bemühungen der Deutschen Bundespost lediglich geringe Kenntnisse über die neuen Techniken vorhanden sind (Tab. 5).

Demnach sind Dienste wie TELETEX oder TELEFAX nur bei wenig mehr als 10 % Befragten gut bekannt. Entsprechend gering ist auch das Interesse an einem geplanten Einsatz der neuen Techniken. Bemerkenswert ist, daß diese Werte erheblich niedriger sind als im Bundesdurchschnitt (HALDENWANG 1986, S.107–109). Ein Ausgleich regionaler Disparitäten im Hinblick auf die Standortwahl ist demzufolge sehr unwahrscheinlich, der periphere Raum wird in diesem Fall kaum als Innovationszentrum fungieren.

Tab. 5　Kenntnisstand über und Einsatz von neuen Telekommunikationstechnologien in Produktionsunternehmen in Ostbayern (Angaben in %)

Telekommunikations-technologien	Kenntnisse		Einsatz	
	keine bis geringe	gute	seit einiger Zeit	in den nächsten 5 Jahren geplant
Teletex	56,0	14,0	12,1	17,9
Telefax	65,7	12,6	16,9	9,2
Btx	68,1	16,9	1,9	13,0
Videotext	78,7	15,0	1,4	4,8
Datex-P	90,8	4,3	1,9	2,9
Datex-L	92,3	3,9	1,4	2,4
Telekonferenz	87,4	8,7	1,0	2,9
Bildplatte	89,4	7,7	1,0	1,9

Bemerk.: Befragung von 207 Unternehmen des produzierenden Gewerbes verschiedener Größen und Branchen in Ostbayern am 31.5.1985
Quelle: HALDENWANG 1986, S. 89–112

4.4.3 Flächenbeanspruchung und Auswirkungen im Verkehrsbereich

Die Auswirkungen der neuen IuK-Techniken auf die Flächenbeanspruchung sind demgegenüber sehr schwer abzuschätzen, da die der Telematik zuzurechnenden Veränderungen kaum meßbar sein werden. Der freiwerdende Raum durch Rationalisierungsmaßnahmen auf der einen Seite steht dabei dem Flächenbedarf für neue Geräte gegenüber, wobei ersterer leicht überwiegen dürfte. Sicherlich ist, wie allgemein im Wirtschaftsbereich, von einem wachsenden Flächenbedarf je Arbeitnehmer im Lauf der Zeit auszugehen.

Hinsichtlich der Auswirkungen der neuen Dienste auf den *Verkehr* werden unterschiedliche Thesen vertreten. Die Substitutionsthese unterstellt, daß die physischen Bewegungen im Raum mit Hilfe verschiedener Verkehrsmittel durch Telekommunikationsdienste und Informationsübertragungen ersetzt werden. In Anspielung auf den Energieverbrauch ist von einer Substitution des „heißen" durch einen „kalten" Verkehr die Rede. Als Ursache für solche Vorgänge werden Energieersparnisse und allgemeine Kostenersparnisse vermutet (SPEHL S. 41). Inzwischen hat sich bei der Mehrzahl der Autoren die Ansicht durchgesetzt, daß der Substitution von Verkehr durch Telekommunikation enge Grenzen gesetzt sind und zusätzliche neue Verkehrsbewegungen in Verbindung mit der Entwicklung der Telematik entstehen werden. Es kann also verstärkt von einer Komplementationsbeziehung zwischen der Entwicklung des Verkehrs einerseits und den Informations- und Kommunikationstechniken andererseits ausgegangen werden (HEINZE 1985). Zusätzlich muß auch der neue Verkehr etwa durch die rationalisierungsbedingte Ausweitung der Freizeit angeführt werden.

4 Kommunikation und Information

4.4.4 Auswirkungen auf Stadtentwicklung und Siedlungsstruktur

In bezug auf die Siedlungsstruktur werden keine sensationellen Trendveränderungen erwartet. Eventuell könnte durch Einsatz und Verbreitung der neuen IuK-Techniken der Trend zur Dezentralisierung (Suburbanisierung) verstärkt werden, was evtl. zu einer Entschärfung der Innenstadtprobleme – durch Rückgang des Zentralitätsdrucks aufgrund höherer Standortflexibilität – führt. Rationalisierungseffekte könnten zudem zu einer Freisetzung von Büroarbeitsflächen mehrheitlich in Großstadtzentren und zu einer Freisetzung von Industriearbeitsflächen mehrheitlich in agrarindustriellen Gebieten führen. Durch die Einführung der Teleheimarbeit werden die Anforderungen an die Standortqualitäten dieser Büroarbeitsplätze unspezifischer. Für Firmenzentralen sowie technologisch neu organisierte Fertigungsbetriebe hingegen steigen die Anforderungen an die Ausstattungs- sowie Umweltqualitäten.

Innerhalb der Verdichtungsräume könnten Nutzungsverlagerungen stattfinden durch den Bedeutungsverlust der City als Standort für Büronutzung und entsprechende Bedeutungsgewinne von Agglomerationsrandgebieten (KOCH 1987, S. 201 f.).

Hinsichtlich der räumlichen Wirkungen lassen sich damit allgemein vier verschiedene Thesen unterscheiden:
- die Dekonzentrations- bzw. Konzentrationsthese,
- die Dezentralisierungs- bzw. Zentralisierungsthese,
- die Hierarchisierungs- und Polarisierungs- bzw. Nivellierungsthese und
- die These von der eingeschränkten Innovationswirkung.

Im Anschluß sollen diese Hypothesen und ihre jeweiligen Vertreter in Anlehnung an SPEHL (1985, S. 258–261) dargestellt werden.

4.4.5 Dekonzentrations- bzw. Konzentrationsthese

Die Vertreter der Dekonzentrationsthese (FISCHER 1984; BULLINGER 1983, S. 709–717; STORBECK 1984, S. 53–55) gehen davon aus, daß die neuen Iuk-Techniken flächendeckend verfügbar sind. Sie argumentieren damit, daß dann traditionelle Standortvorteile der Verdichtungsräume tendenziell abgebaut werden.

Die Aufwertung der Standortvorteile des ländlichen Raumes sowie die Möglichkeit für die Menschen, ihre Standortpräferenzen zu realisieren, da die engen räumlichen Bindungen an den Arbeitsplatz entfallen, können dann zu einer gleichmäßigen Verteilung von Arbeitsstätten und Wohnungen im Raum und damit zu einer räumlichen Dekonzentration führen. Dies gilt einmal für die kleinräumige Dekonzentration aber auch für die großräumige Verteilung.

Die Vertreter der Konzentrationsthese (HOBERG 1983, S. 211–222 und HENCKEL u. a. 1984) gehen demgegenüber von der gegebenen räumlichen Struktur aus, die durch ein wirtschaftliches Gefälle von den Zentren zur Peripherie gekennzeichnet ist. Sie sehen zwar größtenteils die genannten potentiellen Wirkungen der Entwicklung der Telematik auf die Standortfaktoren, nehmen aber an, daß die Zentren der Verdichtungsräume zuerst von den Vorteilen der neuen Technologie profitieren. Diese Prozesse, die immer zu Lasten der ländlichen Räume gehen, können durchaus mit kleinräumiger Dekonzentration der Verdichtungsgebiete verbunden sein.

4.4.6 Zentralisierungs- bzw. Dezentralisierungsthese

Die Begriffe Dezentralisierung und Dekonzentration bzw. Zentralisierung und Konzentration werden häufig synonym verwendet. Sie sollten jedoch stärker getrennt werden (MARTI und MAUCH 1984 a). Während es bei Konzentration und Dekonzentration um die Veränderung der räumlichen Verteilung von Arbeitsplätzen und Wohnungen u. ä. geht, handelt es sich bei den Begriffen Zentralisierung und Dezentralisierung um die Veränderung der räumlichen Verteilung von Steuerungskompetenz und Entscheidungsmacht. Hier besteht nahezu einhellige Übereinstimmung, daß die Entwicklung der Telekommunikationstechniken die Zusammenfassung von Kontroll- und Entscheidungsbefugnissen in den Zentren tendenziell begünstigt. Es ist somit nicht unwahrscheinlich, daß eine ungesteuerte Entwicklung der neuen Technologie zu einer Zentralisierung bei gleichzeitiger Konzentration führen wird.

4.4.7 Hierarchisierungs- und Polarisierungs- bzw. Nivellierungsthese

Insbesonders die Studie von HENCKEL, NOPPER und RAUCH (1984), aber auch andere Untersuchungen weisen darauf hin, daß die Entwicklung der IuK-Techniken unter Status-Quo-Bedingungen eher zu der genannten großräumigen Zentralisierung und Konzentration bei kleinräumiger Dekonzentration führen könnte. Dieser Prozeß geht einher mit der Herausbildung einer Hierarchie der bestehenden Zentren, wobei es zu einer Polarisierung zwischen den sich relativ günstig entwickelnden Agglomeraten wie München, Stuttgart und Frankfurt auf der einen Seite und Stadtregionen wie Hamburg, Hannover und dem Ruhrgebiet mit relativ ungünstiger Entwicklung auf der anderen Seite kommen könnte. Demgegenüber geht die Nivellierungsthese davon aus, daß sich die entsprechenden Standort- und Entwicklungsvorteile der erstgenannten Zentren durch den Einsatz der IuK-Technologie abbauen lassen.

4.4.8 These von den eingeschränkten Innovationswirkungen

Eine Reihe von Autoren vertritt die These, daß die räumlichen Wirkungen der Entwicklung der IuK-Techniken wesentlich weniger spektakulär sein werden, als es nach den beschriebenen, sich widersprechenden Thesen erscheinen mag. Die sozialen Prozesse der Diffusion und Anwendung der neueren Technologien und die dazu erforderlichen sozialen Innovationen benötigten nach aller Erfahrung längere Zeiten als die rein technischen Innovationen (HEINZE 1985; TÜRKE 1984, S. 226–239). In anderen Studien werden solche unterschiedlichen Rahmenbedingungen in verschiedenen Szenarien gegenübergestellt, und man kommt bei der Abwägung der Wahrscheinlichkeit der einzelnen möglichen Entwicklungen zu ähnlichen Ergebnissen (z. B. MARTI und MAUCH 1984 b). Zusammenfassend kann gesagt werden, daß die tatsächliche Entwicklung insbesonders davon abhängen wird, welche der, den jeweiligen Thesen zugrundegelegten Annahmen letztendlich Realität wird.

Die positiven Wettbewerbs- und Wachstumseffekte der Telematik können nach TETSCH (1985, S. 273) den strukturschwachen Regionen nur dann zugute kommen, wenn die entsprechenden Dienste von den dort ansässigen Betrieben frühzeitig und in aller Breite genutzt werden. Aus regionalpolitischer Sicht lautet deshalb die Kernfrage, wie man erreichen kann, daß die neuen Telekommunikationsdienste in den strukturschwachen Regionen verstärkt genutzt werden. Demzufolge kommt es für diese Gebiete vorrangig darauf an, die Dienste bzw. Anwendungen möglichst schnell zu übernehmen und neue Anwendungen der bestehenden Dienste entsprechend den regionalspezifischen Bedürfnissen zu entwickeln (TETSCH 1985, S. 273).

Das Institut für Systemtechnik und Innovationsforschung der Fraunhofer-Gesellschaft hat in einem Gutachten einige beispielhafte *Anwendungsmöglichkeiten* für die neuen Telekommunikationsdienste aufgezeigt: (FRAUNHOFER-INSTITUT FÜR SYSTEMTECHNIK UND INNOVATIONSFORSCHUNG 1984 zitiert nach: TETSCH 1985, S. 273 f.)

- Anwendung der Telematik in der Druckindustrie und in Zeitungsverlagen,
- Teleport bzw. Telehaus,
- Telekonferenzen,
- Bildschirmtext und
- Telearbeit.

Die folgende Abb. 17 gibt einen Überblick über die Möglichkeiten einer, an den neuen IuK-Techniken orientierten Regionalpolitik.

Unter anderem sind in Anlehnung an TETSCH (1985, S. 276–277) folgende Bereiche hervorzuheben:

- Investitionsfördernde Definition der förderfähigen Kosten eines Investitionsvorhabens,
- Anpassung der Infrastrukturförderung und
- Unterstützung von Modellvorhaben.

Bei einem sinnvollen und vor allem rechtzeitigen Einsatz dieser Instrumente sollte es möglich sein, die neuen Techniken im Sinne der Regionalpolitik, also zum Abbau regionaler Disparitäten einzusetzen.

4.4 Die räumlichen Auswirkungen

Direkt raumrelevante Maßnahmen	
Großräumig	**Kleinräumig**
Kommunikations-Infrastrukturpolitik	Raum-Planerische Maßnahmen
Kommunikations-Gebührenpolitik	Interkommunale Kooperation
Kommunikations-Dienstpolitik	Stadt-Entwicklungspolitik
	Wohnungspolitik

Indirekt raumrelevante Maßnahmen
Ordnungspolitik, z.B. Fernmeldegesetz
Arbeitsmarkt- und Bildungspolitik
Forschungs- und Technologiepolitik
Öff. Verwaltung und Regiebetriebe als Dienstanbieter und Nutzer

Abb. 17 An neuen Iuk-Techniken orientierte Regionalpolitik (Quelle: HOTZ-HART 1987 b, S. 227)

5 Räumliche Aspekte des Verkehrsangebots

5.1 Das Problem der Verkehrsinfrastruktur

Verständlich und offensichtlich erscheint die Bedeutung der verschiedenen Verkehrsträger und Verkehrsmittel für die Fragen der Intensität (Verkehrsfrequenzen) und Reichweiten bei den einzelnen Aktivitätsbereichen. Jedoch auch die Gestaltung der Verkehrstarife, ein Aspekt der bereits zum räumlichen Einfluß der staatlichen Organisation hinüberleitet und in einem der folgenden Abschnitte näher betrachtet wird, spielt beim Verkehrsverhalten eine wichtige Rolle. Dies bedeutet, daß für die Analyse verkehrsräumlicher Aktivitäten auch die Beschäftigung mit den Rahmenbedingungen menschlicher Verhaltensweisen im Raum notwendig ist. Diese hängen nicht nur von sozioökonomischen Kräften, von Präferenz- und Motivationsstrukturen ab, sondern werden auch von der Verkehrsinfrastruktur bzw. dem Verkehrsangebot sowie von Informationen über die verschiedenen Verkehrswege und Verkehrsmittel beeinflußt.

Im folgenden soll deshalb als erstes das Problem der Infrastruktur, der Begriffsformulierung und statistischen Erfaßbarkeit diskutiert werden. In einem zweiten Schritt wird sodann die Einbeziehung der Infrastruktur in die geographische Forschung beleuchtet. Im Übergang zum nächsten Abschnitt sollen schließlich die räumlichen Muster ausgewählter Verkehrsinfrastruktureinrichtungen und ihre Raumwirksamkeit behandelt werden.

Der Begriff der *Infrastruktur* hat eine relativ junge Geschichte. Bezogen auf den Bereich der militärischen Fachsprache im Zweiten Weltkrieg wurde er danach in die Terminologie der Montanunion und der EWG (heute EG) auf dem Gebiet der Raumforschung und Raumordnung eingeführt. Infrastruktur wird dabei allgemein als „die Gesamtheit der materiellen, institutionellen und personellen Einrichtungen und Gegebenheiten [definiert], die der arbeitsteiligen Wirtschaft zur Verfügung stehen und dazu beitragen, daß gleiche Faktorentgelte für gleiche Faktorleistungen (vollständige Integration) bei zweckmäßiger Allokation der Ressourcen (höchstmögliches Niveau der Wirtschaftstätigkeit) gezahlt werden" (JOCHIMSEN und GUSTAFSSON 1970, Sp. 1318). Demzufolge werden mit Infrastruktur die wachstums-, integrations- und versorgungsnotwendigen Basisfunktionen einer Gesamtwirtschaft umschrieben. In der Geographie, etwa in der Geographie des Freizeitverhaltens wird dieser von JOCHIMSEN übernommene Begriff der Infrastruktur mit ihrer Unterteilung in eine materielle, eine institutionelle sowie eine personelle Infrastruktur häufig verwendet.

Die *materielle Infrastruktur* (oder auch in Anlehnung an das „Social Overhead Capital", einen Begriff, der in seiner engen Auslegung die „basic functions" umfaßt, die unerläßliche Voraussetzung für die primären, sekundären und tertiären Sektoren einer Wirtschaft sind, gleichzusetzen mit „Sozialkapital") umfaßt – auf den Verkehr bezogen – die Gesamtheit aller Anlagen, Ausrüstungen und Betriebsmittel in einer

5.1 Das Problem der Verkehrsinfrastruktur

Gesamtwirtschaft, die zur Verkehrsbedienung, Telekommunikation und Energieversorgung dienen. Ferner sind ihr die Einrichtungen und Gebäude der öffentlichen Verwaltung, des Erziehungs-, Forschungs- und Gesundheitswesens zuzuordnen. Die materielle Infrastruktur ist damit der Teil des Realkapitalstocks einer Wirtschaft, der dazu dient, Nutzungen zu erzeugen, die überwiegend als Vorleistungen in die Produktion von Gütern und Diensten eingehen (JOCHIMSEN und GUSTAFSSON 1970, Sp. 1320).

Die *institutionelle Infrastruktur* umfaßt dagegen die gewachsenen und gesetzten Normen, Verfahrensweisen und organisatorischen Einrichtungen einer Volkswirtschaft, die den Rahmen für die Aufstellung, Entscheidung, Durchführung und Kontrolle der Wirtschaftspläne der Wirtschaftsobjekte abgeben (JOCHIMSEN und GUSTAFSSON 1970, Sp. 1320).

Die *personelle Infrastruktur* (auch „human capital" oder immaterielle Infrastruktur genannt) umfaßt die Zahl und Eigenschaften der Menschen in einer Volkswirtschaft in Hinsicht auf ihre Fähigkeiten, zur Erhöhung von Niveau und Integrationsgrad dieser Wirtschaft beizutragen. Die Schaffung der qualitativen Eigenschaften der ökonomischen Funktionsträger erfordert Aufwendungen, die Investitionscharakter haben, da hieraus in aller Regel zukünftige Erträge zu erwarten sind. Gleichzeitig haben diese Aufwendungen für die Person jedoch auch Konsumcharakter (JOCHIMSEN und GUSTAFSSON 1970, Sp. 1320).

Die bisher vorliegenden Arbeiten haben sich im wesentlichen mit dem Problemkreis der materiellen Infrastruktur auseinandergesetzt, die auch im Bereich der Verkehrsgeographie und der Geographie verkehrsräumlicher Aktivitäten ohne Zweifel im Vordergrund steht. Im Bereich der Geographie des Freizeitverhaltens liegen jedoch auch erste Untersuchungen über die Bedeutung der institutionellen Infrastruktur sowie über die personelle Infrastruktur vor. Die Schwerpunktsetzung auf den Bereich der materiellen Infrastruktur gilt auch in anderen Bereichen der Raumwissenschaft.

Als Kritik zu den Begriffsformulierungen mancher Raumwissenschaftler ist jedoch anzuführen, daß es der Geographie nicht in erster Linie um die Probleme der ökonomischen Effizienz geht, sondern um den Raumbezug. Auf das Problem der Infrastruktur übertragen heißt dies, daß es weniger um die Frage der Investitionen und Auslastungen der Infrastruktureinrichtung geht, sondern um das Problem der Standortwahl und der Ausstrahlungskraft dieser Komplexe. GRÄF definiert deshalb diesen Begriff mit materiellen Einrichtungen, die die Grundlage der Ausübung menschlicher Grundfunktionen bilden und das Niveau möglicher Aktivitäten bestimmen. Ihre Errichtung orientiert sich an raumbezogenen Versorgungs-, Ordnungs- und Entwicklungszielen. Die verkehrstechnische Großinfrastruktur, um die es im folgenden insbesonders gehen soll, da hier die hauptsächlichen räumlichen Probleme liegen (sowohl im Hinblick auf die Ökologie als auch bezüglich der Ökonomie), kann anhand einiger Kriterien beschrieben werden:

Verkehrstechnische Großinfrastrukturen sind durch intensive Flächenbeanspruchung, hohe Kapitalintensität und niedrige Kapitalproduktivität, lange Planungszeiträume, längere Bauzeiten und lange Lebensdauer, überregionale Raumbedeutsamkeit und nicht zuletzt durch, meist irreversible Auswirkungen auf die Umwelt gekennzeichnet (daher auch der Begriff „negative Großinfrastruktur").

Zieht man als ein Beispiel, in diesem Fall aus einem Teilaspekt der Verkehrsinfrastruktur, den Faktor *Straße* heraus, so kann man zunächst feststellen, daß diese eine andere sozialgeschichtliche Entwicklung in früheren Zeiten mitgemacht hat als dies heute der Fall ist. Sowohl in der vorindustriellen Zeit als auch noch im 19. Jahrhundert waren die Funktionen der Kommunikation und des Kontaktes im wesentlichen auf die Straße hin orientiert. Dieses Grundprinzip wurde allmählich immer mehr aufgegeben. Durch den zunehmenden Verkehr, insbesonders mit Individualverkehrsmitteln wurde vor allem in den Hauptstraßen der Großstädte die Umweltbelastung mit Lärm, Abgasen und Staub zu einem Problem. So ist es durchaus verständlich, daß verschiedene Architekten bereits um die Jahrhundertwende vorschlugen, den Fahrzeugverkehr und den Fußgängerverkehr voneinander zu trennen. Obwohl wir seitdem eine zunehmende Verflechtung der Verkehrsarten vorfinden, wird damit das Zusammenleben nicht gefördert, sondern die verschiedenen Funktionen entwickeln sich immer stärker isoliert voneinander. Die Straße wurde in dieser historischen Entwicklung mehr und mehr aus der Funktion des Kontaktraumes herausgedrängt und zu einer rein technischen Fortbewegungsbahn oder Rollbahn. Die zunehmende Motorisierung tat dazu ihr Übriges.

Ein Ergebnis dieser hohen gesellschaftlichen Bewertung des Automobils ist die wirtschaftskonjunkturelle Beeinflussung der Branche „Straßenfahrzeugbau". Sie rangiert in der Bundesrepublik Deutschland hinter dem Maschinenbau, der chemischen Industrie und der elektronischen Industrie an vierter Stelle. Noch deutlicher wird ihre Position wenn man berücksichtigt, daß jeder siebte Arbeitsplatz in der Bundesrepublik Deutschland von dieser Branche „abhängig" ist. Gleichzeitig ist die Automobilindustrie, insbesonders seit der Mitte der 80er Jahre eine überproportional wachsende Industrie. Sie liefert damit einen bedeutenden Beitrag zum Gesamtwachstum des industriellen Outputs. Umgekehrt zieht eine Abnahme des Wachstums oder ein Rückgang der Produktion in der Automobilindustrie gesamtwirtschaftliche Konsequenzen nach sich. Die Auswirkungen eines Produktionsrückgangs bleiben dabei keineswegs auf die eigene Branche beschränkt. Da die Automobilwerke sich in der Bundesrepublik weitgehend auf den Bau von Fahrzeugen und Motoren beschränken, müssen sie insbesonders mit der Stahlindustrie, der chemischen Industrie und der elektronischen Industrie zusammenarbeiten. Je höher die Produktionszahlen der Automobilindustrie sind, desto stärker und weitreichender sind die Auswirkungen von Umsatzveränderungen in der Automobilindustrie auf die anderen vor- und nachgelagerten Branchen.

Bewirkt dies einerseits bereits eine entsprechende Argumentation von Interessen gesamtwirtschaftlicher wie auch einzelwirtschaftlicher Natur, so werden diese Effekte noch verstärkt durch die beachtliche horizontale Konzentration und räumliche Zentralisation in der Automobilindustrie (im Unterschied zur vertikalen Konzentration, bei der die vor- und nachgelagerten Produktionsstufen in einem Unternehmen zusammengefaßt werden, handelt es sich bei der horizontalen Konzentration um den Zusammenschluß von Unternehmen der gleichen Produktionsstufe).

5.1 Das Problem der Verkehrsinfrastruktur

In diesem Zusammenhang ist zwar die Korrelation zwischen Veränderungen der Verkehrsinfrastruktur und regionalwirtschaftlichen Entwicklungsprozessen allgemein anerkannt, dennoch beschränkt sich der heutige Erkenntnisstand im wesentlichen auf die Feststellung, daß ohne eine verkehrsinfrastrukturelle Grundausstattung ein regionaler Entwicklungsprozeß nicht möglich ist (RADENZ 1984, S. 20). In den verschiedenen Arbeiten besteht eine wesentliche Übereinstimmung darin, daß sich die raumwirksamen Einflüsse von Verkehrsinvestitionen grundsätzlich wie in Abb. 18 einteilen lassen.

	Verkehrsinfrastrukturmaßnahme			
	Erschließungseffekt / Versorgungseffekt			
	Raumstruktureffekt / Raumfunktionseffekt			
Infrastruktureffekt	Wirtschaftsstruktureffekt		Siedlungsstruktureffekt	Umweltstruktureffekt
	regional	sektoral		
- institutioneller - materieller - personeller	- Einkommenseffekt - Kapazitätseffekt - Standorteffekt - Mobilitätseffekt (reg.) - Produktivitätseffekt - Innovationseffekt - Arbeitsteilungseffekt - Erwerbsstruktureffekt	- Stabilitätseffekt - Beschäftigungseffekt - interreg. Mobilitätseffekt (sektoral) - Agglomerationseffekt	- Wohnbevölkerungseffekt - Pendlereffekt - Arbeitsstätteneffekt	

Abb. 18 Systematisierung der regionalen Effekte von Verkehrsinfrastrukturmaßnahmen (Quelle: THOENES und KURTH 1978, S. 117)

Dabei wird allerdings noch keine Aussage über die Wirkungsrichtung der verschiedenen Effekte gemacht: diese kann sowohl positiv (Wachstumseffekte) als auch negativ (Entleerungseffekte) sein (RADENZ 1984, S. 23; vgl. auch MENKE 1969, S. 72 – 79; OLLICK 1979, S. 48 – 57; PLOGMANN 1980, S. 1 – 4; HEINZE 1980, S. 462). Die verschiedenen *Infrastrukturtypen* (u. a. Punkt- und Linieninfrastrukturen) unterscheiden sich wesentlich durch zwei Faktoren voneinander, erstens aufgrund ihres Flächenverbrauchs und zweitens bezüglich ihrer Standortanforderungen. Punktinfrastrukturen nach dem obigen Schema müßten, bei enger Auslegung des Begriffs „Linieninfrastruktur" ebenfalls hierunter zusammengefaßt werden. Dies gilt insbesonders für Flughäfen, die stärker noch als Seehäfen oder Nachrichtenempfangsstationen an die sog. „Luftverkehrswege" gebunden sind und die aus Gründen der Verkehrssicherheit nicht weniger streng einzuhalten sind wie bodengebundene Verkehrswege. Parallel hierzu sind die Hochseewasserwege und Richtfunkstrecken zu sehen. Da diese außer den genannten Punktinfrastrukturen keine direkte Raumwirksamkeit entfalten, ist eine eigene Gruppe gerechtfertigt.

Zum Problem der *Raumwirksamkeit von Infrastrukturinvestitionen* schreibt ELISABETH LAUSCHMANN, daß den Investitionen im Bereich der materiellen Infrastruktur, deren Kern das Verkehrswesen und die Energieversorgung ist, die Hauptbedeutung zukommt (LAUSCHMANN 1976, S. 279 f.). In Anlehnung an BUHR führt sie im weiteren eine Gliederung der raumwirksamen Effekte von Infrastrukturinvestitionen an:

1. Finanzwirtschaftliche Effekte – durch öffentliche Ausgaben für Infrastruktureinrichtungen, mit Berücksichtigung der Nachfolgekosten,
2. Bodennutzungseffekte – der Flächenbedarf ist bei der Verkehrsinfrastruktur relativ hoch; die Grundstückspreise werden durch die Verknappung der Fläche beeinflußt und der Nutzwert durch eine bessere Erschließung der Grundstücke gesteigert,
3. Einkommenseffekte – unmittelbar verbunden mit der Durchführung der Infrastrukturinvestitionen (auch Beschäftigungseffekte), sowie mittelbar aus den zu erwartenden Standortwirkungen,
4. Standorteffekte – auch Entwicklungseffekte – Schaffung freier, verfügbarer Kapazitäten, die sowohl am Ort befindliche, wachsende als auch neuzuziehende Wirtschaftseinheiten bedienen können. Das Ausmaß der Nutzung des Potentials des Entwicklungseffektes ist abhängig von der Wirksamkeit der materiellen Infrastruktur als Standortanreizeffekte (Anreize zum Niederlassen, Abwandern oder Bleiben),
5. Selbsterzeugungseffekte – die Infrastruktur verursacht in gewissem Umfang eigenes Wachstum (z. B. technische Folgeleistungen, Erhöhung des infrastrukturellen Versorgungsstandards um die interregionale Wettbewerbsposition einer Region zu erhalten) (LAUSCHMANN 1976, S. 279 f.).

Bei den Infrastrukturinvestitionen, die diese Effekte erzielen, handelt es sich in der Regel um Großprojekte, die auf der einen Seite durch ihre Raumbeanspruchung und auf der anderen Seite durch ihre Raumbedeutsamkeit (= überörtliche Bedeutung) gekennzeichnet sind.

5.2 Analyse und Bewertung der Großinfrastruktur im Verkehrsbereich

Ausgehend von der Darstellung des Problemfeldes der verkehrstechnischen Großinfrastruktur sollen im folgenden kurz die Bereiche des ideologischen Einflusses auf den Verkehr, die Verkehrsplanung und das Umfeld angesprochen werden. Da in der Verkehrspolitik, wie in jeder anderen Politik, die Rolle von Ideologien sehr hoch anzusetzen ist, kann das Beispiel der Großinfrastruktur besonders die ideologische Orientierung verkehrsplanerischer Philosophien deutlich machen.
Die Grundthese der ökonomischen Verkehrswissenschaften, noch aus den Aufbaujahren nach dem Zweiten Weltkrieg, von einem direkten und engen Zusammenhang zwischen Verkehrsinvestitionen in Infrastrukturmaßnahmen und dem regio-

5.2 Analyse und Bewertung der Großinfrastruktur im Verkehrsbereich

nalen Wirtschaftswachstum sowie die Anwendung der Verkehrspolitik als Mittel der Nachfragesteuerung mit „big push" führte dazu, daß uns auch heute noch die Fragestellung der Großinfrastruktur im Verkehr täglich beschäftigt.

Wie sehr ideologisch induzierte Änderungen des Verkehrsinfrastrukturausbaus auch auf andere Bereiche wirken, zeigen beispielsweise die Auswirkungen der Ideologie der „autogerechten Stadt" auf das heutige Bild unserer Städte und auf die Probleme der heutigen Stadtplanung.

Eine weitere Planungsphilosophie, die räumlich wie gesellschaftlich relevante Auswirkungen hatte und hat, läßt sich unter den Begriffen „größer – schöner – besser" zusammenfassen. Als Folge dieser Planungsideologie, die, übernommen von den großen Industrienationen, auch in den Entwicklungsländern immer mehr um sich greift, sind viele negative Aspekte aufgetreten. Insbesonders sind hier die Folgen von Straßenbauten durch Urwaldgebiete (z. B. Transamazonika) oder unsinnige Autobahnbauten in der arabischen Wüste zu nennen. Aber nicht nur in den Entwicklungsländern sind Großprojekte im Infrastrukturbereich verstärkter Kritik ausgesetzt. Beispiele für die räumlichen Folgen von Verkehrsgroßinfrastruktur in unserem Lande stehen im Mittelpunkt dieses Abschnitts.

Da die raumgestaltende Funktion privater Verkehrsplanung sich in unserem Land sehr in Grenzen hält, sollen im weiteren anhand von *vier Beispielen öffentlicher Verkehrsplanung* die grundsätzlichen Fragestellungen erläutert werden:

– in bezug auf die Binnenschiffahrtsstraßen und Binnenhäfen der Rhein-Main-Donau-Kanal

– bezüglich der Punktinfrastrukturen die Raumwirksamkeit von Flugplätzen und

– im Bereich der Lineninfrastruktur die Raumwirksamkeit von Bundesfernstraßen.

5.2.1 Binnenschiffahrtsstraßen und Binnenhäfen: Der Rhein-Main-Donau- oder neuerdings Main-Donau-Kanal

Als erstes Beispiel einer großinfrastrukturellen Maßnahme im Verkehrsbereich sei der Rhein-Main-Donau-Kanal (RMD-Kanal) herangezogen. Die *Geschichte* dieses Kanalbaus reicht weit in die Vergangenheit zurück. Insgesamt hat es im Laufe der Zeit drei Unternehmungen gegeben, die die Flußsysteme von Rhein und Donau miteinander zu verbinden suchten:

– der Kanalbau von Karl dem Großen aus dem Jahre 793, den Karlsgraben oder die „fossa carolina",

– der Kanalbau des bayerischen Königs Ludwig I. aus den Jahren 1836–1846, den Ludwig-Donau-Main-Kanal, und

– der Kanalbau der Gegenwart, die europäische Großschiffahrtsstraße Rhein-Main-Donau-Kanal.

Gemeinsam ist diesen Projekten aber nur der zeitlos geographische Rahmen, während die planungsauslösende Ausgangssituation und die angesteuerten Planungsziele jeweils ganz unterschiedlich im Rahmen der Verkehrsanforderungen des späten 8., des mittleren 19. und des späten 20. Jahrhunderts gesehen werden müssen (vgl. SCHNEIDER und WIRTH 1986, S. 11).

Der Karlsgraben zwischen Schwäbischer Rezat und Altmühl sollte in erster Linie dem militärisch-strategischen Zweck dienen. Mit Hilfe des Kanals sollte die, das Heer begleitende bzw. ihm folgende Flotte von Flußschiffen leichter zwischen dem Stromgebiet des Rheins und dem der Donau verkehren können. Die Planung scheiterte an damals unüberwindlichen Hindernissen (vgl. SCHNEIDER und WIRTH 1986, S. 11). Im Unterschied zum Karlsgraben sollte der Ludwig-Donau-Main-Kanal in der Frühzeit der industriellen Revolution als leistungsfähiger Verkehrsweg von Passau über Regensburg bis Nürnberg und Würzburg die Territorien des 1816 geschaffenen Königsreichs Bayern erschließen und wirtschaftlich verklammern. Obwohl dieses Planungsziel im großen und ganzen fast erreicht wurde, konnte die Kanalwirtschaft weder in bezug auf die Leistungskraft noch ihre Ausbaufähigkeit mit der ebenfalls neu entstandenen Eisenbahn konkurrieren. Diese übernahm die, dem Kanal zugedachten Aufgaben, während der Kanal selbst schon nach wenigen Jahrzehnten zur Bedeutungslosigkeit herabsank (vgl. SCHNEIDER und WIRTH 1986, S. 11).

Die europäische Großschiffahrtsstraße „Rhein-Main-Donau-Kanal" ist schließlich ein Bauwerk, bei dem von den ersten konkreten Planungen (Gründung des Vereins 1892) bis zur Fertigstellung (voraussichtlich 1995) fast ein Jahrhundert verstreichen wird. Ein solches, von mehr als drei Generationen geplantes und gebautes Großobjekt entwickelt im Laufe der Jahrzehnte eine Eigendynamik und Persistenz, die jedem Wandel von Verkehrstechnologien und Transportbedarf trotzt. Die Planungsziele für diese Wasserstraße wurden vielfach abgeändert, angepaßt und ergänzt (vgl. SCHNEIDER und WIRTH 1986, S. 11–12). Das Projekt der Gegenwart eignet sich demnach besonders, um die Entwicklung, die politischen Hintergründe und die Raumwirksamkeit eines Großinfrastrukturprojekts aus dem Verkehrsbereich darzustellen und zu analysieren. Ausgehend von dieser Zielsetzung sollen im folgenden Projekt und die aktuellen Planungsziele bzw. deren Entwicklung aufgezeigt, die politischen Motive dargelegt und die räumlichen Auswirkungen des Projekts zugeordnet werden, wobei der sog. „Main-Donau-Kanal" als Kernteil des RMD-Kanals im Vordergrund stehen soll.

Im Vorfeld sollte allerdings noch darauf hingewiesen werden, daß es sich bei dem RMD-Projekt um ein überaus umstrittenes Planungsvorhaben handelt. Es würde den Rahmen dieses Studienbuchs sprengen, alle Argumente pro und contra ausführlich zu diskutieren. Hierbei sei auf verschiedene Studien hingewiesen, die sich intensiv mit der Gegenüberstellung von befürwortenden und ablehnenden Stellungnahmen beschäftigen (vgl. u. a. WEIGER 1983). Im übrigen läßt sich der Standpunkt der Kanalbefürworter am besten in den Werbeschriften der „Rhein-Main-Donau AG" und des „Deutschen Kanal- und Schiffahrtsvereins Rhein-Main-Donau" sowie in den Stellungnahmen der Bayerischen Staatsregierung, die sich mit Nachdruck für den Kanal einsetzen, nachlesen. Die Argumente der Kanalgegner werden demgegenüber in einer ganzen Reihe von Schriften des Bundes Naturschutz vorgetragen (vgl. SCHNEIDER und WIRTH 1986, S. 18–19).

5.2 Analyse und Bewertung der Großinfrastruktur im Verkehrsbereich

Der Main-Donau-Kanal als der zentrale Abschnitt der RMD-Wasserstraße führt von Bamberg über Nürnberg nach Kehlheim, wo er mit der Donau zusammentrifft. Sein nördlicher Teil (Bamberg – Nürnberg) ist seit 1972 befahrbar. Der südliche Teil (Nürnberg – Kehlheim) ist bislang zu etwa 75 % fertiggestellt. Er soll in den folgenden Ausführungen im Mittelpunkt stehen, da hier die aktuelle Brisanz des Themas deutlich wird.

Der Main-Donau-Kanal wird nach Angaben des Bayerischen Staatsministeriums für Wirtschaft und Verkehr
– für Mittel- und Ostbayern den Anschluß an das westdeutsche Wasserstraßensystem bringen, und damit gleichzeitig
– eine durchgehende Schiffahrtsstraße von Rotterdam bis zum Schwarzen Meer von rund 3.500 km Länge schaffen.

Unabhängig von der Fertigstellung des südlichen Teilabschnitts des Kanals müssen die schlechten Fahrverhältnisse der Donau zwischen Geislingen und Vilshofen verbessert und die Erosion der Flußsohle gestoppt werden (BAYERISCHES STAATSMINISTERIUM FÜR WIRTSCHAFT UND VERKEHR 1987 b, S. 3). Der hier betrachtete Streckenabschnitt zwischen Nürnberg und Kehlheim ist 99 km lang, wovon 1987 bereits 47 km fertiggestellt, 27 km im Bau befindlich und 25 km in Planung waren. Die Gesamtkosten der betrachteten Strecke wurden 1985 mit voraussichtlich 2,3 Mrd. DM veranschlagt. Davon waren 1986 bereits 1,5 Mrd. DM ausgegeben worden (BAYERISCHES STAATSMINISTERIUM FÜR WIRTSCHAFT UND VERKEHR 1987 b, S. 4).

Nach Darstellung der Bayerischen Staatsregierung gehen folgende wirtschaftliche Impulse vom Kanal aus:

„Der Kanal eröffnet die Möglichkeit preisgünstiger Massenguttransporte, sowie von Schwer- und Großraumtransporten. Davon gehen dauerhafte Impulse auf die Wirtschaft unmittelbar an der Wasserstraße und im weiteren Einzugsgebiet aus" (BAYERISCHES STAATSMINISTERIUM FÜR WIRTSCHAFT UND VERKEHR 1987 b, S. 7).

Im einzelnen wird dabei insbesonders auf *vier Wirkungen* des Kanals verwiesen:

Erstens soll der Kanal eine *Standortaufwertung des Einzugsgebiets*, insbesondere für Verbraucher und Hersteller von Massengütern mit hohen Transportkosten, aber auch für Hersteller von übergroßen oder überschweren Gütern bewirken. Dies ist vor allem für den Maschinen- und Anlagenbau wichtig.

Zweitens soll er zur *Sicherung bestehender Arbeitsplätze* beitragen. Nach Angaben des Bayerischen Staatsministeriums für Wirtschaft und Verkehr konnten Anfang der 70er Jahre z.B. die Fertigung von Großtransformatoren im Nürnberger Werk der Trafo-Union (rd. 2.000 Beschäftigte) und das Werk Nürnberg der Maschinenfabrik Augsburg-Nürnberg mit ebenfalls rd. 2.000 Beschäftigten nur durch den Kanalbau bzw. den Binnenhafen Nürnberg dort gehalten werden.

Drittens soll der Kanal zur *Schaffung von zusätzlichen Arbeitsplätzen* in Betrieben, die sich neu ansiedeln, beitragen. So haben sich in der Zeit von der Eröffnung des

Nürnberger Hafens im Jahr 1972 bis Ende 1985 41 Betriebe als Hauptmieter und weitere 150 Betriebe als Untermieter dort niedergelassen. Zusammen sind dies 2.500 neue Arbeitsplätze.

Viertens fällt dem Kanal die Aufgabe zu, eine *Steigerung der wirtschaftlichen Produktion* im Einzugsgebiet zu bewirken, wobei es sich in Bayern überwiegend um Fördergebiete der Gemeinschaftsaufgabe zur Verbesserung der regionalen Wirtschaftsstruktur handelt. Positive regionalwirtschaftliche Impulse erhofft sich das Bayerische Staatsministerium für Wirtschaft und Verkehr vor allem für die bayerische Donau, weil dort sehr gute Vorbedingungen bestehen bzw. geschaffen werden (z. B. Autobahnanschluß, Erdgasversorgung, Wasserversorgung, ansiedlungsbereite Fläche). Sie sollen in abgeschwächtem Maße aber auch längs der eigentlichen Kanalstrecke und der übrigen RMD-Wasserstraße wirksam werden, die erst durch die Fertigstellung des Kanals ihren vollen Verkehrswert erhält (BAYERISCHES STAATSMINISTERIUM FÜR WIRTSCHAFT UND VERKEHR 1987 b, S. 7). Die Bemühungen um einen Freihafen in Deggendorf sind hier ebenso miteinzubeziehen. Alles in allem soll der Kanal vornehmlich die Standortnachteile gegenüber den Regionen ausgleichen, die bereits durch Bundeswasserstraßen erschlossen sind.

Zu diesen Wirtschaftsimpulsen kommt noch der *wasserwirtschaftliche Nutzen* für die Regnitz-Main-Region, die als zweites Hauptargument der Kanalbefürworter zu nennen ist. Dabei soll mit der Überleitung von Altmühl- und Donauwasser in wasserarme Gebiete deren Wasserversorgung verbessert werden.

Demnach wird mit Hilfe des Main-Donau-Kanals

- der Wasserhaushalt von Regnitz und Main stabilisiert und damit die Voraussetzung für eine jederzeit ausreichende Gewässergüte geschaffen,
- die Trinkwasserversorgung gesichert, soweit sie auf Uferfiltrat zurückgreift,
- die wasserwirtschaftliche Voraussetzung für die im Standortsicherungsplan enthaltenen Wärmekraftwerke an Regnitz und Main geschaffen, und
- Beregnungswasser für die Landwirtschaft und Betriebswasser für Industrie und Gewerbe im Regnitz-Main-Gebiet bereitgestellt (BAYERISCHES STAATSMINISTERIUM FÜR WIRTSCHAFT UND VERKEHR 1987 b, S. 9).

Zusätzlich wird in der Beurteilung noch auf die beachtlichen Impulse für den Fremdenverkehr in Mittelfranken und den positiven energiewirtschaftlichen Nutzen hingewiesen (BAYERISCHES STAATSMINISTERIUM FÜR WIRTSCHAFT UND VERKEHR 1987 b, S. 10). Der Wille zur Durchsetzung blieb, und die Planungsziele für die Wasserstraße wurden je nach Bedarf neuen oder anderen politischen und wirtschaftlichen Bedingungen angepaßt und neu formuliert. WIRTH hat diese Bewertungen in ihrem zeitlichen Ablauf aufgezählt:

- Erschließung der Wasserkraft an Main, Donau und Lech,
- Leitschiene für eine montanindustrielle Kombinatswirtschaft zwischen Mitteleuropa und dem zum Osteuropa gehörenden Donauraum,
- Wirtschaftliche Dynamisierung der strukturschwachen Gebiete Ostbayerns,
- Überleitung von Brauchwasser aus der oberen Donau in das trockene mittelfränkische Becken.

5.2 Analyse und Bewertung der Großinfrastruktur im Verkehrsbereich

Die jüngeren Planungsziele lassen die verkehrswirtschaftlichen früheren Hauptziele heute als nebensächlich erscheinen. So wird heute der Kanal in erster Linie nicht mehr nur für die Schiffahrt gebaut, sondern er hat die Funktion einer „gigantischen Freiluft-Wasserleitung" (vgl. SCHNEIDER und WIRTH 1986, S. 12), über die das Donauwasser in den Regnitzbereich gepumpt wird.

Nutzen-Kosten-Analysen (DIW 1982, PLANCO 1981) beziffern den Nutzen als Wasserstraße nur noch mit 6–19 %, den als Wasserleitung auf 77–84 %. Auch im kanalfreundlichen IFO-Gutachten (1982) wird der wasserwirtschaftliche Nutzen doppelt so hoch wie der Verkehrsnutzen des Kanals angegeben (HAHN, MÜLLER und WEITZEL 1982).

Um zu vermeiden, daß durch die sich im Laufe der Zeit veränderten Ziele der Zusammenhang zum Thema verlorengeht, sollen die möglichen Auswirkungen der verkehrstechnischen Großinfrastruktur unterteilt werden. Obwohl es problematisch erscheint, bei dem höheren wasserwirtschaftlichen Nutzen des Kanals noch von „verkehrstechnischer" Großinfrastruktur zu sprechen, soll demnach deren Beitrag (nur noch 20–30 %) zur regionalen Entwicklung beleuchtet werden. Die Auswirkungen des Kanals als Verkehrsinfrastruktur werden dabei als direkte Effekte, alle anderen als Neben- oder Sekundäreffekte bezeichnet.

Zu den *direkten Effekten*, die sich wie gesagt an der verkehrswirtschaftlichen Bedeutung des Kanals orientieren, zählen in erster Linie die Auslastung als Schiffahrtsstraße, die Bedeutung der Häfen (einem Aspekt, der am Beispiel der Binnenhäfen später behandelt wird), Neuansiedlung von Betrieben und das Angebot an Industrieflächen. Als Nebeneffekte werden alle sonstigen mit dem Kanalbau zusammenhängenden Auswirkungen angesehen, wie etwa die wasserwirtschaftlichen Baumaßnahmen, die Verbindung mit Freizeit- und Fremdenverkehrseinrichtungen und nicht zuletzt die ökologischen Maßnahmen.

Konkret wirkt sich der RMD-Kanal schon während der Bauphase auf die regionale Wirtschaft aus. So werden nach Angaben der Bayerischen Staatsregierung während dieser Zeit (1988) rund 600 Mitarbeiter beschäftigt, die überwiegend aus Gebieten mit überdurchschnittlicher Arbeitslosigkeit, dem ehemaligen Grenzland stammen. Einschließlich der Zulieferbetriebe und sonstiger, am Kanalbau beteiligter Wirtschaftsbereiche hängen gleichzeitig 2.500 bis 3.000 Arbeitsplätze von den Bauarbeiten ab (BAYERISCHES STAATSMINISTERIUM FÜR WIRTSCHAFT UND VERKEHR 1987 b, S. 7).

Um demgegenüber auch einen Überblick über die wichtigsten *Argumente der Kanalgegner* zu geben, sollen hier in Anlehnung an die Thesen EUGEN WIRTHS zu den beiden Kernpunkten Wasserwirtschaft und Verkehrswirtschaft einige Kritikpunkte angeführt werden:

- Wasserwirtschaft

* Wie schon dargestellt hat in den 70er Jahren das Planungsziel des wasserwirtschaftlichen Nutzens immer mehr an Bedeutung gewonnen. Der Kanal soll demnach zur Überleitung von Donauwasser in die mittelfränkischen Trockengebiete dienen. Betrachtet man allerdings die Kosten für den Kanalbau (2,3 Mrd. DM,

Stand Juli 1985) (BAYERISCHES STAATSMINISTERIUM FÜR WIRTSCHAFT UND VERKEHR 1987 b, S. 4), so würde sich dies aber durch Rohrleitungen erheblich umweltfreundlicher und um ein Vielfaches billiger bewerkstelligen lassen als durch den Kanal.

- Verkehrswirtschaft

* Im Rahmen einer modernen arbeitsteiligen Verkehrswirtschaft haben Binnenwasserstraßen vor allem die Aufgabe, das jeweilige Hinterland zu erschließen. Die Schiffbarmachung des Mains und die Trassierung der Kanalstrecke Bamberg–Nürnberg war demnach noch sinnvoll, um den wirtschaftsstarken Ballungsraum der mittelfränkischen Kernregion an die Rheinschiene und die Rheinmündungshäfen anzuschließen. Analog wurden ja auch der Stuttgarter Raum (kanalisierter Neckar), Lothringen (kanalisierte Mosel) und Basel mit dem Schweizer Hinterland (kanalisierter Oberrhein) an die Rheinschiene angeschlossen, ohne daß die jeweiligen Stichstrecken verlängert und mit anderen Wasserstraßensystemen verbunden worden wären (Abb. 19).

* Im Gegensatz zu früheren Äußerungen räumt selbst die Bayerische Staatsregierung heute ein, daß die strukturschwachen Gebiete Ostbayerns durch den Kanal keine nennenswerten Wachstumsimpulse erhalten werden. Die letzte, zu bauende Kanalstrecke führt durch überwiegend agrarisch strukturiertes, wirtschaftsschwaches Gebiet, so daß von ihm auch kein nennenswertes zusätzliches Verkehrsaufkommen zu erwarten sein wird.

* Die hohen Investitionen für eine Wasserstraße wären nur bei einem entsprechend hohen Verkehrsaufkommen zu verantworten. Im Vergleich mit dem Güterverkehr auf den Strömen und Kanälen Nord- und Westdeutschlands wird der Verkehr im Flußgebiet von Main und Donau aber immer eine zu vernachlässigende Größe bleiben (Abb. 19). Mehrere wissenschaftliche Gutachten und die Rhein-Main-Donau AG stimmen darin überein, daß für die volkswirtschaftliche Rentabilität des Kanals als Wasserstraße ein jährliches Verkehrsaufkommen von 15–20 Mio. t erforderlich wäre. Jüngere Schätzungen verschiedener Wirtschaftsforschungsinstitute erwarten vom Kanal aber nur ein jährliches Verkehrsaufkommen zwischen 2,7 Mio. t und 5,5 Mio. t (vgl. HAHN, MÜLLER und WEITZEL 1982; PLANCO-CONSULTING GmbH 1981, S. 6 ff.; DIW 1982, S. 194). Als Wasserstraße würde der Kanal demnach immer tiefrote Zahlen in der volkswirtschaftlichen Bilanz hinterlassen.

Ein wichtiges Element der Raumwirksamkeit von Schiffahrtsstraßen ist deren regionalwirtschaftliche Bedeutung. Diese zeigt sich, wie schon angedeutet, nicht entlang der gesamten Kanalstrecke, sondern vielmehr an bestimmten Kristallisationspunkten, den Binnenhäfen. Da bislang der Rhein-Main-Donau-Kanal im Vordergrund stand, bieten sich für die weitere Behandlung der Binnenhäfen als verkehrstechnische Großinfrastruktur die Anliegerhäfen Schweinfurt, Bamberg und Nürnberg an.

Die schiffbaren Wasserstraßen haben in Bayern z. Zt. (1987) eine Gesamtlänge von 620 km (Bundesrepublik: 4.000 km). An ihnen liegen 92 Umschlagstellen für den Güterverkehr. Diese sind allerdings von sehr unterschiedlicher Größe und Struktur.

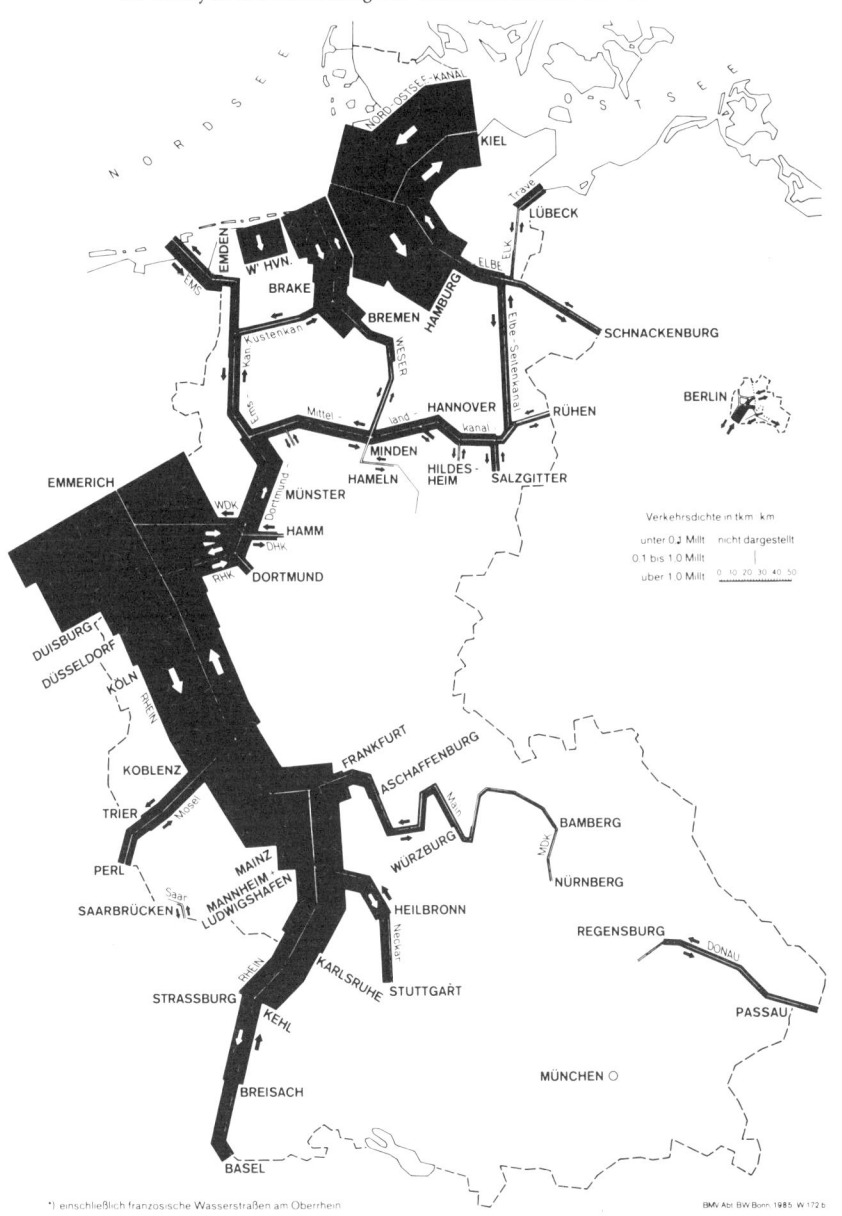

5.2 Analyse und Bewertung der Großinfrastruktur im Verkehrsbereich 83

Abb. 19 Güterverkehr 1984 auf dem Hauptnetz der Wasserstraßen in der Bundesrepublik Deutschland und Berlin (West) (Quelle: SCHNEIDER UND WIRTH 1986, S. 21)

Neben einfachen Schiffsläden sind voll ausgebaute Häfen mit vielfältigen und modernen Infrastruktureinrichtungen anzutreffen. Organisatorisch ist zusätzlich zwischen öffentlicher und privater Trägerschaft zu unterscheiden. Von den öffentlichen Häfen sind insgesamt fünf staatlich, nämlich Aschaffenburg, Bamberg, Nürnberg, Regensburg und Passau (BAYERISCHES STAATSMINISTERIUM FÜR WIRTSCHAFT UND VERKEHR 1987 a, S. 5).

Die privaten Häfen sind meist Werkshäfen von Produktions- und Handelsbetrieben. Insgesamt wurden 1986 in den bayerischen Häfen 14 Mio. t Schiffsfracht umgeschlagen. Neben trockenem Massengut und Tankladungen kommen dabei auch Container, Stückgut und Schwergutsendungen zum Versand (BAYERISCHES STAATSMINISTERIUM FÜR WIRTSCHAFT UND VERKEHR 1987 a, S. 6). Die folgende Tabelle gibt einen Überblick über die Stellung der größten bayerischen Binnenhäfen im Vergleich zu den westdeutschen und insbesondere den Rheinhäfen (Tab. 6).

Tab. 6   Güterumschlag deutscher Binnenhäfen 1988 in Mio. t

Duisburg 54	Dortmund 4	Mainz 4	Regensburg 2
Köln 10	Frankfurt 6	Andernach 3	
Karlsruhe 10	Bremen 3	Krefeld 4	
Hamburg 9	Heilbronn 6	Hamm 3	Würzburg 1
West-Berlin 8	Gelsenkirchen 4		Bamberg 1
Mannheim 9	Neuß 5		
Ludwigshafen 9	Düsseldorf 3	Stuttgart 2	

(Quelle: Statistisches Bundesamt 1990)

Die Tabelle zeigt, daß die Bedeutung der bayerischen Binnenhäfen vergleichsweise gering ist. Die Begründung hierfür fällt nicht schwer, da der Hauptbinnenverkehr auf dem Rhein und in der norddeutschen Küstenregion stattfindet. Ob die durchgehende Verbindung der Rhein-Main-Donau-Wasserstraße diese Situation wesentlich zugunsten der bayerischen Häfen beeinflussen kann, muß zumindest angezweifelt werden. Unbestritten ist, daß die Häfen als Katalysator der wirtschaftlichen Entwicklung für den Einzugsbereich der Schiffahrtsstraße angesehen werden. Sie stehen als neutrale Mittler zwischen den landseitigen Verkehrsträgern und der Binnenschiffahrt.

Die *Funktion der Binnenhäfen* geht aber über die eines Knotenpunktes und einer Drehscheibe für Binnenschiffahrt, Straße und Schiene weit hinaus. Vielmehr dienen sie auch als Kristallisationspunkte der Wirtschaftstätigkeit von Handel, Dienstleistungsgewerbe und Industrie. Erst in diesem Zusammenhang läßt sich ihre Bedeutung im Wirtschaftsgefüge und die Vielfalt der in ihnen zusammenwirkenden Tätigkeiten abschätzen (BAYERISCHES STAATSMINISTERIUM FÜR WIRTSCHAFT UND VERKEHR 1976, S. 1).

Zu nennen sind insbesondere die

- Handelsfunktion, welche die wirtschaftliche Behandlung der Umschlaggüter umfaßt, d. h. die Organisation des Umschlaggeschäfts, die Zwischenlagerung, die

Bearbeitung der gelagerten Ware zum Zweck der Qualitätserhaltung, das Sortieren, Umpacken, Abfüllen und schließlich den Weitertransport über den Hafenbereich hinaus zu dem Empfänger. Spedition, Lagerei und Handel sind dabei im Hafen eng verzahnt und oft organisatorisch und unternehmensmäßig zusammengefaßt. Die Handelsfunktion erlangt ihre Bedeutung und Begrenzung insbesondere durch die Wirtschaftstätigkeit im Einzugsbereich des Hafens (etwa in einem Radius von 50 bis 100 km) und durch die Transportintensität der Industrie.

– Industrie- und Versorgungsfunktion, d. h. daß der Hafen mit seinen Umschlaganlagen der Versorgung der im Hafen angesiedelten Unternehmungen mit Rohstoffen, Halbfertigprodukten, Brennstoffen usw. sowie zum Versand von Fertigwaren dient (BAYERISCHES STAATSMINISTERIUM FÜR WIRTSCHAFT UND VERKEHR 1976, S. 1).

Hieraus ergibt sich auch der Anteil der einzelnen Branchen am Schiffsumschlag (Tab. 7).

Tab. 7 Schiffsumschlag am Hafen Schweinfurt 1986 (in 1000 t)

land- und forstwirtschaftliche Erzeugnisse	29
andere Nahrungs- und Futtermittel	10
feste mineralische Brennstoffe	9
Erdöle, Mineralöle, Gase	155
Erze und Metallabfälle	3
Steine und Erden	231
Düngemittel	32
insgesamt	489

(Quelle: Bayerisches Staatsministerium für Wirtschaft und Verkehr 1987 a, S. 19)

Deutlich wird dabei vor allem die Dominanz der Massenguttransportgüter aus dem Bereich „Erdöle, Mineralöle, Gase" und „Steine und Erden". Die Bedeutung von „festen mineralischen Brennstoffen" (insbesondere Kohle) ist demgegenüber sehr gering.

Das *Einzugsgebiet* des Hafens läßt sich recht gut an den Zielorten der einzelnen Güter ablesen. Dabei stehen vor allem die Landkreise Schweinfurt (ca. 40 %) und Bad Kissingen (ca. 30 %) im Vordergrund. Aber auch das Hafengebiet selbst ist ein nicht zu unterschätzender Abnehmer der Güter. So entfielen 1975 auf das Hafengebiet rund 20 % des gesamten Schiffsempfangs (BAYERISCHES STAATSMINISTERIUM FÜR WIRTSCHAFT UND VERKEHR 1976, S. 10). Die restlichen rd. 10 % entfielen auf weiter entfernte Landkreise, wie z. B. Rhön-Grabfeld, Haßberge, Coburg, Bamberg und Kulmbach.

Der Hafen Bamberg kann in erster Linie als der Hafen Oberfrankens und der nördlichen Oberpfalz bis Weiden angesehen werden, da rund zwei Drittel aller per Schiff empfangenen Güter in diese Räume gingen. In geringeren Mengen laufen auch Güter für die neuen Bundesländer und die ČSFR über den Bamberger Hafen (siehe

86   5 Räumliche Aspekte des Verkehrsangebots

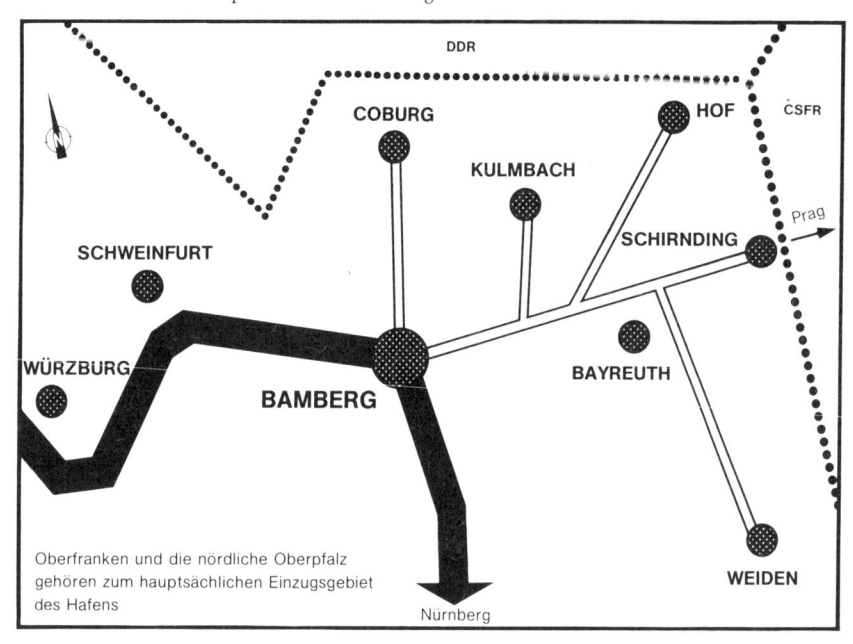

Abb. 20   Einzugsbereich des Bamberger Hafens (Quelle: INFORMATIONEN DER HAFENVERWALTUNG BAMBERG)

Abb. 20). Für den Bamberger Hafen ist auffällig, daß hier im Gegensatz zu Schweinfurt der Schiffsgüterumschlag nur rund ein Drittel des Gesamtumschlags ausmacht. Demzufolge wurden 1986 769.000 t im Schiffsgüter-, 323.000 t im Eisenbahn- und 1.414.000 t im Straßengüterumschlag verzeichnet (BAYERISCHES STAATS-MINISTERIUM FÜR WIRTSCHAFT UND VERKEHR 1987 a, S. 21).

Im Schiffsverkehr dominieren bei den Umschlaggütern Steine und Erden mit rd. 73 % (1986) (BAYERISCHES STAATSMINISTERIUM FÜR WIRTSCHAFT UND VERKEHR 1987 a, S. 21). Der Hafen stellt für Bamberg ein wichtiges Gewerbezentrum dar. In ihm sind rund 50 Firmen der unterschiedlichsten Branchen mit etwa 1.100 Arbeitsplätzen angesiedelt. Von diesen Betrieben nutzen allerdings nur rd. 35 % den Wasserstraßenanschluß (Mitteilungsblätter des Deutschen Kanal- und Schiffahrtsvereins Rhein-Main-Donau Nr. 53/54, Nürnberg 1986).

Für die Stadt Nürnberg war der Bau des Hafens (Abschluß im Herbst 1972) mit der Ausweisung von Gewerbe- und Industrieflächen (Abb. 21) sicherlich ein Vorteil. Hier konnten nämlich viele transportintensive Betriebe der Region angesiedelt werden. Zusätzlich bot sich dieses Gelände auch für die Umsiedlung der stark belastenden Industriezweige aus der Innenstadt heraus an, wodurch diese auch vom starken Verkehrsaufkommen durch die Betriebe entlastet werden konnte.

5.2 Analyse und Bewertung der Großinfrastruktur im Verkehrsbereich   87

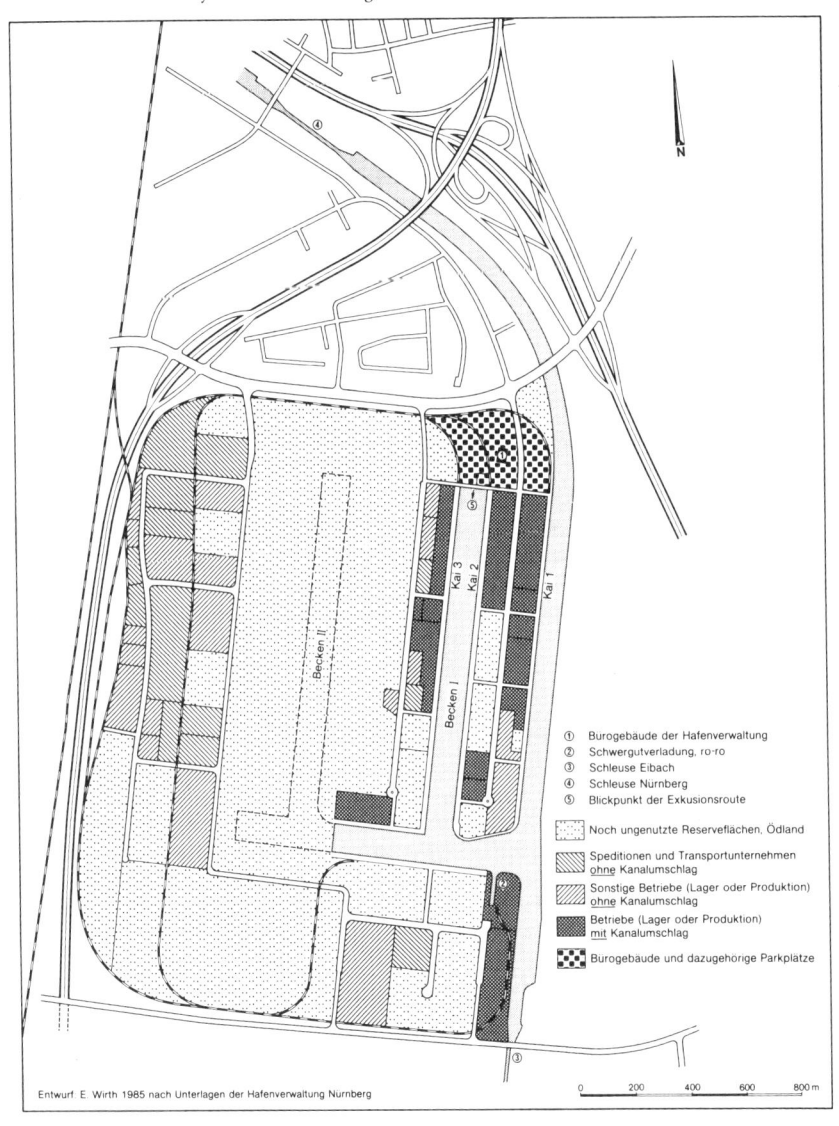

Abb. 21   Flächennutzung des Staatshafens Nürnberg (Quelle: SCHNEIDER und WIRTH 1986, S. 27)

Heute findet man insbesonders im Westteil des Hafengeländes Lagerplätze und Lagerhallen von Speditionsfirmen und Möbel-Umzugsunternehmen, die ihre Güter ausschließlich über die Eisenbahn und den Lastkraftwagen umschlagen. Auch im Süden und Osten des Hafengeländes finden sich vermehrt Firmen, die keinen Güterumschlag über Binnenschiff und Kanal haben (vgl. SCHNEIDER und WIRTH 1986, S. 28).

Nicht zuletzt aus den vorangegangenen Ausführungen stellt sich die Frage nach dem Sinn oder Unsinn von so immensen Investitionen in Großinfrastruktureinrichtungen des Verkehrsbereichs, wie sie durch den Main-Donau-Kanal und die anliegenden Binnenhäfen repräsentiert werden. Ein weiterer, ebenfalls umstrittener Bereich der Verkehrsinfrastruktur soll im nächsten Abschnitt behandelt werden: die Raumwirksamkeit von Flugplätzen.

5.2.2 Die Raumwirksamkeit von Flugplätzen

Ende der 80er Jahre ist der Bau und die Erweiterung von Flugplätzen, insbesonders der Großflughäfen, aber auch kleinerer „Regionaler Verkehrsflugplätze" in der Öffentlichkeit immer kontroverser diskutiert worden. Die „Startbahn West" des Frankfurter Flughafens und der Neubau des Flughafens „München II" sind dabei nur die überregional bekanntesten Beispiele. Aber auch die Ausbaupläne der übrigen Internationalen Verkehrsflughäfen (IVF), wie z. B. Düsseldorf und Hamburg, stoßen immer häufiger auf die Kritik der lokalen und regionalen Bevölkerung. Dies trifft, wenn auch in erheblich geringerem Ausmaß, auf die Angebotseinführungen und -erweiterungen der Regionalen Verkehrsflughäfen und Verkehrslandeplätze (RVV) in den Verdichtungsräumen wie auch in peripheren Regionen zu.

Da die Problematik des Abwägungsprozesses zwischen Umweltbelastungen und volks- wie betriebswirtschaftlicher Notwendigkeit (bzw. Nutzen) von Großinfrastruktureinrichtungen des Verkehrsbereichs an kaum einem anderen Bereich so gut dargestellt werden kann und dies in bisherigen Lehrbüchern der Verkehrsgeographie nur ansatzweise oder gar nicht geschehen ist, soll diesem Themenkomplex hier ein eigener Abschnitt gewidmet werden.

Neben den regionalwirtschaftlichen Aspekten ist die Raumwirksamkeit von Flugplätzen auch, und nicht zuletzt, durch die Auswirkungen auf die Umwelt gekennzeichnet. Flächenverbrauch, Lärm- und Abgasbelastungen sind hier wichtige Stichwörter, die nicht nur bei der Planung und dem Bau neuer Flugplätze oder bei Flugplatzerweiterungen gelten, sondern auch beim täglichen Flugbetrieb zu beachten sind.

Grundsätzlich werden unter dem Begriff „Flugplatz" alle Arten von Luftverkehrseinrichtungen zusammengefaßt, die für den Zu- und Abgang von Reisenden und von Luftfracht- und Luftpostsendungen sowie für die Versorgung und Wartung der eingesetzten Flugzeuge benutzt werden (vgl. HOFFMANN 1970, Sp. 3550 ff.). Die Gliederung ist dabei rechtlich durch die Luftverkehrs-Zulassungs-Ordnung (LuftVZO, §§ 38 – 60) festgelegt, wonach

5.2 Analyse und Bewertung der Großinfrastruktur im Verkehrsbereich 89

- *Flughäfen* nach Art und Umfang des zu erwartenden Flugbetriebs einer Sicherung durch einen Bauschutzbereich bedürfen,
- *Landeplätze* diese Sicherung nicht benötigt und
- *Segelfluggelände* nur für die Benutzung durch Segelflugzeuge und nicht selbststartende Motorsegler bestimmt sind.

Außerdem unterscheidet die LuftVZO Flugplätze nach

- *Verkehrsflughäfen bzw. -landeplätzen* für den allgemeinen Verkehr und
- *Sonderflughäfen bzw. -landeplätze* für besondere Zwecke.

Eine Übersicht über die bestehenden Flughäfen und Landeplätze in der Bundesrepublik Deutschland gibt Abb. 22.

Eine weitere sinnvolle Gliederung ist die Abgrenzung der Arbeitsgemeinschaft Deutscher Verkehrsflughäfen (ADV), die auch in der folgenden Abhandlung im Mittelpunkt stehen soll:

- *Internationale Verkehrsflughäfen* (IVF), mit überwiegend internationalem Luftverkehr,
- *Regionale Verkehrsflughäfen und Verkehrslandeplätze* (RVV), mit überwiegend nationalem Luftverkehr, und
- *sonstige Flugplätze*.

Ein wichtiger Indikator für die Bedeutung von Flugplätzen ist das jeweilige Luftverkehrsaufkommen, wobei zwischen

- Flugzeugbewegungen,
- Fluggastaufkommen,
- Luftfrachtaufkommen und
- Luftpostaufkommen

unterschieden werden kann.

Für die folgende Analyse ist weiterhin die Unterteilung in Linien- und Gelegenheitsverkehr besonders wichtig, wobei sich der Gelegenheitsverkehr aus Pauschalreiseverkehr, Tramp- und Anforderungsverkehr, Taxiverkehr und sonstigem Verkehr zusammensetzt.

Im allgemeinen hat sich der Luftverkehr in den letzten Jahren sehr positiv entwickelt (Abb. 22).

Der kontinuierliche Aufwärtstrend, der nur Anfang der 80er Jahre kurzzeitig unterbrochen wurde, hat sich am Ende der 80er Jahre noch steiler in Richtung der 100 Mio.-Passagier-Grenze in der Bundesrepublik bewegt. Zurückzuführen ist diese Entwicklung, die nicht nur für den Fluggast-, sondern auch für den Luftfracht- und Luftpostbereich zutrifft, im wesentlichen auf den enormen Anstieg des Linienverkehrs. Bemerkenswert ist dabei, daß die Anzahl der jährlichen Flugbewegungen im betrachteten Zeitraum bei weitem nicht so stark gestiegen ist wie es die Entwicklung der Fluggastzahlen erwarten ließ. Dies liegt hauptsächlich am verstärkten Einsatz der neuen Großraumflugzeuge, die etwa doppelt soviele Passagiere aufnehmen

90 5 Räumliche Aspekte des Verkehrsangebots

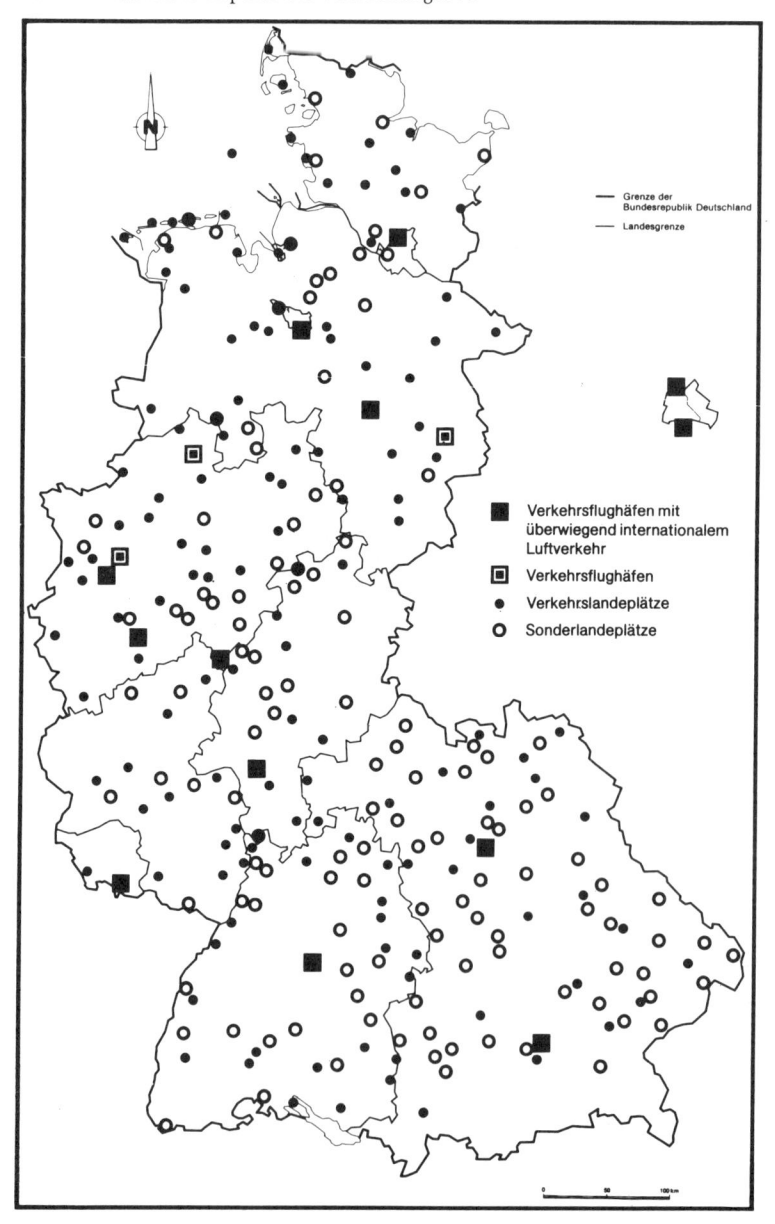

Abb. 22 Flughäfen und Landeplätze für den zivilen Motorflugverkehr in der Bundesrepublik Deutschland (ohne Hubschrauberlandeplätze) (Quelle: VERKEHRSVERBAND WESTFALEN MITTE 1983, S. 112) (leicht verändert)

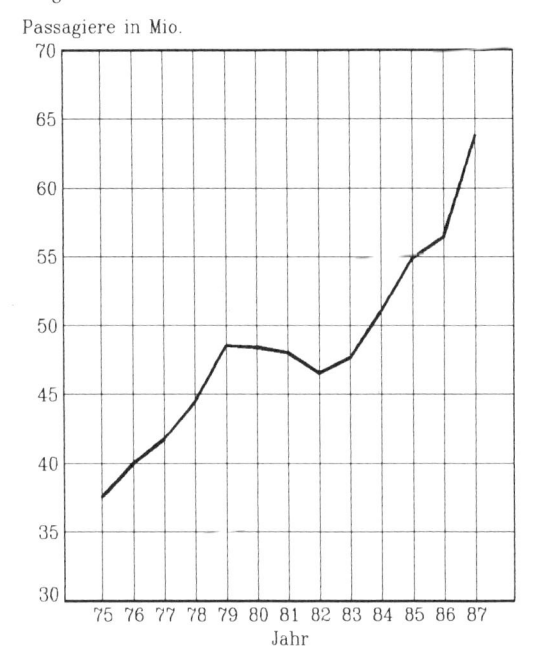

Abb. 23
Entwicklung der Fluggastzahlen im Luftverkehr der Bundesrepublik Deutschland 1975–1987
(Quelle: ADV-JAHRESSTATISTIKEN 1976–1987, eigener Entwurf)

können wie konventionelles Fluggerät. So verfügt die, für Kurz- und Mittelstrecken ausgelegte Airbusversion A 300 über 336 Sitzplätze, während die ebenfalls auf diesen Strecken eingesetzte ältere B 727 nur 189 Fluggästen Platz bietet (DONALD 1985, S. 112 f.). Betrachtet man die einzelnen Internationalen Verkehrsflughäfen in der Bundesrepublik, so zeigt sich eine deutliche Dominanz Frankfurts in allen Verkehrsbereichen. Ein differenziertes Bild ergibt sich nur bei den „Verfolgern". So sind generell für den Personenverkehr Düsseldorf und München zu nennen, wobei Düsseldorf insbesonders im Bereich des Charterverkehrs einen Vorsprung vor den anderen IVF aufzuweisen hat (der Anteil des Gelegenheitsverkehrs am gesamten Passagieraufkommen beträgt hier nahezu 50 %). Demgegenüber steht in München der Linienverkehr deutlich im Vordergrund.

Im Bereich des Frachtgutverkehrs ist die Dominanz Frankfurts noch offensichtlicher. Am Flughafen Frankfurt werden demnach fast 75 % des gesamten Luftfrachtaufkommens der Bundesrepublik umgeschlagen. Im Unterschied zum Personenverkehr ist von den anderen Verkehrsflughäfen nur noch Köln/Bonn zu erwähnen, der immerhin nahezu 10 % der Gesamtluftfracht umschlägt.

Dies zeigt sich auch, wenn man die Entwicklung des Luftfrachtverkehrs zwischen 1975 und 1987 betrachtet. Parallel zur Entwicklung der Fluggastzahlen ist auch hier die Stagnations- und Rückgangsphase zwischen 1979 und 1982 zu erkennen, die ebenfalls von einem verstärkten Aufschwung abgelöst wurde. Zudem zeigt sich die immer stärker werdende Position Frankfurts (FRA) bei den Flughäfen. Köln/Bonn

(CGN) als seit 1977 durchwegs zweitgrößter Luftfrachtumschlagstandort hat z. B. erst 1986 die 100.000-t-Grenze überschritten, während Frankfurt schon stark auf die 1-Mio.-t-Grenze zugeht.

Der Aspekt der Raumwirksamkeit von Verkehrsinfrastrukturmaßnahmen wurde bereits erläutert (Abschnitt 5.1). In Anlehnung an diese Ausführungen sollen im folgenden die Flugplätze in ihrer regionalwirtschaftlichen Bedeutung, insbesonders als Wirtschafts- und Standortfaktor sowie in ihren Umweltauswirkungen dargestellt werden.

Regionale Einzugsbereiche von Flugplätzen

Die Beschreibung und Analyse der räumlichen Auswirkungen von Flugplätzen erfordert zunächst die Abgrenzung von regionalen Einzugsbereichen. Da die einzelnen zu unterscheidenden Effekte der Flughäfen unterschiedliche räumliche Reichweiten haben, ist es sinnvoll auch unterschiedliche Regionen für die Erfassung der Auswirkungen von Flughäfen abzugrenzen (GRESSER und KESSEL 1983, S. 17). Dabei ergeben sich konkret drei Bereiche, für die Einzugsbereiche festgelegt werden sollten:
1. Einzugsbereiche für Umweltauswirkungen des Flughafens,
2. Einzugsbereiche für den Wirtschaftsfaktor Flughafen und
3. Einzugsbereiche für den Standortfaktor Flughafen.

Für den ersten Bereich, in dem *Flughäfen als Umweltfaktor* betrachtet werden, bestehen für einzelne Aspekte (wie z. B. den Lärm) feste gesetzliche Richtwerte, die etwas später im Rahmen der Betrachtung der Umwelteffekte näher beschrieben werden. An dieser Stelle soll nur erwähnt werden, daß die Abgrenzung von Umweltauswirkungen, im Unterschied zu den Wirtschafts- und Standorteffekten relativ kleinräumig ist (womit nicht gesagt ist, daß sie auch geringfügig wären). Dies liegt allerdings vor allem daran, daß die großräumigen Auswirkungen bislang weniger untersucht wurden. Zudem sind für diesen Auswirkungsbereich weniger die Flugplätze relevant als vielmehr der tatsächliche Luftverkehr. Die Abgrenzung von Umweltauswirkungen von Flugplätzen kann sich sowohl auf den originären Flächenverbrauch (Gesamtfläche, bebaute Fläche, Bauschutzzonen) als auch auf die Betrachtung der Emissionswerte beziehen. Ähnlich wie bei anderen Verkehrsarten können auch beim Flugplatzverkehr Gebiete mit bestimmten Emissionsbelastungen anhand von Isolinien gekennzeichnet werden.

Der Einzugsbereich eines *Flughafens als Wirtschaftsfaktor* läßt sich durch seine direkte und indirekte Beschäftigungswirkung bestimmen. Die direkte Beschäftigungswirkung wäre dabei am Anteil der Beschäftigten des Flughafenbereichs an der Wohnbevölkerung der Umlandgemeinden zu messen. Auf ähnliche Weise könnte auch die indirekte Beschäftigungswirkung festgestellt werden, indem die Anzahl der Beschäftigten in den Betrieben erfaßt wird, die in irgendeiner Form Aufträge für den Flughafen ausführen und diese dann im Verhältnis zu dem Anteil des Auftragsvolumens durch den am Gesamtauftragsvolumen gesetzt werden, so daß festgestellt werden könnte, wie viele Arbeitsplätze in den Umlandgemeinden auf Aufträge durch den Flughafen zurückzuführen sind. Als weiteres Abgrenzungskriterium für

5.2 Analyse und Bewertung der Großinfrastruktur im Verkehrsbereich

indirekte wirtschaftliche Auswirkungen könnte auch der Beitrag der Investitionen in den umliegenden Gemeinden betrachtet werden, die als Folge des Flughafenbaus oder -betriebs getätigt werden.

Das Hauptproblem bei der Bildung räumlicher Einzugsbereiche ist in diesem Zusammenhang die häufige Nichtverfügbarkeit von statistischen Daten auf der benötigten kleinräumlichen Ebene. Einen Versuch, die wirtschaftlichen Effekte der bundesdeutschen Verkehrsflughäfen auf ihr Umland darzustellen, unternahm zu Beginn der 80er Jahre die Beratergruppe Verkehr und Umwelt im Rahmen eines Forschungsauftrages des Bundesverkehrsministeriums (GRESSER und KESSEL 1983, S. 17–21). Dabei unterschieden die Autoren dieser Studie zwischen regionalwirtschaftlichen Effekten (vergleichbar mit den o. a. indirekten wirtschaftlichen Auswirkungen) und den direkten Beschäftigungseffekten (Abb. 24). Ganz ohne kritische Anmerkung kann diese Darstellung allerdings nicht übernommen werden. So erscheint es recht unwahrscheinlich, daß die direkten Beschäftigungswirkungen in Hamburg, Hannover, Saarbrücken und Stuttgart Gebiete umfassen, die teilweise sogar viermal so groß sein sollen wie die von Frankfurt, Düsseldorf oder München.

Mehr noch als bei den direkten wirtschaftlichen Auswirkungen ist die Operationalisierung von Standortwirkungen der Flughäfen zur Abgrenzung von Einzugsbereichen problematisch (vgl. u. a. ERZNER 1987, S. 13–19). Sinnvoll wäre die Standortverteilung bzw. die Standortdichte von Betrieben, die die vom Flughafen initiierte Infrastruktur bei der Standortwahl vorrangig berücksichtigt haben bzw. deren Mitarbeiter, die Dienstleistungen des Flughafens regelmäßig und in bestimmten Mengen nutzen (HILSINGER 1976, S. 6). Die Probleme, die sich aus der statistischen Erfassung dieser Unternehmen bzw. deren Mitarbeiter ergeben, sind ähnlich groß wie bei der räumlichen Abgrenzung der wirtschaftlichen Indikatoren. Anzuführen sind hier beispielsweise der Datenschutz und die Auskunftsbereitschaft der Unternehmen als begrenzende Faktoren.

Nimmt man allerdings die regionalen Herkunftsgebiete der Linienpassagiere als Indikatoren für die Geschäftsreisenden, so ergibt sich ein Bild, das aufgrund der Datenlage am ehesten die Einzugsbereiche im Hinblick auf die Standortwirkung wiedergibt. Ein Beispiel hierfür liefert SIEBECK in seiner Studie zu den Verkehrsströmen des Personenluftverkehrs (1981, S. 161–166).

Für die Regionalen Verkehrsflughäfen und Verkehrslandeplätze liegen bislang keine ähnlich genauen Einzugsbereichuntersuchungen vor. Vorhandene Studien orientieren sich aus praktischen Gründen (Datenverfügbarkeit) insbesondere an vorgegebenen amtlichen Grenzen (z. B. ATZKERN 1989, S. 32 ff.). Es kann allenfalls vermutet werden, daß beispielsweise Dortmund-Wickede durch die Lage im Ruhrgebiet über ein größeres Nachfragepotential verfügt als Landeplätze im peripheren Raum. Andererseits ist die Konkurrenzsituation im Ruhrgebiet sowohl durch andere Verkehrslandeplätze als auch durch die Großflughäfen Düsseldorf und Köln/Bonn erheblich größer. Insbesondere für Standorte im peripheren Raum, wie Bayreuth oder Hof dürfte gelten, daß die Einzugsbereiche aufgrund einer ungünstigen Verkehrslage nur einen relativ kleinen Raum umfassen. Ob diese Hypothesen zutreffen und verallgemeinert werden können, muß allerdings im konkreten Einzelfall untersucht werden.

94   5 Räumliche Aspekte des Verkehrsangebots

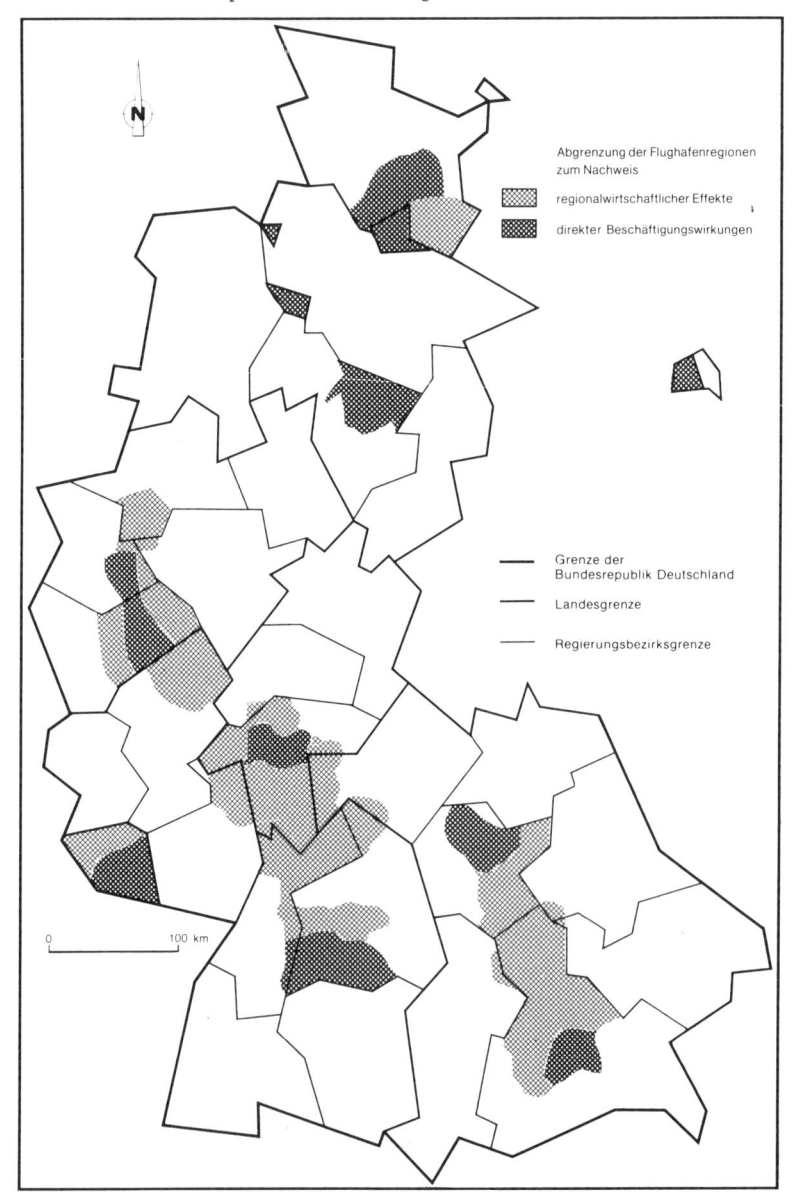

Abb. 24 Abgrenzung der Flughafenregionen in der Bundesrepublik Deutschland (Quelle: GRESSER und KESSEL 1983, S. 21)

Flugplätze als Wirtschaftsfaktoren

Als eigenständige Unternehmen haben die betrachteten Flugplätze eine große Bedeutung als Wirtschaftsfaktor für ihren Einzugsbereich. Diese Bedeutung kann speziell für die einzelnen Flugplätze an ihren wirtschaftlichen Kennziffern wie Umsatzzahlen und ihrer Stellung im Vergleich zu anderen Wirtschaftsunternehmen aufgezeigt werden. Tab. 8 zeigt die, 1987 an drei ausgewählten Flughäfen erwirtschafteten Umsatzzahlen.

Tab. 8 Umsatzzahlen ausgewählter Flugplätze 1987

Frankfurt	1.182,7 Mio. DM
Köln/Bonn	101,6 Mio. DM
Düsseldorf	338,3 Mio. DM

(Quelle: Geschäftsberichte der Flughafenbetreiber 1987)

Bezogen auf die Werte des Jahres 1986 ist nur die Flughafen Frankfurt-Main AG (FAG) in der Liste der 500 größten Unternehmen an 380. Stelle zu finden (SCHMACKE 1987). Damit hat sich die FAG gegenüber 1985 um 18 und gegenüber 1984 um 19 Rangplätze verbessert (SCHMACKE 1987 und 1985). Bei diesen Umsatzzahlen ist allerdings anzumerken, daß sie keineswegs die tatsächlich am Flughafen erwirtschafteten Ergebnisse, sondern „nur" die Werte der Betriebsgesellschaften aus Flughafengebühren, Bodenverkehrsdiensten und Umsatzabgaben widerspiegeln. In der Tat stellt die Betriebsgesellschaft aber nur eines von vielen am Flughafen tätigen Unternehmen dar. Hinzu kommen Behörden (z. B. Flugsicherung, Zoll, Polizei), Serviceunternehmen (z. B. Post, Banken, Autovermietungen, Gaststätten), Einkaufseinrichtungen (z. B. Supermärkte, Duty-Free-Shops) und vor allem die Niederlassungen der Fluggesellschaften. So waren 1984 allein am Frankfurter Flughafen 81 Fluggesellschaften und 260 andere Wirtschaftsunternehmen angesiedelt (FLUGHAFEN FRANKFURT-MAIN AG 1985, S. 46). Die Vielzahl der am Flughafen tätigen Unternehmen macht es sehr schwer, den tatsächlich erwirtschafteten Umsatz abzuschätzen. Als Anhaltspunkt kann allerdings gelten, daß zu dem Umsatz der Flughafenbetreiber 30–50 % hinzugerechnet werden können, um den tatsächlichen Gesamtumsatz aller am Flughafen angesiedelten Unternehmen abzuschätzen. Es muß davon ausgegangen werden, daß sich – je nach der Größe des Flughafens – erhebliche Unterschiede ergeben. Zur groben Einordnung kann allerdings gesagt werden, daß sich ein Großteil der Internationalen Verkehrsflughäfen mit ihrem „Gesamtumsatz" im Bereich der 500 umsatzstärksten Unternehmen in der Bundesrepublik Deutschland befinden dürften.

Durch den Bau, Ausbau und Betrieb hat ein Flugplatz einen *direkten Beschäftigungs-* und damit auch *Einkommenseffekt* für die unmittelbar Beschäftigten und für die unmittelbaren Zulieferer. Daneben gibt es indirekte Beschäftigungs- und Einkommenseffekte, die durch Verausgabung des direkt erzielten Einkommens ausgelöst werden (HÜBL und HOHLS 1984, S. 13). Flughäfen zählen zu den personalinten-

5 Räumliche Aspekte des Verkehrsangebots

sivsten Arbeitgebern, da sich Steigerungen der Produktivität und der Verkehrsleistungen nur bis zu einem gewissen Grad durch Mechanisierung und Automatisierung erzielen lassen (HÜBL und HOHLS 1984, S. 15). Als Beispiel hierfür mag die Entwicklung am Rhein-Main-Flughafen in Frankfurt dienen. Stellt man hier die Entwicklung der Mitarbeiterzahlen der Entwicklung des Umsatzes, der Flugbewegungen und der Fluggastzahlen als Indikatoren für Produktivität und Verkehrsleistung des Flughafens gegenüber, kann man über weite Strecken einen deutlichen Zusammenhang feststellen.

Während sich der Umsatz, insbesondere nach 1979 wenig für den Vergleich eignet, stellen die Flugzeugbewegungen und vor allem die Anzahl der Fluggäste vergleichbare Entwicklungen dar. Trotz fortschreitender Automatisierung steigen und fallen die Mitarbeiterzahlen in Abhängigkeit vom Fluggastaufkommen.

Der starke lineare Zusammenhang zwischen Mitarbeiterzahlen und Fluggastaufkommen zeigt sich in der statistischen Regressionsanalyse. Der Korrelationskoeffizient ergibt einen Wert von 0,991. Der Bestimmtheitskoeffizient weist demnach immerhin noch 0,982 auf. Arbeitsmöglichkeiten bieten aber nicht nur die direkten Flughafenbetriebsgesellschaften, sondern auch die Vielzahl von Folgeeinrichtungen (s. o.) an. Tab. 9 gibt einen Überblick über die Beschäftigten an einigen Internationalen Verkehrsflughäfen und zeigt deutlich das Verhältnis der direkt bei den Flughafenbetreibern Beschäftigten zu den Gesamtbeschäftigten am „Großunternehmen Flughafen".

Tab. 9   Mitarbeiterzahlen an ausgewählten Internationalen Verkehrsflughäfen 1984

Flughafen	Mitarbeiter des Flughafenbetreibers	Insgesamt am Flughafen Beschäftigte
Frankfurt	7.121	34.179
Düsseldorf	1.550	7.029
München	ca. 1.300	5.500
Hamburg	ca. 1.200	11.000
Berlin-Tegel	650	..
Köln/Bonn	855	2.600
Stuttgart	657	..
Nürnberg	265	ca. 1.000
Saarbrücken	78	ca. 233
Hannover	460	2.800

.. keine Daten verfügbar
(Quelle: Geschäftsberichte und Unterlagen der Flughafenbetreiber 1985)

In bezug auf die indirekten Beschäftigungs- und Einkommenseffekte spielt die Multiplikatoranalyse eine wichtige Rolle. Für bundesdeutsche Flughäfen wurde dieses Instrument bisher allerdings nur auf den Rhein-Main-Flughafen Frankfurt angewendet und veröffentlicht (ROLAND BERGER GMBH 1982). Dabei ergab sich ein Beschäftigungsmultiplikator von 1,93, d. h., daß jeder am Flughafen Beschäftigte etwa

5.2 Analyse und Bewertung der Großinfrastruktur im Verkehrsbereich

zwei weitere Arbeitsplätze außerhalb des Flughafens schafft. Allerdings gilt auch der Umkehrschluß, daß der Verlust eines Arbeitsplatzes am Flughafen den Verlust von zwei Arbeitsplätzen in der Region nach sich zieht. Bezogen auf die indirekten Einkommenseffekte entsteht für jede am Flughafen als Lohn, Gehalt oder Auftragssumme gezahlte Mark ein „Folgeeinkommen" von DM 1,63 in der Region (FLUGHAFEN FRANKFURT MAIN AG 1985, S. 2).

Von besonderer Bedeutung sowohl für die direkten Beschäftigungs- und Einkommenseffekte, wie auch für die indirekten Multiplikatorwirkungen sind die Investitionen des Flughafens. Nach einer Untersuchung der ADV (Arbeitsgemeinschaft Deutscher Verkehrsflughäfen, Stuttgart) verteilen sich die von 1982 bis 1986 geplanten Investitionen deutscher Verkehrsflughäfen zu 83 % auf das Bau- und Bauhauptgewerbe, zu 11 % auf den Straßenfahrzeug- und Maschinenbau, sowie zu 6 % auf die Branchen Büromaschinen, Elektrotechnik, Feinmechanik und Optik (ADV 1982, zitiert in: HÜBL und HOHLS 1984, S. 17). Da die Leistungen des Bau- und Bauhauptgewerbes überwiegend von in der Region ansässigen Unternehmen erbracht werden bzw. regionale Unternehmen wesentliche Zulieferer sind, kann davon ausgegangen werden, daß der größte Teil der Sekundärwirkungen in der Region verbleibt (HÜBL und HOHLS 1984, S. 16).

Obwohl die Regionalflughäfen, ähnlich wie die Großflughäfen direkte und indirekte Beschäftigungs- und Einkommenseffekte verursachen, sind diese doch relativ unbedeutend. Durch die geringere Anzahl der Beschäftigten (Tab. 10) und durch die relativ geringen Investitionen sind auch die Multiplikatorwirkungen vergleichsweise begrenzt (VERKEHRSVERBAND WESTFALEN MITTE e.V. 1979, S. 86). Die Bedeutung eines Regionalflughafens liegt also nicht so sehr in seinen Beschäftigungs- oder Einkommenswirkungen, sondern vielmehr in seiner Funktion als Standortfaktor für seine Region.

Tab. 10 Beschäftigte der Flugplätze und flugplatzgebundenen Unternehmen in Nordrhein-Westfalen 1977

Flugplatz	Beschäftigte des Flugplatzhalters	Insgesamt Beschäftigte[1]
Arnsberg	6	16
Bielefeld	4	7
Dortmund*	19	64
Meschede-Schüren	4	6
Münster-Osnabrück**	40	140
Paderborn/Lippstadt*	10	28
Siegerland	10	46

*: RVV mit Regionalluftverkehr
**: MUO ist seit 1986 in die Gruppe der IVF aufgerückt
1 : hinzukommen am jeweiligen Flugplatz ansässige Betriebe
Quelle: Verkehrsverband Westfalen Mitte e.V., Allgemeine Luftfahrt in Westfalen, Dortmund 1979[2], S. 86 (verändert)

5 Räumliche Aspekte des Verkehrsangebots

Flugplätze als Standortfaktoren

Die Existenz eines Flughafens hat als Standortfaktor großen Einfluß auf die wirtschaftliche Entwicklung einer Region. Ähnlich wie bei den Beschäftigungs- und Einkommenseffekten kann man auch hier zwischen direkten und indirekten Auswirkungen unterscheiden (HÜBL und HOHLS 1984, S. 13).

Die *direkten Wachstumseffekte* gehen dabei von der Kostenersparnis bei den Unternehmen aus, die die Luftverkehrsleistungen nutzen. Durch die Verkürzung bzw. Verbilligung von Transporten und durch die Möglichkeit, Absatz- und Bezugsmärkte entfernungsmäßig auszuweiten, erhöhen Flugplätze die Leistungsfähigkeit der eingesetzten Produktionsfaktoren und führen somit zu einem Wachstum der Regionalwirtschaft (HÜBL und HOHLS 1984, S. 17). Die wichtigsten Effekte bei den Wirtschaftsunternehmen, die Luftverkehrsleistungen nachfragen, sind die Kostenersparnisse aus vermiedenen Transportverlagerungen zu anderen Flughäfen und Transportmitteln, sowie die Transportzeitersparnisse für Geschäftsreisende und Luftfrachttransporte (GRESSER und KESSEL 1983, S. 30). Der Wert der Zeitersparnis im Luftfrachtverkehr wird in vielen Fällen sehr hoch veranschlagt. In Tab. 11 ist dargestellt, wie sich die Größenordnung des Wertes der ersparten Zeit abschätzen läßt.

Die Beispiele zeigen, daß die Preisdifferenz je Stunde Transportzeit stark nach den Ziellländern und den Vergleichstransportmitteln schwanken (GRESSER und KESSEL 1983, S. 32). Der hohe Wert, der sich je eingesparter Stunde auch bei weniger wertvollen Gütern, wie z. B. Kraftfahrzeugteilen abschätzen läßt, weist darauf hin, daß vielfach nicht nur der Wert des Gutes, sondern auch sein Verwendungszweck am Bestimmungsort und die Umstände, die seinen Lufttransport erfordern, berücksichtigt werden müssen. Zur Erklärung können u. a. folgende Gründe genannt werden:

- Versand von Ersatzteilen, deren rascher Transport den Ausfall von Produktionseinrichtungen verhindern soll,

- Transport von Gütern, deren Zustellung auf dem Land- oder Seeweg nicht fristgerecht erfolgen könnte und für deren nicht termingerechte Lieferung Vertragsstrafen entstehen, und

- Transport von Gütern, die möglichst sicher ihren Bestimmungsort erreichen sollen (i. d. R. wertvolle Güter) (GRESSER und KESSEL 1983, S. 31 ff.).

Die *indirekten Auswirkungen* von Flughäfen auf das Wachstum einer Region sind eine Folge der beschriebenen Kosteneinsparungen bei Unternehmen, die Luftverkehrsleistungen nachfragen. Demzufolge zählt die Nähe eines Flughafens zu den wichtigen Einflußfaktoren bei einer Standortentscheidung. Insbesonders die für die wirtschaftliche Entwicklung der Bundesrepublik wichtigen exportorientierten Branchen messen der Schnelligkeit, Zuverlässigkeit, Leistungsfähigkeit, Bequemlichkeit und Sicherheit der verkehrlichen Erschließung eine hohe Bedeutung bei (HÜBL und HOHLS 1984, S. 21). Ein hoher Exportanteil macht zudem auch Geschäftsreisen im Ausland erforderlich (Ein- und Verkaufsverhandlungen, Beratung, Montage), für die gute Flugverbindungen ebenfalls unerläßlich sind.

5.2 Analyse und Bewertung der Großinfrastruktur im Verkehrsbereich

Tab. 11 Beispiele zur Bestimmung der Nutzen aus eingesparter Transportzeit im Luftfrachtverkehr

1. Beispiel: Transport Frankfurt – London

		Straßengüterfernverkehr	Luftfracht	
Abfertigungszeiten (verkehrliche Abfertigung, Zollformalitäten etc.)	(h)	24	24	
Zubringen, Umladen	(h)	–	8	
Fahr- bzw. Flugzeit[1]	(h)	17	1	
Transportdauer insgesamt	(h)	41	33	
Entfernung	(km)	750	660	
Transportpreis je tkm[2]	((DM/tkm)	0,12	0,73	
Transportpreis je t	(DM)	90,–	482,–	
Transportpreisdifferenz	(DM)			392,–
Transportzeitdifferenz	(h)			8
Transportpreisdifferenz je Stunde Transportzeitdifferenz	(DM/h)			49,–

2. Beispiel: Transport Hamburg – Djeddah

		Schiffsfracht	Luftfracht	
Abfertigungszeiten (verkehrliche Abfertigung, Zollformalitäten etc.)	(h)	24	24	
Zubringen, Umladen	(h)	24	24	
Fahr- bzw. Flugzeit[3]	(h)	480	8	
Transportdauer insgesamt	(h)	528	56	
Transportpreis je t[4]	(DM/t)	403,–	3.980,–	
Transportpreisdifferenz	(DM/t)			3.577,–
Transportzeitdifferenz	(h)			472
Transportpreisdifferenz je Stunde Transportzeitdifferenz	(DM/h)			7,58

1 LKW: Durchschnittsgeschwindigkeit 60 km/h; Fahrzeit einschließlich Be- und Entladung; Luftfracht: ABC World Airways Guide June 1980, S. 2001.
2 LKW: lastauto omnibus Katalog 1981, 38 t-Zug, Nutzlast 25,3 t, Auslastung 80 %, Jahresfahrleistung 110.000 km, 2 Fahrer.
Luftfracht: Statistisches Bundesamt (Hrsg.), Fachserie 8 Verkehr, Reihe 6, Luftverkehr, 1981.
3 Schiff: Hamburg – Djeddah nach Auskunft von Reedereiagenturen rd. 20 Tage.
Luftfracht: Auskunft Luftfrachtspedition; ABC World Guide June 1980.
4 Die Transportkosten hängen ab vom Gewicht und vom Gewichts-Volumen-Verhältnis. Im Beispiel wurde für beide Transportarten ein gabelstaplerfähiges Frachtstück von 1 t Gewicht und 2 Kubikmeter Volumen unterstellt. Die Schiffsfracht beträgt 140 $ zuzüglich 13 % Bunkerzulage; umgerechnet wurde mit einem Wechselkurs von 1 $ = 2,55 DM. Beim gleichen Gewichts-Volumen-Verhältnis und gleichem Gewicht beträgt die Luftfracht je kg 3,08 DM (1.000 kg-Rate).
(Quelle: GRESSER und KESSEL 1983, S. 32)

Neben den Internationalen Verkehrsflughäfen haben auch die Regionalflughäfen eine nicht zu unterschätzende Bedeutung als Standortfaktoren für regionale Betriebe. Diese ist jedoch in hohem Maße von der räumlichen und insbesonders verkehrlichen Lage der Region abhängig, d. h. ob der Flugplatz etwa im peripheren Raum (z. B. Bayreuth und Hof), in einer verkehrsmäßig schlecht angebundenen Region (z. B. Friedrichshafen) oder in einem Ballungsraum (z. B. Dortmund) liegt. Flugplätze im peripheren Raum dienen dabei weniger als Standortfaktor für eine allgemeine Gewerbe- und Industrieansiedlung, sondern vielmehr den schon vorhandenen Betrieben, die infolge ihrer Export- oder Importorientierung auf Flugverbindungen angewiesen sind.

Untersuchungen im Raum Bodensee-Friedrichshafen zeigen schon einen größeren Standortvorteil auch für neu anzusiedelnde Wirtschaftsunternehmen. Dies liegt zum einen in der sehr schlechten Erschließung dieser Region mit bodengebundenen Verkehrsmitteln (z. B. kein BAB-Anschluß) und zum anderen in der günstigen Wirtschaftsstruktur, die zusätzlich zur Exportorientierung auch eine hohe Konzentration der gut florierenden Luftfahrtindustrie aufweist (ATZKERN 1989).

Regionalflughäfen in Ballungsräumen sind demgegenüber durch einen verstärkten Konkurrenzdruck gegenüber den Großflughäfen gekennzeichnet. Da die Anbindung mit bodengebundenen Verkehrsmitteln hier i. d. R. sehr gut ist, liegt der Vorteil nur noch in einem Zeitgewinn, der im Vergleich auf den hochverdichteten Bodenverkehrswegen besteht. Dies bedeutet allerdings auch, daß hier der Einzugsbereich erheblich kleiner ist (ein Faktor, der meist durch ein großes Potential im näheren Umland mehr als nur ausgeglichen wird).

Auswirkungen auf die Umwelt

In den letzten Jahren kam es immer wieder zu großen Interessenkonflikten zwischen Neu- und Ausbauten von Flugplätzen und dem Umweltschutz. „Startbahn West" und „München II" sind dabei über ihre regionalen Einzugsbereiche bekannt geworden. Aber auch andere Flughäfen haben mit dem Problem Umwelt- und Naturschutz zu „kämpfen". Da zur Zeit davon ausgegangen werden kann, daß nach München II in absehbarer Zukunft keine Flughafenneubauten zur Diskussion stehen, sind es vor allem Flughafenerweiterungen, die zu Konflikten mit dem Umweltschutz führen. Die Umweltauswirkungen von Flugplätzen können dabei in drei Bereichen auftreten: 1. Flächenverbrauch, 2. Lärmbelastung und 3. Abgasbelastung.

Der *Flächenverbrauch* von Flughäfen bezieht sich neben der Problematik der „knappen Flächen" vor allem auf das Problem der Bodenversiegelung durch großflächig überbaute (Betriebsgebäude) oder betonierte Flächen (z. B. das Vorfeld oder die Start- und Landebahnen), die Grundwasserproblematik und die Zerstörung von Lebensräumen für Flora und Fauna.

Die Behinderung der Bodendurchlüftung führt in der Folge zu einer starken Behinderung des Bodenbildungsprozesses. Weitere Folgen der Versiegelung sind Bodenverdichtungen (je nach Belastung) und Störung des Bodenabflusses. Beide Faktoren haben schwerwiegende Auswirkungen auf den Wasserhaushalt und gefährden den

Grundwasserbestand. Zudem besteht infolge der Wasserdurchlässigkeit der bebauten Fläche durch verringerte Korngrößen die Gefahr von Erosionen. Gerade diese Faktoren spielen beim neuen Flughafen München II eine wichtige Rolle. Hier geht es vor allem darum, Bäche, Kanäle und Gräben, ein Merkmal des Erdinger Mooses, ab- und umzuleiten. Zudem macht der S-Bahn-Anschluß eine Grundwasserabsenkung im Bereich des Flughafens nötig (FLUGHAFEN MÜNCHEN GmbH 1987, S. 60 f.). Das Hauptproblem bei der Bodenversiegelung ist die Irreversibilität der Bodenzerstörungsprozesse und die Langfristigkeit der Grundwassergefährdung. Wo hier die kritischen Werte liegen und inwieweit die Umweltbeeinträchtigungen durch Maßnahmen auszugleichen sind, kann nur für den Einzelfall unter Berücksichtigung aller Rahmenbedingungen beantwortet werden.

Ein sehr häufig auftretendes Problem im Bereich der Umweltbelastungen ist die, vor allem für die Anwohner wesentliche *Belästigung durch Fluglärm*. Eine Möglichkeit für die Regelung dieser Problematik liegt im Gesetz zum Schutz gegen Fluglärm aus dem Jahr 1971. Insbesonders für viele Großflughäfen, deren Einflugschneisen über Wohngebiete führen, ist dieses Instrument allerdings von relativ geringem Nutzen (siehe München-Riem). Eine weitere Möglichkeit ist die Verhängung von Nachtflugverboten, wie es bereits für viele Internationale Verkehrsflughäfen (IVF) besteht. Auf internationaler Ebene wurden verbindliche Regelungen über die Lärmzulassung von Flugzeugen im ICAO Annex 16 festgelegt. Dabei werden drei Meßpunkte und maximale Lärmwerte festgelegt, die in Flughafennähe nicht überschritten werden dürfen, wobei dies auch eine nicht geringe Rolle bei der Bemessung der Flughafengebühren spielt. Die in der Bundesrepublik maßgebliche Richtlinie zur Lärmzulassung entspricht dem ICAO Annex 16 (JESCHKEIT und WEISSER 1982, S. 82–83).

Neben diesen, meist nicht ausreichenden rechtlichen Mitteln kann das Problem auch von der technischen Seite angegangen werden. Hierzu sind bei der Triebwerkskonstruktion Änderungen seitens der Hersteller notwendig, wobei der Lärmpegel durch Dämpfungsmaßnahmen vermindert werden kann. Von größerer Bedeutung erscheinen demgegenüber flugbetriebliche Maßnahmen, da diese weder mit großem Verwaltungs- noch finanziellen Kostenaufwand verbunden sind (das einzige Hindernis stellt derzeit die noch unzureichende Organisation der europäischen Flugsicherung dar). Hierzu zählen u. a. lärmmindernde Start- und Steigverfahren sowie durchdachte Abflugrouten (ATZKERN 1989).

Die Problematik der *Abgasemissionen* ist bislang wenig untersucht worden. Obwohl sie im Verhältnis zu den Emissionen anderer Verkehrsmittel (vor allem dem Auto) relativ gering sind, müssen auch sie bei der Würdigung der Umweltauswirkungen berücksichtigt und im Einzelfall analysiert werden.

5.2.3 Autobahnen und Fernstraßen

Während die bisherigen Beispiele von Großinfrastruktureinrichtungen des Verkehrsbereichs nur für einen relativ kleinen Teil der Bevölkerung relevant sind, soll nun ein Themenkomplex abgehandelt werden, der für fast jeden Erwachsenen von

5 Räumliche Aspekte des Verkehrsangebots

Bedeutung ist: der Autobahn- und Fernstraßenbau. Die heutige Vorstellung von Straßen im engeren Sinne als „nicht-schienengebundenen Landverkehrswegen", die für mechanisch betriebene Landverkehrsmittel, vor allem das Kraftfahrzeug in allen seinen Formen, in der Regel ganzjährig benutzbar sind, übersieht die vielfältigen Abstufungen zwischen Weg und Straße insbesondere in ihrem historischen Ablauf.

Das *Verkehrswegenetz* von Straßen wird in der Bundesrepublik Deutschland formal in klassifizierte und nicht-klassifizierte Straßen gegliedert, die wiederum in verschiedene Kategorien unterteilt werden:

klassifizierte Straßen:
- Bundesautobahnen,
- Bundesstraßen,
- Landes- bzw. Staatsstraßen,
- Kreisstraßen,

nicht-klassifizierte Straßen:
- Gemeindestraßen.

Bundesautobahnen (BAB) und Bundesstraßen, die in diesem Abschnitt im Vordergrund stehen sollen, werden dabei auch unter dem Begriff „Bundesfernstraßen" zusammengefaßt. Tab. 12 gibt einen Überblick über die Entwicklung der Gesamtlänge der klassifizierten und nicht-klassifizierten Straßen in der Bundesrepublik zwischen 1960 und 1986.

Tab. 12 Entwicklung der klassifizierten und nicht-klassifizierten Straßen in der Bundesrepublik Deutschland 1960–1986

Verkehrsweg	Länge (in 1.000 km)			
	1960	1970	1980	1986
Bundesautobahnen	2,55	4,11	7,29	8,40
Bundesstraßen	25,10	32,20	32,30	31,40
Landes-/Staatsstraßen	57,70	65,40	65,50	63,30
Kreisstraßen	50,30	60,70	66,40	70,20
Summe der klassifizierten Straßen	135,65	162,41	171,49	173,30
Gemeindestraßen	233,00	270,00	308,00	318,00
Summe aller Straßen	368,65	432,41	479,49	491,30

Quelle: Bundesminister für Verkehr, Verkehr in Zahlen 1986, Bonn 1987, S. 98 aus: HÜBNER und ROHLFS 1987, S. 164 (verändert)

Die Konzentration des Verkehrs auf den Autobahnen beträgt rund 26 % aller Fahrleistungen bei einem Längenanteil von nur rd. 1,7 %. Spiegel dieser Konzentration sind auch die Werte des „durchschnittlichen täglichen Verkehrs" (DTV) des Jahres 1986, wonach auf den Bundesautobahnen rund 33.700 Kfz/24 h (1976: 27.000 Kfz/24 h) und auf den Bundesstraßen rund 7.800 Kfz/24 h (1976: 6.200 Kfz/24 h) ver-

5.2 Analyse und Bewertung der Großinfrastruktur im Verkehrsbereich 103

kehrten. Land- bzw. Staatsstraßen und Kreisstraßen weisen demgegenüber nur eine Dichte von ca. 3.000 bzw. 1.500 Kfz/24 h auf. Diese Werte geben zwar einen Eindruck von der Wichtigkeit des Ausbaus von Bundesfernstraßen, tragen aber dem ebenfalls sehr hohen Bedeutungswert der niedriger eingestuften Verkehrswege (gemessen an der regionalpolitischen und gesamtgesellschaftlichen Bedeutung und der Nutzung dieser Wege im Verhältnis zur ansässigen Bevölkerung) keine Rechnung. Sie dienen damit vornehmlich der Begründung der hohen Investitionen in den Bundesfernstraßenbau, der im Unterschied zu den anderen klassifizierten Straßen im Kompetenzbereich des Bundes liegt (die anderen Straßen sind Ländersache). So wurden 1986 allein für die Erhaltung vorhandener Bundesfernstraßen rd. 2.320 Mio. DM ausgegeben (BUNDESMINISTER FÜR VERKEHR 1987, S. 9).

Insgesamt sind im Bundesverkehrswegeplan 1985 für den Zeitraum 1986 bis 1995 für alle Neu- und Ausbaumaßnahmen im Bundesverkehrswegenetz 50,1 Mrd. DM vorgesehen (BUNDESMINISTER FÜR VERKEHR 1985 b, S. 16). Zum Vergleich hierzu betrug der Gesamthaushalt des Bundesverkehrsministers 1986 25,4 Mrd. DM, wobei neben dem Bundesfernstraßenbau der gesamte übrige Verkehrsbereich abgedeckt werden muß (so vor allem die Schienenstrecken, aber auch die Binnenwasserstraßen und der Luftverkehr, vor allem im Bereich der Flugsicherung).

Parallel zu den behandelten Großinfrastruktureinrichtungen des Verkehrsbereichs kann auch die Raumwirksamkeit von Bundesfernstraßen unter drei wesentlichen und regional relevanten Gesichtspunkten gesehen werden:

- Umweltaspekt,
- Wirtschaftsaspekt und
- Standortaspekt.

Dabei kann, wie auch schon bei den vorangegangenen Beispielen, jeweils von direkten und indirekten Auswirkungen gesprochen werden.

Unter dem Gesichtspunkt der *Umweltauswirkungen* von Straßen im allgemeinen und Bundesfernstraßen im besonderen ist ebenfalls zwischen den direkten Auswirkungen des Straßenbaus bzw. der Straße selbst und den indirekten Auswirkungen des auf dieser Straße stattfindenden Verkehrs zu unterscheiden. In Anlehnung an VOIGT (1978, S. 47 ff.) kann man sowohl die direkten als auch die indirekten Umweltauswirkungen wie folgt unterteilen:

- Luftverunreinigung,
- Lärmbelästigung,
- Landschaftsbeeinträchtigung und
- Grundwasserbeeinträchtigung.

Die Intensität der Umweltbeeinträchtigungen unterscheidet sich sehr stark je nachdem, ob es sich um den Bereich der Leistungserstellung (direkte Auswirkungen) oder um den Bereich der Leistungsabgabe (indirekte Auswirkungen) handelt. Luftverunreinigungen und Lärmbelästigungen im Zusammenhang mit dem Bau von Bundesfernstraßen treten generell mit dem Einsatz der Baumaschinen und der Bautätigkeit auf. Sie sind relativ gering und fallen wegen ihres kurzzeitigen Auftretens

104   5 Räumliche Aspekte des Verkehrsangebots

weniger ins Gewicht. Nach dem Bau der Straße fallen diese Umweltbeeinträchtigungen, die allein durch das Vorhandensein des Verkehrswegs als direkte Wirkungen gekennzeichnet sind, ganz weg (im Unterschied zu den indirekten Auswirkungen, die noch behandelt werden).

Im Gegensatz hierzu entstehen Landschafts- und Grundwasserbeeinträchtigungen nicht nur durch den Bau, sondern auch und vor allem durch die langfristige Existenz der Straßen. Dabei wird insbesonders die ökologische Einheit und Struktur des betroffenen Gebietes sowohl im Hinblick auf Veränderungen des Grundwasserspiegels durch Bodenversiegelung als auch in bezug auf pflanzliche und tierische Lebensformen nachhaltig negativ beeinflußt.

Eine für direkte Wirkungen spezifische Kategorie, die auch in den vorgenannten Bereichen mitwirkt, ist der originäre Flächenverbrauch der Straßenprojekte. Von Flächenverbrauch kann in diesem Zusammenhang gesprochen werden, weil die betroffene Fläche anderen Nutzungen (insbesondere der natürlichen Funktion) durch Überbauung dauerhaft entzogen wird. Der effektive Flächenverbrauch liegt bei den Bundesautobahnen am höchsten. Der Regelquerschnitt (Fahrbahn und Bankett ohne Böschung) liegt derzeit zwischen 26 und 37,5 m für sechs Fahrstreifen. Samt der dazugehörigen Gräben und Böschungen liegt der durchschnittliche Flächenbedarf bei ca. 9 ha pro Längenkilometer (am Beispiel der Rhön-Autobahn Fulda-Würzburg) (vgl. HEROLD 1972, S. 223–256, zitiert nach: SCHLIEPHAKE 1982, S. 67). Bei zweispurigen Bundesstraßen liegen die Regelquerschnitte immerhin noch bei 10,5 bis 28,5 m, wobei Gräben und Böschungen von 3 bis 6 m Breite auf jeder Seite hinzukommen (SCHLIEPHAKE 1982, S. 67).

Im Unterschied zu dem Bereich der Leistungserstellung sind die indirekten Umweltauswirkungen durch Luftverunreinigung und Lärmbelästigung erheblich. So sind die Immissionen aufgrund des Energieverbrauchs durch Kraftfahrzeuge inzwischen als ein wesentlicher Verursacher des „sauren Regens" und damit des „Waldsterbens" identifiziert worden.

Der Aspekt der Lärmbelästigung für die Anwohner von Bundesfernstraßen wird schon bei der Planung der Straßen in die Überlegungen einbezogen. Lärmschutzvorrichtungen, wie Lärmwälle oder Lärmmauern sind das sichtbare Ergebnis dieser Bemühungen, obwohl diese nicht unbedingt alle Erwartungen der Anwohner tatsächlich erfüllen können.

Die Landschaftsbeeinträchtigungen durch den fließenden Verkehr ergeben sich zum einen aus den hohen Luftverunreinigungen und Lärmbelastungen, sind aber auch zum anderen auf die speziellen Gefahren des Straßenverkehrs für die Tiere zurückzuführen (VOIGT 1978, S. 48).

Als Grundwasserbeeinträchtigungen durch den laufenden Verkehr sind insbesonders Unfälle mit Tankwagen, Ölverluste der Verkehrsmittel und die immer noch zu wenig überdachte Streusalzanwendung im Winter anzuführen.

Ein für den Bereich der Leistungsabgabe spezifischer Aspekt ist die direkte Beeinträchtigung des menschlichen Lebens, wobei nicht nur Unfalltote und Unfallverletzte angesprochen sind, sondern auch Krankheitsfälle in Verbindung mit Luftverunreinigungen und Lärmbelästigungen, die allerdings nur schwer wissenschaftlich

5.2 Analyse und Bewertung der Großinfrastruktur im Verkehrsbereich 105

nachgewiesen werden können. Eine Abhilfe versucht das zuständige Bundesverkehrsministerium dadurch zu schaffen, daß Belange des Umweltschutzes in den einzelnen Planungsstufen entsprechend dem jeweiligen Detailierungsgrad berücksichtigt werden (BUNDESMINISTER FÜR VERKEHR 1987, S. 12). Ob dies allerdings ausreicht, um gerade die indirekten Auswirkungen des Bundesfernstraßenbaus in den Griff zu bekommen, erscheint zweifelhaft. Hier sind neue Wege gefordert, die auch vor den Überlegungen zu einem angemessenen Tempolimit nicht haltmachen dürfen.

In Hinblick auf direkte und indirekte *wirtschaftliche Auswirkungen* des Fernstraßenbaus widerlegt LUTTER in seiner 1980 erschienenen Untersuchung eine Hauptthese der Straßenbaubefürworter, wonach sowohl großräumig als auch regional stark positive Beschäftigungseffekte vom Bundesfernstraßenbau ausgehen würden (LUTTER 1980, S. 3 – 6 und S. 259 ff.). Auch sagt diese Untersuchung, daß kaum ein Anreiz für die meisten Industriegebiete geboten wird, als Folge des Straßenbaus eine Standortentscheidung zugunsten des peripheren, ländlichen Raumes zu treffen (LUTTER 1980, S. 3 – 6 und S. 259 ff.).

Obwohl dem Aspekt der Verkehrserschließung bei Standortentscheidungen im allgemeinen ein hoher Stellenwert beigemessen wird (vgl. SCHLIEBE 1982, S. 126), reicht dieser offensichtlich nicht aus, die Nachteile peripherer Gebiete auszugleichen. Eine Ausnahme hiervon stellen die Wirtschaftssektoren dar, die wegen ihrer Absatz- bzw. Verteilungsstrukturen auf günstige Erreichbarkeit zum Kundenpotential angewiesen sind, so z. B. Einzelhandels- und Verbrauchermärkte und vor allem Straßentransportbetriebe (Speditionen, Lagereien, Umschlagplätze, Werkstätten, Tankstellen etc.), die als wesentliche Nutznießer des Fernstraßenbaus angesehen werden können (LUTTER 1980 S. 4/5). Obwohl diese Aussagen von LUTTER im Einzelfall zu differenzieren sind, kann doch aufrechterhalten werden, daß neue Fernstraßen nicht automatisch zu einer deutlichen Verbesserung der wirtschaftlichen Situation von ländlich strukturierten Teilräumen führen. Ein Beispiel, bei dem die regionalwirtschaftlichen Auswirkungen, im Unterschied zu der verallgemeinerten Ablehnung LUTTERs eher positive Entwicklungen erwarten lassen, ist die geplante Maintal-Autobahn (A 70) zwischen Schweinfurt, Bamberg und Bayreuth (Abb. 25).

Hier zeigt sich, daß die Beurteilung von Bundesfernstraßen im Einzelfall die jeweiligen Rahmenbedingungen verstärkt berücksichtigen muß. So lassen sich die Ergebnisse des „LUTTERGUTACHTENS", das u. a. auf einer Untersuchung der Planungsregion West-Mittelfranken beruht, trotz einiger Übereinstimmungen, nicht ohne weiteres auf den Raum Oberfranken übertragen (MAIER und RADENZ 1983, S. 88 – 89). Insbesonders sind hier die erheblich schlechtere Verkehrserschließung und die Bedeutung der Industrie zu nennen (Oberfranken kann ohne weiteres als altindustrialisierter Raum bezeichnet werden). Auch spielt hier die seit Jahren geschürte Erwartungshaltung der Unternehmen im Hinblick auf den Autobahnanschluß eine wichtige Rolle. Diese Faktoren führen dazu, daß die Maintal-Autobahn sowohl von Behörden und Unternehmen als auch aus regionalwissenschaftlicher Sicht weitaus positiver bewertet wird als dies allgemein für den Fernstraßenbau gelten kann.

5 Räumliche Aspekte des Verkehrsangebots

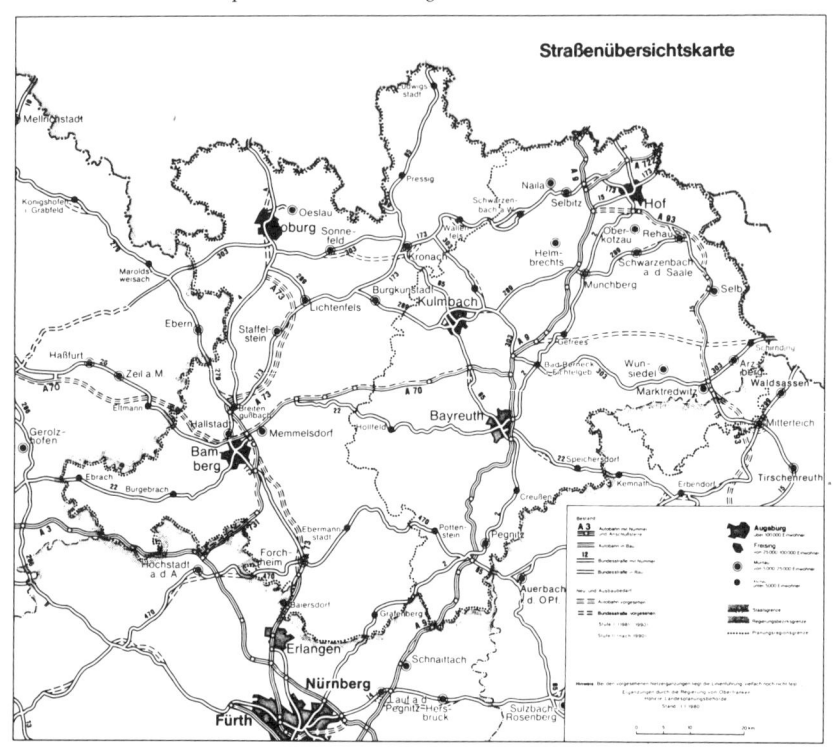

Abb. 25 Straßenübersichtskarte Oberfranken (Quelle: MAIER und RADENZ 1983, S. 30)

Insgesamt zeigt sich, daß Bundesfernstraßen, ebenso wie die anderen behandelten Großinfrastruktureinrichtungen des Verkehrssektors, große räumliche Bedeutung erlangen können. Ob diese positiv oder negativ zu bewerten sind, muß jeweils am Einzelfall entschieden werden, dem nach den heutigen planerischen Richtlinien ein Raumordnungsverfahren und eine Umweltverträglichkeitsprüfung zugrundeliegen muß.

6 Der Einfluß des Staates auf regionale Verkehrsstrukturen

6.1 Verkehrspolitik im Spannungsfeld zwischen ordnungs- und strukturpolitischer Zielsetzung

6.1.1 Konflikthaftigkeit des Verkehrssektors und Notwendigkeit zur Steuerung

Die Darstellung der verschiedenen Verkehrsgroßinfrastruktureinrichtungen im vorangegangenen Abschnitt hat deren Bedeutung für die regionale Wirtschaft, für die Gesellschaft und nicht zuletzt für die Umwelt als Teilaspekte einer umfassend verstandenen Raumbedeutsamkeit deutlich gemacht. Zudem hat sich dort gezeigt, daß zwischen diesen Teilbereichen häufig Konflikte auftreten, die von den direkt Beteiligten kaum gelöst werden. Konfliktelemente sind dabei die teilweise stark zuwiderlaufenden Interessen von Wirtschaft, Gesellschaft und Umweltschutz.

Ausgehend von dem Beispiel einer Großinfrastruktur aus dem Verkehrsbereich, den Bundesfernstraßen, lassen sich die einzelnen Interessen noch einmal gut zusammenfassen: Die Interessen der Gesellschaft liegen in diesem Zusammenhang in einer, dem Motorisierungsgrad angemessenen, flächenhaften Verkehrserschließung. Gleichzeitig hat die Gesellschaft allerdings auch ein Interesse an einer möglichst hohen Lebensqualität im Wohnumfeld ohne die Belastungen hochrangiger Verkehrswege. Eine Folge ist die Forderung nach Umgehungsstraßen von Städten und Gemeinden.

Im Unterschied hierzu liegen die Interessen der regionalen Wirtschaft in schnellen und leistungsfähigen Verkehrswegen zur Erschließung der regionalen Wirtschaftsschwerpunkte. Eine flächenhafte Verkehrserschließung ist aus den Ansprüchen der Wirtschaft nicht abzuleiten. Mit diesen Interessen verbunden ist die Forderung nach einem Ausbau hochrangiger Straßen zwischen den regionalen und überregionalen Wirtschaftsstandorten und einem Ausbau der Anschlußstellen.

Im Gegensatz zu den Interessen von Gesellschaft und Wirtschaft richten sich die des Umwelt- und Naturschutzes gegen den übermäßigen Flächenverbrauch und Zerschneidungseffekte durch den Bau von Bundesfernstraßen und die aus der Nutzung dieser Verkehrswege resultierenden Belastungen (Lärm und Abgase). Aufgrund der weitreichenden Verschärfung gerade des Konflikts zwischen den Ansprüchen von Wirtschaft und Umweltschutz sind die jeweiligen Interessenvertreter kaum in der Lage, von sich aus tragfähige Kompromisse zu finden. Überlagert wird der Konflikt zudem von den gegensätzlichen Vorstellungen von Ballungsregionen und ländlichen Räumen, vornehmlich in bezug auf die Finanzierung und die Förderung von Investitionsmaßnahmen, nicht zuletzt auch im Verkehrssektor. Die Vielzahl dieser Konflikte und die offensichtlichen Probleme bei der Konfliktregelung erfordern ein steuerndes Eingreifen des Staates.

6.1.2 Wahl der Steuerungsinstrumente als Grundsatzproblem

Nach wirtschaftswissenschaftlichem Verständnis liegen die Steuerungsmöglichkeiten der Wirtschaft in einem Spektrum zwischen völliger staatlicher Lenkung und einer ausschließlichen Steuerung über den Markt. Dabei stehen sich die zentrale Planung in Zentralverwaltungswirtschaften und die dezentrale Planung in den freien Marktwirtschaften als Extreme gegenüber. In der Regel liegt die tatsächliche Wirtschaftsordnung irgendwo zwischen diesen beiden Polen, in der Vergangenheit in den Ländern des Ostblocks mehr in Richtung der zentralen Steuerung und in den westlichen Industrieländern eher in Richtung der marktwirtschaftlichen Lenkung.

Unabhängig von dieser Grundsatzentscheidung beruhen die Wirtschaftsordnungen auf der Grundlage systemspezifischer rechtlich-institutioneller Regelungen (GUTMANN 1981, S. 36). Die Ordnungs- und die Strukturpolitik sind zwei mögliche Wege staatlicher Steuerung im Rahmen einer mehr marktwirtschaftlich orientierten Wirtschaftsordnung.

Die Ordnungspolitik orientiert sich dabei an den Regeln der freien Marktwirtschaft und des Wettbewerbs. Sie bemüht sich darum, die Grundlagen für einen reibungslosen Ablauf des Marktgeschehens zu überwachen und nur dann steuernd einzugreifen, wenn dieses nicht mehr funktioniert. Der Staat hat also nur die Aufgabe, einen funktionsfähigen Wettbewerb zu ermöglichen und auftretende Konflikte zu regeln. Die ordnungspolitischen Instrumente sind allgemeine Rechtsregeln wie etwa das Gesetz gegen Wettbewerbsbeschränkungen (SCHREIBER 1987, S. 365). Im Gegensatz zur Ordnungspolitik greift die Strukturpolitik massiv in das marktwirtschaftliche Geschehen ein. Sie umfaßt alle Maßnahmen, die darauf abzielen,

- den Strukturwandel zu verstärken, abzuschwächen oder zu unterbinden und
- negative soziale Folgen bei den vom ökonomischen Strukturwandel Betroffenen zu beseitigen oder abzuwandeln (WOLL 1987, S. 542).

Da der Wachstumsprozeß der Wirtschaft mit Strukturveränderungen verbunden ist, ist häufig eine Steuerung von seiten des Staates nötig. Der Staat möchte die neuen Strukturen nach seinen Zielvorstellungen beeinflussen und mögliche, durch die veränderte Situation entstandene Disparitäten lindern. Es hat sich gezeigt, daß solche Strukturveränderungen ökonomische und soziale Probleme mit sich bringen, die durch die „Selbstheilungskräfte" des Marktes nicht nur sehr langfristig gelöst werden.

Die Basis für die *strukturpolitische Aktivität des Staates* findet sich in den „Grundsätzen der sektoralen und regionalen Wirtschaftspolitik von 1968", wonach von der staatlichen Politik erwartet werden muß, daß sie den Strukturwandel erleichtert oder fördert. Sie muß darauf achten, daß dabei keine unzumutbaren Härten auftreten. Das strukturpolitische Handeln ist allgemein auf die Verpflichtung des Staates zur Förderung des Gemeinwohls zurückzuführen. Demnach muß die Strukturpolitik über die rein ökonomische Handlungsweise (wie in der Ordnungspolitik) hinausgehen. Durch den Aspekt des Gemeinwohls ist sie mit anderen außerökonomischen Gebieten (wie z. B. dem sozialen Gefüge und der Umwelt) verknüpft. Bei der

Strukturpolitik des Staates spielen dessen Zielvorstellungen, was mit der Politik erreicht werden soll, eine wichtige Rolle. Diese Zielvorstellungen können grob in Strukturerhaltungs- und Strukturveränderungsziele unterschieden werden. Strukturerhaltungsziele wirken dabei den Markttendenzen entgegen, wenn andere, als wichtiger eingestufte Gründe dagegen sprechen, daß alte Strukturen den veränderten wirtschaftlichen Umständen angepaßt werden. Ein konkretes Beispiel hierfür ist die Eisenbahnpolitik. Hier soll das gesellschaftspolitische Ziel einer flächenhaften Verkehrserschließung gegenüber dem Markterfordernis von Streckenstillegungen der Vorzug gegeben werden. Inwiefern diese Vorstellung allerdings der heutigen Realität noch entspricht, ist fraglich. Auf die Gesamtproblematik der Subventionierung der DB und der Streckenstillegungen wird noch einzugehen sein. Da hiervon insbesonders der ländliche Raum betroffen ist, wird die Thematik im Abschnitt 9.3 eingehend behandelt. Strukturveränderungsziele beinhalten demgegenüber die Verlangsamung oder Beschleunigung der Anpassungsprozesse (Handbuch der Wirtschaftswissenschaften 1972, S. 482).

Im Hintergrund sowohl des Erhaltuns- wie auch des Veränderungsziels steht in der Regel das Arbeitsplatzargument. Aber auch gesellschaftspolitische Ziele, wie etwa der Umweltschutz sind hierbei anzuführen. Als Instrumente der Strukturpolitik sind

- die Erleichterung des Abbaus von Überkapazitäten,
- vorübergehende Schutzmaßnahmen für notleidende Sektoren,
- Maßnahmen zur Beseitigung struktureller Arbeitslosigkeit und
- flankierende regionale Förderprogramme (wie im Rahmen der Regional- und Infrastrukturpolitik) zu nennen (SCHREIBER 1987, S. 468).

Für die Verkehrspolitik spielen sowohl die ordnungs- als auch die strukturpolitischen Steuerungsmöglichkeiten eine Rolle.

6.1.3 Ordnungs- und Strukturpolitik als Steuerungsmöglichkeiten der Verkehrspolitik

Grundlagen der Verkehrspolitik

Die Verkehrspolitik bezieht sich, als Teil der allgemeinen Wirtschaftspolitik, auf das Verkehrsgewerbe, den Bau und die Unterhaltung der Verkehrswege und die volkswirtschaftlichen Kosten, die sich aus dem Transport von Personen, Gütern und Nachrichten ergeben (SCHREIBER 1987, S. 506). Allerdings kann das Wettbewerbsprinzip im Verkehrsbereich nicht im gleichen Maße gelten wie in anderen Wirtschaftsbereichen. Dies ist auf eine ganze Reihe von Besonderheiten zurückzuführen, die die Verkehrspolitik von den anderen Wirtschaftspolitiken unterscheidet. Zum einen können Verkehrsleistungen nicht auf Vorrat produziert werden. Das bedeutet, daß eine schwankende Nachfrage nicht durch Lagerhaltung ausgeglichen werden kann. Will die Verkehrswirtschaft ein bedarfsgerechtes Angebot schaffen, muß sie sich äußerst flexibel an die jeweiligen Bedarfsschwankungen anpassen. Desweiteren ist die Verkehrswirtschaft durch hohe Fixkosten charakterisiert. Insbeson-

6 Der Einfluß des Staates auf regionale Verkehrsstrukturen

ders sind hier die hohen Kosten für Anlage und Unterhaltung der Verkehrswege zu nennen. Diese werden in der Regel vom Staat aufgebracht (Straßen, Schienen und Schiffahrtswege), während die Anschaffung und der Betrieb von Fahrzeugen zu Lasten der Unternehmen oder Privatpersonen geht.

Insgesamt kann die Verkehrspolitik nicht nur an ökonomischen Maßstäben gemessen werden, sie stellt ein offenes System dar (d. h., sie hat Wirkung nach außen auf andere Gebiete, wie z. B. auf die Raumordnung und Landesplanung). Zugleich wird sie von anderen Bereichen beeinflußt, sie ist u. a. von den Haushaltsmitteln und der ordnungs- bzw. strukturpolitischen Steuerung des Staates abhängig.

Die Verkehrspolitik der Bundesregierung beruht darauf, daß ein funktionsfähiges Verkehrswesen mit leistungsstarken Verkehrsunternehmen und einem bedarfsgerecht ausgebauten Verkehrsnetz

- die Mobilität des einzelnen Bürgers und die Entwicklung der Gemeinschaft,
- die vom Grundgesetz geforderten gleichwertigen Lebensbedingungen in allen Regionen,
- die Leistungskraft der Wirtschaft und wirtschaftlichen Wachstums und
- die Schaffung und Erhaltung von Arbeitsplätzen in einer arbeitsteiligen Wirtschaft fördert (BUNDESMINISTER FÜR VERKEHR 1985 b, S. 7).

Die *Aufgabe der Verkehrspolitik* ist es, eine möglichst optimale Abstimmung der einzelnen Verkehrsbereiche untereinander herzustellen. Wechselseitige Abhängigkeiten sind dabei ebenso zu berücksichtigen wie die unterschiedlichen Interessen sowie die Einbindung in andere Politikbereiche wie die Umwelt- und Regionalpolitik (BUNDESMINISTER FÜR VERKEHR 1985 b, S. 7).

Die Instrumente, die diese Aufgaben und Ziele der Verwirklichung näher bringen sollen, lassen sich den schon angesprochenen Bereichen der Ordnungs- und Strukturpolitik zuordnen. Dabei steht auf der einen Seite die volkswirtschaftliche Aufgabenteilung der Verkehrsträger mit der ökonomischen Optimierung als Ziel, was der ordnungspolitischen Betrachtungsweise entspräche, der gesellschaftspolitischen Ausrichtung auf der anderen Seite gegenüber, die die Förderung des Gemeinwohls im Auge hat, was der strukturpolitischen Zielsetzung zuzurechnen wäre (SEIDENFUS 1980, S. 14).

Ordnungspolitik im Rahmen der Verkehrspolitik

Die Zielvorstellung der Ordnungspolitik ist die volkswirtschaftlich sinnvolle Aufgabenteilung der Verkehrsträger, d. h. daß die Verkehrsmittel jeweils die Aufgabe erfüllen sollen, für die sie aus ökonomischer Sicht am besten geeignet sind. In der Praxis bedeutet dies, daß die Verkehrsträger in Abhängigkeit von den räumlichen Bedingungen die Versorgung in einem bestimmten Entfernungsspektrum sicherstellen sollen. Die Basis für eine solche Zuordnung stellt auf der einen Seite die Berechnung der Kosten für die einzelnen Verkehrswege dar. Zum anderen muß sie sowohl die Kosten für das jeweilige Verkehrsmittel als auch regionale Besonderheiten mit einbeziehen. Ein Maß für den ökonomischen Sinn der Verkehrswege ist deren Kosten-

Tab. 13 Entwicklung von Wegekostendeckungsgraden in der Bundesrepublik Deutschland 1966–1981 (bei konstanter Kapitalverzinsung von 6 vH*)

Verkehrswege	1966	1972	1975	1978	1981
Schienenwege	75,3	61,9	55,7	56,6	51,4
Straßen					
– alle Fahrzeuge	92,7	86,0	79,0	79,0	62,4
– Kraftomnibusse	102,5	95,4	85,3	84,5	66,8
Binnenwasserstraßen	9,2	7,0	6,7	7,1	5,7
Luftverkehrswege**	..	..	..	64,8	84,4

* von der Deutschen Bundesbahn seit 1966 konstant angewendeter Zinssatz zur Berechnung der kalkulatorischen Zinsen für ihre Wegekostenrechnung
** Die Einrichtungen für die Luftverkehrswege umfassen die Flugsicherung sowie die Start- und Landebereiche der Flughäfen
(Quelle: Deutsches Institut für Wirtschaftsforschung, Berechnung der Kosten für die Wege des Eisenbahn-, Straßen-, Binnenschiffs- und Luftverkehrs in der Bundesrepublik Deutschland für das Jahr 1981, Berlin 1983, Tabellenanhang)

deckungsgrad (Tab. 13). Die Aufstellung gibt Auskunft über die aus ordnungspolitischen Gründen zu favourisierenden Verkehrswege. Demnach ist der Straßenverkehr erheblich ökonomischer als der Schienenverkehr. Kosten, die aus Umweltbelastungen, insbesonders durch Individualverkehrsmittel entstehen, werden allerdings in diese Rechnung bislang nicht einbezogen. Hierdurch würden die Gewichte gewiß zugunsten des Schienenverkehrs verschoben.

Die hier vorliegende Berechnung des Wegekostengrades berücksichtigt ferner weder die Anschaffungs- und Betriebskosten der Verkehrsmittel noch deren Kostenverläufe in Abhängigkeit von der zu leistenden Kilometerentfernung.

Die Ordnungspolitik versucht nun innerhalb dieses vorgegebenen Rahmens einen funktionsfähigen Wettbewerb sicherzustellen. Hierzu stehen ihr verschiedene Instrumente zur Verfügung:

- soziale Mittel, mit denen die öffentliche Meinung und das Verhalten der Bevölkerung gesteuert werden sollen,
- rechtliche Mittel, also Ver- und Gebote,
- technische Mittel, wie Vorschriften und Normen, und
- polizeiliche Mittel, um die Einhaltung der Ver- und Gebote sowie der Vorschriften zu überwachen (SCHLIEPHAKE 1982, S. 150).

Zur Verdeutlichung des ordnungspolitischen Instrumentariums sollen im folgenden die Aspekte der Harmonisierung der Wettbewerbsbedingungen und der Tarifpolitik näher beleuchtet werden:

Das Ziel der Harmonisierung der Wettbewerbsbedingungen im Rahmen einer ordnungspolitischen Verkehrsmarktsteuerung liegt darin, vergleichbare Kosten für die verschiedenen Verkehrsmittel zu schaffen und damit gleiche Startbedingungen zu ermöglichen. Ursprünglich sind die Kosten verzerrt, und zwar durch die Überschneidung der gemeinwirtschaftlichen, gesamtwirtschaftlichen und außenwirtschaftlichen Faktoren im Verkehr. Dies bedeutet, daß die Verkehrsunternehmen verschieden hohe Anteile an den volkswirtschaftlichen Gesamtkosten des Verkehrs haben (LINDEN 1961, S. 136). Problematisch im öffentlichen Verkehr sind z. B. die Gebote zur Betriebs-, Beförderungs- und Tarifpflicht, die als gemeinwirtschaftliche Verpflichtung angelegt werden, und somit andere Kostenstrukturen erzeugen als bei privaten Verkehrsmitteln, die im Wettbewerb bestehen können und keine Pflichten für die Allgemeinheit erfüllen müssen. Nach LINDEN sind die Ursachen für die Kostenverzerrungen im Verkehrsbereich „einerseits das Nebeneinander von staatlicher und privater Verkehrswirtschaft [und] andererseits die Globalkalkulation großer Betriebe und vielgestaltiger Leistungsstruktur" (1961, S. 136).

Ein weiterer Faktor, der zur Ungleichheit führt, ist in den betriebsfremden Lasten zu suchen. Diese werden bestimmten Verkehrsmitteln vom Staat auferlegt, um dessen Zielvorstellungen etwa im Bereich der Sozialtarife zu erfüllen.

Ein weiterer Grund für ungleiche Kostenstrukturen liegt in der unterschiedlichen Verteilung der Wegekosten. Während die Bahn ihre Anlagen selbst finanzieren muß, werden die Straßen im Kraftfahrzeugverkehr vom Staat zur Verfügung gestellt. Kosten bilden sich nur dann, wenn auch eine Benutzung vorliegt. Diese werden dann auf die Kfz- und Mineralölsteuer umgelegt. Auf diese Weise wird zwar ein gewisser Ausgleich ermöglicht, eine Kostengleichheit (hier zwischen Bahn und Kfz) kommt allerdings nicht zustande, da es sich auf der einen Seite um kurzfristige Ausgaben handelt, während auf der anderen Seite Finanzierungs- und Investitionsrisiken hinzukommen (STIESCH 1971, S. 108). Besteuerung und Abgaben sind demnach wichtige Instrumente zur Herstellung einer Chancengleichheit, insbesondere zwischen Schiene und Straße. Durch eine hohe Besteuerung des Kraftfahrzeugverkehrs besteht die Möglichkeit, Potentiale auf die Bahn zu verlagern und deren Wettbewerbssituation gegenüber dem Kraftfahrzeugverkehr zu verbessern.

Die Preispolitik ist nach LINDEN deshalb „im Verkehr das klassische Ordnungsmittel" (1961, S. 151). Trotz der technisch bedingten Arbeitsteilung und der dadurch unterschiedlichen Leistungserfüllung der einzelnen Verkehrsmittel ist die Substitutionselastizität so groß, daß ein hauptsächlich von den Preisen beherrschter Wettbewerb stattfinden würde (PREDÖHL 1958, S. 284). Würde der Staat hier nicht mit Preisregulierungen eingreifen, könnte keine Chancengleichheit (als erklärtes Ziel der Ordnungspolitik) geschaffen werden. Die Aufgabe des Tarifsystems ist es demzufolge, stabile und übersichtliche Verkehrsentgelte zu schaffen und extreme Preisunterschiede auszugleichen (LINDEN 1961, S. 151). Es gibt verschiedene Formen der Tarifbindung, die dann, entsprechend den Eigenheiten der Verkehrsarten ihre Anwendung finden:

- Kostentarife, die vor allem im Güterverkehr und der Binnenschiffahrt eingesetzt werden. Die Tarife orientieren sich dabei an den tatsächlich entsprechenden Kosten,
- Mindesttarife, die das Absinken der Verkehrsentgelte unter die Kostengrenze verhindern sollen,
- Höchsttarife, die allerdings kaum Anwendung finden,

- Margentarife als eine Kombination von Mindest- und Höchsttarif, d. h. eine nach unten und oben festgesetzte Grenze, die einen freibeweglichen Spielraum zur Preisgestaltung läßt,
- Festtarife, finden vor allem auf Monopolmärkten (z. B. der Bundesbahn) Anwendung,
- Ausnahmetarife, aufgrund meist außerökonomischer Ursachen, wie z. B. die Berlin-Tarife für die Fluggesellschaften.

Strukturpolitik
Neben den ordnungspolitischen strebt die Verkehrspolitik auch strukturpolitische Ziele an. Diese orientieren sich vornehmlich am Gemeinwohl. Der strukturelle Wandel im Verkehrssystem soll positiv beeinflußt und dadurch die entstehenden Disparitäten abgemildert werden. Hierunter fallen insbesondere die Verkehrszweige, die auch durch den Schutz ordnungspolitischer Maßnahmen im Wettbewerb nicht bestehen können. Diese Verkehrsmittel haben neben den rein verkehrlichen Aufgaben meist noch gemeinwirtschaftliche Ansprüche zu erfüllen und müssen somit in ihren Strukturen erhalten bleiben, auch wenn dies selbst in einem funktionierenden Marktgeschehen nicht möglich ist. Ein Beispiel für einen solchen Verkehrsbereich ist der ÖPNV, auf den vor allem bei den regionalen Verkehrsstrukturen in Verdichtungs- und ländlichen Räumen in den Abschnitten 8 und 9 verstärkt eingegangen werden soll.

Strukturpolitische Ziele dienen auf der einen Seite der Erhaltung der Verkehrsmittel selbst (sektorale Strukturpolitik, d. h. Unterstützung eines Wirtschaftszweiges) und auf der anderen Seite deren Einsatz für andere staatspolitische Zwecke. Basis dieser Zielvorstellung ist der dem Staat auferlegte Dienst an der Allgemeinheit. Die Verkehrspolitik ist dabei besonders mit der Raumordnungspolitik verbunden, da die Funktion des Verkehrs einen raumwirksamen Einfluß impliziert. Somit gehen sektorale und regionale Strukturpolitik häufig ineinander über und sind im Bereich des Verkehrs kaum voneinander zu trennen. Durch verschiedene Anreize, meist finanzieller Natur, sollen dabei, je nach staatlicher Zielvorstellung bestimmte Verhaltensweisen gefördert oder verhindert werden.

Bei den *räumlichen Auswirkungen der Verkehrspolitik* geht es, wie OETTLE betont, hauptsächlich um die Grundprobleme der Verkehrspolitik in der Bundesrepublik Deutschland, die seiner Meinung nach vor allen Dingen in
a) der Tabuierung und Forcierung der individuellen Motorisierung,
b) der Verpflichtung der öffentlichen Verkehrsbetriebe auf die Eigenwirtschaftlichkeit sowie
c) der Labilität der staatlich gesetzten Bedingungen, unter denen der private Güterkraftverkehr arbeiten soll, bestehen (OETTLE 1967 a, S. 555–561, sowie OETTLE 1967 b und OETTLE 1972, S. 105–116).

Als wichtigste strukturpolitische Instrumente sind in diesem Zusammenhang Subventionen und staatliche Investitionen in die Verkehrsinfrastruktur zu nennen, wobei diese in Abhängigkeit von den staatlichen Zielvorstellungen auch im Rahmen der Ordnungspolitik eingesetzt werden können.

Subventionen lassen sich nach Finanzhilfen und Steuervergünstigungen unterscheiden (HÜBL und SCHEPPERS 1983, S. 90 ff.). Finanzhilfen bestehen dabei aus Zuschüssen ohne Rückzahlungsverpflichtungen des Empfängers, Zuschüssen mit bedingter Rückzahlungspflicht, Schuldendiensthilfen und Darlehen zu Sonderkonditionen. Sie müssen in den meisten Fällen nicht zurückgezahlt werden.

Steuervergünstigungen bedeuten demgegenüber einen teilweisen oder ganzen Verzicht des Staates auf ihm zustehende Abgaben. Die verschiedenen Formen sind: Steuerbefreiung, Freibeträge, ermäßigte Steuersätze, Sonderabschreibungen oder Investitionszulagen. Ein Beispiel hierfür ist die Kfz-Steuerbefreiung für den Einbau eines Katalysators in den Pkw. Neben Steuervergünstigungen gibt es auch steuerliche Belastungen, wie z. B. die Sonderbesteuerung der Lastkraftwagen im Werkverkehr zur Umlenkung des Transportgutes von der Straße auf die Schiene.

Die Bahn gilt als der größte Subventionsempfänger im Verkehrssektor. An zweiter Stelle stehen die Reedereien und an dritter Stelle bislang die Unternehmen im Zonenrandgebiet, die Zuschüsse als Ausgleich für zwangsläufig weite Umwege bekommen (BÜRGEL 1983, S. 28).

Subventionen dienen neben der Erhaltung und Förderung bestimmter Verkehrsträger zur Bedarfsdeckung auch im besonderen Maße regionalpolitischen Zwecken. Vor allem sollen dabei strukturschwache, periphere Gebiete und in der Vergangenheit insbesondere das Zonenrandgebiet gestärkt werden.

Die Infrastrukturpolitik ist in hohem Maß ein strukturbeeinflussender Faktor im Verkehr, dient aber auch der volkswirtschaftlich sinnvollen Aufteilung durch den Wettbewerb. Für den Zeitraum von 1986 bis 1995 sieht der Finanzplan des Bundesverkehrswegeplans insgesamt 126,1 Mrd. DM für die verschiedenen Verkehrsbereiche vor. Davon entfallen allein etwa 50 % (61,8 Mrd. DM) auf den Ersatzbedarf für die Verkehrsinfrastruktur. Mehr als die Hälfte (31,2 Mio. DM) werden dabei für das Schienennetz der DB ausgegeben. 25,6 Mrd. DM werden für das Bundesfernstraßennetz veranschlagt. Die Ersatzinvestitionen für die Bundeswasserstraßen stehen mit 5 Mrd. DM zu Buche (BUNDESMINISTER FÜR VERKEHR 1985 b, S. 15 f.). Die Aufgabe der Infrastrukturpolitik liegt hauptsächlich darin, allen Räumen eine Verkehrsanbindung zu gewähren und vor allem strukturschwache Gebiete durch diese Maßnahmen aufzuwerten (etwa als Anreiz für die Ansiedlung von Betrieben).

Aufgrund der unterschiedlichen Zielvorstellungen von Ordnungs- und Strukturpolitik sind Konflikte kaum zu vermeiden. Die Ordnungspolitik will eine Chancengleichheit der Verkehrsarten durch kontrollierten Wettbewerb schaffen, während die Strukturpolitik gemeinwohlorientiert handelt. So steht z. B. die betriebswirtschaftlich sinnvolle Orientierung der Verkehrsunternehmen an der Nachfrage einem gemeinwirtschaftlichen Anspruch auf eine flächenhafte Verkehrserschließung im Sinne der Erhaltung bzw. Schaffung gleichwertiger Lebensbedingungen gegenüber. Um diese Konflikte zu lösen, müssen ordnungs- und strukturpolitische Instrumente kombiniert eingesetzt werden. Dabei wird es immer zu Kompromissen kommen, die je nach gesamtpolitischer Zielvorstellung der jeweiligen Entscheidungsträger einmal zulasten des Wettbewerbs oder zulasten des Gemeinwohls gesehen werden.

6.2 Programmatische und rechtliche Grundlagen der Verkehrspolitik und -planung

6.2.1 Staatliche Ebenen der Verkehrspolitik und -planung

Nach der Behandlung der Frage, welche Steuerungsmöglichkeiten die Basis für die Verkehrspolitik sein können, stehen nun deren Ausformungen in konkreten Normen und die Umsetzung in eine aktive Verkehrspolitik und -planung im Mittelpunkt des Interesses. Dabei wird die Verkehrspolitik generell unter zwei Gesichtspunkten behandelt. Zum einen ist sie als Fach- oder Sektoralpolitik ein eigenständiger Politikbereich mit eigenen Verantwortungen und eigenen, ausschließlich für Verkehrsfragen zuständigen Institutionen. Andererseits spielt die Verkehrspolitik aber auch in anderen, sog. Querschnittspolitiken eine nicht unwichtige Rolle, so etwa in den Bereichen der Wirtschafts-, Finanz- und Forschungspolitik. Insbesondere aus der Sicht der ebenfalls als Querschnittspolitik anzusehenden Raumordnung und Landesplanung ist die Verkehrspolitik von großer Bedeutung. Beispiele hierfür sind die Rolle der Luft- und Raumfahrtforschung oder die Einschätzung des Verkehrs im Rahmen der regionalen Wirtschaftspolitik.

Die rechtlichen und programmatischen Grundlagen der Verkehrspolitik gliedern sich demzufolge in einen Teil zur Sektoralpolitik und zum anderen in einen Teil zur Raumordnung und Landesplanung als Aspekt einer Querschnittspolitik.

Im letzten Abschnitt dieses Kapitels wird dann nochmals ein Beispiel aus dem Bereich der Querschnittspolitiken, nämlich der Finanzpolitik ausführlicher behandelt, um auch einen nicht so offensichtlich raumwirksamen Bereich staatlichen Einflusses auf regionale Verkehrsstrukturen darzustellen.

Ein weiteres wichtiges Gliederungselement der Verkehrspolitik ist die Einteilung nach verschiedenen staatlichen Ebenen. In diesem Zusammenhang ist zwischen der internationalen Ebene, hier gleichzusetzen mit der EG-Ebene, der nationalen Ebene, die am Beispiel der Bundesrepublik Deutschland dargestellt wird, und der Landesebene, für die der Freistaat Bayern als Beispiel dient, zu unterscheiden. Diese Einteilung betrifft vor allem die Verkehrspolitik als Sektoralpolitik, während eine Unterscheidung nach regionalen oder Verwaltungsebenen für die Verkehrspolitik im Rahmen der Querschnittspolitiken weniger in Frage kommt. Hierbei sind für den Aspekt der Raumordnung und Landesplanung in bezug auf die Verteilung der Entscheidungskompetenz insbesonders die Bundes- und die Landesebene relevant.

6.2.2 Verkehrspolitik als Fach- oder Sektoralpolitik

Programme und rechtliche Grundlagen der internationalen Verkehrspolitik

Die *Verkehrspolitik der Europäischen Gemeinschaft (EG)* beruht im wesentlichen auf der Zielsetzung der Verwirklichung des EG-Binnenmarktes bis Ende 1992. Der Gemeinsame Markt soll laut den Römischen Verträgen von 1957 eine harmonische Entwicklung der Wirtschaft, eine größere Stabilität, engere Beziehungen zwischen den Partnerstaaten und schließlich eine bessere Lebensqualität für alle Bürger herbeiführen. Diese Zielvorstellung setzt Anstrengungen auf allen Ebenen und damit auch im Verkehrssektor voraus. Das Verkehrswesen muß deshalb so leistungsfähig wie möglich gestaltet werden, und doch zu den geringsten Kosten für die Allgemeinheit, wobei vor allem die Vorteile der Maßstabsvergrößerung durch die Gemeinschaft genutzt werden sollen (EUROPÄISCHE GEMEINSCHAFTEN – KOMMISSION 1984, S. 5 f.).

Mit einem Anteil von etwa 6,5 % am Bruttosozialprodukt der EG und einer Beschäftigtenzahl von mehr als sechs Millionen Arbeitnehmern nimmt der Verkehr eine Schlüsselposition im Wirtschaftsleben der Gemeinschaft ein (EUROPÄISCHE GEMEINSCHAFTEN – KOMMISSION, 1985, S. 3). Neben der enormen Bedeutung der staatlichen Eisenbahnen (die Bundesbahn ist z. B. der zweitgrößte Arbeitgeber in der Bundesrepublik Deutschland) spielen auch die privaten Investitionen eine Rolle. Ihr Anteil an den gesamten privaten Investitionen in der Gemeinschaft wird auf 11 % veranschlagt. Von den Investitionen der öffentlichen Hand entfallen sogar 40 % auf diesen Sektor (EUROPÄISCHE GEMEINSCHAFTEN – KOMMISSION 1984, S. 7 f.).

Neben der enormen wirtschaftlichen Bedeutung des Verkehrssektors sind es allerdings vor allem die Probleme, die eine gemeinsame Verkehrspolitik erforderlich machen. Das sind zum einen die allgemeinen Probleme der Umweltbelastungen durch Lärm und Luftverschmutzung, Fragen der Sicherheit, der Raumordnung und des Raumbedarfs und zum anderen spezifische Schwierigkeiten politischer, wirtschaftlicher und technischer Art (EUROPÄISCHE GEMEINSCHAFTEN – KOMMISSION 1984, S. 11). Hierzu zählen insbesonders die Problemkreise der Sanierung der Eisenbahnen, der Überbelastung des Straßennetzes, der Behinderung des Güterkraftverkehrs durch nationale Verwaltungsmaßnahmen, der Wettbewerbsregelung in der Luftfahrt und der strukturellen Schwierigkeiten der Binnen- und Seeschiffahrt.

Ausgehend von der o. a. Problemlage und der Zielsetzung der *Verwirklichung des gemeinsamen Binnenmarktes* bis Ende 1992, versteht sich die Europäische Verkehrspolitik als Ordnungspolitik im beschriebenen Sinne. Ihre rechtlichen und politischen Maßnahmen (insbesonders in Form von Richtlinien an die einzelnen Mitgliedsstaaten) dienen vornehmlich der Liberalisierung und Harmonisierung des Verkehrssektors. Ein erster Schritt in diese Richtung war die Verabschiedung der „Entscheidung über die Harmonisierung bestimmter Vorschriften, die den Wettbewerb im Eisenbahn-, Straßen- und Binnenschiffsverkehr beeinflussen", durch den Ministerrat der EG am 13. Mai 1965 (EUROPÄISCHE GEMEINSCHAFTEN – KOMMISSION 1984, S. 14). Zusätzlich wurden im Oktober 1973 auch konkret die Themenkreise Seeschiffahrt, Seehäfen und Luftfahrt in das Konzept miteinbezogen. Die in Angriff genommene Ordnung des Verkehrsmarktes erstreckte sich insbesonders auf den Zugang zum Beruf, die freie Niederlassung, die Beförderungskapazität, den Preis, die staatlichen Eingriffe und die Marktbeobachtung (EUROPÄISCHE GEMEINSCHAFTEN – KOMMISSION 1984, S. 26). Ein wesentliches Hindernis auf dem Weg zu einer gemeinsamen Verkehrspolitik waren und sind jedoch die einzelstaatlichen Interessen. Sie werden vornehmlich in den strukturpolitischen Aspekten der Programme und rechtlichen Grundlagen der einzelnen Mitgliedstaaten deutlich.

6.2 Programmatische und rechtliche Grundlagen

Programme und rechtliche Grundlagen der Bundesverkehrspolitik

Die *Verkehrsplanung* in der Bundesrepublik Deutschland umfaßt die Bereiche:

a) programmatische Verkehrsplanung, die Absichtsäußerungen der Investitionsträger auf der Grundlage von verkehrspolitischen Überlegungen bzw. Verkehrsprognosen darstellt;

b) vorbereitende Verkehrsplanung, in der durch die Fachplanungen Trassen und technische Einzelheiten festgelegt werden, und

c) verbindliche Verkehrsplanung, in der die Fachplanungen für den Verkehr mit rechtsverbindlicher Wirkung aufgestellt werden (z. B. Planfeststellungsverfahren für klassifizierte Straßen) (SCHLIEPHAKE 1982, S. 149).

Verkehrspolitik ist demgegenüber die Gestaltung des Verkehrs durch Maßnahmen des Gesetzgebers und der Verwaltung. Sie ist ein Teil der öffentlichen Daseinsvorsorge für Bevölkerung und Wirtschaft (LESER u. a. 1984, S. 340).

Die Verkehrsplanung und die Verkehrspolitik spielen sich sowohl auf der Bundes- wie auch auf der Landesebene ab, wobei der Bund i. d. R. die Rahmengesetze und -pläne erläßt und das jeweilige Land diese konkretisiert und umsetzt. Eine Ausnahme bildet hier die Bundesbahn, bei der sich der gesamte Planungs- und Umsetzungsbereich auf der Bundesebene befindet. Geregelt sind die Kompetenzen im Art. 73 Nr. 6 GG, wonach die ausschließliche Gesetzgebung im Bereich der Bundeseisenbahnen und des Luftverkehrs liegt. In den übrigen Verkehrssektoren herrscht gemäß Art. 74 Nr. 21–23 GG die konkurrierende Gesetzgebung. Im einzelnen können auf der Bundesebene übergeordnete und spezielle, fachliche Gesetze unterschieden werden:

Zu den übergeordneten Gesetzen und Plänen sind die Verkehrsträgergesetze, das Gemeindeverkehrsfinanzierungsgesetz und der Bundesverkehrswegeplan zu rechnen.

Die *Verkehrsträgergesetze*, wie etwa das Personenbeförderungsgesetz (1961) und das Güterkraftverkehrsgesetz (1962) regeln die Zulassung von Verkehrsunternehmen zum Verkehrsmarkt, die Tarifgestaltung und die Beförderungsbedingungen (BÜRGER 1983, S. 25). Teilweise geschieht dies auch in den später zu behandelnden Fachgesetzen, wie z. B. dem Luftverkehrsgesetz (1982) und dem Bundeswasserstraßengesetz (1968).

Das *Gemeindeverkehrsfinanzierungsgesetz (GVFG)* vom 18. 3. 1971 regelt die Investitionen des Bundes in die Verbesserung der Verkehrsverhältnisse in den Gemeinden. Der Bund fördert zuwendungsfähige Kosten bis zu 75 % (im Zonenrandgebiet, sonst bis zu 60 %). Förderungsfähig sind nach § 2 GVFG z. B. der Ausbau von Straßen oder nichtbundeseigenen Eisenbahnen, sowie auch der Bau oder Ausbau von Verkehrswegen für den öffentlichen Personennahverkehr, Omnibusbahnhöfe und Umsteigeanlagen (WALPRECHT 1976, S. 26).

Der *Bundesverkehrswegeplan* stellt die wichtigste Grundlage für die Verkehrsplanung auf Bundesebene dar. Diese Planung wird seit Anfang der 70er Jahre durchgeführt und seitdem alle fünf Jahre überprüft. Die Maßnahmen der Stufe I werden mit

6 Der Einfluß des Staates auf regionale Verkehrsstrukturen

Tab. 14 Investitionsstruktur nach dem Bundesverkehrswegeplan 1986–1995

Verkehrsbereiche	Investitionen 1986 – 1995 in Mrd. DM	in %	zum Vergleich 1976 – 1985 in Mrd. DM	in %
Schienennetz der DB	35,0	27,8	27,9	24,0
Bundesfernstraßen	50,1	39,7	53,3	45,9
Bundeswasserstraßen	8,0	6,4	6,7	5,8
Luftfahrt	2,3	1,8	1,3	1,1
GVFG-Finanzhilfen für den ÖPNV	13,9	11,0	12,7	10,9
GVFG-Finanzhilfen für den kommunalen Straßenbau	13,9	11,0	11,0	9,5
übrige Bereiche	2,9	2,3	3,2	2,8
Summe	126,1	100,0	116,1	100,0

(Quelle: BUNDESMINISTER FÜR VERKEHR, Bundesverkehrswegeplan 1985, Bonn 1985, S. 16)

den voraussichtlich finanziellen Möglichkeiten der folgenden zehn Jahre (1985 für 1986 bis 1995) dargestellt. Darüber hinaus werden weitere Planungen in die Stufe II des Planes aufgenommen.

Die in Tab. 14 aufgezeigte Investitionsstruktur gibt somit die Werte für die Stufe I an. Mit diesen Investitionen werden folgende Ziele angestrebt:

- Verkehrssichere Erhaltung der Substanz der Verkehrswege,
- zügige Fertigstellung laufender Projekte,
- Erfüllung veränderter qualitativer Ansprüche,
- regionale Erschließung und Anbindung sowie
- bedarfsgerechter Ausbau der Verkehrsnetze.

Wichtig ist, daß diese Ziele unter der Beachtung sowohl der Gesichtspunkte der Wirtschaftlichkeit als auch der Energieeinsparung, der Schutzwürdigkeit der Umwelt, Natur und Landschaft sowie städtebaulicher Belange verwirklicht werden sollen (BUNDESMINISTER FÜR VERKEHR 1985 b, S. 8). Die vorangegangenen Beispiele zur Verkehrsgroßinfrastruktur haben allerdings bereits gezeigt, daß im konkreten Umsetzungsfall Zielkonflikte auftreten, die kaum befriedigend gelöst werden konnten. Solche bleiben auch für die geplanten neuen Projekte vorprogrammiert.

Insgesamt faßt der Bundesverkehrswegeplan alle, im Kompetenzbereich des Bundes liegenden Verkehrsplanungen zusammen, wobei er innerhalb der einzelnen Verkehrssektoren die Finanzierung bis hinunter zur Projektebene festlegt. Allein die Trassenführung und die Durchführung der Baumaßnahmen wird der Länderauftragsverwaltung oder im Sonderfall der Deutschen Bundesbahn überlassen.

Im einzelnen wird dieser Vorgang in speziellen Fachgesetzen und dazugehörigen Fachplänen (i. d. R. Bedarfspläne) geregelt. Neben dem schon erwähnten Luftverkehrsgesetz, in dem die gesamte Luftverkehrsverwaltung und Aspekte der Flughafenplanung ausgeführt sind, und dem Bundeswasserstraßengesetz, das den Aus-

und Neubau von Bundeswasserstraßen regelt, sind hier vor allem das Bundesfernstraßengesetz und das Bundesbahngesetz angesprochen.

Das *Bundesfernstraßengesetz (BFStrG)* trat am 12. 9. 1953 erstmals in Kraft (inzwischen gilt die Neufassung vom 1. 10. 1974). In ihm werden die Abgrenzung und die Aufgaben von Bundesfernstraßen ebenso behandelt wie die Trägerschaft der Straßenbaulasten und die Kompetenzverteilung bei Planung und Linienführung (MARSHALL 1977, S. 33 ff.). Konkretisiert wird das BFStrG in dem jeweils gültigen „Gesetz über den Ausbau von Bundesfernstraßen", das sich über einen Planungszeitraum von jeweils 15 Jahren erstreckt und das sich an dem, im Fünf-Jahres-Zeitraum zu überprüfenden „Bedarfsplan für die Bundesfernstraßen" orientiert. Die Zielsetzungen aus dem Bundesverkehrswegeplan werden dabei ebenso übernommen wie die dort auftretenden Zielkonflikte, insbesonders mit dem Umwelt- und Naturschutz.

Die Verkehrplanung im Bereich der Bundeseisenbahnen beruht auf der Grundlage des *Allgemeinen Eisenbahngesetzes (AEG)* vom 29. 3. 1951 und dem *Bundesbahngesetz (BbG)* vom 13. 12. 1951. Das Allgemeine Eisenbahngesetz formuliert in diesem Zusammenhang den Auftrag des Bundes, unter Wahrung der wirtschaftlichen Grundsätze und in Übereinstimmung mit dem allgemeinen Wohl und dem öffentlichen Verkehrsbedürfnis ein Schienennetz auszubauen und jeweils an die Entwicklung anzupassen (FINGER 1982, S. 24). Diese Verpflichtung geht nach dem Bundesbahngesetz auf die Deutsche Bundesbahn über, die demnach auch die Planungskompetenz erhält. Nach § 36 BbG werden die Pläne aber auch den einzelnen Bundesländern vorgelegt, die sich damit indirekt an den Planungen beteiligen können (FINGER 1982, S. 215).

Programme und rechtliche Grundlagen der Landesverkehrspolitik

Als Beispiel für die Verkehrspolitik und -planung der Länder soll im folgenden die verkehrspolitische Grundvorstellung der bayerischen Staatsregierung, u. a. anhand des Generalverkehrsplans Bayern aufgezeigt werden. Im weiteren steht das Nahverkehrsprogramm Bayern im Mittelpunkt der Betrachtungen.

An dieser Stelle sollen zunächst die allgemeinen Ziele der bayerischen Staatsregierung für die Verkehrspolitik dargestellt werden. Im einzelnen sind zu nennen: Schaffung günstiger Verkehrsverhältnisse, um

a) gleichwertige Lebens- und Arbeitsbedingungen im ganzen Land gewährleisten zu können,

b) die Mobilität der Bürger sicherzustellen und

c) die Wettbewerbfähigkeit der Wirtschaft zu unterstützen.

Zudem sollen die Infrastruktur und die Verkehrsanbindung dem wachsenden Verkehrsbedarf angepaßt werden, ohne allerdings ein autogerechtes Land zu schaffen. Die Belastungen für Natur und Umwelt sollen möglichst gering gehalten werden (JAUMANN 1985, S. 58f.).

6 Der Einfluß des Staates auf regionale Verkehrsstrukturen

Wie schon im Bereich der Bundesverkehrspolitik setzt sich auch auf der Landesebene der Zielkonflikt zwischen den Interessen von Wirtschaft, Gesellschaft und Umwelt fort. Das gilt vor allem, da auch die bayerische Staatsregierung in jenen Interessenbereichen teilweise widersprüchliche Zielsetzungen formuliert (BAYERISCHES STAATSMINISTERIUM FÜR WIRTSCHAFT UND VERKEHR 1985, S. 23 ff.). Ausgehend von den o. a. Zielvorstellungen soll insbesonders auf das Maßnahmenfeld des ÖPNV hingewiesen werden, weil hier ein vielversprechender Ansatzpunkt zur Lösung eines Teils der Zielkonflikte gegeben ist. Dabei bemüht man sich, aus Gründen des Umweltschutzes, des rationellen Umgangs mit der Energie, der Mobilitätssicherung und der Strukturverbesserung im ländlichen Raum den öffentlichen Personennahverkehr in Stadt und Land möglichst nachfragegerecht auszubauen (BAYERISCHES STAATSMINISTERIUM FÜR WIRTSCHAFT UND VERKEHR 1985, S. 45). Angesprochen wird neben dem ÖPNV in Ballungsräumen, wo noch ein gewisser Nachholbedarf gesehen wird, vor allem die Notwendigkeit den ÖPNV im ländlichen Raum zu erhalten und weiter zu verbessern. Im Mittelpunkt der Kritik steht in diesem Zusammenhang die Politik der DB, sich aus der Fläche zurückzuziehen (BAYERISCHES STAATSMINISTERIUM FÜR WIRTSCHAFT UND VERKEHR 1985, S. 46). Ein wichtiges Landesprogramm zur Verwirklichung der Ziele ist das „Nahverkehrsprogramm Bayern" von 27. 6. 1972, welches das Ziel verfolgt, den ÖPNV zu einer möglichst vollwertigen Alternative des Individualverkehrs auszugestalten. Hierzu sollen Maßnahmen einerseits zur Verbesserung der verkehrlichen und räumlichen Struktur und andererseits zur Sicherung der Leistungsfähigkeit des öffentlichen Personennahverkehrs getroffen werden.

Das bayerische Staatsgebiet wird nach dem *Nahverkehrsprogramm* zunächst in regionale Nahverkehrsräume eingeteilt. In jenen Räumen, in denen eine Verbesserung des Nahverkehrs nötig ist, wird eine Bestandsaufnahme über die vorhandenen Nahverkehrseinrichtungen und das Verkehrsaufkommen durchgeführt, um dann die nötigen planerischen Maßnahmen zu entwickeln. Die weitere Entwicklung und Gestaltung des Personennahverkehrs der einzelnen Nahverkehrsräume ist in Programmen und Plänen zu entwerfen, die sowohl die Erfordernisse der Raumordnung als auch die verkehrswirtschaftlichen Möglichkeiten und Notwendigkeiten zu beachten haben. Sie sollen dabei eine den Verkehrsbedürfnissen entsprechende optimale Gestaltung der betrieblichen und verkehrlichen Leistungen des Personennahverkehrs und der dazu erforderlichen Zusammenarbeit der Unternehmen des öffentlichen Personennahverkehrs konzipieren (BAYERISCHE STAATSREGIERUNG 1977, S. 87 f.).

Für die Erarbeitung von Nahverkehrsplänen wurde zur vergleichenden Analyse und Bewertung der Planungsergebnisse die „Bayerische Richtlinie zur Nahverkehrsplanung" vom 25. 3. 1977 erstellt. Diese Richtlinie wurde in einigen Modellräumen unter den Aspekten der Verknüpfung von Stadt und Umland im ländlichen Raum, der alternativen Nahverkehrserschließung durch Straßenbahn oder Bus, der wirtschaftlichen Grenzen einer Schnellbahnerschließung und der Möglichkeiten einer Richtwertanwendung mit Hilfe von Bedienungsstandards erprobt. Um eine Verlagerung des Individualverkehrs auf den öffentlichen Nahverkehr zu erreichen, muß dieser z. B. durch kürzere Wege zu den Haltestellen, kürzere Wartezeiten, Verfügbarkeit des Verkehrsmittels auch in verkehrsschwachen Zeiten, kurze Gesamtrei-

6.2 Programmatische und rechtliche Grundlagen 121

sezeit, Bequemlichkeit und Attraktivität des Fahrpreises verbessert werden (ENGELHARDT 1982, S. 1).
Die Umsetzung des Programms in die Praxis würde jedoch meist auf wirtschaftliche Schwierigkeiten stoßen, denn die öffentlichen Linienverkehre können meist nicht kostendeckend arbeiten. Deshalb ist es möglich auf der Grundlage dieser Programme und Pläne einzelne Vorhaben nach dem Gemeindeverkehrsfinanzierungsgesetz und dem Finanzausgleichgesetz aus Mitteln der Mineralöl- und Kraftfahrzeugsteuer finanziell zu fördern. Ferner gibt es noch Fördermittel nach dem „Bayerischen Förderprogramm öffentlicher Personennahverkehr" vom 16. 8. 19/9.

6.2.3 Verkehrspolitik im Rahmen der Raumordnung und Landesplanung

Stellung des Verkehrssektors in Programmen, Plänen und Gesetzen zur Raumordnung und Landesplanung

Die Verkehrspolitik ist mit einer der wichtigsten Ansatzpunkte der Raumordnung, Landesplanung und regionalen Strukturpolitik. Daher muß sich die Verkehrsplanung als wichtiges Instrument der Raumgestaltung in die Zielsetzungen der räumlichen Entwicklung einfügen. Dies zeigte sich bereits in der Behandlung der Verkehrspolitik als Fachpolitik, wo jeweils das Basisziel der Raumordnung, der Abbau regionaler Disparitäten als Fachziel aufgestellt wurde.
Im *Raumordnungsgesetz (ROG)* vom 8. 4. 1965 wird im § 1 Abs. 1 das Leitbild für die Raumordnung entworfen: „Das Bundesgebiet ist in seiner allgemeinen räumlichen Struktur einer Entwicklung zuzuführen, die der freien Entfaltung der Persönlichkeit in der Gemeinschaft am besten dient ...". Hierzu werden im § 2 ROG die Grundsätze aufgestellt, nach denen die Raumordnung in der Bundesrepublik Deutschland erfolgen soll. Für den Bereich des Verkehrssektors ist vor allem Nr. 1 zu nennen:
(1) ... Die verkehrs- und versorgungsmäßige Aufschließung, die Bedienung mit Verkehrs- und Versorgungsleistungen und die angestrebte Entwicklung sind miteinander in Einklang zu bringen.
Nach § 3 ROG gilt dieser Grundsatz unmittelbar gegenüber Bundes- und Landesbehörden. Diese haben ihn bei ihren Planungen zu beachten und abzuwägen (§ 2 Abs. 2 ROG). Konkretisiert wurde das Ziel des „Abbaus regionaler Disparitäten" erstmals im Bundesraumordnungsprogramm (BROP) von 1975. Durch die Verwirklichung des räumlichen Leitbildes des BROP werden gleichzeitig verkehrspolitische Ziele erfüllt, da eine Verdichtung der Raum- und Siedlungsentwicklung auf Schwerpunkte und Achsen eine ausreichende Konzentration der Verkehrsnachfrage bewirkt, die zur Auslastung hochwertiger Verkehrswege sowie zur Wirtschaftlichkeit der Verkehrsbedienung notwendig ist (LUTTER 1978, S. 212). Die Ziele des BROP werden bei der Aufstellung des Bundesverkehrswegeplans berücksichtigt. Bei der Bewertung einzelner Projekte in strukturschwachen Räumen, die dazu dienen, die peripheren Gebiete verkehrsmäßig besser zu erschließen, muß das Projekt aber dennoch gesamtwirtschaftlich vertretbar sein. Die Nachfrageorientierung am tatsächlichen Bedarf steht also der Zielvorstellung der flächenhaften Verkehrserschließung in einem Zielkonflikt gegenüber.

Parallel zu den Fachgesetzen und -programmen setzt sich dieser Konflikt auch in den Landesplanungsgesetzen und -plänen fort. Das „Bayerische Landesplanungsgesetz" (BayLPlG) von 1970 legt in Art. 2 die Grundsätze der Raumordnung für das Bundesland Bayern fest. Für den Bereich der Verkehrsplanung ist insbesondere der Art. 2 Nr. 8 BayLPlG zu nennen. Hieraus lassen sich folgende Ziele entnehmen:
- Verkehrsanlagen und Verkehrsbedienung sollen so geplant werden, daß sie leistungsfähige Verbindungen gewährleisten,
- eine rasche, preisgünstige, sichere und volkswirtschaftlich zweckmäßige Verkehrsanbindung ist anzustreben,
- zentrale Orte und Erholungsgebiete sollen, insbesonders mit öffentlichen Verkehrsmitteln, leicht erreichbar sein,
- die durch die periphere Lage Bayerns bedingten Nachteile, insbesonders im Zonenrandgebiet, sollen ausgeglichen werden.

Die Konkretisierung dieser Vorstellungen erfolgte erstmals 1976 im Landesentwicklungsprogramm. Wie schon vorher im BROP stehen sich auch hier die Zielvorstellungen der Orientierung an dem zu erwartenden Verkehrsbedarf dem Wunsch zum Ausgleich regionaler Disparitäten im Leitbild der Raumordnung, gleichwertige Lebens- und Arbeitsbedingungen in allen Landesteilen zu ermöglichen, gegenüber.

Konkret spielen bei den Leitvorstellungen auch Entwicklungsachsen und das bisherige Zonenrandgebiet eine wichtige Rolle (BAYERISCHES STAATSMINISTERIUM FÜR LANDESENTWICKLUNG UND UMWELTFRAGEN 1984, S. 65). Sie dienen als Ordnungs- und Strukturkriterien für den Ausbau alter und neuer Verkehrswege.

Verhältnis der Verkehrspolitik zur Raumordnung und Landesplanung

Das Verhältnis der Verkehrspolitik als eigenständigem Politikbereich zur Raumordnung und Landesplanung ist sowohl durch eine Reihe von übereinstimmenden Zielen als auch durch eine Anzahl von Zielkonflikten gekennzeichnet. Generell wird die Verkehrspolitik auch in den Gesetzen, Programmen und Plänen der Raumordnung und Landesplanung zur Verwirklichung landesentwicklungspolitischer Leitbilder eingesetzt (siehe vorangegangener Abschnitt). In der Realität stellt sich allerdings die Frage, inwieweit die Verkehrspolitik die Anforderungen, die Landesentwicklung und Raumordnung an sie stellen, tatsächlich erfüllen kann.

In diesem Zusammenhang sollen die schon angesprochenen Zielkonflikte
a) zwischen bedarfsorientierter Verkehrsplanung und der am Gemeinwohl orientierten flächenhaften Verkehrserschließung als raumordnungspolitisches Leitbild und
b) zwischen allgemeiner Verkehrsausweitung und dem Umwelt- und Naturschutz näher ausgeführt und in ihrer praktischen Bedeutung dargestellt werden.

Der sich durch alle Pläne und Programme hindurchziehende *Zielkonflikt zwischen bedarfsorientierter Verkehrsplanung und gemeinwohlorientierter flächenhafter Verkehrserschließung* läßt sich an zwei praktischen Beispielen aufzeigen:
- der Verteilung der Fördermittel für den ÖPNV und
- der Verteilung der Verkehrsinvestitionen.

6.2 Programmatische und rechtliche Grundlagen 123

Tab. 15 Verteilung von Bundesmitteln für den ÖPNV auf die Verdichtungsräume und die peripheren Räume in Bayern (1983–1984)

Region	Gesamtaufwand für den ÖPNV in Bayern in 1.000 DM	Anteil	Bundesmittel für den ÖPNV in Bayern in 1.000 DM	Anteil
Regionen mit großen Verdichtungsräumen	787.315	92 %	391.385	93 %
Grenzland und überwiegend strukturschwache Regionen	30.452	4 %	16.027	4 %
sonstige ländliche Regionen	35.122	4 %	14.784	3 %
Summe	852.889	100 %	422.196	100 %

(Quelle: BAYERISCHE STAATSREGIERUNG, 8. Raumordnungsbericht 1983/84, München 1984, Anhang 1, S. 247, 250, 254, 257)

Der öffentliche Personennahverkehr wird von Bund und Kommunen mit Milliardenbeträgen jährlich subventioniert und zwar sowohl durch Investitionszuschüsse als auch durch die Übernahme nicht gedeckter laufender Betriebskosten. Von diesem „Milliardensegen" profitieren vor allem die Ballungsräume. Betrachtet man die Situation in Bayern, so wird das krasse Mißverhältnis der Subventionszahlungen an die Ballungsräume und die peripheren Gebiete deutlich (Tab. 15). Während sich die Landesentwicklungspolitik einerseits um den Abbau von regionalen Disparitäten bemüht, wird diese Bemühung durch die vorrangige Subventionierung der Ballungsgebiete, sowohl durch Bundes- wie auch durch Landesmittel wieder geschmälert.

Vom isolierten Standpunkt der Verkehrsplanung aus ist dort eine Verkehrsinvestition am günstigsten, wo die Nachfrage größer als das Angebot ist. Dieses sog. Bedarfsdeckungsprinzip wurde und wird vor allem in der Straßenverkehrsplanung angewandt. Die Frage, wo, in welchem Ausmaß und in welcher Reihenfolge Straßen aus- oder umgebaut werden sollen, wird mit Hilfe von Modellprognosen beurteilt. Diese werden auf der Grundlage einer Gegenüberstellung der zu erwartenden Verkehrsmengen und der Leistungsfähigkeit der heutigen Straßenquerschnitte ermittelt. Das bedeutet, daß in den Gebieten mit dem größten Bedarf zu rechnen ist, wo in Folge der Zunahme des motorisierten Verkehrs auf eng begrenztem Raum Verkehrsnotstände entstanden, die die Verkehrsplaner zu schneller Abhilfe zwingen: den Verdichtungsräumen. Demgegenüber tritt die Erschließung strukturschwacher und peripher gelegener Räume fast immer in den Hintergrund, da auch hier laut Bundesverkehrswegeplan das Nutzen/Kostenverhältnis nicht unter eins liegen darf (BUNDESMINISTER FÜR VERKEHR 1985 b, S. 13 f., und 1986, S. 4).

Bei der Planung von neuen Straßen und Eisenbahnlinien werden aus Kostengründen und Zeitersparnis oft Gebiete mit einer geringeren Besiedlungsdichte für die Trassierung bevorzugt. In der Argumentation werden dafür meist folgende Gründe genannt: Die Gesamtkosten würden sehr hoch ausfallen, wenn man in dicht besiedelten Gebieten Gebäude oder ganze Gebäudekomplexe beseitigen müßte, die man nur schwer umfahren kann. Der zweite Grund liegt in den oft lange dauernden Prozeßauseinandersetzungen mit den Eigentümern der für den zu bauenden Verkehrsweg benötigten Grundstücke. Man wird daher unter gleichen oder ähnlichen Umständen der Trasse mit der geringsten Besiedlungsdichte den Vorrang geben. Ein solches Vorgehen kann allerdings, besonders fühlbar in der Umgebung von Ballungsräumen, zu einer Zerstörung oder zumindest einer Beeinträchtigung von ökologisch wertvollen und landschaftlich reizvollen Naherholungsgebieten führen.

Ein etwas anders gelagerter Zielkonflikt zwischen Landesentwicklungspolitik und Verkehrsplanung liegt vor, wenn nicht, wie beschrieben, die Wahl zwischen mehreren Alternativen der Trassierung besteht, sondern eine Verkehrslinie aus regionalwirtschaftlichen Gründen in ein Gebiet mit besonderen ökologischen Aufgaben, wie z. B. Biotope oder Vogelschutzgebiete, gelegt werden muß. Regionalwirtschaftliche Gründe könnten in einem erwünschten Erschließungseffekt von weniger dicht besiedelten Gebieten liegen. Diese Zielsetzungen, die mit der kostengünstigen Trassierung durchaus vereinbar wären, wirken jedoch dem Landschaftsschutz entgegen. Vom Standpunkt des Landschaftsschutzes aus sollte die Zerstörung der Naturlandschaft durch die Verkehrslinien vermieden werden, denn neben der optischen Verunstaltung der Landschaft durch Dämme, Einschnitte, Brücken und das breite Band der Autobahnen tritt zusätzlich eine Umweltbelastung durch Lärm und Luftverunreinigungen ein. Auch handelt es sich vielfach um Gebiete, die sich durch Waldreichtum und landschaftliche Reize auszeichnen.

6.3 Die räumliche Wirkung der Mineralölsteuer als Beispiel für staatliche Lenkungsmöglichkeiten

6.3.1 Aufgaben und Funktion von Steuern in der Bundesrepublik Deutschland

Nach der Abgabenordnung ist die Erzielung von Einnahmen lediglich Nebenzweck der Steuererhebung (§ 3 I Halbsatz 2 Abgabenordnung (AO)). Demnach kommt der Funktion als Lenkungs- und Interventionsmittel eine wesentliche Rolle zu. Darüber hinaus haben die Steuern noch die Funktion der Umverteilung von Einkommen und Vermögen.

In der Bundesrepublik Deutschland kommen rund 90 % der laufenden Einnahmen der öffentlichen Haushalte aus Steuereinnahmen (WEBER 1977, S. 3). Für die Volkswirtschaft ist die Steuerlastquote von Bedeutung, d. h. der Teil des Bruttosozialprodukts, der für öffentliche Aufgaben zur Verfügung steht. Ähnliche Bedeutung besitzt die Frage der Aufteilung der Steuerlast auf die einzelnen Steuerpflichtigen. Hier steht der Grundsatz der Steuergerechtigkeit im Vordergrund, der die Allgemeinheit, Gleichmäßigkeit und Verhältnismäßigkeit der Besteuerung verlangt (d. h. allgemeine Besteuerung und Besteuerung nach der Leistungsfähigkeit (WEBER 1977,

S. 4). Ein weiterer wesentlicher Aspekt der Steuereinnahmen ist deren Verteilung auf die Steuerberechtigten Bund, Länder und Gemeinden. Die durch Art. 105 ff. GG festgelegte Finanzverfassung bestimmt weitgehend die Finanzverteilung und somit die Effizienz der Aufgabenerfüllung auf den verschiedenen Ebenen der öffentlichen Verwaltung. Neben anderen wirtschafts- und sozialpolitischen Instrumenten kann die Steuer zur sozialstaatlichen Umverteilung der Einkommen und der Vermögen eingesetzt werden. Dadurch werden die sich aus der Marktwirtschaft ergebenden Ungleichheiten, die durch unterschiedliche Startchancen, wirtschaftliche Macht- und Monopolstellungen sowie die ursprüngliche Vermögensverteilung bedingt sind, durch eine Redistribution (manchmal) korrigiert.

6.3.2 Steuersystematik in der Bundesrepublik Deutschland und die Stellung der Mineralölsteuer

Das Steuersystem der Bundesrepublik Deutschland mit seinen ca. 50 Einzelsteuern ist trotz häufiger Versuche zu einer (Großen) Steuerreform kein „einheitliches, an einem Gesamtkonzept orientiertes System unterschiedlich wirkender, aber aufeinander abgestimmter und sich ergänzender Steuern, sondern ein durch konkrete Finanzierungsbedürfnisse des Staates und durch wirtschaftspolitische Erfordernisse [geprägtes] Resultat einer lang andauernden historischen Entwicklung" (WEBER 1977, S. 15).

Finanzpolitisch kommt den einzelnen Steuern ein sehr unterschiedliches Gewicht zu. Die nach dem Steueraufkommen bei weitem wichtigsten Steuern sind die Einkommens- und Körperschaftssteuer (jeweils 1985 214,2 Mrd. DM) sowie die Umsatzsteuer mit Einfuhrumsatzsteuer (109,8 Mrd. DM), ihnen folgen mit weitem Abstand die Gewerbesteuer in ihren unterschiedlichen Formen (30,8 Mrd. DM) und die Mineralölsteuer (24,5 Mrd. DM) (BUNDESMINISTER FÜR FINANZEN 1987).

Das Steuerobjekt der Mineralölsteuer ist der Mineralölverbrauch als Treibstoff, Heizstoff oder Schmierstoff. Das Steuersubjekt (Steuerschuldner) ist der inländische Produzent oder der Importeur, d. h. die Steuerschuld entsteht nicht erst bei der eigentlichen Verwendung, sondern schon bei der Entfernung aus dem Produktionsbetrieb. Somit ist die Mineralölsteuer eine indirekte Steuer, da der Produzent bzw. der Importeur die Steuerschuld auf den Endverbraucher abwälzen kann.

Von den Steuerermäßigungs- bzw. Steuerbefreiungsmöglichkeiten von der Mineralölsteuer ist vor allem die unversteuerte Verwendung von Luftfahrtbetriebsstoffen zu nennen (§ 8 I 4 MinöStG), hier insbesondere für Luftfahrtunternehmen, die Fluglinienverkehr oder sonstigen öffentlichen und regelmäßigen Luftverkehr auf bestimmten Strecken betreiben. Das Steueraufkommen aus der Mineralölbesteuerung betrug 1985 24,5 Mrd. DM, 1986 25,6 Mrd. DM und 1987 26,1 Mrd. DM (nach Angaben der Deutschen Bundesbank). Es handelt sich dabei um eine Bundessteuer, d. h. die Einnahmen fließen dem Bund zu. Sie wird den Verbrauchsteuern zugerechnet.

6.3.3 Raumwirksamkeit der Mineralölsteuer

Die sich aus der jeweiligen Fragestellung und der Verfügbarkeit von Datenmaterial ergebenden Ansatzpunkte für steuerliche Raumwirksamkeitsanalysen führen zu einer Vielzahl unterschiedlicher Definitionen der Raumwirksamkeit von Steuern (LEIBFRITZ und TESCHNER 1981, S. 33). Grundsätzlich wird dabei zwischen direkter und indirekter Raumwirksamkeit unterschieden. Eine direkte Raumwirksamkeit im weiteren Sinne liegt vor, wenn räumliche Unterschiede in der Steuerbelastung der privaten Haushalte auftreten; für die direkte Raumwirksamkeit im engeren Sinne gilt dies nur in bezug auf den effektiven Steuersatz. Die indirekte Raumwirksamkeit im weiteren Sinne hingegen bezieht sich auf räumliche Unterschiede im Steueraufkommen sämtlicher öffentlicher Haushalte (Bund, Ländern, Kommunen); die indirekte Raumwirksamkeit im engeren Sinne beschränkt sich auf den Bereich der regionalen öffentlichen Haushalte (Kommunen, vgl. LEIBFRITZ und TESCHNER 1981, S. 26). Die Raumwirksamkeit von Steuern ist nicht in jedem Falle als negativ und ihre Raumneutralität als positiv einzustufen. Vielmehr ist eine Steuer „... aus raumwirtschaftlicher Sicht dann als negativ zu beurteilen, wenn sie die räumliche Konzentration der Wirtschaftstätigkeit maßgeblich begünstigt und als positiv, wenn sie eine räumlich gleichmäßigere Verteilung der Wirtschaftstätigkeit fördert" (LEIBFRITZ und TESCHNER 1981, S. 37). Dabei ist zu beachten, daß direkte und indirekte Raumwirksamkeit durchaus in entgegengesetzte Richtungen wirken können. Reagieren die Produktionsfaktoren Arbeit und Kapital sehr stark auf eine räumlich differenzierte Steuerbelastung, so kommt der direkten Raumwirksamkeit die größere Bedeutung zu (mit der Folge einer „Steuersatzkonkurrenz" der Kommunen), im anderen Falle der indirekten Raumwirksamkeit („Infrastrukturkonkurrenz" der Kommunen, LEIBFRITZ und TESCHNER 1981, S. 38).

Da bei keiner Besteuerung die Steuertatbestände völlig gleichmäßig über die Fläche verteilt sind, kommt bei Anwendung der weitgefaßten Begriffe von Raumwirksamkeit praktisch allen Steuern des bundesdeutschen Steuersystems eine gewisse Raumwirksamkeit zu. Jedoch ist nicht jede Steuer als raumrelevant einzustufen, da erst ab einem bestimmten Grad der Raumwirksamkeit steuerinduzierte regionale Anpassungsprozesse zu erwarten sind (LEIBFRITZ und TESCHNER 1981, S. 38).

Die Frage, inwieweit eine für das gesamte Bundesgebiet einheitliche Regelung der Mineralölsteuer trotzdem regional unterschiedlich wirksam werden kann und somit möglicherweise dazu beiträgt, die bereits bestehenden Disparitäten zwischen den Raumkategorien „Verdichtungsraum" und „ländlicher Raum" zu verstärken, löst heftige Kontroversen aus. Insbesonders ist hierbei die Schwierigkeit der Erfassung zu nennen. Da die Mineralölsteuer beim Produzenten bzw. Importeur erhoben wird, kann der regionale Mineralölverbrauch, und damit die finanzielle Belastung der privaten Haushalte durch die Mineralölsteuer nicht direkt über das Steueraufkommen ermittelt werden.

Die direkte Raumwirksamkeit

Zwar sind die Steuertarife für die Mineralölsteuer im gesamten Bundesgebiet einheitlich, jedoch wird im allgemeinen der Mineralölsteuer eine indirekte Raumwirksamkeit i. w. S. zuerkannt.

Die Raumwirksamkeit der Mineralölsteuer im Bereich des motorisierten Individualverkehrs

Erklärtes Ziel des Bundesraumordnungsprogrammes ist der Abbau regionaler Disparitäten, u. a. auch auf dem Gebiet des Verkehrs. Nun wird jedoch die Hypothese aufgestellt, daß eine nicht-regionalisierte Mineralölsteuer im Gegensatz zu eben diesem raumordnerischen Ziel stünde:

Geringe Bevölkerungsdichte, disperse Siedlungsstruktur, quantitativ und qualitativ unzureichende Arbeitsmärkte sowie mangelhafte Güter- und Dienstleistungsangebote führen im ländlichen Raum zu erheblich längeren Pendler- und Versorgungswegen als in Verdichtungsräumen. In Verbindung mit einem ungenügenden ÖPNV-Angebot führt dies zu erheblich höheren Kfz-Betriebskosten und generell zur Notwendigkeit, sich ein eigenes Kfz zu halten. Demzufolge ist der Pkw-Besatz im „ländlichen Raum" wesentlich höher als in den „Verdichtungsräumen" (auf weitere Konsequenzen aus diesem Tatbestand wird im 9. Kapitel noch eingegangen).

Für den Landkreis Lüchow-Dannenberg belegten HEIDTMANN und ALTKRÜGER (1974, S. 14) bereits im Jahr 1972 einen Benzinmehrverbrauch gegenüber dem Bundesdurchschnitt von rd. 382 l/Pkw, das entspricht 27 %. Auch für Bayern scheint sich die Hypothese zu bestätigen, daß die durchschnittliche Jahresfahrleistung in ländlichen Räumen höher ist als in Verdichtungsgebieten.

Ein Vergleich der Kraftstoffverbrauchsquoten (= Kraftstoffverbrauch im Straßenverkehr in Relation zum BIP) der einzelnen Planungsregionen ergab folgenden, statistisch gesicherten Zusammenhang: Je höher die durchschnittliche Wirtschaftskraft einer Planungsregion, desto niedriger ist die Kraftstoffverbrauchsquote (LEIBFRITZ und TESCHNER 1981, S. 59) (Abb. 26).

Dabei ist zu bedenken, daß der Benzinverbrauch in städtischen Gebieten aufgrund des allgemein zähflüssigen Verkehrsgeschehens bis zu 30 % über den Durchschnittswerten liegen kann (HEINZE und KANZLERSKI 1974, S. 30). Die finanzielle Mehrbelastung infolge höherer Fahrleistungen wird verstärkt durch das allgemeine Benzinpreisgefälle. Einer nicht veröffentlichten Untersuchung des Bayerischen Staatsministeriums für Wirtschaft und Verkehr zufolge liegen die Benzinpreise in ländlichen Räumen zwischen 5 und 10 Pf/l über den entsprechenden Werten in Ballungsgebieten. Als Gründe werden höhere Tankstellenbetriebskosten, mangelnder Wettbewerb sowie höhere Transportkosten genannt (WITT und ZETTL 1976, S. 16).

Die Raumwirksamkeit der Mineralölsteuer im Bereich des gewerblichen Güterverkehrs

Die These für eine negativ zu bewertende Raumwirksamkeit der Mineralölsteuer im Bereich des gewerblichen Güterverkehrs lautet: die durchschnittlich größeren Entfernungen zu den Bezugs- und Absatzmärkten, und die damit verbundenen höheren Transportkosten, führen zu einer Verstärkung der ökonomischen „Arbeitslage" der Unternehmen im ländlichen Raum. Aus diesem Grunde wird, zumindest für den Güterverkehr, eine zugunsten ländlicher Räume gestaffelte Mineralölsteuer gefordert.

Kraftstoffverbrauch im Straßenverkehr in % des BIP

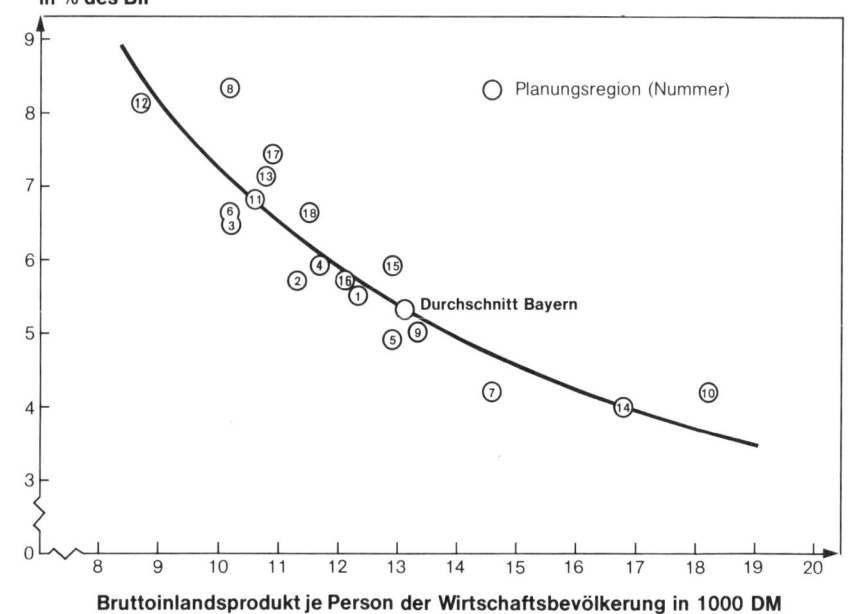

Abb. 26 Beziehungen zwischen der Kraftstoffverbrauchsquote und der Wirtschaftskraft in den bayerischen Planungsregionen im Jahre 1972 (Quelle: LEIBFRITZ und TESCHNER 1981, S. 60)

Höhere Transportkosten infolge längerer Bezugs- und Absatzwege müssen indessen nicht unbedingt höhere Gesamtkosten hervorrufen. Vielmehr spielt die Wertestruktur der transportierten Güter, d. h. ihr Veredelungsgrad, eine entscheidende Rolle: hochwertige Güter (wie z. B. technische Spezialprodukte) können als transportkostenunempfindlich eingestuft werden; relativ geringwertige Waren (etwa landwirtschaftliche Erzeugnisse) hingegen reagieren empfindlich gegenüber hohen Transportkosten (STEIERWALD und TREUNER 1974, S. 17).

Nun kann nicht bestritten werden, daß ländliche Räume eine in diesem Sinne negativ zu bewertende Produktionsstruktur besitzen, auch wenn der Anteil transportkostenabhängiger Wirtschaftszweige gesamtwirtschaftlich gesehen kaum mehr eine Rolle spielen dürfte. Für die Mehrzahl der Unternehmen im ländlichen Raum stellen Transportkostenunterschiede heutzutage ebenfalls keinen wesentlichen Standortfaktor dar; vielmehr sind dies die Arbeitsmarktlage, das Lohnniveau, evtl. die Subventionen usw. Treten dennoch finanzielle Belastungen auf, z. B. im Bereich der Vorlieferungen, so boten bislang die im Zonenrand gewährten Frachthilfen hierfür einen gewissen Ausgleich (LEIBFRITZ und TESCHNER 1981, S. 61).

6.3 Die räumliche Wirkung der Mineralölsteuer

Einen weiteren Aspekt der Transportkosten im gewerblichen Güterverkehr bildet der Auslastungsgrad bzw. der Anteil der Leerfahrten. Hier zeigt sich nun, daß der Leerfahrtenanteil in Verdichtungsräumen – relativ gesehen – höher ist als in ländlichen Gebieten. Dies kann aus dem Umstand erklärt werden, daß die Bereitschaft, Aufträge auch ohne gesicherte Rückfracht anzunehmen, mit wachsender Verkehrsdichte und kürzer werdenden Entfernungen zunimmt (STEIERWALD und TREUNER 1974, S. 17).

Eine endgültige Beurteilung der direkten Raumwirksamkeit der Mineralölsteuer im Bereich des gewerblichen Güterverkehrs ist mit Einschränkungen trotz dieser Ergebnisse kaum sinnvoll, da das zur Verfügung stehende Datenmaterial als mangelhaft bezeichnet werden muß.

Die indirekte Raumwirksamkeit der Mineralölsteuer

Zwar ist die Mineralölsteuer eine Bundessteuer, jedoch entfaltet sie über die regionalen öffentlichen Haushalte – zumindest seit 1966 – eine indirekte Raumwirksamkeit, die im allgemeinen als positiv eingestuft wird. Bis zum Jahre 1955 kam das gesamte Aufkommen aus der Mineralölsteuer dem allgemeinen Haushalt des Bundes zugute. Seit dem Inkrafttreten des Verkehrsfinanzierungsgesetzes von 1955 wurden die Einnahmen aus den Mineralölsteuererhöhungen für den Ausbau des Bundesfernstraßennetzes verwendet.

Mit dem Steueränderungsgesetz von 1966 änderte sich die Verwendungsstruktur des zweckgebundenen Teils der Mineralölsteuer grundlegend: das Mehraufkommen aus den Steuererhöhungen steht nunmehr für den kommunalen Verkehrswegebau und dem Ausbau des ÖPNV zur Verfügung. Seit dem Haushaltsstrukturgesetz von 1975 werden die Kommunen zu 90 % an den Mineralölsteuererhöhungen beteiligt (WITT und ZETTL 1976, S. 17). Diese Mittel aus der Mineralölsteuer sind von den Kommunen zweckgebunden für Vorhaben zur Verbesserung der Verkehrsverhältnisse zu verwenden; sie stehen grundsätzlich allen Gemeinden zur Verfügung, die entsprechende Investitionen vornehmen wollen. Allerdings werden nur Vorhaben im Rahmen des Bundesfernstraßengesetzes sowie des Gemeindeverkehrsfinanzierungsgesetzes aus Mitteln des Mineralölsteueraufkommens gefördert. Dabei entsteht jedoch das Problem, daß der Bund zwar nach dem Gemeindeverkehrsfinanzierungsgesetz rechtlich verpflichtet ist, diese Finanzmittel den Kommunen tatsächlich zu gewähren, nicht aber dem Bundesfernstraßengesetz (LEIBFRITZ und TESCHNER 1981, S. 62).

6.3.4 Möglichkeiten und Grenzen einer regionalen Staffelung der Mineralölsteuer

Um einer zusätzlichen Benachteiligung ländlicher Räume im verkehrlichen Bereich durch bundesweit gleiche Steuersätze entgegenzuwirken, werden immer wieder Forderungen nach einer regionalen Staffelung der Mineralölsteuer zugunsten ländlicher Räume laut, zumal eine generelle Senkung der Mineralölsteuer aus finanz- und umweltpolitischen Gründen weder wahrscheinlich noch wünschenswert ist. Grundsätzlich erscheint die Mineralölsteuer als verkehrspolitisches Instrument geeignet, wenn sie entsprechend gestaffelt wird und die Steuersätze tatsächlich raumrelevante Größenordnungen annehmen (WITT und ZETTL 1976, S. 20). Trotzdem liegen gegen eine regionalisierte Mineralölsteuer schwerwiegende Bedenken vor. Zum einen würde dies zu Konflikten mit raum- und siedlungsstrukturellen Zielen von Raumordnung und Landesplanung führen: Nach wie vor wird die raumordnungspolitische Grundkonzeption der „dezentralen Konzentration" in der Bundesrepublik Deutschland für vorteilhaft erachtet (GANSER 1980, S. 27).

Eine regional gestaffelte Mineralölsteuer zugunsten des ländlichen Raumes würde die Anreize zur Konzentration von Bevölkerung, Arbeitsplätzen und Infrastruktur auf Entwicklungszentren und -achsen „unterlaufen" und somit zu einer weiteren Verschärfung der Strukturprobleme führen (GANSER 1980, S. 3). Zum anderen wären energie- und umweltpolitische Ziele gefährdet, da nicht nur der Individualverkehr in den benachteiligten Regionen gestärkt würde, es könnte auch – bei dem Versuch, die höheren Mineralölsteuersätze zu umgehen – zu einem Anstieg der Verkehrsbelastung in Verdichtungsräumen kommen, z. B. durch Sondertankfahrten, Bildung eines „Grauen Marktes", Gefälligkeitstankfahrten usw. (WITT und ZETTL 1976, S. 19).

Die zur Überwachung der Tankvorgänge notwendigen Kontrollen sowie die erschwerte Erhebung der Mineralölsteuer würden nicht nur zu einer erheblichen Steigerung des Verwaltungsaufwandes und der damit verbundenen Kosten führen, sondern auch den Freiheitsspielraum des Einzelnen weiter einengen (WITT und ZETTL 1976, S. 20).

Ein weiteres Problem ergibt sich aus dem möglichen Rückgang des Mineralölaufkommens und einer damit verbundenen Kürzung zweckgebundener, kommunaler Mittel für den Ausbau des ÖPNV – mit der Folge, daß die Siedlungs- und Sozialstruktur der ländlichen Räume langfristig „... auf das Auto festgeschrieben ..." (GANSER 1980, S. 3) würde.

Aus diesem und noch weiteren Gründen werden für einen Abbau verkehrlicher Disparitäten zwischen den Raumkategorien – an Stelle einer regionalisierten Mineralölsteuer – siedlungs- und infrastrukturelle Maßnahmen gefordert, so z. B. der quantitative und qualitative Ausbau des ÖPNV und des Schienengüterverkehrs im ländlichen Raum, evtl. verstärkt durch begleitende Maßnahmen in den Verdichtungsräumen (vgl. hierzu WITT und ZETTL 1976, S. 20 ff.).

7 Verkehrsprognosen und Verkehrsprojektionen als notwendige Bestandteile einer verkehrsgeographischen Analyse

7.1 Sinn und Zweck von Prognosen im Verkehrsbereich

Nachdem in den bisherigen Darstellungen schwerpunktmäßig Struktur- und Prozeßanalysen aus dem Bereich der räumlichen Aktivitäten und die Auswirkungen des Verkehrs auf verschiedene Raumstrukturen, sowie der Einfluß des Staates auf den Verkehrsbereich behandelt wurden, sollen nun Verkehrsprognosen und -projektionen als wesentliche Grundlage für die staatlichen Aktionen im Rahmen der Verkehrspolitik und -planung analysiert und bewertet werden.

Seit Mitte der 70er Jahre läßt sich verstärkt beobachten, daß einzelne Teile der Verkehrspolitik, insbesondere verschiedene Maßnahmen der Erstellung von Großinfrastrukturen – als Beispiel seien der Ausbau des Main-Donau-Kanals aber auch Planungsmaßnahmen wie die Erweiterung des Flughafens Frankfurt (Startbahn West) und der Neubau des Flughafens München II genannt – zunehmend kontrovers diskutiert werden. Dies setzt sich auf der Ebene von Regionen und Kommunen fort, wo häufig einzelne Planungsmaßnahmen ebenso umstritten sind (MENKE 1975, S. 28). Neben ökologischen Problemen ist dabei häufig die Frage des Bedarfs strittig, was seine Ursache vor allem darin hat, daß die Verkehrspolitik durch die Länge der Planungsphase, hohe Investitionskosten und die Langlebigkeit der baulichen Teile der Verkehrssysteme zu einer weit vorausschauenden Planung gezwungen ist. Dies setzt eine langfristige Projektion des Bedarfs über einen Zeitraum von meist 15 bis 20 Jahren voraus, was wiederum zu der Frage führt, was Projektionen des Bedarfs nach Güter- und Personenverkehrssystemen als Instrument der Verkehrspolitik und -planung zu leisten vermögen.

Vorausschätzungen sind innerhalb der Geographie immer noch ein relativ wenig behandeltes Thema, von der Praxis jedoch ständig angefordert und im Sinne einer angewandten Geographie unerläßlich. Damit wird ein interdisziplinärer Weg beschritten, da Prognosen im Verkehrsbereich im wesentlichen von ökonomischer und verkehrstechnischer Seite vorgelegt worden sind. Das Problem der Vorausschätzung im Verkehrsbereich ist wie in vielen anderen Bereichen sozialwissenschaftlicher Forschung ein Problem insoweit, als sich das menschliche Verhalten im Raum nicht nach streng naturwissenschaftlichen Gesetzen richtet. Andererseits bestehen doch eine ganze Reihe von Regelhaftigkeiten und Grundzusammenhängen, die unter Einbeziehung von entsprechenden Fehlergrenzen für die Zukunft durchaus vorhersehbar sind. Zu beachten ist dabei, daß Veränderungen dieser Trends trotz der Persistenz räumlicher Verhaltensmuster bestehen. Wesentlich ist in diesem Zusammenhang, daß die Frage nach „richtigen" oder „falschen" Prognosen keine wissenschaftliche Fragestellung ist, sondern eher ein Unverständnis für Vorausschätzungen erkennen läßt.

7 Verkehrsprognosen und Verkehrsprojektionen

Das Ziel einer Vorausschätzung ist nicht das Schätzen eines Zahlenwertes schlechthin, d. h. die exakte Fixierung einer Zahl in die Zukunft. Das eigentliche Ziel der Vorausschau liegt in der Vorausschätzung selbst. An die Stelle der Fragestellung „richtige oder falsche Vorausschätzung" tritt demnach die Überlegung nach den Möglichkeiten, eine Vorausschätzung methodisch so anzulegen und inhaltlich so zu fundieren, daß sie als wissenschaftlich abgesichert gelten kann. Selbstverständlich schlägt sich dabei der Einfluß des Prognostikers in verschiedenster Weise bei den Aussagen der Prognose nieder. Es handelt sich folglich nicht um eine objektive Aussage, sondern auch hier wie überall im sozialwissenschaftlichen Bereich um eine bereits durch die subjektive Gestaltung vorgenommene Wertung.

Grundsätzlich ist zum Prognostizieren noch festzuhalten, daß eine Prognose um so schwieriger anzulegen ist, je regionaler ihre Bezüge sind. Gleichzeitig wird auch eine unkritische Übernahme für praktische Folgerungen immer bedenklicher. Ein Beispiel dafür sind die geradezu unsinnigen Prognosen auf der Basis von Verkehrsbezirken innerhalb von Städten für eine zukünftige Verkehrsplanung. Anstelle der häufig eingesetzten Entwicklungsprognosen kann nämlich auf regionaler, d. h. insbesonderer kommunaler Ebene nur die sogenannte Zielprognose weiterhelfen. Während es bei der Entwicklungsprognose darum geht, die in der Vergangenheit beobachteten Entwicklungstendenzen in die Zukunft fortzuschreiben, gleichwohl ob man die in der Vergangenheit beobachteten Tendenzen als richtig oder falsch erkannt hat, geht es in der Zielprognose um eine Grundüberlegung über die Sinnhaftigkeit der in der Vergangenheit vollzogenen Entwicklungen. Das Ziel ist hier auf die Vorstellungen der Bevölkerung bzw. ihrer politischen Entscheidungsträger ausgerichtet. Ein zweites Grundprinzip ist jedoch noch anzufügen, nämlich, daß eine Prognose um so schwieriger wissenschaftlich exakt durchzuführen ist, je langfristiger sie angelegt ist. Für die wissenschaftliche Analyse ist die kurzfristige Prognose deshalb leichter, weil die Rahmenbedingungen als konstant angesehen werden dürfen und die Variablen relativ gut zu fassen sind. Man unterscheidet deshalb in der Prognosetechnik auch zwischen sogenannten „Prognosen", wobei man darunter im wesentlichen kurzfristige Voraussagen versteht, während man für langfristige Vorausschätzungen den Begriff der „Projektion" gewählt hat.

7.2 Anwendung und Funktion von Verkehrsprognosen

7.2.1 Prognosearten

Bevor einzelne allgemeine Verfahren zur Vorausschätzung von Sachverhalten dargestellt werden, soll hier zwischen verschiedenen Prognosearten unterschieden werden. Dabei ist nach POLUMSKY unter Prognose allgemein „die vorausschauende Angabe oder Beurteilung der Zukunft", bzw. als Grundlage für eine wissenschaftlich fundierte Planung eine „wissenschaftlich begründete Aussage über die Beschaffenheit eines in angebbarer Zukunft zu erwartenden Sachverhaltes" (POLUMSKY 1979,

S. 72) zu verstehen. Prognosen können dabei weiter unterschieden werden hinsichtlich verschiedener Kriterien:
- Länge des Prognosezeitraumes,
- Ziel der Prognose,
- quantitative und qualitative Verfahren.

Im allgemeinen wird zwischen *kurz-, mittel- und langfristigen Prognosen* unterschieden. Obwohl einige Autoren bedauern, daß in der Literatur keine Einigkeit über die Abgrenzung der Fristen besteht (vgl. u. a. HANSMANN 1983, S. 12), muß die Sinnhaftigkeit einer solchen Fristenabgrenzung bezweifelt werden, da in den unterschiedlichen Prognosebereichen mit einer abweichenden zeitlichen Konstanz der dem Untersuchungsgegenstand zugrundeliegenden Determinanten gerechnet werden muß. Aus diesem Grund erscheint eine Unterscheidung hinsichtlich des Kriteriums Prognosezeitraum vom Prognosegegenstand abhängig zu sein.

Bei dem *Ziel der Prognose* muß zwischen Entwicklungs- und Zielprognosen unterschieden werden. Die Zielprognose stellt sich die Aufgabe für den Zielfindungsprozeß, z. B. im Bereich der Raumordnung, Konsequenzen verschiedener Maßnahmen bzw. Zielsetzungen aber auch Interdependenzen zwischen Zielen verschiedener gesellschaftlicher Bereiche und deren Auswirkungen auf die Raumordnung zu ermitteln (LIENEMANN 1975, S. 201 f.). Demgegenüber beschränkt sich die Entwicklungsprognose auf die Voraussschätzung eines zukünftigen Zustandes anhand bestehender oder vorausgeschätzter Tendenzen, ohne diese zu bewerten.

HANSMANN unterscheidet weiterhin zwischen *quantitativen Prognosemodellen*, die mit Hilfe mathematischer Verfahren in Form von Gleichungssystemen zu quantitativen Aussagen kommen und *qualitativen Verfahren*, die die Variablen verbalargumentativ verknüpfen (HANSMANN 1983, S. 12).

7.2.2 Prognoseverfahren

Zur Voraussschätzung eines zukünftigen Zustandes gibt es eine Vielzahl unterschiedlicher Verfahrenstechniken. Hier soll jedoch eine Beschränkung auf die Darstellung der Grundzüge der am meisten verbreiteten Verfahrenstechniken erfolgen.

Wie bei VAJNA dargestellt, versucht das *Extrapolationsverfahren* aus dem Verlauf einer Entwicklung eine darin verborgene Gesetzmäßigkeit abzuleiten (VAJNA 1977, S. 136 ff.). Grundannahme ist dabei, daß der Verlauf eines Prozesses auf eine einzige Gesetzmäßigkeit reduziert werden kann. Den Schwerpunkt der Extrapolationsverfahren bildet das Aufspüren der mathematischen Funktion, die die Gesetzmäßigkeit des Verlaufs beschreibt. Diese Trendfunktion wird für die Zukunft fortgeschrieben und aus ihr der zu prognostizierende Wert errechnet. Verfahrensunterschiede ergeben sich je nach der Art der Trendfortschreibung:
Die mechanische Trendfortschreibung betrachtet die ermittelte Trendfunktion als ausreichend und verzichtet auf jede weitere Information. Bei der analytischen Trendfortschreibung wird die zugrundeliegende dominante Gesetzmäßigkeit um besondere, problembezogene Annahmen erweitert. Solche Annahmen können z. B.

mögliche Sättigungsgrenzen oder Einflußfaktoren, die den Verlauf der Trendfunktion in der Zukunft verändern könnten, sein. Ein Beispiel für eine solche analytische Trendfortschreibung findet sich in Teilen der komplexen Luftverkehrsprognose der Deutschen Forschungs- und Versuchsanstalt für Luft- und Raumfahrt (DFVLR, jetzt DLR), die im weiteren Verlauf dieses Kapitels noch ausführlich dargestellt wird (7.3.3).

Den *ökonometrischen Verfahren* liegt die Annahme zugrunde, daß die Entwicklung eines Prozesses im Verlauf der Zeit aus der Entwicklung seiner wesentlichen Einflußfaktoren erklärbar ist. Die Prognose erfolgt hier indirekt über die voraussichtliche Entwicklung der Einflußfaktoren. Dabei wird deren Anzahl bewußt eingeschränkt, um ein zwar vereinfachtes, aber anwendbares Modell zu erhalten. Für die restlichen Determinanten wird davon ausgegangen, daß diese entweder einen zu vernachlässigenden Einfluß haben, oder sich in ihrer Wirkung gegenseitig aufheben. Praktisch werden hierzu Regressionsanalysen durchgeführt, die die Zusammenhänge zwischen den Variablen erklären und von denen angenommen wird, daß sie auch für die Zukunft Gültigkeit besitzen (VAJNA 1977, S. 151 ff.). Auch die ökonometrischen Verfahren kommen in der noch zu behandelnden Luftverkehrsprognose zur Anwendung.

Beim *Szenario* handelt es sich im Unterschied zu den bislang beschriebenen Verfahren um eine Technik der *qualitativen* Simulation, bei der versucht wird, komplexe Zusammenhänge und Wechselwirkungen qualitativ zu erfassen und über Plausibilitätsüberlegungen zu Aussagen über mögliche Zukunftsbilder zu kommen. Auf mathematische Beschreibungen und quantitative Aussagen wird dabei verzichtet. Der Vorteil des Szenario gegenüber anderen Prognoseverfahren ist insbesondere darin zu sehen, daß es nicht von beobachteten Tendenzen und festgelegten Systemzusammenhängen ausgeht und damit eine Fortschreibung des bestehenden Gesellschaftszustandes vornimmt, wodurch es unmöglich wäre, Trendbrüche zu erfassen (STIENS 1977, S. 573). Ein Beispiel hierfür ist die Studie von LEIN für den Raum Hof, die sich in Teilaspekten auch mit dem Verkehrsproblem auseinandersetzt (LEIN 1984).

7.2.3 Verkehrsprognosen

Sämtliche Modelle zur Beschreibung und Prognose des Personen- und Güterverkehrs beruhen auf einer schrittweisen Lösung des Problems (RUSKE 1978, S. 1). Der Algorithmus der Verkehrsprognose ist ein „System von Simulationsmodellen zur wirklichkeitsnahen Darstellung der Entscheidungsvorgänge, die das Verkehrsgeschehen prägen" (POLUMSKY 1979, S. 3). Diese Modellkette gilt unter der Bezeichnung „*Vier-Stufen-Algorithmus*" bereits als klassische Methode in der Verkehrsplanung (RUSKE 1974, S. 186). Die einzelnen Stufen dieser Modellkette sind:

- Verkehrserzeugung, wobei das Verkehrsaufkommen eines Raumes aus dessen Wirtschafts- und Bevölkerungsstruktur erklärt wird,
- Verkehrstrennung, wobei die Wirkung der verschieden strukturierten Verkehrszellen aufeinander und das Verkehrsbedürfnis zwischen den Zellen quantifiziert wird (RUSKE 1978, S. 1),

7.2 Anwendung und Funktion von Verkehrsprognosen

– Verkehrsteilung (auch modal-split), wobei die Aufteilung des Verkehrs auf die verschiedenen Verkehrsmittel beschrieben und quantifiziert wird und

– Verkehrsumlegung, wobei das Belastungsbild eines Verkehrsnetzes ermittelt wird.

Bei den konkreten Verfahrensweisen, insbesonders der Personenverkehrsprognose wird häufig von drei Modelltypen ausgegangen:

a) Verfahren, die mit Wachstumsfaktoren arbeiten,

b) Verfahren, die das nächstliegende akzeptable Fahrtenziel bei der Verkehrsverteilung berücksichtigen (sog. opportunity-model) und

c) Verfahren auf der Basis des Gravitationsprinzips (gravity-model).

Versucht man die verschiedenen Verfahrenstechniken zu gliedern, so fällt auf, daß sich bei einer groben Unterscheidung fast durchgängig *zwei verschiedene Ansätze* erkennen lassen:

Zum *ersten Ansatz* zählen dabei jene Verfahren, die auf der Basis von flächen- bzw. verhaltensorientierter Gruppenbildung das Verkehrsgeschehen von Teilräumen prognostizieren wollen. Diese Modelle beziehen sich i. d. R. auf die den Teilräumen zugeordneten Strukturdaten. Neben dem Problem der Eichung des Modells bzw. der einzelnen Parameter dürfte die größte Schwierigkeit sicherlich in der Vorausschätzung der Entwicklung in den einzelnen Teilräumen zu sehen sein. So werden in städtischen Verkehrsprognosen Strukturdaten über einen Zeitraum von 10 bis 20 Jahren für Verkehrszellen mit teilweise unter 500 Einwohnern vorausgeschätzt, was für eine Verkehrsprognose eine recht unsichere Grundlage bietet.

Eine Verbesserung gegenüber diesem Verfahren stellt sicherlich die Prognose mit Hilfe verhaltenshomogener Gruppen dar. So führt HOPF in seiner Studie aus, „daß der Anteil der Variabilität der Verkehrsnachfrage, der durch regionale Einflüsse erklärbar ist, gegenüber haushalts- und personenbezogenen Charakteristika als äußerst niedrig eingeschätzt werden muß" (HOPF 1982, S. 43). Daß dies nicht notwendigerweise zu einer höheren Treffsicherheit führt, leitet HOPF im weiteren aus folgender Überlegung ab: Auch bei Prognosen, die auf verhaltensorientierter Gruppenbildung beruhen, müssen notwendigerweise Kategorien gebildet werden, für die Durchschnittsbetrachtungen angestellt werden. Dieser Kategorienbildung sind Grenzen einerseits durch das vorhandene statistische Datenmaterial und andererseits durch die Prognostizierbarkeit der Entwicklung der Individualmerkmale gesetzt. Dies führt dazu, daß die Kategorienbildung nicht so stark aufgegliedert werden kann, wie dies wünschenswert wäre (HOPF 1982, S. 4).

Den *zweiten Ansatz* bilden die Prognoseverfahren, die mit Hilfe von ökonometrischen Verfahren und Trendextrapolationen direkt zu Aussagen über einen Gesamtraum kommen wollen. Die Probleme im Bereich der Regressionsverfahren dürften vor allem im Finden der unabhängigen Variablen und der Quantifizierung der Einflüsse liegen.

Das Grundproblem aller Verkehrsprognosen ist jedoch nicht innerhalb der Prognoseverfahren an sich zu suchen, da die korrekte Anwendung dieser Verfahren wohl zu genauen Aussagen führen kann. Allerdings übt die vorausgeschätzte Entwicklung der Leitdaten einen gravierenden Einfluß auf das Ergebnis aller Prognosen aus. So steht und fällt ein Prognoseergebnis eigentlich mit dem Zutreffen der der Prognose zugrundeliegenden Annahmen. Aus diesem Grund sollte die nachträgliche Bewertung einer Prognose auch nicht ausschließlich anhand der Ergebnisse erfolgen, sondern sich im wesentlichen an dem Zutreffen der zugrundeliegenden Annahmen über die Leitdatenentwicklung orientieren.

7.3 Ergebnisse und Erfahrungen bisheriger Verkehrsprognosen

Im folgenden sollen die vorab gemachten, allgemeinen Darlegungen zu Verkehrsprognosen an einigen Beispielen konkretisiert werden. Hierzu wurden sowohl nach der räumlichen Dimensionsebene als auch in bezug auf den Prognosegegenstand und die Prognosezielsetzung unterschiedliche Beispiele ausgewählt:
- die Verkehrsprognose im Generalverkehrsplan Bayreuth,
- die Verkehrsprognose des DIW (Deutsches Institut für Wirtschaftsforschung, Berlin),
- die Luftverkehrsprognose der DFVLR (DLR) und
- das Verkehrsszenario mittleren Horizonts für den Raum Wunsiedel.

7.3.1 Verkehrsprognose im Generalverkehrsplan Bayreuth

Der Generalverkehrsplan Bayreuth bildet die Grundlage für alle verkehrlichen Planungsmaßnahmen in Bayreuth und der näheren Umgebung. Für die generelle Entwicklung der Stadt Bayreuth wurden der Prognose folgende Annahmen zugrundegelegt:
- Die Bevölkerung der Stadt Bayreuth wird über den Prognosezeitraum von etwa 20 Jahren von 64.536 auf 83.990 Einwohner anwachsen (1990 rd. 72.000 Einwohner),
- die Zahl der Arbeitsplätze wird sich von 36.588 auf 49.990 erhöhen,
- für die Verteilung der Einwohner auf die im Generalverkehrsplan festgelegten 29 Verkehrsbezirke wird eine erhebliche Einwohnerzunahme vor allem im Westen der Stadt sowie in den übrigen Randbereichen prognostiziert. So z.B. in den Verkehrsbezirken 27 und 28 (entspricht etwa Meyernberg und Roter Hügel) eine Zunahme von 862 (im Jahr 1972) auf 6170 bzw. von 4665 auf 8100 Einwohner,
- die Zunahme der Arbeitsplätze wird vor allem in den Randbereichen des Stadtkerngebietes sowie im Nord- und Südosten erfolgen,
- im Hinblick auf die zukünftige Verkehrsentwicklung wurde eine Abnahme der Motorisierungskennziffer von 3,6 auf ca. 2,6 Einwohner pro Pkw angenommen. (SCHUBERT 1973, S. 63 ff.)

Auf der Basis dieser Grundannahmen wurden folgende Werte für das Verkehrsaufkommen prognostiziert:

Tab. 16 Prognose des Verkehrsaufkommens in Bayreuth für das Jahr 1994

Verkehrsmengen	Durchgangsverkehr	Quell-Ziel-Verkehr
Verkehrsanalyse 1972 (Kfz/16 Std.)	5.053	46.186
Prognose für 1994 (Kfz/24 Std.)	12.800	99.617

(Quelle: SCHUBERT 1973, Abb. 46, 47 und 51)

Wesentlicher Ausgangspunkt war dabei die zahlenmäßige Erfassung des Gesamtverkehrs, insbesonders in der Verkehrsanalyse vom Juni/Juli 1972. Zur Ermittlung der Kfz-Querschnittsbelastung wurde auf einem äußeren Zählring an den Grenzen der Stadt der ein- und ausstrahlende Verkehr nach Herkunfts- und Zielort erfaßt. An einem inneren Zählring wurden Querschnittszählungen durchgeführt.

Mit Hilfe von Verkehrserzeugungs- und Verteilungsmodellen sind die Binnenströme rechnerisch mit einem Computer ermittelt worden (STADTVERWALTUNG BAYREUTH 1975). Auf der Grundlage der so gewonnenen Informationen konnte begonnen werden, die Ergebnisse verkehrsplanerisch nutzbringend für die Stadt Bayreuth anzuwenden.

Bewertet man heute (also nahezu 15 Jahre nach ihrer Aufstellung) diese Verkehrsprognose, so muß man zunächst festhalten, daß die prognostizierten Verkehrswerte zu hoch angesetzt wurden. Entsprechend den angeführten Grundsätzen ist diese Fehleinschätzung nicht auf eine fehlerhafte Anwendung der Prognoseinstrumente zurückzuführen, sondern auf falsch gewählte Prämissen, wie z. B. die zu hoch angesetzte Bevölkerungsentwicklung.

Festzuhalten bleibt, daß auf die Grundlage dieser Verkehrsprognose ein teilweise nicht an den heutigen Bedarf angepaßtes Verkehrsnetz innerhalb der Stadt Bayreuth entstanden ist, das nur mit sehr hohen (wahrscheinlich sogar einem nicht zu vertretenden) Aufwand wieder auf die richtige Bahn gebracht werden könnte. Trotz dieser Ausführungen sollte man die Bedeutung von Verkehrsprognosen gerade im Zusammenhang mit kommunalen Infrastrukturprojekten nicht überschätzen, da diese leider häufig als Argumentation für eine schon lange feststehende Verkehrs- und Infrastrukturpolitik herhalten müssen.

7.3.2 Verkehrsprognose des DIW

Im folgenden werden die Grundannahmen über die sozio-ökonomische Entwicklung sowie ausgewählte Prognoseergebnisse für den Personen- und Güterverkehr der Verkehrsprognose des Deutschen Instituts für Wirtschaftsforschung (DIW) in Berlin dargestellt. Es wurde dabei bewußt die Prognose bis zum Jahre 1990 ausgewählt, da diese im Auftrage des Bundesministers für Verkehr für die zweite Stufe der integrierten Bundesverkehrswegeplanung erarbeitet wurde und damit einen nicht unmaßgeblichen Einfluß auf die entsprechenden Planungsmaßnahmen bis Ende der 70er Jahre hatte.

138 7 Verkehrsprognosen und Verkehrsprojektionen

Die Grundannahmen für die Prognose bis 1990 waren:
- Abnahme der Wohnbevölkerung von 61,7 Mio. auf 59,8 Mio. Einwohner,
- Zunahme des Anteils der 18- bis 70jährigen an der Gesamtbevölkerung,
- Erhöhung der Zahl der privaten Haushalte um 4 %,
- Zunahme der Zahl der Erwerbstätigen von 26,4 Mio. auf 27,5 Mio.,
- Erhöhung des realen privaten Verbrauchs um 3,5 % und des BIP's um 3,7 % p. a. (JOHN 1977, S. 30).

Für den Bereich des Verkehrssektors selbst wurde die Annahme getroffen, daß keine wesentlichen, die Verkehrssysteme betreffenden Veränderungen eintreten werden.

Die Bedeutung der Grundannahme zeigt die Tatsache, daß bereits vor Drucklegung der Veröffentlichung teilweise eine veränderte Einschätzung der Entwicklung mancher Prognoseergebnisse auftrat (JOHN 1977, S. 9). In den Tabellen 17 und 18 wird das Prognoseergebnis des DIW für die Entwicklung des Personen- und Güterverkehrs den Tatsachen des Jahres 1985 gegenübergestellt. Vergleicht man nun die Prognosewerte von 1990 mit den realen Werten von 1985, so zeigt sich eine deutliche Überschätzung der Verkehrsleistungen. Statt der erwarteten 731 Mrd. PKm wurden bis 1985 nur 601,7 Mrd. PKm erreicht. Vergleicht man die Ergebnisse der einzelnen Verkehrszweige, erkennt man als Hauptursache für diese Fehleinschätzung eine krasse Überbewertung des Individualverkehrs.

Wie allerdings schon zu dem vorangegangenen Beispiel ausgeführt, ist diese Fehleinschätzung nicht auf das Prognoseverfahren selbst, sondern vielmehr auf fehlerhafte Prämissen zurückzuführen. Betrachtet man insbesondere die für die tatsächliche Entwicklung des Personenverkehrs relevanten sozio-ökonomischen Leitdaten, so wird der Fehler deutlich. Ging die DIW-Prognose z. B. für das Jahr 1990 von einer angenommenen Wohnbevölkerung von 59,8 Mio. aus, so lag der tatsächliche Wert für 1986 immer noch bei 61,1 Mio, was wiederum nur eine geringe Bevölkerungsabnahme gegenüber dem Basisjahr 1972 von 61,7 Mio. Einwohnern bedeutet (STATISTISCHES BUNDESAMT 1988, S. 35).

Weitere Gründe für die Fehler in der Prognose des Personenverkehrsaufkommens und insbesonders in der Überschneidung des Individualverkehrs liegen in der zu hoch angesetzten Zahl der Erwerbstätigen. Hier stehen den 27,5 Mio. Erwerbstätigen der DIW-Studie für 1990, im Jahr 1985 nur 25,8 Mio. Erwerbstätige gegenüber (STATISTISCHES BUNDESAMT 1988, S. 80). Hinzu kommt noch eine deutliche Überschätzung der Entwicklung des Bruttoinlandsprodukts. Obwohl dieses im wesentlichen die gesamte Wirtschaftstätigkeit des Staates widerspiegelt und somit eher als Argument für die in Tab. 18 aufgezeigten Überschätzung des Güterverkehrsaufkommens dient, kann sie auch zur Erklärung der zu hohen Personenverkehrszahlen herangezogen werden. Statt der erwarteten 3,7 % p. a. bis 1990 konnte nämlich nur ein durchschnittliches jährliches Wachstum von 2,2 % zwischen 1972 und 1985 festgestellt werden (STATISTISCHES BUNDESAMT 1988, S. 230).

7.3 Ergebnisse und Erfahrungen bisheriger Verkehrsprognosen

Tab. 17 Entwicklung des Personenverkehrs nach Verkehrsarten in Mrd. Personenkilometern

Jahr Verkehrszweig	1972[1]	1990[2]	1985[3]
Eisenbahnen	39,5	53,8	43,5
öffentlicher Straßenpersonenverkehr	62,4	69,1	63,9
Luftverkehr	8,1	18,9	12,7
Individualverkehr	436,3	589,2	481,6
Verkehr insgesamt	546,3	731,0	601,7

1 Basisjahr der DIW-Prognose (real)
2 Prognoseergebnis des DIW für 1990
3 reale Verkehrsleistung im Jahr 1985 laut Statistischem Bundesamt
(Quellen: JOHN 1977, S. 38; STATISTISCHES BUNDESAMT 1988, S. 315)

Tab. 18 Entwicklung des Güterverkehrs nach Verkehrsarten in Mrd. Tonnenkilometern

Jahr Verkehrszweig	1972[1]	1990[2]	1985[3]
Straßengüternahverkehr	39,1	73,0	40,6
Straßengüterfernverkehr	49,6	80,6	91,6
Eisenbahnverkehr	63,3	92,6	65,4
Binnenschiffahrt	44,0	62,9	48,2
Rohrfernleitungen	18,7	26,2	8,7
Verkehr insgesamt	214,7	335,3	254,5

1 Basisjahr der DIW-Prognose (real)
2 Prognoseergebnis des DIW für 1990
3 reale Verkehrsleistung im Jahr 1985 laut Statistischem Bundesamt
(Quellen: JOHN 1977, S. 44; STATISTISCHES BUNDESAMT 1988, S. 317)

Die Betrachtung der realen Verkehrszahlen wäre demzufolge gar nicht mehr erforderlich, da, wenn die Annahmen schon falsch sind, das Ergebnis der Prognose gar nicht richtig sein kann (es sei denn durch den Zufall, daß sich die Fehler gegenseitig aufheben oder wichtige Einflußgrößen vergessen wurden). Trotzdem soll der Vollständigkeit halber auch die Güterverkehrsprognose der DIW den realen Werten gegenübergestellt werden (Tab. 18). Obwohl die Entwicklung des Straßengüterfernverkehrs sogar noch rd. 10 Mrd. TKm unterschätzt wurde, ergibt sich aus den enormen Überschätzungen der anderen Verkehrszweige um jeweils 20 bis 30 Mrd. TKm eine Abweichung von rd. 80 Mrd. TKm. Die Gründe hierfür liegen im wesentlichen in der bereits angeführten Fehlannahme eines zu großen jährlichen Wirtschaftswachstums. Insgesamt gilt, daß eine Verkehrsprognose über einen solch langen Prognosezeitraum nicht um eine Überprüfung und Fortschreibung ihrer Prämissen herumkommt, wenn sie sinnvolle Anhaltspunkte für die Verkehrspolitik und -planung geben will.

7.3.3 Die Luftverkehrsprognose der DFVLR

Einen besseren Weg als die beiden bislang vorgestellten Prognosen scheint die Luftverkehrsprognose der Deutschen Forschungs- und Versuchsanstalt für Luft- und Raumfahrt (DFVLR) zu gehen (WILKEN u. a. 1981; WILKEN und BACHMANN 1985 und BACHMANN u. a. 1986). Hier werden unter Beachtung der Problematik langfristiger Verkehrsprognosen (Datenlage, Prognosemethodik, Vorhersage von Reiseverhalten, Notwendigkeit von Fortschreibungen) verschiedene Entwicklungen der Verkehrsnachfrage in Abhängigkeit von verschiedenen Angebotsvarianten dargestellt. Der Vorteil dieser Vorgehensweise liegt in der Anpassung der Prognoseprämissen zum Aspekt der Angebotsseite an verschiedene mögliche Rahmenbedingungen in diesem Bereich.

Grundsätzlich geht die Prognose dabei von einer ungestörten Entwicklung der generellen politischen und wirtschaftlichen Rahmenbedingungen aus. Zudem werden auch für den verkehrspolitischen Sektor keine Änderungen in der grundsätzlichen Ausrichtung der Verkehrsbedingungen erwartet. Demnach sollen sich die Einflußfaktoren und -beziehungen unter Bedingungen des Status-quo entwickeln. In dieser Hinsicht stellt die Luftverkehrsprognose der DFVLR eine Status-quo-Prognose dar (BACHMANN u. a. 1986, S. 91). In einem weiteren Schritt werden dabei weitergehende Prämissen zu drei Bereichen angeführt:

a) Annahmen zur generellen politischen Entwicklung,

b) Grundannahmen über die Entwicklung der demographischen und ökonomischen Einflußfaktoren und

c) verkehrspolitische Grundannahmen (BACHMANN u. a. 1986, S. 95–97).

Daran angeschlossen werden die einzelnen Arbeitsschritte der Luftverkehrsprognose (Abb. 27).

Nachdem auf diese Art und Weise die Globalnachfrage ermittelt und auch das Aufkommen für das Land Nordrhein-Westfalen (in der jeweiligen Studie) ausgerechnet wurden, erfolgte eine Verteilung des Fluggastaufkommens auf die beiden Internationalen Verkehrsflughäfen Nordrhein-Westfalens (Düsseldorf und Köln/Bonn) unter Berücksichtigung verschiedener Varianten des Luftverkehrsangebots.

Bei der Ableitung dieser Fluggastaufkommen sind vier Varianten des Luftverkehrsangebots berücksichtigt worden. Waren die Prognosen der Globalaufkommen noch davon ausgegangen, daß das Angebot im Linienverkehr der Flughäfen Düsseldorf und Köln/Bonn im wesentlichen dem Nachfragepotential in deren Einzugsgebieten entspricht, im Charterverkehr jedoch ein starkes Ungleichgewicht in der Verkehrsbedienung der Regionen gegeben ist und zudem bei der Nachfrageprognose stets von der Prämisse der Engpaßfreiheit im Luftverkehrssystem ausgegangen wurde, sollte die Einbeziehung der Angebotsseite in verschiedenen Varianten diesen Mängeln abhelfen (BACHMANN u. a. 1986, S. 126).

Die Variantenrechnungen dienten daher dazu,

„– die zukünftigen Flughafenaufkommen zu quantifizieren, wie sie sich unter Status-Quo-Bedingungen ergeben (Variante 1),

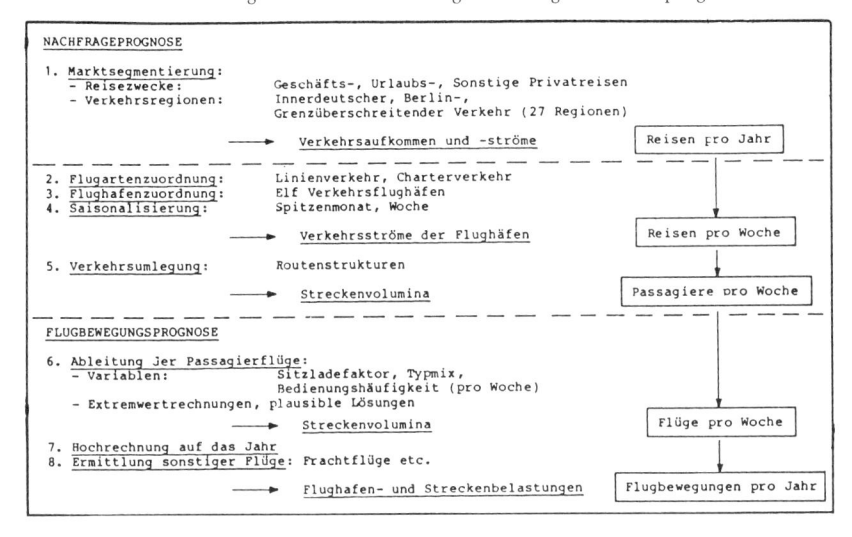

7.3 Ergebnisse und Erfahrungen bisheriger Verkehrsprognosen

```
NACHFRAGEPROGNOSE
1. Marktsegmentierung:
   - Reisezwecke:           Geschäfts-, Urlaubs-, Sonstige Privatreisen
   - Verkehrsregionen:      Innerdeutscher, Berlin-,
                            Grenzüberschreitender Verkehr (27 Regionen)
                      ──►   Verkehrsaufkommen und -ströme     │ Reisen pro Jahr │
                                                              │                 │
2. Flugartenzuordnung:      Linienverkehr, Charterverkehr     │                 │
3. Flughafenzuordnung:      Elf Verkehrsflughäfen             │                 │
4. Saisonalisierung:        Spitzenmonat, Woche               ▼
                      ──►   Verkehrsströme der Flughäfen      │ Reisen pro Woche │
5. Verkehrsumlegung:        Routenstrukturen                          │
                      ──►   Streckenvolumina                  │ Passagiere pro Woche │

FLUGBEWEGUNGSPROGNOSE
6. Ableitung der Passagierflüge:
   - Variablen:             Sitzladefaktor, Typmix,
                            Bedienungshäufigkeit (pro Woche)
   - Extremwertrechnungen, plausible Lösungen
                      ──►   Streckenvolumina                  │ Flüge pro Woche │
7. Hochrechnung auf das Jahr
8. Ermittlung sonstiger Flüge: Frachtflüge etc.
                      ──►   Flughafen- und Streckenbelastungen │ Flugbewegungen pro Jahr │
```

Abb. 27 Arbeitsschritte der Luftverkehrsprognose der DFVLR (Quelle: WILKEN, BACHMANN, URBATZKA und FOCKE 1981, S. 404)

– die Effekte unterschiedlicher Angebotsstrategien auf die Verteilung der Charternachfrage auf die Flughäfen zu untersuchen (Varianten 2 und 3) und
    – in einem Volumen-Kapazität-Vergleich die Prämisse der Engpaßfreiheit zu überprüfen bzw. bei etwaigen Kapazitätsüberlastungen auf einzelnen Flughäfen die Möglichkeiten von Angebots- bzw. Nachfrageumverteilungen aufzuzeigen (Variante 4)." (BACHMANN u. a. 1986, S. 126)
Unabhängig von der Gültigkeit der Prämissen und der „Richtigkeit" der Prognoseergebnisse stellt diese Hinwendung zu einem komplexeren Modellsystem einen Fortschritt in der Erstellung von Verkehrsprognosen dar.

7.3.4 Verkehrsszenario mittleren Horizonts für den Raum Wunsiedel

Das Verkehrsszenario Wunsiedel behandelt einen kleineren Raum, der in seinem Verkehrsaufkommen nichtsdestoweniger durch eine ganze Reihe von externen Faktoren bestimmt wird.

Die wichtigsten globalen Rahmendaten für das Verkehrsszenario sind folgende Basisannahmen:

– Die Einwohnerzahlen in der Bundesrepublik werden sich bis 2010 auf 78 Mio. erhöhen (Wirkung des Wanderungseffekts).
– Für die Tschechoslowakei gilt, daß bis zum Jahr 2010 mit einem Bevölkerungsstand von etwa 16,6 Mio. gerechnet werden kann. Diese Annahme beruht auf einem konstanten Bevölkerungswachstum von 0,3 % im Jahr.

7 Verkehrsprognosen und Verkehrsprojektionen

- Bis 2010 wird eine Angleichung des BIP je Einwohner beider deutschen Staaten stattgefunden haben („Angleichungshypothese"). Dies setzt ein Wachstum des realen BIP je Einwohner von 2,3 % in der Bundesrepublik und 5,4 % für das Gebiet der ehemaligen DDR voraus.
- Für die realen Bruttoinlandsprodukte der anderen einstigen RGW-Mitgliedsstaaten wird eine reale Wachstumsrate von 4 % p. a. unterstellt, was auch für die ČSFR zutreffen dürfte.

Als weitere Prämisse wird hinsichtlich der Entwicklung des Verkehrsangebotes für das Gebiet der ehemaligen DDR ebenso wie weitgehend für die Tschechoslowakei von einem forcierten Ausbau des Schienenverkehrs im Fernverkehr und in den Regionalverbindungen ausgegangen. Beim Straßennetz werden, abgesehen von Lückenschlüssen und notwendigen Ersatzinvestitionen bzw. Modernisierungen keine wesentlichen qualitätserhöhenden Maßnahmen durchgeführt werden, wobei sich dies in den neuen Bundesländern weitaus negativer auswirkt als in der ČSFR, in der von vornherein ein qualitativ ausgebautes Straßennetz zur Verfügung steht.

Ausgehend von diesen und einer Reihe anderer Basisannahmen, insbesonders unter Berücksichtigung anderer Verkehrsprognosen für das Bundesgebiet und Bayern wird insgesamt für die Szenariovarianten eine Erhöhung des Gesamtstraßenverkehrs von 70 % angenommen. Der Güterverkehr auf der Straße wird sich bis zum Jahr 2010 etwa verdoppeln, der Individualverkehr wird um etwa 60 % ansteigen.

Die mittlere Variante geht in diesem Zusammenhang generell von einem ansteigenden Verkehrsaufkommen im Raum Wunsiedel aus. Sie ist durch eine dem allgemeinen Trend entsprechende Entwicklung des Verkehrs gekennzeichnet. Dabei basiert diese Variante auf einer leicht abnehmenden Bevölkerungszahl im Raum Wunsiedel, wobei auch die Überalterungstendenzen gemäßigt fortbestehen. Die Abmilderung wird dabei insbesondere auf die Übersiedlung jüngerer Bevölkerungsgruppen aus der ehemaligen DDR zurückzuführen sein, während der heute vorhandene Abwanderungstrend von länger in diesem Raum ansässigen jungen Leuten unverändert bestehen bleibt. Der Motorisierungsgrad wird aufgrund der Altersstruktur ebenso leicht ansteigen wie der Führerscheinbesitz. Hierdurch ergibt sich eine erhöhte Mobilität, die wegen der schlechten öffentlichen Verkehrsanbindung auch notwendig sein wird. Für die neuen Bundesländer und die ČSFR ergeben sich vor allem im direkten Grenzgebiet zur Bundesrepublik Fühlungsvorteile, die im Falle der ehemaligen DDR durch die qualitativ schlecht ausgebaute Infrastruktur allerdings etwas relativiert werden müssen. Die Entwicklung verläuft dabei nicht so extrem, was sich im Verkehrsbereich dadurch äußert, daß die Verkehrsintensität relativ niedrig bleibt.

Somit stellt sich auf der Ost-West-Achse noch ein deutliches Wachstum ein, während der Verkehr auf der Nord-Süd-Achse nur noch geringfügig ansteigt. Konkret kann demnach von einem allgemeinen Verkehrszuwachs von etwa 75 % auf den Straßen des Landkreises Wunsiedel ausgegangen werden. Der Personenverkehr entwickelt sich dabei etwa wie in der Basisannahme ausgeführt. Beim Güterverkehr ist ein zusätzlicher Schub zu erwarten, so daß hier ein Zuwachs von 110 % des heutigen Aufkommens zu erwarten ist.

8 Verkehrsstrukturen und Verkehrspolitik im Verdichtungsraum

8.1 Entwicklung und Leitbilder der städtischen Verkehrsplanung im Spiegel der Generalverkehrspläne

Im Rahmen dieses Kapitels soll der Verkehr in Verdichtungsräumen im Mittelpunkt der Betrachtungen stehen. In diesem Zusammenhang werden insbesonders die Planungsphilosophien und Leitbilder der Verkehrsplanung zur Diskussion gestellt. Nachdem die historische Entwicklung am Fall der Generalverkehrspläne und die Leitbilder im einzelnen vorgestellt werden, folgen aktuelle Beispielbereiche, in denen sich der Wandel in den Leitbildern besonders deutlich ablesen läßt, insbesonders die Konzepte der Verkehrsberuhigung und einzelner Elemente dieses umfassenden Ansatzes.

8.1.1 Entwicklung der Stadtverkehrsplanung nach dem Zweiten Weltkrieg

Zur Vorstellung der Entwicklung der verschiedenen Leitbilder der städtischen Verkehrsplanung eignen sich im besonderen Maße die Generalverkehrspläne und ihr konzeptioneller Wandel. Der Begriff „Generalverkehrsplan" ist dabei keine Festlegung aus jüngster Zeit, sondern geht auf Vorstellungen aus den 20er und 30er Jahren zurück. Damals stellte der Generalverkehrsplan das verkehrliche, betriebliche und wirtschaftliche Grundprogramm dar, auf das die Einzelmaßnahmen der Verkehrsträger abgestimmt werden sollten, um durch Parallelplanungen verschiedener Planungsträger Fehlplanungen und Fehlinvestitionen zu vermeiden. In dieser allgemeinen Vorstellung, die heute wohl durch Begriffe wie „Integration in das gesamte Netz der Stadtenwicklungspolitik" umschrieben wird, hat sich wohl wenig verändert, sehr wohl jedoch die dahinterstehenden grundsätzlichen Gedanken.

So strebte man in den *50er Jahren* über eine Analyse und Prognose der Verkehrsstruktur die Festlegung und Bemessung von Straßennetzkonzeptionen an, um damit den Stadtdurchgangsverkehr und – soweit möglich – auch den Quell-Ziel-Verkehr vom Binnenverkehr zu trennen. Dies führte dann zur Ausweisung von Randstraßenzügen oder Tangenten bzw. Außenumfahrungen. Dabei wurde versucht, diese neuen Straßenführungen durch nicht bebaute Stadtrandgebiete zu führen. Im Zeichen der ausgreifenden Suburbanisierung der Ballungsgebiete sind dann diese Konzepte zu neuen Barrieren der Stadtentwicklung geworden. Festzuhalten ist jedoch, daß in dieser Zeit des Wirtschaftswachstums und der Notwendigkeit, bauliche Maßnahmen und Erschließungen miteinander zu verknüpfen, dem Generalbzw. Gesamtverkehrsplan ein sehr hoher Stellenwert zukam.

Die *60er Jahre* waren nicht mehr so sehr durch die Vorstellungen neuer Linienkonzepte geprägt als vielmehr unter der Dominanz des inzwischen im Vordergrund stehenden Individualverkehrs. Es wurden leistungsfähige Straßenzüge angestrebt, die

8 Verkehrsstrukturen und Verkehrspolitik im Verdichtungsraum

den Verkehr konzentrieren sollten, wobei für die Straßennetzgestaltung der Innenstadt der Leitgedanke der Entflechtung der Wege für Fußgänger, für den privaten Kraftverkehr und für den öffentlichen Verkehr im Mittelpunkt stand. Durch die Anlage geeigneter Fußgängerbereiche, die mit Auffangparkplätzen und Haltestellen der öffentlichen Verkehrsmittel unmittelbar verbunden sind, sollte eine Gliederung des inneren Stadtgebietes erzielt werden. Es war die große Zeit der Fußgänger-Zonen-Planung in den Großstädten der Bundesrepublik Deutschland. Während folglich der regionale Verkehr, auch der Verkehr im übrigen Großstadtgebiet, durch die Anlage und Verbreiterung von Straßen für den Individualverkehr gekennzeichnet war (Stichwort „autogerechte Stadt"), trat in den Innenstädten der Ballungsgebiete bereits der Gedanke der funktionalen Trennung auf. Andererseits war es eine Zeit, in der diese Planungsvorstellungen durch die vorhandene Wachstumseuphorie gekennzeichnet waren und somit die Annahmen über die zukünftige Bevölkerungs- und Arbeitsplatzentwicklung überaus hoch angesetzt wurden. Im Bereich der Verkehrsplanung zeigte sich dies in den Überlegungen, möglichst ausgewogene Verkehrsbelastungen zu erreichen, was zu hohen Querschnitten und Knotenpunkten Anlaß gab. Insgesamt gesehen waren die Festlegungen dieses Jahrzehnts wohl die gravierendsten für die Verkehrsplanung in der Nachkriegszeit.

Anfang der 70er Jahre wurden dann, zumindest in den Ballungsgebieten, erste Veränderungen der Verkehrspolitik sichtbar. Neue bzw. zusätzlich zu beachtende Zielvorstellungen (erinnert sei nur an den restriktiven Stadtentwicklungsplan von München 1974) wurden durch neue Vorstellungen der Stadt- und Regionalentwicklung ins Gespräch gebracht. Sie basierten auf einem veränderten Umweltschutzbewußtsein der Bevölkerung, erhöhten Forderungen nach Immissionsschutz für Wohnquartiere u. a. entlang von übergeordneten und städtischen Hauptverkehrsadern sowie den Wünschen von Seiten der Denkmalschützer. Für die Innenstädte der Ballungsgebiete ergab sich hieraus der Ausbau des öffentlichen Nahverkehrs. Es war die Zeit der großen Planungen und Realisierungen von S- und U-Bahnlinien in Ballungsgebieten. Wenn auch im nachhinein ein grundsätzlicher Wandel der Planungsphilosophien der Verkehrsplaner bis heute noch nicht eingetreten ist, vor dem Hintergrund der städtebaulichen Entwicklung sind vor allem zwei Strömungen in der Verkehrsplanung zu unterscheiden: Zum einen sind dies die Leitbilder zur Förderung des motorisierten Individualvekehrs und zum anderen die Leitbilder, die diesen Individualverkehr restriktiv behandeln. Die Hintergründe und Ausformungen dieser Planungsvorstellungen sollen nun detaillierter vorgestellt werden.

8.1.2 Leitbilder zur Förderung des motorisierten Individualverkehrs

Nach gängigen Definitionen sind raumordnungspolitische Leitbilder allgemeine Zielbestimmungen zur Entwicklung von Ländern, Regionen und Städten. HIDBER definiert Leitbilder somit als Darstellungen eines wünschenswerten Zustandes, der durch zielbewußtes Handeln und Verhalten erreicht werden kann (HIDBER 1971, S. 157). Leitbilder beziehen das Kriterium der Realisierbarkeit ein und sind somit gegenüber den Utopien abzugrenzen, die Idealzustände beschreiben, ohne Rücksicht auf ihre Durchführbarkeit zu nehmen.

8.1 Entwicklung und Leitbilder der städtischen Verkehrsplanung

Eine genaue zeitliche Einordnung der verschiedenen Leitbilder, die im Rahmen dieses Kapitels dargestellt werden, ist recht schwierig, da die einzelnen Städte meist zu sehr unterschiedlichen Zeitpunkten allgemeine Leitvorstellungen übernommen haben. Dennoch kann die hier vorgestellte Reihenfolge im gewissen Sinne auch als chronologische Abfolge angesehen werden.

Der *Wiederaufbau* nach dem Zweiten Weltkrieg förderte die Aufwärtsentwicklung der Wirtschaft in der Bundesrepublik Deutschland und die Zunahme des Individualverkehrs. Es konnten sich immer mehr Menschen ein eigenes Kraftfahrzeug leisten. Das Auto wurde zu einem Symbol des neu erworbenen Wohlstandes. Es verkörpert die lange Zeit nicht zu verwirklichenden Gefühle von Unabhängigkeit, Freiheit und bedeutete eine bis dahin kaum bekannte Bequemlichkeit für die Autobesitzer, sich nicht mehr nach dem Bus richten oder nicht mehr mit dem Fahrrad fahren zu müssen. Daß es sich dabei um ein in den Köpfen der Menschen sehr weit gefestigtes Bild handelt, zeigt sich unter anderem auch in dem immer wieder auflebenden Spruch „Freie Fahrt für freie Bürger", der an sich eine Ursache für die Probleme bei der Durchsetzung von Verkehrsberuhigungskonzepten darstellt (siehe auch Abschnitt 8.2).

Der *Strukturwandel in der Arbeitswelt*, d. h. die immer weiter fortschreitende Arbeitsteilung und insbesonders die räumliche Aufspaltung der Aktivitätsbereiche förderte die Zunahme des Verkehrs, der aus den o. a. Gründen in immer stärkerem Maße durch den Individualverkehr gedeckt wurde. Durch diese Entwicklungen wurden die Verkehrsprobleme in den Städten jedoch immer gravierender. Man mußte zu Lösungsansätzen kommen, um die Verkehrsverhältnisse in den Städten zu verbessern. Dies geschah zunächst durch großzügige Erweiterungen des Straßennetzes für den Individualverkehr. Zur Verwirklichung der autogerechten Stadt wurde eine radikale Änderung der vorhandenen Bausubstanz bewußt in Kauf genommen. Sie erforderte den Umbau der vorhandenen Gebäudestruktur, wie es vor allem in den USA in den 50er und zu Beginn der 60er Jahre geschehen ist. Ganze Häuserfronten wichen Schnellstraßen und Stadtautobahnen. Allerdings scheiterte der Anspruch einer autogerechten Stadt ohne Verkehrsprobleme. Mehrspurige Autostraßen, die häufig die Stadtzentren mehrfach zerschnitten, haben die Verkehrsstauungen nicht beseitigen können. Im Gegenteil wuchs durch die zunehmende Verkehrsfläche das Individualverkehrsaufkommen stark an.

Auch für die Bundesrepublik mußte man feststellen, daß durch Straßenverbesserungen zusätzlicher Verkehr in das Stadtzentrum hineingezogen wurde, nirgends fand sich in dieser Zeit die Schlußfolgerung, daß man deshalb von solchen Verbesserungsmaßnahmen absehen sollte (FEUCHTINGER 1957). Sieht man von den sog. „Prachtstraßen" in den großen europäischen Metropolen, wie z. B. der Avenue des Champs-Elysées in Paris ab, so waren die Straßendurchbrüche in den 60er Jahren die schwerwiegendsten Eingriffe in die gewachsene Stadtstruktur (mit Ausnahme von Kriegen). Während die „Prachtstraßen" bereits ab dem 17. Jahrhundert vorwiegend als Promenaden und im späteren Verlauf als Geschäftsstraßen angelegt wurden, begannen die verkehrsbedingten Straßendurchbrüche in der Bundesrepublik insbesondere nach dem Ende des Zweiten Weltkriegs. Deutlich wurde die Verfolgung der Ziele einer autogerechten Stadt auch in den Leitsätzen des Deutschen Städtetages von 1954 zur Verbesserung des Straßenverkehrs in den Städten (HOLLATZ 1954, S. 421 ff.): Verkehrsstraßen und -plätze sollten demnach so gestaltet werden, daß sie einen möglichst gefahrlosen und zügigen Verkehr ermöglichen. Die Chancen einer zweiten Ebene für den ÖPNV sollten offengehalten werden. Als Leitbild diente die Entwicklung in den Städten der USA. Die durch den Verkehr überbelasteten Stadtkerne sollten durch die Anlage von anbaufreien Umgehungs- und Tangentialstraßen vom Durchgangsverkehr entlastet werden. Zur Entlastung der Geschäfts- und Einkaufszentren sowie der innerstädtischen Verkehrsknotenpunkte wurden innere Umgehungsstraßen geplant.

Beispiele für *autogerechte Planungen* finden sich in den meisten Städten, so in Berlin, wo schon sehr früh umfangreiche Pläne für Straßendurchbrüche existierten (SCARPA 1984, S. 287 ff.), und in München, das in den 50er und 60er Jahren mit erheblichen Verkehrsproblemen zu kämpfen hatte (VOGEL 1961, S. 179 f.). Auch in Frankfurt wurden Anfang der 60er Jahre entsprechende Leitgedanken zur Verkehrsplanung formuliert (BOCKELMANN 1965, S. 3 ff.). So sollten u. a. Verzweigungen der auf das Stadtzentrum zulaufenden Radialen noch vor Erreichung des von einem Verkehrsring umschlossenen Stadtkerngebietes zur Entlastung des Ringes beitragen. Frankfurt ging, wie auch andere Großstädte, den Weg, den ÖPNV zwar zu fördern, aber gleichzeitig den Individualverkehr stark zu forcieren. Daß dies nicht nur typisch für Großstädte war, zeigt das Beispiel der Mittelstadt Weiden i. d. Oberpfalz im GVP 1962/64.

Als ein Leitbild, das die Ansprüche einer historisch gewachsenen Stadt mit den Ansprüchen einer autogerechten Stadt zu verbinden sucht, ist der Kompromiß des *stadtgerechten Individualverkehrs* anzusehen (GRÜNARML 1971). Besonders von Planern, die denkmalpflegerische Aspekte in ihre Überlegungen miteinbezogen, wurde die Änderung oder der Abriß der vorhandenen Bausubstanz strikt abgelehnt. Es sollte die herkömmliche Gebäudestruktur erhalten bleiben, keine tiefgreifenden Straßendurchbrüche vollzogen werden und nur geringe Einschnitte und Verbreiterungen ermöglicht werden.

8.1.3 Leitbilder einer restriktiven Verkehrsplanung für den motorisierten Individualverkehr

Schon in den 60er Jahren wurden vereinzelt Stimmen laut, die die „Alleinherrschaft" des Pkws auf den Straßen verurteilten. Aber erst am Ende dieses Jahrzehnts ging man dazu über, den Pkw-Verkehr restriktiver zu behandeln (LEHNER 1967). Im Unterschied zur autogerechten Stadt, die zu einem gewissen Teil auch auf das verkehrserzeugende Leitbild der großräumigen Funktionstrennung, wie sie in der Charta von Athen propagiert wurde, zurückzuführen war, wurde seit den 70er Jahren wieder versucht, durch kleinräumige Funktionszuordnungen die Verkehrsströme zu reduzieren. Zudem räumten die meisten Großstädte dem öffentlichen Verkehr bei gleichzeitiger restriktiver Behandlung des Individualverkehrs Vorrang ein.

8.1 Entwicklung und Leitbilder der städtischen Verkehrsplanung

Ein Grund für diese Wende im Stadtverkehrsleitbild der Planer wie der Politiker war, neben dem offensichtlichen Versagen der Ideologie der autogerechten Stadt bei den Lösungsversuchen der städtischen Verkehrsprobleme, ein Bewußtseinswandel bei den Bewohnern der Städte. Hierbei spielten neben dem größeren Stellenwert des Umweltschutzes vor allem Aspekte der Lebensqualität eine wichtige Rolle. Ein wesentliches Problem bei der Umsetzung des neuen Verkehrsleitbildes in die konkrete Stadtverkehrsplanung war die bis dahin geringe Konkurrenzfähigkeit des öffentlichen Verkehrs gegenüber dem Individualverkehr. Um den ÖPNV aufzuwerten, mußte vor allem die Reisegeschwindigkeit und die Frequenzdichte der öffentlichen Verkehrsmittel wesentlich erhöht werden. Dies konnte nur durch die Verlegung in die zweite Ebene geschehen. Mit Rücksicht auf das Stadtbild, das durch eine Straßenerweiterung ebenso verunstaltet worden wäre wie durch die bisherige autogerechte Stadtverkehrsplanung, kam nur noch eine unterirdische Trassenführung in Betracht, wodurch gleichzeitig noch eine Leistungssteigerung der oberirdischen Straßen herbeigeführt werden konnte. Bis heute bleibt allerdings der hohe Finanzierungsaufwand dieser Verkehrslösung für die meisten Städte ein großes und häufig unüberwindbares Problem. Daher kam der U-Bahnbau nur in einigen Bereichen in den Zentren der Verdichtungsräume in Frage. Für die kleinräumige, flächenhafte Erschließung im ÖPNV war und bleibt der Bus das wichtigste Verkehrsmittel, denn nur der Bus ist flexibel genug, auch weniger verdichtete Gebiete und Stadtteile zu erschließen.

Etwa seit Mitte der 70er Jahre hat die Diskussion um die Maßnahmen, die einer höheren Sozial- und Umweltverträglichkeit des Verkehrs dienen sollen und unter dem Schlagwort „Verkehrsberuhigung" zusammengefaßt werden, an Umfang und Intensität erheblich zugenommen. Verkehrsberuhigung ist primär am Leitbild der Stadterhaltung und Gebietsstabilisierung orientiert (MATTRISCH 1981). Sie kann als ein Teil eines längerfristig angelegten Zielkonzeptes der Stadtentwicklung gesehen werden, die durch eine Milderung der negativen Folgen des motorisierten Verkehrs bessere Lebens- und Umweltbedingungen schaffen soll. Voraussetzung dafür ist eine Umverteilung des Verkehrsaufkommens in räumlicher Hinsicht und auf den ÖPNV, das Fahrrad und den Fußgängerverkehr. Hinzu kommen begleitende Maßnahmen architektonischer, d. h. straßenbaulicher Art, um die Geschwindigkeit des Individualverkehrs zu senken.

8.1.4 Ausblick: Leitbild netzstrukturell gleichberechtigter Verkehrsarten

In der modernen Verkehrsplanung wird eine einseitige Betonung eines Verkehrsmittels abgelehnt. Die Entwicklung des öffentlichen Verkehrs darf angesichts der schlechten Finanzlage der Gemeinden nicht überbewertet werden. Der Rad- und Fußgängerverkehr ist durch die Überwindung von größeren Distanzen in den Städten und durch sonstige Einflüsse wie Topographie, Witterung usw. begrenzt. Deshalb werden heute die verschiedenen Verkehrsarten gleichberechtigt behandelt. Jedes Verkehrsmittel soll ein eigenes, auf die jeweils anderen Verkehrsmittel abgestimmtes Netz erhalten.

8.2 Verkehrsanalysen und angewandte Stadtgeographie

8.2.1 Das Konzept der Verkehrsberuhigung

Ziele der Verkehrsberuhigung

Der Deutsche Städtetag hat 1984 in seinem „Verkehrspolitischen Konzept der deutschen Städte" unter dem Abschnitt „Verkehrspolitische Ziele" folgendes ausgeführt: „Öffentlicher Personennahverkehr und Individualverkehr, sei es zu Fuß, mit dem Fahrrad oder mit dem Auto, müssen als Gesamtverkehrssysteme zusammen betrachtet und jeweils dort gefördert werden, wo sie unter ökonomischen, städtebaulichen und sozialen Aspekten die größten Vorteile bieten. Es gilt, mit Hilfe stadtentwicklungspolitischer Entscheidungen, stadtplanerischer, baulicher, verkehrslenkender und anderer organisatorischer Maßnahmen zu einer Reduzierung vermeidbarer Verkehrsbedürfnisse beizutragen und den nicht vermeidbaren Verkehr in allen seinen Erscheinungsformen so auszugestalten, daß die Lebens- und Umweltbedingungen für die Bürger verbessert werden." (aus der Rede von Staatssekretär VON LOEWENICH auf dem Kolloquium „Empfehlungen für die Anlage von Erschließungsstraßen – EAE 85" am 10./11.10.1985 in Würzburg, in: BUNDESMINISTER FÜR RAUMORDNUNG, BAUWESEN UND STÄDTEBAU 1985b, S.3.)

In diesem Zitat wird zum einen der planungsphilosophische Hintergrund des Konzepts der Verkehrsberuhigung deutlich, ein möglichst umfassendes, alle Verkehrsmittel einbeziehendes Planungskonzept aufzubauen. Zum anderen werden sowohl die übergeordneten Ziele der Reduzierung vermeidbarer Verkehrsbedürfnisse und der umweltgerechten Ausgestaltung des unvermeidbaren Verkehrs ausgeführt. Ebenso wird die Forderung nach einer notwendigen Einbeziehung ökonomischer, städtebaulicher und sozialer Aspekte erhoben, die den verkehrslenkenden und den verkehrstechnischen Bereich ergänzen sollen, obwohl eine solche eher gesamtheitliche Planungsauffassung deutlich der festgefahrenen Verwaltungsstruktur und der bis heute vorhandenen inkrementalistischen, in einzelne Fachbereiche aufgegliederte Planungsarbeit widerspricht.

Auch wird deutlich, daß zur planerischen Umsetzung eine sehr viel tiefer gehende Zielsystematik notwendig ist, da die meisten Unterschiede in den Planungskonzeptionen und den später durchgeführten Maßnahmen erst durch die unterschiedliche Zielsetzung verständlich werden (MONHEIM 1985b, S.5).

Zu den großen *Aufgaben- bzw. Zielbereichen* gehören neben den primären Zielen zur Verbesserung der Verkehrsverhältnisse auch die Verbesserung der Wohnumwelt, die Förderung der Investitions- und Modernisierungsbereitschaft sowie die positive Veränderung der Standortqualität für Betriebe. Schon dieser kurze Überblick belegt sehr klar die Vielfalt der planerischen Zielsetzungen von Verkehrsberuhigungsmaßnahmen. Da in der konkreten Planungspraxis häufig nur ein Teil aus diesem breiten Zielspektrum herausgegriffen wird, kommt es vielfach zu den angesprochenen Kontroversen zwischen Verkehrsplanern, Stadtplanern und ihren Fachämtern. Denn in der Regel haben gerade diese beiden Planergruppen voneinander abweichende Zielvorstellungen (MONHEIM 1985 b, S. 7). Das hat ROLF MONHEIM durch eine Befragung von Verkehrs- und Stadtplanern deutlich belegt (MONHEIM 1975, S. 18–21).

Die Verkehrsplaner haben dabei ein eher eindimensionales Verständnis der Straße, das von funktionalen Gesichtspunkten geprägt ist. Für sie hat die Straße vorrangig Transportfunktion und ist nach rein verkehrstechnischen Kriterien zu sehen. Kategorien wie die Belebung der Straßen und der Freizeitwert, die geistig-emotionale Bindung der Bürger an ihr Quartier, die Öffentlichkeitsfunktion der Straßen, die Einkaufsfunktion u. a. m. spielen in den Vorstellungen der Verkehrsplaner eine allenfalls untergeordnete Rolle (MONHEIM 1985, S. 9).

Demgegenüber haben die Stadtplaner entsprechend ihrer Querschnittsaufgabe ein weitaus breiteres Zielspektrum. Für sie sind neben den Verkehrsgesichtspunkten die Aspekte der Stadtgestaltung, des Wohnumfeldes, der Umweltqualität, des Freizeitwertes und der Kommunikationsqualität genau so wichtig für die Verkehrsberuhigung (MONHEIM 1985, S. 9).

Planungskonzepte und gestalterisches Grundprinzip der Verkehrsberuhigung

Ausgehend von dieser Zielanalyse und den beschriebenen Problemen sollen im folgenden die wichtigsten Unterschiede in den Planungskonzeptionen zur Verkehrsberuhigung dargestellt werden (in Anlehnung an: MONHEIM 1985 b, S. 10 f.). Dabei geht es zum einen um die Art und Kombination der verschiedenen Einzelmaßnahmen der Verkehrsberuhigung, also dem „Wie". Zum anderen geht es um das „Wo", d. h. in welchen Straßen und Quartieren und in welcher Größe Verkehrsberuhigungsmaßnahmen erfolgen sollen.

Art und Umfang von Verkehrsberuhigungsmaßnahmen

Bei der Art der Maßnahmen reicht die Bandbreite von einfachsten verkehrsregelnden Eingriffen (wie z. B. Beschilderungen) bis zur vollständigen Umgestaltung der Straßenfläche. Zu unterscheiden sind dabei Maßnahmen mit geringem, mittlerem und großem Aufwand.

Verkehrsberuhigungsmaßnahmen mit geringem Aufwand beschränken sich auf verkehrsregelnde Eingriffe, wie z. B.:

- Tempo 30,
- optische Bremsen durch Fahrbahnbemalung,
- Einbahnstraßenregelung,
- Sackgassenregelung und Durchfahrtunterbrechungen,
- Schleifenerschließungssysteme,
- Park- und Halteverbote u. ä. m.

Bei diesen Maßnahmen verändert sich das Erscheinungsbild nicht grundlegend. Eine Trennung von Fahrbahn und Gehweg bleibt erhalten. Der Nutzen für die Verbesserung der Stadtgestalt, der Wohnumwelt, der Aufenthaltsfunktion der Straße ist allerdings nur gering, zumal diese Maßnahmen einzeln und nicht in Kombination

8 Verkehrsstrukturen und Verkehrspolitik im Verdichtungsraum

Kurzcharakteristik des Straßenabschnitts

- größtenteils 2–3-geschossiger Altbaubestand, Hauptnutzung Wohnen, im Erdgeschoß teilweise Einzelhandelsgeschäfte
- Straßenabschnitt 100 m lang, 9,50 m breit,
- 45 Haushalte mit ca. 120 Personen
- Straße ausgebaut mit 7 m breiter Fahrbahn und schmalen Bürgersteigen, kein Grünbestand

a)

Planungsfall „Rückbau"

Der Umbau unter Beibehaltung des Trennungsprinzips sieht je 2 m Gehweg, einen Randstreifen von je 0,75 m und eine bituminöse Fahrbahn von 4,00 m vor. Damit entsteht eine überfahrbare Breite von 5,50 m, die auch eine Begegnung von LKW's, wenn auch mit verminderter Geschwindigkeit, zuläßt.

b)

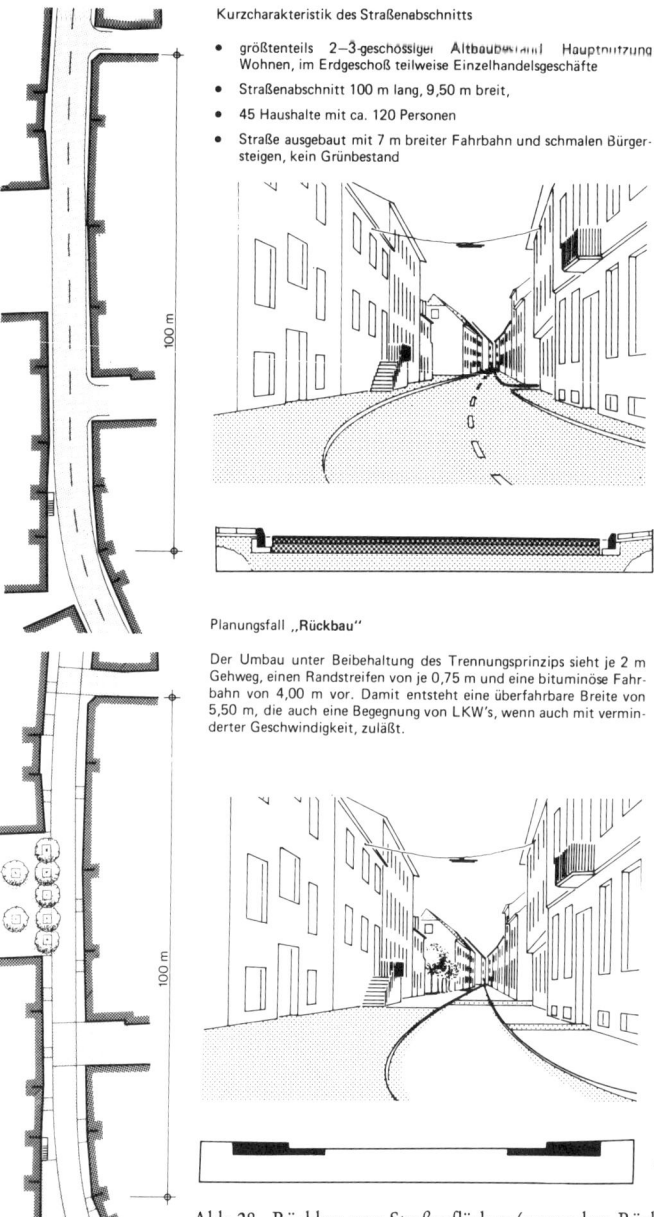

Abb. 28 Rückbau von Straßenflächen (a: vor dem Rückbau, b: nach dem Rückbau) (Quelle: BUNDESMINISTER FÜR RAUMORDNUNG, BAUWESEN UND STÄDTEBAU 1985 b S. 45/47)

8.2 Verkehrsanalysen und angewandte Stadtgeographie

angewandt werden. Andererseits verbessert sich hierdurch das Fahrverhalten der Pkw-Fahrer und die Sicherheit des Straßenraumes merklich. Ein großer Vorteil ist ferner, daß in sehr kurzer Zeit sehr große Teile des Stadtgebietes verkehrsberuhigt werden können.

Die Maßnahmen mittleren Aufwandes greifen demgegenüber bereits in die Straßengestaltung ein, erfassen jedoch noch nicht die gesamte Straßenfläche. Einzelne Maßnahmen sind beispielsweise:

- breit aufgepflasterte Schwellen,
- partielle Aufpflasterungen im Straßen- und Kreuzungsbereich,
- Verengung der Fahrbahn durch Verbreiterung der Gehwege (Abb. 28),
- Anlage von Radwegen und damit wiederum Verengung der Fahrbahn,
- Begrünung und Möblierung der Straße (Abb. 29), und
- „Verkurvung" von Bordsteinkanten als optische Bremsen.

Abb. 29 Fahrbahneinengung und -begrünung am Beispiel Turmstraße in Berlin-Moabit (Quelle: BUNDESFORSCHUNGSANSTALT FÜR LANDESKUNDE UND RAUMORDNUNG 1988, S. 266)

Hierbei verbessert sich bereits die Aufenthaltsqualität, die Spielmöglichkeiten für Kinder und die Straßengestalt. Der Erschließungsgrad der Straßen für das Auto wird deutlich reduziert, wodurch sich die Bedingungen des Zufußgehens und Radfahrens verbessern. Der höhere Aufwand führt allerdings auch zu höheren Kosten (zwischen DM 50 und DM 150 je qm).

Bei den Maßnahmen mit großem Aufwand kommt es zu einer völlig neuen Flächenaufteilung und -gestaltung des Erscheinungsbildes der Straße. Das geschieht z. B. durch folgende Maßnahmen:

- Beseitigung der Trennung von Gehweg und Fahrbahn durch totale Aufpflasterung der Straße,

- teilweise Aufpflasterung im Kreuzungsbereich und zusätzlich in regelmäßigen Abständen, teilweise über die gesamte Straßenbreite (Abb. 30),

- optische Umgestaltung der Fahrgasse durch abwechselnd versetzte, verschmälerte Fahrbahnen, „Verkurvung" von Bordsteinkanten, unregelmäßige Plazierung von Straßenlaternen und Bäumen oder sonstigem Mobiliar (Abb. 31),

- bauliche Gestaltung und Begrünung aller gewonnenen Freiflächen und

- Verknüpfung der sog. fußgänger- und radfahrerfreundlichen Flächen zu Fußweg- und Radwegachsen zur Verbindung von Zentren, Nebenzentren und Wohnquartieren.

Durch diese bauliche Veränderung dominiert nun die Aufenthaltsqualität ganz eindeutig über die Transportfunktion des Autoverkehrs. Fußgänger, Radfahrer und Autofahrer sind annähernd gleichberechtigt. Der höhere Aufwand führt natürlich auch hier zu gestiegenen Kosten, die sich etwa zwischen 150 und 300 DM je qm bewegen.

Das gestalterische Grundprinzip der Verkehrsberuhigung

Verkehrsberuhigung führt mit wachsendem Aufwand zu einer immer deutlicheren Abkehr von den konventionellen Grundsätzen der Straßengestaltung, wie sie vor allem in den Richtlinien für die Anlage von Straßen (RAS) festgelegt sind. Nur die einfachen Verkehrsberuhigungsmaßnahmen belassen das konventionelle Straßenprinzip. Die aufwendigeren Maßnahmen entfernen sich wesentlich vom klassischen Straßenprinzip. Sie tun dies vor allem in drei Punkten:

1. Flächen für den fließenden und ruhenden Verkehr sollen so sparsam wie möglich ausgewiesen werden. Im Gegensatz zur bisherigen Praxis wird dabei nicht der ungünstige Begegnungs-/Belastungsfall zugrunde gelegt, sondern die regelmäßige, durchschnittliche Belastung. Für die Spitzenbelastungen werden Erschwerungen des Verkehrsflusses (Staus) bewußt in Kauf genommen. Damit wird verhindert, daß für Normalstunden mehr Straßenfläche vorhanden ist, als eigentlich gebraucht wird; eine Überdimensionierung soll zukünftig vermieden werden.

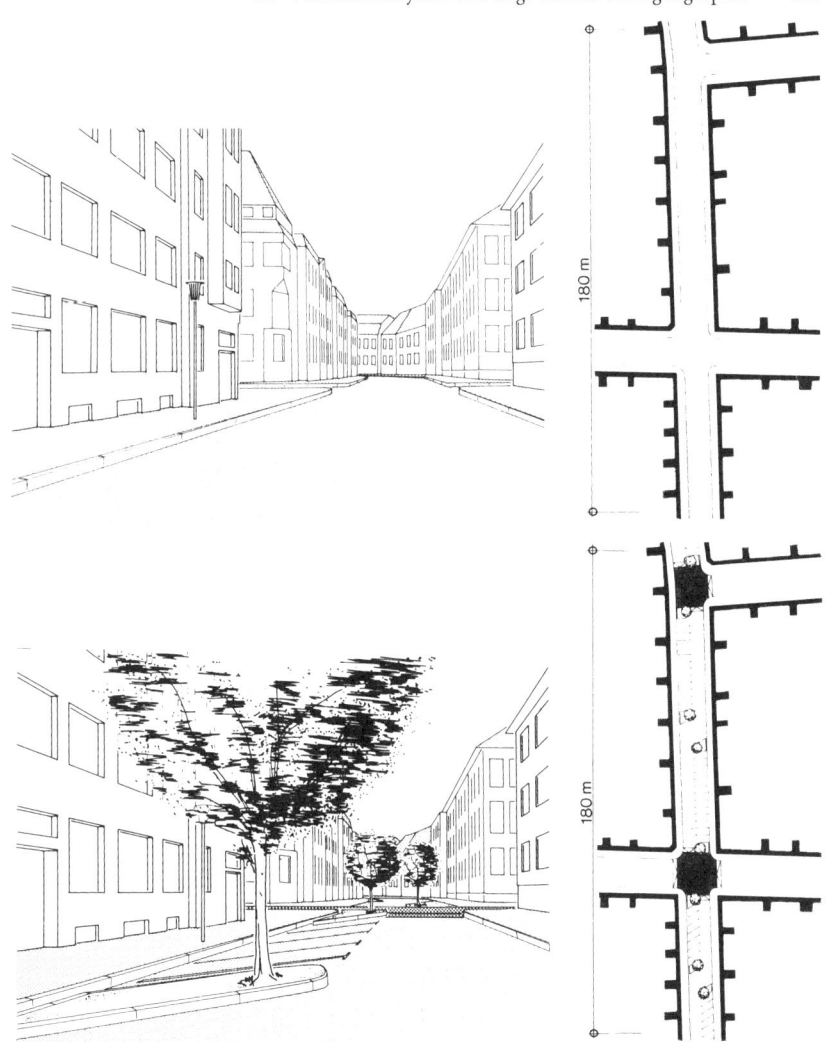

8.2 Verkehrsanalysen und angewandte Stadtgeographie   153

Abb. 30 Planungsfall „Kreuzungsaufpflasterung". Die getroffenen Maßnahmen zur Verkehrsberuhigung lassen den vorhandenen Straßen- und Gehwegebau unberührt. In den Kreuzungspunkten wird die Fahrbahn durch das Aufbringen von Verbundsteinpflaster in Mörtelbett auf Gehwegeniveau angehoben. Die notwendigen Anpassungen werden in bituminöser Bauweise erstellt. Zwischen diesen Aufpflasterungen werden wechselseitig Stellplatzgruppen markiert, deren Anfangs- und Endpunkte durch baulich ausgebildete Versatzköpfe gesichert werden. In diesen Versatzköpfen werden großkronige Bäume gepflanzt. (Quelle: BUNDESMINISTER FÜR RAUMORDNUNG, BAUWESEN UND STÄDTEBAU 1985 b, S. 53)

8 Verkehrsstrukturen und Verkehrspolitik im Verdichtungsraum

Maßnahme
Wohnstraßenausbau mit markierter Fahrgasse

Die Gestaltung erfolgt als Wohnfläche, bei der die Fahrgasse ohne Bordstein, aber durch einen anderen Belag optisch kenntlich gemacht ist. Die Fahrgasse kann sehr schmal sein, da sie ohnehin bei Ausweichvorgängen überfahren wird.

— Bewertung Verkehrsarten:
Gute Bedingungen entstehen für den Fußgängerlängs- und -querverkehr; Geschwindigkeitsverringerungen im IV sind größer bei eckiger Markierung und wechselnden Breiten der markierten Fahrgasse. Die Widerstandserhöhung im IV wird psychologisch durch sichtbares Fahrgassenangebot eingeschränkt; sie kann durch einspurige Stellen gesteigert werden.

— Bewertung Wohnumfeldqualität:
Die Nutzung als Aufenthaltsraum ist möglich, wenn in der Gestaltung "Verkehrsanlagecharakter" vermieden wird. Einschränkungen können entstehen durch Flächenlängsteilung und schwer vermeidbaren "Slalom"-Charakter.

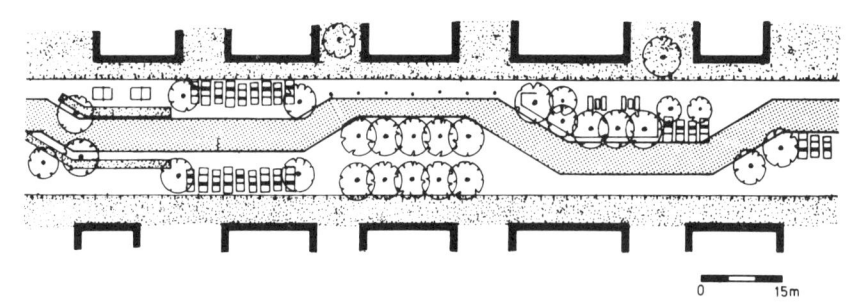

Abb. 31 Aufpflasterung und Einbau von Grünflächen (Quelle: BUNDESMINISTER FÜR RAUMORDNUNG, BAUWESEN UND STÄDTEBAU 1985 b, S. 32)

2. Eigene Flächen für den fließenden Verkehr werden überhaupt nur da ausgewiesen, wo auch in den Normalstunden die Verkehrsbelastung dauerhaft hoch liegt und je nach Straßentyp den Wert von 150 bis 250 Kfz/h übersteigt. Auf allen anderen Straßen ist eine eigene Fahrspur mit Bevorzugung des Autoverkehrs unnötig. Hier gilt statt dessen das Mischprinzip (Gleichberechtigung aller Verkehrsteilnehmer).

3. Die Fahrgeschwindigkeiten müssen der Belastbarkeit der entsprechenden Nutzung angepaßt werden. Die der höheren Passantendichte und Aufenthaltsfunktion in Wohngebieten angemessene Geschwindigkeit liegt unter 30 km/h. Höhere Geschwindigkeiten sind nur auf extra dafür ausgewiesenen „Schnellfahrstrecken" tolerierbar, wobei die Obergrenze mit 50 km/h angegeben wird (MONHEIM 1985 b, S. 11 – 12).

Diese grundsätzliche Abkehr von der Devise des bevorzugten schnellen und flüssigen Autoverkehrs und des entsprechend überdimensionierten Straßenausbaus erscheint als die einzige reelle Chance, bei gegebener Motorisierung und Siedlungsstruktur die hohen Unfallraten wirklich drastisch zu senken, die unerträglichen Lärm- und Abgasbelastungen spürbar zu verringern, das Wohnumfeld und die Aufenthaltsqualität der Straße wirksam zu verbessern (MONHEIM 1985 b, S. 12).

Rechtsgrundlagen und Verfahren der Verkehrsberuhigung

Maßnahmen der Verkehrsberuhigung auf Ortsstraßen setzen eine ortsplanerische Entscheidung der Gemeinde voraus. Im Einzelfall ist es zweckmäßig, diese Entscheidung in einem Bebauungsplan aufnehmen, dort können z. B. verkehrsberuhigte Bereiche im Sinne der StVO als „Verkehrsflächen mit besonderer Zweckbestimmung" festgesetzt werden. Der verkehrsrechtliche Weg über den Bebauungsplan kommt vor allem im Zusammenhang mit einer städtebaulichen Gesamtmaßnahme, z. B. bei der Planung eines neuen Wohngebietes, in Betracht.

Planung und Durchführung von Verkehrsberuhigungsmaßnahmen erfolgen ohne förmliche Verfahrensschritte nach Maßgabe der allgemeinen Vorschriften des Straßen- und Wegerechtes. Das Straßenverkehrsrecht hält eine Reihe von Instrumenten zur Verkehrsberuhigung bereit, die sowohl zusammen mit baulichen Maßnahmen im Straßenraum als auch für sich allein eingesetzt werden. Planungsgrundlage ist der § 45 StVO, nach dem u. a.

- Verkehrsbeschränkungen und -verbote z. B. zum Schutze der Wohnbevölkerung vor Lärm und Abgasen ausgesprochen (§ 45 Abs. 1 Nr. 3),
- Fußgängerbereiche und verkehrsberuhigte Bereiche gekennzeichnet (§ 45 Abs. 1 b Nr. 3) und
- Anordnungen zum Schutz der Bevölkerung vor Lärm und Abgasen und zur Unterstützung einer geordneten städtebaulichen Entwicklung getroffen werden können (§ 45 Abs. 1 b Nr. 5).

Maßnahmen der Verkehrsberuhigung betreffen den Bürger direkt. Für eine erfolgreiche Planung ist daher eine Bürgerbeteiligung notwendig. Diese soll in Form einer frühzeitigen Beteiligung der Anlieger bei der Planung und durch anschauliche Informationen über die Verkehrsberuhigungsmaßnahmen geschehen.

Modellvorhaben „Flächenhafte Verkehrsberuhigung"

In der bisherigen Praxis wurden Verkehrsberuhigungsmaßnahmen (Fußgängerzonen ausgenommen) im allgemeinen kleinräumig durchgeführt, z. B. für einzelne Straßen. Seit Anfang der 80er Jahre hat sich aber die Erkenntnis durchgesetzt, daß Verkehrsberuhigungsmaßnahmen flächenhaft erfolgen sollen, also auf ganze Stadtteile ausgedehnt sein müssen. Kleinräumige Maßnahmen helfen zwar der von der Maßnahme betroffenen Bevölkerung (z. B. den Bewohnern einer Straße), jedoch nicht der ganzen Bevölkerung einer Stadt, da der aus dem verkehrsberuhigten Bereich ausgeschlossene Verkehr sich am Rande der Verkehrsberuhigungsmaßnahme neue Durchgangswege sucht.

Zur Verkehrsberuhigung gehört mehr als bauliche Veränderungen einiger Straßennetze, -querschnitte und -oberflächen. Eine systematische und flächenhafte Anwendung der Verkehrsberuhigung war für die Bundesrepublik Deutschland planerisches Neuland. Deshalb haben 1981 die Bundesanstalt für Straßenwesen (BASt,

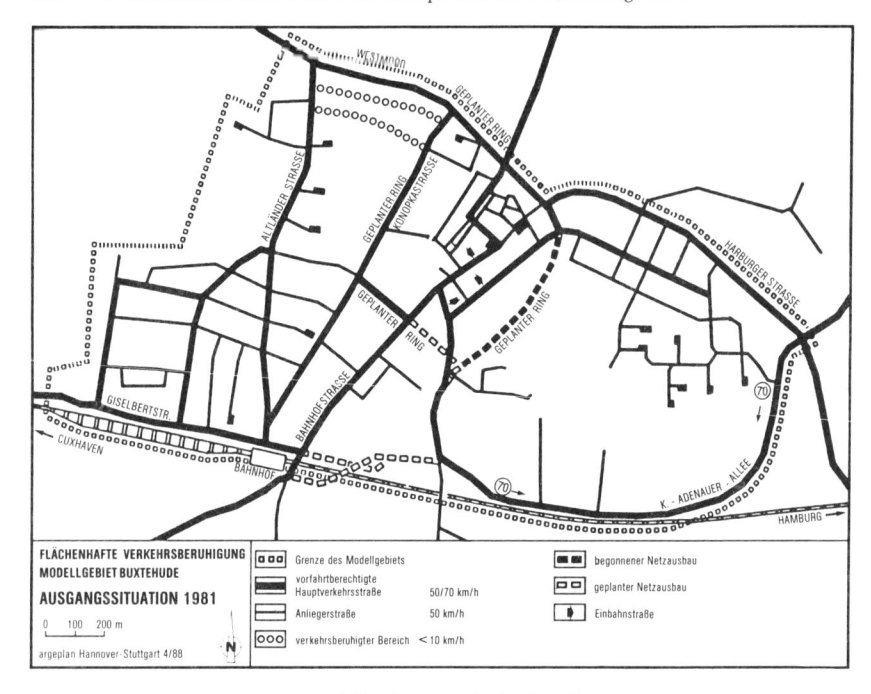

156   8 Verkehrsstrukturen und Verkehrspolitik im Verdichtungsraum

Abb. 32 Ausgangssituation im Modellgebiet Buxtehude (Quelle: BUNDESFORSCHUNGSANSTALT FÜR LANDESKUNDE UND RAUMORDNUNG 1988, S. 7)

Köln), das Umweltbundesamt (UBA, Berlin) und die Bundesforschungsanstalt für Landeskunde und Raumordnung (BfLR, Bonn) in sechs Städten (Berlin, Borgetreich, Buxtehude, Esslingen, Ingolstadt und Mainz) das Modellvorhaben „Flächenhafte Verkehrsberuhigung" eingeleitet (DÖLDISSEN u. a. 1985, S. 60).

Als Beispiel soll die Stadt Buxtehude dienen. Sie steht beispielhaft für die große Gruppe der Mittelstädte, die ein erhebliches Verkehrsaufkommen in den Stadtkernen und den angrenzenden Wohnquartieren bewältigen müssen (BUNDESFORSCHUNGSANSTALT FÜR LANDESKUNDE UND RAUMORDNUNG 1988, S. 5–21). Die Ausgangssituation in dem etwa 220 ha umfassenden, mit rund 10.000 Einwohnern bevölkerten Modellgebiet geht aus Abb. 32 hervor.

Das Planungskonzept stellte 1982 folgende Ziele in den Vordergrund:
- gleichrangige Verbesserungen für Verkehr, Städtebau und Umwelt,
- Übertragbarkeit auf die Gesamtstadt und andere Städte gleicher Größe,
- kurzfristige Durchführbarkeit (1–5 Jahre),
- Minimierung der notwendigen Maßnahme und
- hohe Flexibilität.

Das Ergebnis der einzelnen Maßnahmen wird in Abb. 33 deutlich.

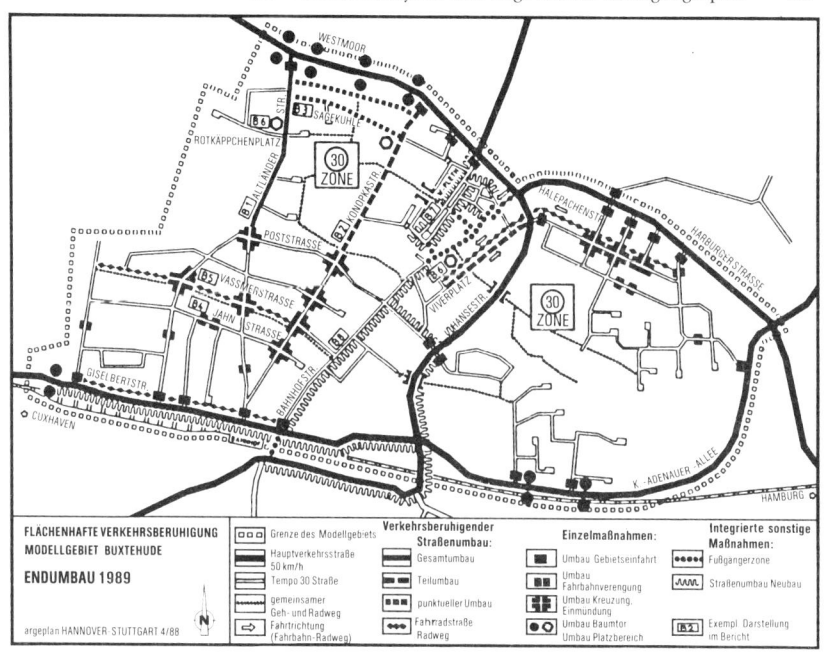

8.2 Verkehrsanalysen und angewandte Stadtgeographie   157

Abb. 33 Endumbau im Modellgebiet Buxtehude (Quelle: BUNDESFORSCHUNGSANSTALT FÜR LANDESKUNDE UND RAUMORDNUNG 1988, S. 11)

Erreicht wurden im Planungs- und Durchführungszeitraum insbesonders die Einrichtung großflächiger Tempo-30-Zonen, von Fußgängerzonen und die Umleitung der Verkehrsströme. Die Bewertung der bislang vorliegenden Ergebnisse zu den Modellvorhaben „Flächenhafte Verkehrsberuhigung" in Buxtehude wie auch in zwei anderen Modellstädten ist überwiegend positiv (BUNDESFORSCHUNGSANSTALT FÜR LANDESKUNDE UND RAUMORDNUNG 1988, S. 172 ff.). Neben dem hohen Zielerreichungsgrad und anderen positiven Auswirkungen der Maßnahmen zur Verkehrsberuhigung wird dabei vor allem auf die weitergehenden Möglichkeiten integrierter Gesamtkonzepte und der notwendigerweise damit verbundenen Maßnahmenkoordination aller Beteiligten hingewiesen. Insgesamt also ein deutliches Votum für das Konzept der flächenhaften Verkehrsberuhigung.

8.2.2 Die Idee der Fußgängerzonen

Fußgängerzonen gelten heute allgemein als Wahrzeichen fortschrittlicher Stadtentwicklung. Die Meinungen über Formen und Möglichkeiten von Fußgängerzonen sind jedoch sehr unterschiedlich:

Der Handel warnt davor, die Fußgängerzonen über die zentralsten Einkaufsstraßen der Innenstadt hinaus zu erweitern, weil sonst die Kunden Einkaufsmöglichkeiten am Stadtrand bevorzugen würden, da sie dort näher beim Geschäft parken könnten. Er fordert, daß die Autofahrer auf gut ausgebauten Cityringen unmittelbar an die klar umgrenzten Einkaufsstraßen herangeführt und dort in Parkhäusern untergebracht werden (MONHEIM 1975, S. 1).

Verfechter der „menschlichen Stadt" wehren sich dagegen, daß die Fußgängerzonen auf die Haupteinkaufsstraßen beschränkt bleiben und dazu bestimmt sein sollen, die Geschäftsumsätze zu steigern. Das Stadterlebnis würde damit auf den Konsum beschränkt. Sie wollen die Fußgängerzonen als gesellschaftliche Mitte der Stadt sehen, die Raum bietet für möglichst vielfältige Aktivitäten und Bevölkerungsgruppen (MONHEIM 1975, S. 1).

Experten sehen inzwischen in Fußgängerbereichen einen integrierenden Bestandteil von „städtischen Einheiten", d. h. umfassende Verkehrsnetze für Fußgänger sollen alle Lebensbereiche miteinander verbinden (MONHEIM 1975, S. 1). Derart weitreichende Vorstellungen sind jedoch nicht verwirklicht worden; es gibt jedoch Ansätze. Die Einführung von Fußgängerzonen und deren Erweiterung ruft allgemein ein starkes Echo hervor. Umfragen in der Bevölkerung ergaben 75 % bis 90 % Zustimmung.

Entstehung von Fußgängerzonen

Fußgängerzonen wurden in den meisten Städten nicht als Mittel gegen, sondern zunächst häufig in Ergänzung zum Konzept der autogerechten Stadt konzipiert: die Fußgänger erhielten eine Art „Reservat" in Form einer Haupteinkaufsstraße und als Zugang dorthin Fußgängerunterführungen. Der Stadtkern wurde von einem vielspurigen Cityring gegen die übrige Stadt abgeriegelt. Dieser Ring nahm Durchgangsverkehr und Zielverkehr auf und erschloß das umfangreiche Parkplatzangebot beiderseits der Haupteinkaufsstraßen (MACHTEMES 1977, S. 568). Weitere Ursachen waren schlechte Verkehrsverhältnisse, die dadurch entstehende Verschlechterung der Umweltqualität, der Rückgang der Innenstadtbewohner und die Verödung der Innenstädte. Eine Lösung setzte sich zunächst durch: die *Fußgängerstraße*.

Schon in den 30er Jahren wurden vereinzelt zentrale Innenstadtstraßen für den Fahrverkehr gesperrt (so z. B. in Essen die Limbecker und Kottwiger Straße und in Köln die Hohestraße). Mit dem Wiederaufbau der Städte wurden zwar Konzeptionen für autofreie Innenstädte entworfen (Kiel, Kassel); dies waren aber nur bescheidene Ansätze. Nach 1960, als der Deutsche Städtetag in seiner 11. Hauptversammlung innerstädtische Fußgängerbereiche zu schaffen empfahl, gab es erst Fußgängerzonen in 31 Stadtzentren. Erst ab Mitte der 60er Jahre entstand ein Boom der Einführung und Erweiterung vorhandener Fußgängerzonen, dessen Dynamik bis heute noch ungebrochen ist. Der wirklich große Boom setzte aber erst 1971 bis 1973 ein. Von 63 Fußgängerzonen 1966 schnellte die Anzahl bis 1973 auf 214 empor. Seither wurden die Fußgängerzonen nicht mehr vollständig erfaßt, die Zunahme dürfte sich aber kaum abgeschwächt haben. Besonders in Nordrhein-Westfalen hat die Entwicklung bereits stärker auf Nebenzentren und Kleinstädte übergegrif-

8.2 Verkehrsanalysen und angewandte Stadtgeographie

fen, so daß man heute davon ausgehen kann, daß es mindestens 800 als Fußgängerzonen oder verkehrsberuhigte Bereiche ausgewiesene Einkaufsbereiche gibt (nach MONHEIM 1975).

In der Zeit um 1970 kam es zu einer Rückbesinnung auf den Wert historischer Stadtstrukturen, auf die sozialen und kommunikativen Funktionen öffentlicher Freiräume sowie auf den, das Wirtschaftswachstum fördernden Imagewert des Stadtzentrums zu wesentlich erweiterten Konzepten. Nun wurden Nebengeschäftsstraßen mit der Nostalgiewelle entsprechenden Bauten sowie historische Plätze in die Fußgängerzonen miteinbezogen. Die größeren Städte waren bei der Einführung zeitlich führend – eine auch sonst bei Innovationen häufig zu beobachtende Entwicklung. Dort lagen 1960 vier Fünftel aller Fußgängerzonen. Unter anderem war das auch eine Folge der damals weitverbreiteten Meinung, Fußgängerzonen würden sich für Mittel- und Kleinstädte nicht eignen. Nach 1969 setzte sich der Gedanke der Fußgängerzone auch in Mittelstädten durch.

Noch bedeutsamer als die Eröffnung neuer Fußgängerzonen wird allerdings die Erweiterung der bestehenden Fußgängerzonen sein, da diese sich inzwischen überwiegend als zu klein erwiesen haben (MONHEIM 1975, S. 45–47).

Nach ROLF MONHEIM ergeben sich *12 Oberziele*, die mit der Einführung von Fußgängerstraßen/-zonen angestrebt werden können (MONHEIM 1975, S. 11–18; aus neuerer Zeit: MONHEIM 1988 c, S. 164–178). Diese Ziele stehen oft in wechselseitiger Beziehung zueinander. Sie können in drei Gruppen zusammengefaßt werden: verkehrliche Ziele, ökonomische Ziele und „urbane" Ziele:

1. Verbesserung des Verkehrs
   Vorrangig sieht man in der Einrichtung von Fußgängerzonen eine verkehrsorientierte Maßnahme mit dem Ziel, mit der Trennung der Verkehrsarten Konflikte zu vermeiden.
2. Wirtschaftsförderung für den Einzelhandel
   Nachdem viele Einzelhändler zunächst gegen Fußgängerzonen waren, ist heute die Förderung der zentralen Versorgungsfunktion oft das wichtigste Ziel bei der Anlage von Fußgängerzonen. Insbesonders will man mehr Kaufkraft anziehen und die Angebotsleistung steigern. Oft werden bisher benachteiligte Geschäftslagen durch Fußgängerzonen aufgewertet.
3. Wirtschaftsförderung für den Fremdenverkehr
   Fußgängerzonen können die Attraktivität der Stadt für Gäste steigern.
4. Erhöhung der Bodenrendite
   Der wirtschaftliche Nutzen der Fußgängerzonen und dadurch einsetzende verstärkte Konkurrenz um diesen Standort ermöglichen höhere Bodenrendiren. Diese können zur Gewinnsteigerung oder zur Finanzierung einer Strukturanpassung der Bausubstanz durch Sanierung bzw. Umbauten dienen.
5. Stärkung der Freizeitfunktion
   Fußgängerzonen können den Freiraum der Innenstadt zu einem Freizeitbereich ausbauen. Dieser sollte die Bedürfnisse sowohl der dort Wohnenden als auch der im gesamten Einzugsbereich lebenden Bevölkerung befriedigen. Dementsprechend ist eine Vielfalt des Angebots wie der Benutzer anzustreben.

6. Abwehr der Innenstadtverödung
   Die Vielfalt der Bau- und Nutzungsstrukturen in der Innenstadt ist in den letzten Jahren teilweise verschwunden. Eine von Käufermassen durchflutete reine Einkaufsstraße ist jedoch auch öde, während die Durchmischung des Handels mit kulturellen und Freizeitnutzungen belebend wirkt. Innenstadtfeindliche Funktionen müssen von dort verlagert werden, monofunktionale Bereiche aufgelockert werden. Fußgängerzonen fördern Mischnutzungen anstelle von Funktionstrennungen. Mischnutzung stärkt die Straßenattraktivität zu allen Tageszeiten.
7. Förderung des Innenstadtwohnens
   Fußgängerzonen verringern Umweltschäden, Luftverschmutzung und Lärmbelästigung und werten somit den Wohnstandort auf.
8. Umweltschutz (siehe Punkt 7)
9. Erhaltende Anpassung der historischen Stadtstruktur
   Fußgängerzonen sind geeignet, die Stadterhaltung zu fördern. Städtebaulich oder architektonisch bedeutsame Platz- und Straßenräume können durch Fußgängerzonen zu neuer Wirkung gelangen. Bereiche der Betriebsamkeit und Ruhe moderner Prägung und historischer Tradition sollten miteinander abwechseln.
10. Förderung geistig-sozialer Bezüge
    Fußgängerzonen können helfen, geistig-soziale Bezüge in der Bürgerschaft zu fördern. Dies kann in Form einer besseren Kommunikation oder durch ein belebtes Interesse der Innenstadtbenutzer an „ihrem" Zentrum geschehen. Sie sollten Orte der Begegnung für Alte und Kinder sein.
11. Pflege des Stadt-Images
    Das gute Image einer Stadt ist ein wichtiger Faktor für deren Anziehungskraft (zuwandernder Unternehmen, Arbeitskräfte). Eine gelungene Fußgängerzone kann dazu beitragen.
12. Leistungsbeweis politisch-administrativer Führungsgremien
    Schließlich zeigen Fußgängerzonen auch das Engagement und die Leistungsfähigkeit einer Stadtverwaltung bzw. Stadtregierung gegenüber den Bürgern und Wählern.

Nürnberg als Beispiel für die Entwicklung einer Fußgängerzone

Beim Wiederaufbau der stark kriegszerstörten Nürnberger Altstadt hatte man sich gegen moderne Konzepte entschieden, die nur bei wenigen Straßen den historischen Charakter erhalten und sich ansonsten unabhängig von überlieferten Strukturen ausschließlich an den modernen Erfordernissen des Wohnens und des Verkehrs orientiert hätten.

Für den Individualverkehr waren zunächst keine Straßenerweiterungen geplant, wurden aber später in Form eines Ringes um die Altstadt doch durchgeführt. Eine Fußgängerstraße war zu diesem Zeitpunkt noch nicht geplant. Durch Widerstände aus der Bürgerschaft und einem gewissen Trendwechsel gelang es in den 70er Jahren weitere Straßenverbreiterungen zu stoppen.

8.2 Verkehrsanalysen und angewandte Stadtgeographie

Nürnbergs erste Fußgängerstraße (Pfannenschmiedsgasse) wurde 1961 eingeführt. Hierbei handelte es sich lediglich um eine sehr kurze Straße. 1963/64 wurde dann die Möglichkeit untersucht, die Breite Gasse für den Pkw-Verkehr zu sperren. Zu dieser Zeit dachte man auch schon daran, andere Teile der Altstadt zu sperren. 1966 wurde die Breite Gasse dann tatsächlich gesperrt und 1970 weiter ausgebaut. Ab 1970 wurden Vertreter verschiedener Referate als „Arbeitsgruppe Nürnbergplan" zusammengefaßt, um eine Koordination der einzelnen Referate zu erzielen. 1972 wurden ein „Entwicklungskonzept Altstadt" und als besonderer Teil des Generalverkehrsplans ein „Verkehrssystem Altstadt" zur Diskussion gestellt. In diesen Planungen wurde die Erweiterung der Fußgängerzone als wichtige Maßnahme zur Attraktivitätssteigerung der Altstadt angesehen. Zu dieser Zeit wurde die Fußgängerzone um die Ludwigstraße und die Kaiserstraße erweitert.

1973 fand ein Ideenwettbewerb zur Ausstattung der Fußgängerzone statt. Durch die U-Bahn-Fertigstellung 1978/79 konnten die Königs- und Ludwigstraße boulevardartig ausgebaut werden. 1983 veranstaltete die Stadt Nürnberg einen weiteren Ideenwettbewerb um der zunehmenden Kritik an der 1979 beschlossenen Verkehrsregelung in der nördlichen Altstadt entgegen zu wirken und somit neue Lösungswege zu finden. 1985 beschloß der Stadtrat, gestützt durch ein Gutachten, nach Abschluß der U-Bahn-Bauarbeiten im Bereich des Grabenringes die letzte O-W-Querung der Altstadt zu sperren (MONHEIM 1986, S. 91–94). Als Folge dieser Maßnahmen hat die Bedeutung der einzelnen Straßen innerhalb des Fußgängerbereichs, gemessen an der Entwicklung der Passantenzahlen, deutlich zugenommen.

Obwohl als Folge dieser positiven Entwicklung die schwachen Geschäftsstraßen außerhalb des Fußgängerbereichs Nachteile zu verzeichnen hatten, darf die Nürnberger Innenstadt im Großen und Ganzen als gelungene Verwirklichung der Idee der Fußgängerzonen betrachtet werden, die auch für andere Städte dieser Größenordnung als Beispiel dienen kann.

8.2.3 Radwegeplanung in Verdichtungsräumen

Fahrradverkehr und Stadtentwicklung

Das Verkehrsmittel Fahrrad, noch in der Kutschenzeit erfunden (um 1817) und entwickelt, war trotz seiner früheren und heutigen Bedeutung selten stadtbildprägend gewesen, wie es etwa die Kutsche, die Eisenbahn oder die Straßenbahn waren und wie es das Auto und die Schnellbahn heute noch sind. Das Fahrrad als Verkehrsmittel, flexibel und flächendeckend hatte demgegenüber hauptsächlich ergänzende Funktionen zu erfüllen und dies auch dann noch, wenn es in mittelalterlichen engen und vielfunktionalen Städten wie Amsterdam teilweise den Fußgängerverkehr ersetzte und auf einen Verkehrsteil von 64 % (1960) kam (RUWENSTROTH u. a. 1985, S. 147).

Nur wenige Städte haben die früher auf Fußgänger (und Radfahrer) abgestimmten Maßstäbe bewahren können. Die sich entwickelnden neuen Siedlungsräume – in der Planung beeinflußt durch die These der Funktionstrennung von „Wohnen" und

162   8 Verkehrsstrukturen und Verkehrspolitik im Verdichtungsraum

„Arbeiten" – dehnten sich flächenmäßig aus und forderten ein entsprechendes Verkehrsnetz. Während die alten Städte noch am Fußgänger orientierte Städte waren, brachte die Ausdehnung der Bauflächen größere Weglängen zwischen den Wohn- und Arbeitsstätten mit sich, die auf die Notwendigkeit entsprechender Verkehrsmittel hinführte bzw. auch Entwicklung und Wahl der Verkehrsmittel beeinflußte (RUWENSTROTH u. a. 1985, S. 148).

Ein für die *Radverkehrsplanung* noch gutes Konzept ist in der Stadt Stevenage in Großbritannien zu finden. Dieser Ort wurde als „Entlastungsstadt" für London neu konzipiert („New Town") und mit einem separaten Radwegenetz versehen. Die Orientierung der Hauptradwegeachsen geht aus von den Wohngebieten, hin zu den Gewerbe-/Industriegebieten, den Einkaufsbereichen und den Schulen. Diese Radwege werden parallel zu den Hauptstraßen geführt bzw. liegen auf vom Kfz-Verkehr nicht mehr benutzten schmalen, alten Landstraßen. Das gesamte Radwegenetz besteht nur aus Hauptwegen. Eine weitere Aufgliederung, d. h., Radwege auch in den Nebenstraßen anzulegen, ist nicht vorgenommen worden, da hier das Kfz-Aufkommen so gering ist, daß eine Verkehrssicherheit des Fahrradfahrers als gegeben erschien. Bei der Netzkonzeption werden die Radfahrer und Fußgänger als eine Verkehrsteilnehmergruppe gesehen, deshalb können die Wege auch von beiden genutzt werden (Abb. 34) (RUWENSTROTH u. a. 1985, S. 149).

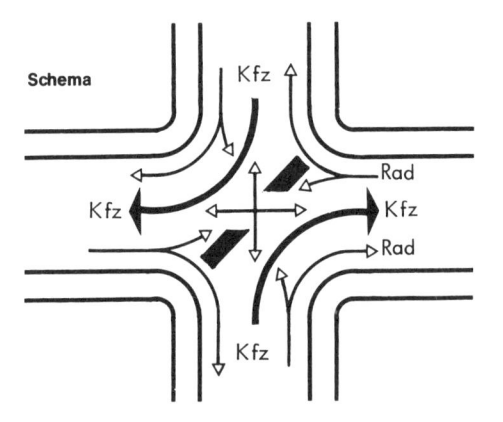

Abb. 34
Sperrung einer Straßenkreuzung für den Durchgangsverkehr (Kfz), dargestellt als Rechtsverkehr (Quelle: RUWENSTROTH 1985, S. 158)

Daß es bei der Nutzung des Fahrrads im wesentlichen auf die individuell zu überwindenden Entfernungen ankommt, zeigt auch das Beispiel Peking: In einer niedrig bebauten großflächigen Stadtregion ist das Fahrrad wichtigstes Nahverkehrsmittel. Das ist durch eine starke Funktionsmischung von Wohnen-Arbeiten-Bilden-Erholen trotz der gewaltigen Ausdehnungen möglich. Zu berücksichtigen ist allerdings, daß die Arbeitsplätze wohnnah zugeordnet sind.

Eine vollkommen anders gerichtete Entwicklung in einem Industriestaat in einer Region ähnlicher Ausdehnung wie Peking wird in Los Angeles deutlich, wo kein Radverkehr mehr stattfinden kann und ein Fußgänger – im Verdacht, ein Landstreicher zu sein – argwöhnisch beobachtet wird (RUWENSTROTH u. a. 1985, S. 149/150).

8.2 Verkehrsanalysen und angewandte Stadtgeographie 163

Tab. 19 Entwicklung des Radwegebaus in der Bundesrepublik Deutschland 1964 bis 1974

Jahr	Gesamt-Radweglänge in km (einschl. Stadtgebiete, ein- oder beidseitig)	Veränderung absolut	in %
1964	8 151		
1965	8 724	573	7,0
1966 1967	9 993	1 269	14,5
1968	10 360	367	3,7
1969 1970	15 805	4 667^2	45,0
1971	15 805	778	5,2
1972	16 512	706	4,5
1973	16 954	442	2,7
1974	17 533	578	3,4

(Quelle: RUWENSTROTH u. a. 1985, S. 150, nach Angaben des Statistischen Bundesamtes Wiesbaden)

Wesentliche *Bestandteile der Radverkehrsanlagen* sind die Quantität und die Qualität der Radwege. Ihre Streckenlänge hat sich in der Bundesrepublik Deutschland von 1964 bis 1974 mehr als verdoppelt (Tab. 19). Trotzdem macht ihr Anteil nur etwa 4 % des Gesamtstraßennetzes aus. Regionale Schwerpunkte sind vornehmlich in Niedersachsen, Nordrhein-Westfalen, Schleswig-Holstein, teilweise in Hessen und in den Stadtstaaten zu erkennen.

Grundlagen und Richtlinien der Radwegeplanung

Der Ausbau von Radwegen im Stadtbereich wird nach unterschiedlichen Gesichtspunkten vorgenommen. Soweit die räumlichen Verhältnisse es zulassen, orientiert man sich an den „vorläufigen Richtlinien für Radverkehrsanlagen" von 1963 (1981 überarbeitet) (RUWENSTROTH u. a. 1985, S. 152 f.).

Tab. 20 Breite der Radwege an Stadtstraßen

| Breite der Radwege | Typ des Radweges | | | |
	Radstreifen	Radüberweg	Bordsteinradwege	Radwege mit Trennstreifen
Fahrzeugbreite	0,60	0,60	0,60	0,60
Bewegungsraum	1,00	1,00	1,00	1,00
Sicherheitsraum zur Fahrbahn	–	–	0,70	1,50
Wegbreite mit Sicherheitsstreifen			(1,50)	(2,30)
1-spurig	1,00		1,70	2,50
2-spurig	2,00	2,00	2,30	3,10

( ) = Mindestmaß
(Quelle: Vorläufige Richtlinien für Radverkehrsanlagen, 1963, zitiert in: RUWENSTROTH u. a. 1985, S. 153)

8 Verkehrsstrukturen und Verkehrspolitik im Verdichtungsraum

Tab. 20 zeigt im einzelnen, wie die Radwege dimensioniert werden. Zu ergänzen sind die Radwegesondertypen, die die Dimensionierung für einzelne, auf dem Radweg zulässige Verkehrsabläufe bestimmen (Tab. 21).

Tab. 21 Breite von Radwegesondertypen

Typ	Breite des Radweges
Zwei-Richtungsverkehr (3-spurig)	3,00 m
Rad-Mopedweg an Landstraßen	2,75 m
Radfahrer auf der Kfz-Fahrbahn	4,00 m

(Quelle: RUWENSTROTH u. a. 1985, S. 153)

Die räumliche Enge im Innenstadtbereich bleibt allerdings häufig bestimmend für die Dimensionierung von Radwegen. Dies hat zur Folge, daß teilweise auch ganz auf Radwege verzichtet wird, da die Fahrbahn für den Kfz-Verkehr nicht reduziert werden darf (!) oder der Radverkehr, soweit die Fußwegbreite bzw. das Fußgängeraufkommen es erlauben, auf den Fußweg verlegt wird. Deshalb wird die Forderung der Richtlinie, Bordsteinradwege bei Haltestellen, Parkstreifen und Längsparkstreifen zu vermeiden, zumindest in den Innenstadtbereichen ebensowenig realisierbar sein wie die Einrichtung von Trennstreifen. Die Folge ist ein deutliches Übergewicht der vorhandenen Radwege in Stadtrandbezirken (RUWENSTROTH u. a. 1985, S. 153).

Tab. 22 Lage der Radwege im Straßenraum

Stadtgröße (E)	abseits der Straße	beidseitig der Straße	einseitig der Straße	nur optisch getrennt (Fahrstreifen)	
	1	2	3	4	5
um 50 000 E	58,1	299,0	311,2	166,2	834,5
	7 %	36 %	28 %	19 %	100 %
um 100 000 E	172,1	697,3	563,1	28,6	1 434,1
	12 %	49 %	37 %	2 %	100 %
um 250 000 E	92,6	410,9	420,9	76,6	1 001,0
	9 %	41 %	42 %	8 %	100 %
um 500 000 E	≥ 65,6 (aus Hannover keine Angaben)	691,7	387,1	62,7	1 207,1
	5 %	57 %	32 %	5%	100 %
1 Mio. E	≥ 79,2 (aus Berlin keine Angaben)	807,2	593,8	119,0	1 599,2
	6 %	51 %	37 %	7 %	100 %
		2 906,1	2 249,1	Angaben in km	

(Quelle: RUWENSTROTH u. a. 1985, S. 153, nach Statistiken der Gruppe Radwegebau 1975)

8.2 Verkehrsanalysen und angewandte Stadtgeographie 165

Wie aus den Auswertungen über die Radwegeführung im Straßenraum (Tab. 22) hervorgeht, sind einseitig an den Straßen verlaufende Radwege noch stark vertreten, werden jedoch im Rahmen der vorhandenen Möglichkeiten durch einen gegenüberliegenden Radweg ergänzt, da die Unfallhäufigkeit an Straßenmündungen infolge Nichtbeachtung durch den Kraftverkehr relativ hoch ist (RUWENSTROTH u. a. 1985, S. 154).

Allgemein ist zu den Radverkehrsanlagen in Deutschland festzustellen, daß es nur wenige Sonderlösungen gibt. Nur vereinzelt werden Versuche zur Straßenraumgestaltung und zur Verbesserung der Radverkehrsanlagen vorgenommen (z. B. München-Unterhaching), jeweils jedoch in einem geringen Umfang, der eine Erfolgskontrolle weitgehend ausschließt (RUWENSTROTH u. a. 1985, S. 154).

Nach RUWENSTROTH u. a. sollen für die Radwegepolitik folgende Maßnahmen im Vordergrund stehen:

„1. Weitgehende Trennung vom Autoverkehr und Ergänzung der Radwege zu Netzen, die allen Verkehrszwecken auf den Hauptverkehrsbeziehungen dienen (Arbeitsweg, Schulweg, soziale Kontakte, Einkaufen, Erholen und Sport),
2. Kreuzungsgestaltung bei Hauptverkehrsstraßen durch gut ausgebildete Ampelkreuzungen, Fahrbahnmarkierungen, seltener Tunnels oder Brücken; bei nachgeordneten Straßen Gestaltung als Vorrangweg für den Radfahrer.
3. Bequeme und zeitsparende Überwindung von Verkehrsbarrieren (Kanäle, Flüsse, Eisenbahnen, Schnellstraßen u. ä.) durch zusätzliche Fußgänger- bzw. Radfahrerbrücken; Durchquerung der Fußgängerzonen (Innenstadtbereiche) durch spezielle Radwegtrassen oder attraktive Umgestaltung paralleler Nebenstraßen.
4. Verbesserung der Rad-Abstellmöglichkeiten durch überdachte Stände und teilweise Fahrrad-Parkhäuser an wichtigen Zielpunkten (Bahnhof, Fußgängerzonen, öff. Einrichtungen)." (RUWENSTROTH u. a. 1985, S. 154)

Durchsetzbarkeit von Radwegekonzepten

Voraussetzung für die Durchsetzbarkeit eines Radwegekonzepts ist die Mehrheit im Stadtrat der betroffenen Gemeinde. Diese ist jedoch insbesondere in kleineren Städten und im ländlichen Raum nicht leicht zu finden. Das Fahrrad ist bei den Politikern und Planern häufig noch nicht als gleichberechtigtes Straßenverkehrsmittel anerkannt. Darüberhinaus zwingt der Haushalt einer Kommune dazu, Prioritäten zu setzen und, da Radwege meist keine Priorität haben, werden vielfach gar keine Radwege gebaut. Fahrradfreundliche Maßnahmen benötigen jedoch eine breite Mehrheit im Stadtrat, denn bei Maßnahmen, die den motorisierten Individualverkehr negativ beeinflussen könnten, ist mit Widerständen insbesonders artikulationsstarker Bevölkerungsschichten zu rechnen.

Aufgrund der Verkehrsüberlastung der Innenstädte wird sich wohl gerade in Verdichtungsräumen eine Mehrheit im Stadtrat finden lassen. Insbesonders dort gibt es jedoch Probleme bei der Radwegeplanung, da um die bereits verteilte Ressource

166   8 Verkehrsstrukturen und Verkehrspolitik im Verdichtungsraum

„Fläche" mehrere Verkehrsarten konkurrieren. Autofahrer sehen zwar ein Radwegenetz meist als sinnvoll an, insbesonders wenn sie selbst Radfahrer sind. Sie sind aber im Normalfall nicht bereit, Verkehrsflächen an die Radfahrer abzugeben, die bislang dem fließenden oder ruhenden Individualverkehr zur Verfügung standen.

Insgesamt gesehen ist allerdings sowohl in den Stadtparlamenten wie auch bei der Bevölkerung eine größere Aufgeschlossenheit gegenüber dem Fahrradverkehr, zumindest in den Verdichtungsräumen festzustellen.

8.2.4 Parkraum-Management und Parkraum-Marketing in Verdichtungsräumen

Der Problemkreis „ruhender Verkehr"

Eines der größten Probleme bei der Umsetzung von Verkehrsberuhigungskonzepten ist der „ruhende Verkehr". Der Flächenbedarf des Parkens steht in harter Konkurrenz zu dem Wunsch nach mehr Grün- und Freiflächen in der Stadt. Nicht nur der Flächenbedarf des ruhenden Verkehrs stellt ein Problem dar, auch das durch den „Parksuchverkehr" verursachte Verkehrsaufkommen und die hieraus folgenden Umweltbelastungen wirken einer Verringerung des Stadtverkehrs entgegen. Parkende Fahrzeuge am Straßenrand behindern zusätzlich Fußgänger- und Fahrradverkehr und machen für diese die Nutzung des Straßenraumes relativ unattraktiv.

In Anlehnung an ROLF MONHEIM (1988a) kann man im Bereich des Parkens von *acht Problemkreisen* ausgehen:

1. Der Anteil des Berufsverkehrs, also der Dauerparker ist in den meisten Städten immer noch dominierend. Dabei wird üblicherweise die falsche Maßgröße angewandt. Besser als der bislang häufig verwendete „Anteil an Parkvorgängen" wäre der „Anteil an verbrauchter Parkzeit".

2. Die räumliche Verteilung des Parkplatzangebotes ist vielfach zersplittert und unübersichtlich. Die Folge ist ein umfangreicher Parkplatzsuchverkehr, der das innerstädtische Verkehrsnetz unnötig belastet.

3. Die Preisgestaltung bei den Parkgebühren ist häufig undurchsichtig, unkoordiniert und unlogisch bzw. sogar so, daß unerwünschte oder ungünstige Verhaltensweisen der Autofahrer verstärkt werden. Eine Ungleichbehandlung von Nutzern des ÖPNV und Pkw-Benutzern verstärkt die Fehlsteuerung. Stattdessen wären zielbezogene Konzepte nötig.

4. Die interne Organisation der Parkhäuser gibt zum Teil keine Priorität für Kurzparker, sondern reserviert die zentralsten Stellplätze für Dauerparker (Mieter).

5. Bei der Gestaltung von Parkhäusern werden noch viele Fehler gemacht, die potentielle Nutzer abschrecken und somit zu einem verstärkten Parkplatzsuchverkehr führen. Zu nennen sind z. B. zu enge Auffahrten und ungünstig gelegene Ausgänge.

8.2 Verkehrsanalysen und angewandte Stadtgeographie

6. Die Ahndung des Falschparkens wird planungspolitisch oft mißverstanden. Ziel sollte es sein, die Funktionsfähigkeit der Innenstadt aufrecht zu erhalten. Die soziale und funktionale Wirkung des „Schwarzparkens" ist wesentlich nachteiliger als das „Schwarzfahren" in öffentlichen Verkehrsmitteln – trotzdem wird „Schwarzfahren" deutlich mehr sanktioniert.
7. Die Kostenwirksamkeit des kommunalen Verkehrsüberwachungsdienstes wird politisch falsch interpretiert. Es kann nicht darum gehen, daß Personalkosten durch Verwarnungsgelder wieder eingebracht werden. Vielmehr würde sich ein Verkehrsüberwachungsdienst bezahlt machen, wenn überhaupt keine Verwarnung zu erfolgen bräuchte, weil alle korrekt parken. In diesem Fall würde das bestehende Parkangebot optimal genutzt.
8. Zur Förderung eines flexibleren, situationsangemesseneren Verhaltens ist Öffentlichkeitsarbeit zum besseren Verständnis und zur Information der Bevölkerung durch die Stadt, die städtische Wirtschaft und die Parkhausbetreiber unbedingt erforderlich.

Zusätzlich zu diesen parkspezifischen Problemkreisen nennt MONHEIM noch drei *weitere Elemente*, die über den engen Bereich des Parkens hinausgehen (MONHEIM 1988 a).

1. Durch die einseitige Fixierung auf eine Autoerreichbarkeit gerät aus dem Blick, daß die mit anderen Verkehrsmitteln kommenden Innenstadtbesucher für die Existenzfähigkeit des Zentrums ebenfalls von großer, häufig sogar von viel größerer Bedeutung sind, und daß jeder, der auf die Benutzung des Autos verzichtet, zur Verringerung der Parkprobleme beiträgt. Die Stadtzentren sind alleine auf der Basis der Autoerreichbarkeit nicht existenzfähig.
2. Die Pkw-Benutzung und die Rolle des Transportes schwerer und sperriger Güter bei Innenstadtbesuchen wird überschätzt.
3. Die Bedeutung der Verkehrserschließung im Verhältnis zu sonstigen Faktoren der Attraktivität eines Ziels wird insbesonders in bezug auf die spezialisierten Funktionen von Stadtzentren überschätzt. Diese müssen ihre Anstrengungen stärker auf ein City-Management richten, das die spezifischen Vorzüge des Standortes (Dichte und Mischung von Funktionen) in den Mittelpunkt stellt. Dies erfordert systematische Analysen und Steuerung der Wahrnehmung und Bewertung von Problemen und Vorzügen der Innenstädte (Image/Marketing).

Lösungsansätze zum Parkraumproblem in Verdichtungsräumen

Um die Probleme, die sich mit dem „ruhenden Verkehr" verbinden, lösen zu können, wurden in den letzten Jahren eine ganze Reihe von Konzepten entwickelt. Im folgenden sollen zwei solcher Lösungsansätze kurz vorgestellt werden. Es handelt sich dabei um das Konzept der Parkraumbewirtschaftung und um ein Parkierungskonzept, die beide jeweils als Bestandteil einer integrierten Verkehrsplanung zu sehen sind. Im Unterschied zu den bislang im Rahmen dieses Kapitels vorgestellten Leitbildern und Konzepten zum Stadtverkehr steht dabei der Praxisbezug eindeutig im Vordergrund.

8 Verkehrsstrukturen und Verkehrspolitik im Verdichtungsraum

Das Konzept der Parkraumbewirtschaftung am Beispiel München

Ausgehend von der Situation, daß in keiner deutschen und kaum einer europäischen Großstadt ein solches Mißverhältnis zwischen der Nachfrage und dem Angebot an verfügbarem Parkraum herrscht, wie in der Münchner Innenstadt, erläutert KARL TEHNIK (1988) vom Planungsreferat der Landeshauptstadt München sein Konzept zur Problemlösung. Die Folgen der Diskrepanz zwischen Parkraumangebot und -nachfrage (den 13.000 in der Münchner Altstadt vorhandenen Parkplätzen steht an einem durchschnittlichen Werktag eine Nachfrage von rund 80.000 Kfz gegenüber) sind

- eine katastrophale Parkmoral,
- negative Auswirkungen auf das Stadtbild,
- Parkplatzsuchverkehr sowie
- Lärm und Abgase.

Auf der Grundlage, daß sich eine optimale Planung an einem Bündel von kurz-, mittel- und langfristigen Maßnahmen ausrichten sollte, haben die Münchner Planer eine Reihe von Möglichkeiten zur Verbesserung der Situation des ruhenden Verkehrs entworfen:

1) Umprofilierung des öffentlichen Straßenraumes,
2) Parkraumbewirtschaftung,
3) Wechselnutzung,
4) Förderung des ÖPNV,
5) Förderung des Fuß- und Radverkehrs und
6) Bau von Anwohnertiefgaragen.

Das Problem lag allerdings darin, daß diese Maßnahmen entweder aus finanziellen Gründen kaum durchführbar waren (z. B. Anwohnertiefgaragen), ihre Möglichkeiten oft ausgeschöpft waren (Straßenraum) oder auf erhebliche Durchsetzungsprobleme stießen (Wechselnutzung). Als eine der wenigen machbaren kurzfristigen Maßnahmen bei dieser Mangelverwaltung blieb daher die Parkraumbewirtschaftung übrig.

Das *Kernstück des neuen Parkkonzepts* für die Münchner Innenstadt war die Umwandlung einer maximal vertretbaren Anzahl von Parkplätzen im öffentlichen Straßenraum in bewirtschaftete Kurzparkplätze mit einer gestaffelten Parkdauer von ein bis drei Stunden. Die Parkgebühren sollten dabei auf das Mindestniveau der Parkhäuser, d. h. auf DM 2/Stunde angehoben werden. Die Einhaltung dieser Regelung sollte durch strenge Überwachung, u. a. durch die kommunale Parküberwachung (Anfang 1988 eingeführt), gewährleistet werden. Ziele dieser Regelung waren, daß

- weniger, eben nicht notwendige Kfz-Fahrten in die Innenstadt unternommen werden und dadurch der Parkplatzsuchverkehr abnimmt,
- der Anreiz zur Benutzung der öffentlichen Verkehrsmittel vor allem bei längeren Aufenthalten erhöht wird,
- der Fuß- und Radverkehr gefördert wird und

- die Auslastung der vorhandenen Parkhäuser durch Beseitigung des Preisgefälles zwischen Parkständen in Parkbauten und solchen im öffentlichen Straßenraum optimiert wird.

Als nicht unproblematisch erweist sich diese Regelung allerdings im Hinblick auf die Kfz der Anwohner, wobei auch hier Lösungsansätze, etwa durch Befreiung von Parkgebühren oder Bevorrechtigung bestehen.

Das hier kurz vorgestellte Konzept wurde seit Anfang 1989 in der Öffentlichkeit diskutiert und ist nach Einarbeitung von Anregungen aus der Öffentlichkeitsphase 1990 dem Münchner Stadtrat zur Billigung vorgelegt worden.

Parkierungskonzepte für innenstadtnahe Altbaugebiete am Beispiel Frankfurt

Ähnlich wie in München sind auch in Frankfurt die innenstadtnahen Wohn- und Mischgebiete die Hauptproblemgebiete im ruhenden Verkehr. Ohne eine konzeptionelle Ordnung des Parkens werden Parkdruck und damit Belastungen und Belästigungen für Bewohner, Passanten und Autofahrer in diesem Gebiet zunehmen. Auf der Grundlage dieser Ausgangssituation entwickelten JANZ, SCHUSTER, SKOUPIL und TOPP Parkierungskonzepte für innenstadtnahe Altbaugebiete (JANZ u. a. 1988). Parkraum, Straßenkapazität, ÖPNV-Qualität und Park-and-Ride-Konzept sollen dabei zielorientiert zur Steuerung des Stadtverkehrs eingesetzt werden.

Das Beispiel des flächendeckenden Parkierungskonzepts der Stadt Frankfurt am Main zeigt die Methodik einer Parkierungsbilanzierung. Belegungsganglinien als Muster der Parkraumnachfrage im Tagesverlauf von Bewohnern, Beschäftigten, Kunden und Besuchern sind räumlich übertragbar. Diese Muster, kombiniert mit Strukturdaten und Angebotsdaten reduzieren den Aufwand der Nachfrageermittlung in den 27 Stadtbezirken erheblich. Verschiedene Angebotsstrategien zur Deckung des Parkraumbedarfs von Anwohnern und Beschäftigten führen zu vier Angebotsszenarien. Bedarf und Angebot sind veränderbare Größen, die schließlich in einer Parkraumbilanz iterativ aufeinander abgestimmt werden.

Eingangsgrößen für die Parkierungskonzepte sind vorhandene und künftige Flächennutzungen, Parkraumangebote im privaten Bereich und im öffentlichen Straßenraum, Parkraumnachfrage unterschieden nach Nutzergruppen, Nutzungskonkurrenzen im Straßenraum, ÖPNV-Qualität und kommunalpolitische Zielvorgaben.

Ein wesentliches Merkmal der Methodik zur Aufstellung eines flächendeckenden Parkierungskonzeptes ist die Bedeutung der Ortskenntnis im Arbeitsablauf und die frühe Rückkopplung zu den Angebotsmöglichkeiten, was wiederum zu praxisnahen und konkreten Ergebnissen führt.

8.2.5 Entwicklung und alternative Möglichkeiten des innerstädtischen öffentlichen Verkehrs

„Wenn Verkehrsberuhigung auf die Dauer dazu beitragen soll, die Probleme des Autoverkehrs in den Städten zu verringern, dann ist es besonders wichtig, die anderen Verkehrsmittel stärker als bisher zu fördern. Bussen und Bahnen kommt daher bei der Umsetzung flächenhafter Verkehrsberuhigungskonzepte eine besondere Rolle zu. Sie sollen wieder mehr Verkehrsarbeit übernehmen. Sie sollen vom Autoverkehr entlasten." (BUNDESMINISTER FÜR RAUMORDNUNG, BAUWESEN UND STÄDTEBAU 1985 b, S. 118)

Ausgehend von diesem Zitat, stehen in den folgenden Abschnitten die Möglichkeiten von Kooperationen im Rahmen des innerstädtischen öffentlichen Verkehrs im Mittelpunkt der Betrachtungen.

Seit Jahren findet in der Verkehrs- und Stadtplanung eine Diskussion um eine bessere städtebauliche Einbindung des Autoverkehrs und des Straßenbaus statt. Während das rege öffentliche Interesse in Politik und Planung bereits manche Änderungen bewirkt haben (vgl. hierzu z. B. die Änderung des StVG und der StVO von 1980 und die Überarbeitung der Straßenbaurichtlinien (EAE 84)), ist es bislang kaum zu einer vergleichbaren Auseinandersetzung um die *städtebauliche Einbindung* von Anlagen des ÖPNV gekommen.

Dabei können Bahnen und Busse im Stadtverkehr wieder eine weit größere Rolle spielen, wenn ihre bessere städtebauliche Einbindung gelingt, ihre Planung flexibler wird und ihr stadtverkehrspolitischer Vorrang vor dem privaten Autoverkehr auch im planerischen Alltag durchgesetzt wird (MONHEIM 1985 a, S. 119). An Problemen sind dabei insbesondere zu nennen:

- mangelhafte Abstimmung der Siedlungsplanung auf den ÖPNV,
- mangelnder Wettbewerb des ÖPNV mit dem privaten Autoverkehr,
- wachsende Orientierung auf Pendler und hohe Geschwindigkeit,
- Dominanz betriebswirtschaftlicher Aspekte, und
- geringe Flexibilität des ÖPNV (MONHEIM 1985 a, S. 119).

Eine Lösungsmöglichkeit, die zumindest einige dieser Problembereiche abdecken könnte, stellt das Konzept der Verbundsysteme dar, das im folgenden genauer beschrieben werden soll.

Verbundsysteme im öffentlichen Nahverkehr

Verkehrsverbünde und ähnliche Kooperationsformen beinhalten eine Zusammenarbeit verschiedener Verkehrunternehmen, ohne daß diese ihre Selbständigkeit verlieren. Sie sind somit von der Fusion zu unterscheiden. Durch die expansive Stadtentwicklung der letzten Jahrzehnte und die sich daraus ergebenden intensiven Pendlerbeziehungen wurde für die Benutzer des auf das Zentrum ausgerichteten Nahverkehrs ein täglicher Wechsel der Verkehrssysteme notwendig. PAMPEL spricht hier von einer Transportkette, die in Vorverkehr (Zubringer), Hauptverkehr (Basislinien bzw. Sammler) und Nachverkehr unterteilt ist (1974, S. 9).

8.2 Verkehrsanalysen und angewandte Stadtgeographie

Der Wechsel von einem Verkehrssystem auf ein anderes findet an der Nahtstelle zwischen den städtischen Verkehrsträgern mit einer häufigen, schnellen und vornehmlich auf das Zentrum ausgerichteten Bedienung und den Überlandbetrieben mit einem lockeren, oft uneinheitlichen Verkehrsangebot statt (LEDERGERBER 1974, S. 9). Um langfristig dem Individualverkehr eine Alternative entgegenzusetzen, bedurfte es einer Abstimmung der verschiedenen Verkehrsträger in Form von einheitlichen Tarifen und Fahrplanabstimmungen, die die Nachteile des Umsteigens spürbar minderten. Durch den massiven Ausbau des S-Bahn-Netzes in deutschen Großstädten wuchs die Bedeutung der Deutschen Bundesbahn für den städtischen Verkehr. Die Schnellbahnen übernehmen dabei die Funktion des Transportmittels zwischen Stadt und Umland.

Im Bereich der freiwilligen Zusammenarbeit von Verkehrsunternehmen unterscheidet BIDINGER in seinem Kommentar zum Personenbeförderungsgesetz *drei Kooperationsarten*: die Tarifgemeinschaft, die Verkehrsgemeinschaft und den Verkehrsverbund (1980, S. 6 a). Bei der *Tarifgemeinschaft* handelt es sich um einen Zusammenschluß, der sich im wesentlichen auf eine gemeinsame Tarifpolitik und die Verrechnung von Einnahmen oder Einnahmeteilen beschränkt (BIDINGER 1980, S. 6 a). Gemeinsamer Tarif kann hier bedeuten, daß für das Gebiet der Verkehrsgemeinschaft ein einheitlicher Fahrpreis, unabhängig von der zurückgelegten Strecke und der Anzahl der Umsteigepunkte erhoben wird. Da in einem solchen Fall die Langstreckenfahrer auf Kosten der Kurzfahrer den ÖPNV benutzen würden, geht man allerdings in der Regel von einem Zonentarif aus. Demgegenüber wird der Leistungstarif in Abhängigkeit von der erbrachten Beförderungsleistung erhoben.

Mit der *Verkehrsgemeinschaft* sind Kooperationsformen angesprochen, bei denen Absprachen über eine gemeinsame Fahrplangestaltung, gegenseitige Abstimmung des Leistungsangebotes und gegebenenfalls auch über eine betriebliche Zusammenarbeit getroffen werden (BIDINGER 1980, S. 6 a). Möglichkeiten bestehen etwa beim Austausch von Betriebsleistungen (Linientausch, Linienabgabe, Auftragsunternehmen), oder in Form von gemeinsamer Benutzung von Werkstätten und anderer betrieblicher Einrichtungen (STERKAMP 1986, S. 16). Der Begriff Verkehrsgemeinschaft umfaßt an sich alle Kooperationsformen, die unterhalb der Verbundebene existieren. Die jeweilige Intensität der Zusammenarbeit ist unterschiedlich und kann in Art und Form oft in die Nähe des Verkehrsverbundes eingeordnet werden.

Verkehrsverbünde sind Zusammenschlüsse im engeren Sinne, bei denen unabhängig von der Rechtsform außer den von Tarif- und Verkehrsgemeinschaften verfolgten Aufgaben auch gewisse unternehmerische Zuständigkeiten sowie Ordnungs- und Leitungsfunktionen auf eine gemeinsame Einrichtung oder ein Organ übertragen werden (STERKAMP 1986, S. 16).

Bisher war im Zusammenhang der Kooperation im öffentlichen Nahverkehr nur von den beteiligten Unternehmen die Rede. Um das Bild zu vervollständigen, muß aber ebenso auf die Rolle der Gebietskörperschaften im Verbundsystem eingegangen werden, da diese eine wichtige Funktion beim Zustandekommen und Betrieb von gemeinsamen Verkehrsangeboten haben. Dies gilt gerade für Gemeinden bzw.

deren Bürger, die Nutznießer des verbesserten öffentlichen Nahverkehrs sind. Bereits 1974 stellte GAERTNER in einem Erfahrungsbericht über den ersten Verkehrsverbund in Hamburg fest:
„Die Verkehrsverbundgründung ist heute faktisch abhängig von Vereinbarungen mit den Gebietskörperschaften über die Abdeckung betrieblicher Aufwendungen, die durch die Einnahmen nicht gedeckt werden können." (GAERTNER 1974, S. 127)
Von Seiten der öffentlichen Verkehrsunternehmen wird den Städten und Gemeinden eine „Nutznießerverantwortung" und damit die Rolle des Geldgebers zugewiesen. Dadurch sollen Aufwendungen gedeckt werden, die durch die gemeinwirtschaftliche Inpflichtnahme des ÖPNV entstehen würden (CAPRASSE 1977, S. 388). Die Rolle der Gebietskörperschaften bei der Finanzierung, aber auch bei der Gestaltung von Verkehrsverbünden bzw. -gemeinschaften unterstrich die Bundesregierung Anfang der 80er Jahre durch einen neuen organisatorischen Rahmen. Die Grundlagen der Neuorganisation sollten das sogenannte „Zwei-Ebenen-Modell" und das „Drei-Ebenen-Modell" sein.

Das „Zwei-Ebenen-Modell", wie es beispielsweise im Landkreis Hohenlohe erprobt wurde, sieht ein Zusammenwirken zwischen Gebietskörperschaften (im Beispiel der Landkreise und Gemeinden) und Verkehrsunternehmen vor. Das erweiterte „Drei-Ebenen-Modell" sieht neben den beiden Kooperationsebenen eine privatrechtliche Nahverkehrsgesellschaft vor. Als Beispiel kann hier der „Verkehrsverbund Rhein-Ruhr" gelten. Daneben wäre noch das „Dienstleistungsmodell" als Modifikation des „Zwei-Ebenen-Modells" zu nennen. Hier überträgt die Gebietskörperschaft Geschäftsführungsaufgaben gegen Entgelt auf ein geeignetes Verkehrsunternehmen. Ein solches Modell wird etwa im Raum München praktiziert, wo der MVV (Münchener Verkehrsverbund) für die Landkreise mit den dort tätigen Verkehrsunternehmen, die Genehmigungsinhaber bleiben, Verkehrsbedienungsverträge abschließt (BIDINGER 1980, S. 5).

Auf die bedeutende Rolle der Gebietskörperschaften bei der Organisation und Finanzierung des öffentlichen Personenverkehrs wird im nächsten Kapital unter dem Gesichtspunkt des ländlichen Raumes noch näher eingegangen.

Auswirkungen von Verbundsystemen

Über zwanzig Jahre nach Gründung des ersten Verkehrsverbundes läßt sich eine Bilanz über den Einfluß von Kooperationen auf die Entwicklung des städtischen Verkehrs und auf die betriebswirtschaftliche Situation der Verkehrsunternehmen ziehen. Diese Betrachtung findet vor dem Hintergrund einer allgemein verschlechterten Situation der öffentlichen Nahverkehrsanbieter in der Bundesrepublik statt. Sie ist nach Meinung der Verkehrsunternehmen vor allem Folge struktureller Veränderungen im Fahrgastaufkommen, wie etwa zunehmende Arbeitslosigkeit oder Rückgang der Schülerzahlen. Obwohl in allen Verträgen über die Bildung von Verkehrsverbünden und Verkehrsgemeinschaften niedergelegt wurde, daß sich die Verkehrsunternehmen bemühen, möglichst wirtschaftlich zu arbeiten, führte die Kooperation zur gemeinsamen Angebotsgestaltung in den meisten Fällen nicht zu einem solchen wirtschaftlichen Ergebnis (STERKAMP 1986, S. 15). Unbestritten machte

8.2 Verkehrsanalysen und angewandte Stadtgeographie

die Zusammenarbeit verschiedener Nahverkehrsgesellschaften gewisse Rationalisierungserfolge möglich. Etwa dadurch, daß überflüssige Parallelbedingungen abgebaut wurden. Jedoch entstehen andererseits durch einheitliche Tarifierung oder die Gründung von Dachorganisationen (z. B. MVV) mit zusätzlichem Personalbedarf höhere Kosten. CAPRASSE (1977, S. 391) kommt daher zu dem Schluß, daß Kooperationen kein Mittel sein können, um die wirtschaftliche Situation zu bessern. GIRNAU (1980, S. 430) präzisiert diese Aussage noch etwas. Seiner Ansicht nach schlagen die Vorteile eines Verkehrsverbundes nur dort überhaupt durch, wo die Umsteiger einen erheblichen Anteil am Fahrgastaufkommen haben.

Obwohl Kooperationen für die öffentlichen Verkehrsunternehmen nicht unbedingt eine Verbesserung der defizitären Lage brachten, sind Verkehrsverbünde und -gemeinschaften ein wesentlicher Faktor für die Verbesserung des öffentlichen Nahverkehrsangebotes. Sie sind ein Instrument wesentlicher Attraktivitätssteigerung für den Fahrgast. Gemeinschaftarif, abgestimmtes Liniennetz und Fahrpläne, ein vereinheitlichtes Informationswesen sowie eine auf das Gesamtangebot abgestimmte Öffentlichkeitsarbeit und Werbung sind so stark nach außen wirkende Faktoren eines modernen ÖPNV, daß sich die im Einflußgebiet solcher Organisationen wohnende Bevölkerung diesen Vorteil auf Dauer nicht entziehen kann (GIRNAU 1980, S. 431). Die Koordinierung des Leistungsangebotes durch Kooperation der Verkehrsunternehmen hat sich zudem als das bedeutendste Instrument des Marketing im öffentlichen Nahverkehr erwiesen (PAMPEL 1974, S. 39 f.).

Zukunftsorientierte Angebotskonzepte für den städtischen Nahverkehr

Angesichts des weiter steigenden Individualverkehrs bei gleichzeitig stagnierendem, ja in manchen Bereichen rückläufigen Fahrgastaufkommen im öffentlichen Nahverkehr fordert KIEPE eine *Angebotsplanung* des ÖPNV (KIEPE 1986, S. 455). Diese stünde einer bloßen Anpassungspolitik an die vorhandene Nachfrage entgegen. An die Adresse der Gebietskörperschaften geht in diesem Zusammenhang etwa die Aufforderung, die Parallelförderung von ÖPNV und Individualverkehr aufzugeben. Und zwar zugunsten eines stärkeren Engagements im öffentlichen Verkehr. Auch die Siedlungsplanung müsse eine engere Verknüpfung mit dem Verkehrsangebot der öffentlichen Unternehmen erfahren (KIEPE 1986, S. 455). Um die großen Schwankungen im täglichen Pendlerverkehr abzubauen und um zu einer gleichmäßigeren Auslastung der Verkehrsmittel zu kommen, könnte zudem eine Staffelung der Arbeitszeiten großer Unternehmen und Behörden sowie eine Verlegung von Schulanfangszeiten beitragen (vgl. Stichwort „aus der kommunalen Praxis", in: Der Städtetag, H. 10, 1983, S. 672). Die Verkehrsunternehmen könnten dagegen, dem Beispiel der Deutschen Bundesbahn folgend, ermäßigte Tarife für verkehrsschwache Zeiten aufstellen (KIEPE 1986, S. 456). Um die Nachteile des ÖPNV gegenüber dem Individualverkehr weiter abzubauen, gibt es zudem Überlegungen und Versuche, Busse und Straßenbahnen auf eigenen Fahrwegen fahren zu lassen oder etwa Verkehrsampeln durch die öffentlichen Verkehrsmittel manipulierbar zu machen. Solche Maßnahmen tragen dazu bei, den ÖPNV schneller zu machen. Insgesamt müssen damit weitere Anstrengungen unternommen werden, um den ÖPNV im Rahmen eines integrierten Stadtverkehrsgesamtkonzepts weiter zu stärken.

9 Verkehrsstrukturen und Verkehrspolitik im ländlichen Raum

9.1 Verkehrspolitik für den ländlichen Raum und ländliche Verkehrsstrukturen

9.1.1 Verkehrspolitik als Teil der Regionalpolitik

Die verkehrspolitische Diskussion auf Bundes- und Landesebene konzentrierte sich, in bezug auf den ländlichen oder peripheren Raum in den letzten Jahren nach einer breiten Auseinandersetzung des Zusammenhangs zwischen *Verkehr und Regionalentwicklung* Mitte der 60er bis Anfang der 70er Jahre häufig auf die beiden Problemkreise der Stillegung von Nebenstrecken der Deutschen Bundesbahn (DB) und des Baues neuer Autobahnen. Dies ist im Anschluß an die Betonung der Infrastrukturpolitik, insbesonders im Hinblick auf die Großinfrastrukturen und ihren Beiträgen für das regionale Wachstum (s. Kap. 5) durchaus schlüssig, wenngleich aus regionaler Sicht nicht immer verständlich. Dabei wird häufig der für die regionale Verkehrsbedienung weit bedeutsamere öffentliche Verkehr übersehen oder zurückgestellt.

Bewußt soll deshalb neben der Diskussion der überregionalen verkehrspolitischen Konzepte und der allgemeinen Verkehrsstrukturen im ländlichen Raum (Abschnitt 9.1) auf den Schienenverkehr speziell (9.3) und alternative Konzepte (9.4) eingegangen werden.

Was nun die Veränderungen der Verkehrsstrukturen und der Verkehrspolitik in den peripheren Räumen betrifft, so ist festzuhalten, daß gravierende Angebotseinschränkungen der Deutschen Bundesbahn bereits in den 50er und 60er Jahren erfolgt sind und weitere Stillegungen wohl noch folgen werden. Der Rückzug der DB aus der Fläche, zum Teil Schuld eines nicht marktgerechten und unflexiblen Angebots, zum Teil jedoch auch Schuld der Bevölkerung aus Bequemlichkeit oder gar Prestigegründen, hat zu einer ständigen Zunahme des Pkws als dominierendem Verkehrsmittel im Personenverkehr geführt.

Im Güterverkehr ist ein Anstieg des Straßengüternah- und -fernverkehrs festzustellen und die neueren Modelle der DB, wie etwa der Ausbau der Lagerfunktion in ausgewählten Zentren (Inter-Cargo, bis hin zum Konzept der Güterverteilzentren) wird diesen Entwicklungsgang wohl noch betonen.

Gerade deshalb stellt sich für die Regionalpolitik und ihre Ziele, ergänzt durch die Forderung nach Reduzierung der Umweltbelastungen und der Energieeinsparung, die Frage nach einer notwendigen Erhaltung des Schienenverkehrs und einer Verbesserung bzw. einer möglichen Nachfragesteigerung im ÖPNV. Die hierfür notwendigen programmatischen und rechtlichen Grundlagen liegen durchaus sowohl auf Bundes- wie auch Landesebene vor. Erinnert sei nur an die Entscidungen und Programme auf Bundesebene, wie etwa den Verkehrsbericht der Bundesregierung vom Dezember 1984, in dem als Ziel der Verkehrspolitik neben einem bedarfsgerechten Ausbau der Verkehrsnetze auch eine regionale Erschließung und Anbindung unter Beachtung der Schutzwürdigkeit von Umwelt, Natur und Landschaft sowie der städtebaulichen Belange gesehen wird (BUNDESMINISTER FÜR VERKEHR 1984, S. 1, 166 ff. und 39 ff.). Die „programmatischen Schwerpunkte der Raumordnung" von 1985 gehen noch einen Schritt weiter und fordern im Anschluß an die Bodenschutzkonzeption der Bundesregierung eine Abwägung zwischen Verbesserungen der verkehrsmäßigen Erschließung sowie – andererseits – dem zusätzlichen Flächenverbrauch und den sonstigen Umweltbelastungen, bis hin zur Prüfung der Auswirkungen auf den Raum in Gestalt einer Umweltverträglichkeitsprüfung (UVP) (BUNDESMINISTER FÜR RAUMORDNUNG, BAUWESEN UND STÄDTEBAU 1985 a, S. 4–10).

9.1.2 Hintergründe und Entwicklung des Verkehrs im ländlichen Raum

Obwohl immer noch Dauerthema in der raumordnungspolitischen Diskussion, deuten verschiedene Entwicklungen der letzten Jahre auf eine grundsätzliche Veränderung in der verkehrspolitischen Behandlung des ländlichen Raumes hin. Eine Vielzahl konkreter Maßnahmen zur Neuordnung des öffentlichen Verkehrs (wie etwa die Integration des Postbusbetriebs in die DB, Verkehrsverbünde in der Fläche, Anrufbussysteme, Linientaxis und andere, in Abschnitt 9.4 dargestellte alternative Bedienungsformen) läßt auf Bundes-, Landes- und Kommunalebene zumindest das Ende einer längeren Phase deutlicher Passivität und Konzeptionsschwäche erkennen (HEINZE u. a. 1982, S. 30). Zudem zeichnet sich die Notwendigkeit einer langfristigen Aufgaben- und Strategiediskussion des ÖPNV im ländlichen Raum, wie auch in Ballungskernrändern und Mittelstädten ab (z. B. NICLAS 1980, S. 127–136, zitiert in: HEINZE u. a. 1982, S. 30).

Die entscheidende Grundlage für das Angebot von öffentlichen Versorgungsleistungen ist der tatsächliche und potentielle Bedarf. Im ländlichen Raum ist dieser, im Unterschied zum Ballungsraum, allerdings meist gering und räumlich weit gestreut. Der öffentliche Personenlinienverkehr aber ist auf die Beförderung von gebündelter, relativ homogener Nachfrage zwischen Knotenpunkten gerichtet, wodurch der Individualverkehr mit seiner Anpassungsfähigkeit an disperse Verteilungsmuster von Wohnstandorten, Arbeitsplätzen und Versorgungseinrichtungen stark begünstigt wird und immer mehr die Rolle des beherrschenden, allgemeinen Verkehrsmittels übernommen hat (HEINZE u. a. 1982, S. 30).

Vor diesem Hintergrund ist jedoch die Einsicht von besonderer Bedeutung, daß größere Veränderungen in der Verkehrsmittelwahl zugunsten des öffentlichen Verkehrs kaum durch einseitige Attraktivitätssteigerung im ÖPNV zu erzielen sind, sondern im Rahmen einer aufeinander abgestimmten Zangenpolitik durch deutliche Attraktivitätsminderungen des Individualverkehrs unterstützt werden müssen (HEINZE u. a. 1982, S. 30). Wobei allerdings bemerkt werden muß, daß ein solcher Ansatz selbst in städtischen Gebieten auf großen Widerstand stößt und im ländlichen Raum auf absehbare Zeit nur sehr schwer durchzusetzen sein wird. Auf ein

mögliches Steuerungsinstrument, die regionale Staffelung der Mineralölsteuer, wurde in anderem Zusammenhang bereits hingewiesen (Abschnitt 6.3).
Die *künftige Entwicklung des Individualverkehrs* wird kontrovers diskutiert. Während die einen das weitere Wachstum dieses beherrschenden „Problemlösers" nachfrageschwacher Teilräume durch steigende Energiepreise und ökologische Massenbelastungen von Ausgleichsräumen gefährdet sehen, prognostiziert z. B. das DEUTSCHE INSTITUT FÜR WIRTSCHAFTSFORSCHUNG in Berlin (DIW) eine weitere erhebliche Zunahme des Individualverkehrs (1980, S. 355 – 366). Ausgehend von einer Reihe von Annahmen über die gesamtgesellschaftliche Entwicklung zwischen 1976 und 2000:

„– Rückgang der Gesamtbevölkerung von 61 auf 56 Millionen,
- Zunahme der privaten Haushalte von 23,5 auf 24,5 Millionen,
- Zunahme der fahrfähigen Bevölkerung (18 – 70-jährige) um 5 %,
- konstante Erwerbsbevölkerung,
- sinkende Schüler- und Studentenzahlen von 11,3 auf 8,3 Millionen, d. h. um etwa ein Viertel,
- Verringerung der jährlichen/wöchentlichen Arbeitszeit um 25 %,
- abgeschwächtes, aber doch deutliches wirtschaftliches Wachstum des realen Bruttoinlandsproduktes von etwa 3,5 % pro Jahr bis 1990 und 2,5 % pro Jahr von 1990 bis 2000,
- mit deutlichen realen Preissteigerungen für Kfz-Kraftstoff bei deutlichem Rückgang des mittleren Kraftstoffverbrauchs pro Fahrzeug sowie
- keine grundsätzlichen Änderungen der deutschen Verkehrspolitik."

DEUTSCHES INSTITUT FÜR WIRTSCHAFTSFORSCHUNG 1980, S. 355 –366, zitiert in: HEINZE u. a. 1982, S. 31)
folgert das DIW:
- die Zunahme des Pkw-Bestandes von 18,9 auf 29,4 Mio., d. h. von 310 Pkw/1000 E (1976) auf 525 Pkw/1000 E (2000),
- das weitere Verkehrswachstum wird vom Individualverkehr getragen, der Anteil des öffentlichen Verkehrs geht hinsichtlich der beförderten Personen ebenso wie der geleisteten Personenkilometer von 22 % auf 16 % relativ zurück,
- der Ausbildungs- und Berufsverkehr nimmt drastisch ab, der Freizeitverkehr zu (von 29 % auf 36 % der beförderten Personen und von 37 % auf 40 % der geleisteten Personenkilometer),
- die Wachstumsraten des Fernverkehrs (über 50 km) sind vier- bis fünfmal so hoch wie diejenigen des Nahverkehrs (unter 50 km).

Obwohl diese Nachfrageentwicklung vom Bundesminister für Verkehr in ihren Grundtendenzen anerkannt wurde, sah man doch einige Kritikpunkte (insbes. eine Überbewertung des Freizeit- und Urlaubsverkehrs), so daß die DIW-Prognosewerte im Endeffekt als denkbare Obergrenze angesehen wurden (BUNDESMINISTER FÜR VERKEHR (REF. A25) 1981).

Wie richtig die Einschätzung des BMV diesbezüglich zumindest bis etwa Mitte der 80er Jahre war, zeigt die folgende Tab. 23.

Tab. 23 Verkehrsleistungen im Personenverkehr 1979 bis 1984 nach Verkehrsarten in Mrd. Personenkilometer (PKM)

Verkehrsart	1979	1980	1981	1982	1983	1984
Individualverkehr	465,2	470,3	445,8	460,5	473,4	484,1
Verkehr insgesamt	590,6	598,6	577,0	588,2	598,7	606,1

(Quelle: BUNDESMINISTER FÜR VERKEHR 1985 a, S. 167)

Selbst im Hinblick auf die Tatsache, daß keine der beiden Prognosen zwischen verschiedenen Raumtypen unterscheidet, liegen Konsequenzen für die ländlichen Räume auf der Hand. Insbesonders für dünn besiedelte, strukturschwache Gebiete ist, unter sonst gleichen Bedingungen, mit einer erheblichen Verschärfung der ÖPNV-Versorgung zu rechnen (HEINZE u. a. 1982, S. 35).

9.1.3 Zusammenhang zwischen Siedlungsstruktur und Verkehrsbedienung in der Fläche

Das Grundproblem der Verkehrsversorgung ländlicher Räume bildet die geringe durchschnittliche Bevölkerung im ländlichen Raum und ihre hohe Streuung. Dadurch wird eine allgemeine zugängliche Verkehrsbedienung durch Massenverkehrsmittel erschwert, da diese aus technischen und vor allem ökonomischen Gründen auf die Bündelung der Nachfrage angewiesen sind. Begünstigt werden die weitaus flexibleren Individualverkehrsmittel, die nahezu jeden Punkt im Raum erreichen können. Problematisch ist dabei, daß allgemein die tatsächlichen direkten und indirekten Kosten dieses Verkehrsmittels (insbesonders volkswirtschaftlich) vernachlässigt werden. Dazu rechnet man die Personalkosten des Fahrzeugführers, Abschreibungen und zahlreiche externe Kosten, worunter insbesondere die Kosten für die Beeinträchtigungen der Umweltbedingungen zu verstehen sind (HEINZE u. a. 1982, S. 41).

In Anlehnung an HEINZE u. a. kann man die Veränderungen der Pkw-Dichte und der Siedlungsstruktur sowie die Zersplitterung des allgemeinen öffentlichen Linienverkehrs als wichtige Elemente ländlicher Verkehrsentwicklung, vor allem aber als verschiedene Erscheinungsformen des zugrundeliegenden Prozesses ansehen (HEINZE u. a. 1982, S. 41).

Ein wesentliches Element in diesem, in Anlehnung an die Entwicklungstheorien auch als „circulus vitiosus" zu bezeichnenden Schemas ist die private *Massenmotorisierung*. Die Pkw-Dichte der Landkreise (hier grob mit dem ländlichen Raum gleichgesetzt) lag bis etwa 1970 unter und ab diesem Zeitpunkt über den entsprechenden Werten der Verdichtungsräume. Mit 137 Pkw/1000 E lag der Dichtewert in den Landkreisen im Jahre 1964 noch deutlich sowohl unter den entsprechenden Werten für die Großstädte (153 Pkw/1000 E) und übrigen kreisfreien Städte (145

Pkw/1000 E) als auch unter dem Bundesdurchschnitt aller Kreise (143 Pkw/1000 E). 1970/71 wiesen alle genannten Gebietskategorien nahezu identische Werte auf, wohingegen danach die Landkreise immer deutlicher den Spitzenplatz in der Motorisierung einnahmen (HEINZE u. a. 1982, S. 41).

Am Beispiel des niedersächsischen Landkreises Lüchow-Dannenberg zeigt sich die immer weiter fortschreitende Konzentration der Bevölkerung in immer weniger Gemeinden, wobei die Größe der Gemeinden infolge der generellen Bevölkerungsabnahme trotz der Konzentrationstendenzen abnimmt.

Zwischen 1961 und 1970 hat vor allem die Zahl der kleinen zu Lasten der Mittelgemeinden zugenommen. Grundsätzlich nimmt das bereits kleine Nachfragepotential des Landkreises ständig ab und verteilt sich immer ÖPNV-unfreundlicher. Während der leichte Bevölkerungszuwachs der Großgemeinden lediglich die Aufrechterhaltung eines Mindestnetzes begünstigt, verschlechtert die Zahl der Kleingemeinden die Rentabilitätsverhältnisse im Linienbetrieb (bei unveränderter Streckenbedienung) (HEINZE u. a. 1982, S. 47).

Auf das dritte zentrale Element der Schwierigkeiten in der Versorgung des ländlichen Raumes, die *Zersplitterung des allgemeinen Linienverkehrs,* wird im Rahmen der rechtlichen Rahmenbedingungen des öffentlichen Personennahverkehrs noch intensiver eingegangen (Abschnitt 9.2.1.1). Dabei handelt es sich im wesentlichen um die verschiedenen Formen der öffentlichen Personenbeförderung nach dem Personenbeförderungsgesetz (PBefG).

Insgesamt lassen sich drei allgemeine Aussagen zum Zusammenhang zwischen Siedlungsstruktur und Verkehrsbedienung in der Fläche treffen:

1. Die Dichte der Verkehrsbedienung steht in unmittelbarem Zusammenhang mit der Dichte der Besiedlung. In den Landkreisen ländlich geprägter Räume stehen Gebiete mit einer befriedigenden ÖPNV-Bedienungsqualität (ländliche Zentren und Siedlungsachsen) Gebieten mit einer Unterversorgung im ÖPNV gegenüber.

2. Die ländlich strukturierten Landkreise im Umfeld großer Ballungsräume werden durch die räumliche Nähe der Verkehrsverbünde mit ihren gut ausgebauten Verkehrsnetzen in die Verbundplanung und -finanzierung einbezogen und erreichen damit einen vergleichsweise hohen ÖPNV-Standard: S-Bahnen werden gebaut, Fahrpläne und Liniennetze der Buslinien werden auf die S-Bahnen abgestimmt, Gemeinschafts- und Übergangstarife werden eingeführt, die Infrastruktur (insbesonders an den Umsteigepunkten) wird wesentlich verbessert und die Finanzierungsbeteiligungen der Landkreise werden vertraglich vereinbart.

3. Die Verkehrsbedienung in der Fläche wird zudem von einer Vielzahl weiterer Faktoren beeinflußt, die in keinem unmittelbaren Zusammenhang mit der Siedlungsstruktur stehen. Hierzu zählen u. a. unterschiedliche rechtliche und finanzielle Rahmenbedingungen, Zuständigkeiten und ÖPNV-Zielsetzungen in den Ländern, Kreisen und Gemeinden (BUNDESMINISTER FÜR RAUMORDNUNG, BAUWESEN UND STÄDTEBAU 1987, S. 14; für die neuere Entwicklung vgl. BUNDESMINISTER FÜR VERKEHR 1989) (siehe Abschnitt 9.2).

9.1.4 Verkehrsverhalten und Erreichbarkeitsverhältnisse

In bezug auf ihre allgemein zugängliche Verkehrsversorgung durch den öffentlichen Verkehr weisen alle Typen des ländlichen Raumes Linien auf, die erfahrungsgemäß die meisten Siedlungen in irgendeiner direkten oder indirekten, temporären oder dauernden Weise an das ÖPNV-Netz anschließen (HEINZE u. a. 1982, S. 58). Diese Art von Netzanschluß besteht jedoch meist nur in einer oder zwei Linien, die radial einem Zentrum zustreben und kaum Querverkehr gestatten. Die Erreichbarkeit anderer Nah- oder Fernziele ist insofern eingeschränkt, als sie einen gebrochenen Verkehr erfordern, der selbst zu geographisch nahe gelegenen Zielen häufig große Umwege mit sich bringt. Mit sinkender Bevölkerungsdichte nimmt auch die Bedienungshäufigkeit insbesonders in den Randzeiten rapide ab, wobei zunächst der Spätverkehr (ab 20 Uhr) und häufig der gesamte Wochenendverkehr entfällt. An Werktagen weist die Bedienungshäufigkeit, je nach Lage und Größe des Ortes erhebliche Differenzierungen auf. Zusätzlich zu dieser Problematik sind die Fahrpläne und Tarife auf den einzelnen Netzteilen nicht aufeinander abgestimmt und bringen entsprechende Übergangsschwierigkeiten mit sich (HEINZE u. a. 1982, S. 58).

Neben den angebotsorientierten Erreichbarkeitsverhältnissen, wie sie bei der weiteren Behandlung der alternativen Konzepte (Abschnitt 9.4) noch genauer an konkreten Beispielen dargestellt werden, spielt das *Verkehrsverhalten* der Einwohner ländlicher Räume eine entscheidende Rolle. Über das tatsächliche Verkehrsverhalten von Bewohnern verschiedener Strukturtypen ländlicher Räume als entscheidendem Pendant ihres Ausstattungs- und Versorgungsgrades liegen allerdings bislang nur relativ wenige Untersuchungen vor (HEINZE u. a. 1982, S. 70). Neben der schon älteren Studie von STEIN und VOIGT (STEIN und VOIGT 1978) ist hier besonders die KONTIV-Sonderauswertung von PRIEBS und SINZ aus dem Jahr 1980 (PRIEBS und SINZ 1979, S. 659–668 und SINZ 1982, S. 545–558) sowie die Arbeiten von HEINZE und seinen Mitarbeitern anzuführen (HEINZE u. a. 1982). Die hierbei gewonnenen Aussagen zu Fahrtzweck, Fahrtzeit, Fahrtentfernung und Geschwindigkeit wurden nach Gemeindegrößenklassen und Regionstypen differenziert und dem Bundesdurchschnitt gegenübergestellt (Tab. 24).

Die bestehenden Unterschiede sollten jedoch nicht den Blick für dieses erstaunlich ausgeglichene Gesamtbild verstellen. Wie PRIEBS und SINZ betonen, zeigt sich in den vorliegenden Differenzierungen die Abhängigkeit regionaler Unterschiede von den Gemeindegrößenklassen (und der damit korrelierten Zentralität von Orten) wesentlich stärker als von den verschiedenen Raumstrukturtypen. Kleine Orte weisen fast immer deutlich höhere Fahrtzeiten und Fahrtweiten auf. In bezug auf diese Kriterien sind Orte mit Einwohnerzahlen von 20.000 bis 30.000 besonders begünstigt. In Großstädten über 300.000 Einwohnern steigen diese Werte jedoch wieder an, wohingegen die Geschwindigkeiten in den kleinen Orten am höchsten und in den Großstädten am niedrigsten liegen, was vor dem Hintergrund der Hypothese eines relativ stabilen Reisezeitbudgets wieder verständlich wird (HEINZE u. a. 1982, S. 70).

9 Verkehrsstrukturen und Verkehrspolitik im ländlichen Raum

Tab. 74 Fahrtzeiten, -entfernungen und -geschwindigkeiten von Pkw-Fahrten nach Gemeindegrößenklassen und Siedlungsstrukturtypen in der Bundesrepublik Deutschland im Zeitraum 1975–1977

	Gemeindegrößenklasse (Einw.)	Siedlungsstrukturtypen				
		stärker verdichtet		weniger verdichtet		
		Verd.raum-anteil > 50 %	Verd.raum-anteil < 50 %	mit Verd. kern	ohne Verd. kern	Zeilendurchschnitt
		Typ A 1	Typ A 2	Typ B 1	Typ B 2	
Mittlere Fahrzeiten (in Min) und Abweichungen vom Bundesdurchschnitt (in %)	1 unter 2 000 Ew	22,6 + 2,7	23,8 + 8,2	26,3 + 19,6	23,3 + 5,9	23,4 + 6,4
	2 2 000 bis unter 5 000 Ew	22,5 + 2,3	21,6 − 1,8	21,8 − 0,9	19,9 − 10,0	21,4 − 2,7
	3 5 000 bis unter 20 000 Ew	23,6 + 7,3	21,8 − 0,9	20,4 − 7,3	21,1 − 4,1	22,2 + 0,9
	4 20 000 bis unter 100 000 Ew	21,2 − 3,6	21,7 − 1,4	20,4 − 7,3	21,4 − 2,7	21,2 − 4,1
	5 100 000 bis unter 300 000 Ew	21,0 − 4,5	20,6 − 6,4	22,7 + 3,2	–	20,9 − 5,0
	6 300 000 bis unter 500 000 Ew	22,2 + 0,9	23,0 + 4,6	–	–	22,2 + 0,9
	7 über 500 000 Ew	24,0 + 9,1	22,0 ± 0,0	–	–	23,6 + 7,3
	Spaltendurchschnitt	22,4 + 1,8	21,4 − 2,7	21,2 − 3,6	21,4 − 2,7	22,0
Mittlere Fahrtentfernungen (in km und Abweichungen vom Bundesdurchschnitt (in %)	1 unter 2 000 Ew	18,4 + 19,7	15,8 + 15,3	19,6 + 43,1	15,3 + 11,7	16,1 + 17,5
	2 2 000 bis unter 5 000 Ew	14,9 + 8,8	14,0 + 2,2	14,2 + 3,7	12,7 − 7,3	13,9 + 1,5
	3 5 000 bis unter 20 000 Ew	15,3 + 11,7	13,8 + 0,7	13,3 − 2,9	13,8 + 0,7	14,4 + 5,1
	4 20 000 bis unter 100 000 Ew	13,1 − 4,4	13,3 − 2,9	12,4 − 9,5	12,4 − 9,5	12,9 − 5,8
	5 100 000 bis unter 300 000 Ew	11,5 − 16,1	12,4 − 9,5	14,7 + 7,3	–	12,0 − 12,4
	6 300 000 bis unter 500 000 Ew	12,8 − 6,6	16,1 + 17,5	–	–	13,0 − 5,1
	7 über 500 000 Ew	14,3 + 4,4	13,2 − 3,6	–	–	13,7 ± 0,0
	Spaltendurchschnitt	13,8 + 0,7	13,2 − 3,6	13,8 + 0,7	13,5 − 1,5	13,7

Tab. 24 (Fortsetzung)

Gemeindegrößen-klasse (Einw.)		Siedlungsstrukturtypen				Zeilen-durch-schnitt
		stärker verdichtet		weniger verdichtet		
		Verd.raum-anteil > 50 %	Verd.raum-anteil < 50 %	mit Verd. kern	ohne Verd. kern	
		Typ A 1	Typ A 2	Typ B 1	Typ B 2	

		Typ A 1	Typ A 2	Typ B 1	Typ B 2	
Mittlere Geschwindig-keiten (in km/h) und Abweichungen vom Bundesdurch-schnitt (in %)	1 unter 2 000 Ew	43,6 +16,0	39,8 + 6,1	44,7 +19,2	39,4 + 5,1	41,3 +10,1
	2 2 000 bis unter 5 000 Ew	39,7 + 5,9	36,9 + 3,7	39,1 + 4,3	36,3 + 2,1	39,0 + 4,0
	3 5 000 bis unter 20 000 Ew	36,9 + 3,7	36,0 + 1,3	39,1 + 4,3	39,2 + 4,5	38,9 + 3,7
	4 20 000 bis unter 100 000 Ew	37,1 – 1,1	36,8 – 1,9	36,5 – 2,7	34,8 – 7,2	36,5 – 2,7
	5 100 000 bis unter 300 000 Ew	32,9 – 12,3	36,1 – 3,7	38,9 + 3,7	– –	34,4 – 8,3
	6 300 000 bis unter 500 000 Ew	34,6 – 7,7	42,0 +12,0	–	–	36,1 – 6,4
	7 über 500 000 Ew	36,8 – 4,5	36,0 – 4,0	–	–	34,8 – 7,2
	Spaltendurchschnitt	37,0 – 1,3	37,0 – 1,3	39,1 + 4,3	37,9 + 1,3	37,5

(Quelle: PRIEBS und SINZ 1979, S. 665 und SINZ 1982, S. 71)

9.1.5 Leitbilder und neue Instrumente der Verkehrspolitik

In Anlehnung an HEINZE u. a. (1982, S. 75 ff.) beeinflussen Datenmangel, Vorerfahrungen und raumordnungspolitische Zielbezogenheit die Beurteilung der gegenwärtigen und zukünftigen Verkehrsversorgung ländlicher Räume, wobei sich die in Theorie und Praxis genannten Argumente in drei weitgehend geschlossene Leitbilder einordnen lassen:

1) Die Anhänger der *gestaltungsinterventionistischen Konzeption* gehen von einer Elastizität der Nachfrage nach Leistungen des ÖPNV in bezug auf die Angebotsqualität aus, die um oder über 1 liegt. Für sie ist das derzeitige geringe Verkehrsbedürfnis nach Leistungen des ÖPNV vor allem das Resultat des unzureichenden Angebotes. Die hohe Verkehrsteilnahme im Individualverkehr sei eher Notstands- denn Wohlstandsmerkmal. Dementsprechend zielen ihre Lösungsvorschläge auf eine höhere Angebotsqualität im ÖPNV über einen längeren Zeitraum ab, um neue Fahrgäste zu gewinnen.

2) Die meist praxisorientierten Vertreter des *anpassungsinterventionistischen Konzeptes* bestreiten die Richtigkeit einer solchen Einschätzung der Nachfrageelastizität. Fahrversuche von ländlichen ÖPNV-Betrieben mit dichterer und weniger dichter Wagenfolge seien wirkungslos geblieben. Offensive Vorschläge seien auf eine Fehleinschätzung der privaten Motorisierung im ländlichen Raum zurückzuführen. Die Zunahme des Individualverkehrs bilde weniger die Folge ungenügender ÖPNV-Qualität, sondern eher das direkte Ergebnis steigernder Einkommen, die latente Nachfrage in effektive umwandelten. Für den ÖPNV dünn besiedelter Zonen sei der betriebswirtschaftlich bedingte Rückzug auf tragfähige Verkehrsachsen bereits mittelfristig absehbar. Die sozialpolitisch notwendige Mindestbedienung könne von privaten Taxi-Unternehmen durchgeführt werden.

3) Die Anhänger der *erhaltungsinterventionistischen Konzeption* orientieren sich an einer verstärkten ÖPNV-Versorgung aus Daseinsvorsorge als politischem Auftrag. Eine Beurteilung der Elastizität der Nachfrage nach Leistungen des ÖPNV in bezug auf die Angebotsqualität sei noch nicht möglich. Voraussetzung hierfür seien Probeeinsätze von unveränderter und erhöhter Bedienungsqualität in vergleichbaren Räumen über einen so langen Zeitraum, daß Verhaltensänderungen sinnvoll erschienen. Zudem sollte kein einheitlicher Elastizitätskoeffizient erwartet werden, da flächenorientierte Bestimmungsgründe (wie Nutzungsstruktur, Lagegunst und ÖPNV-Bedienung als Angebotsfaktoren) von verhaltensorientierten Determinanten (wie Wahrnehmung, Vorstellung, Rollenverhalten und psychologischen Persönlichkeitsmerkmalen als Nachfragefaktoren) räumlichen Interaktionsverhaltens noch immer regional differenzierter sein dürften als gemeinhin angenommen werde (EBERLE 1976, S. 241 – 253).

Die politisch sinnvolle und wünschenswerte Einbeziehung von Aspekten eines umfassend verstandenen Umweltschutzes, der Raumordnungspolitik, Stadtentwicklungspolitik, Schulpolitik u. a. führe zu schwer qualifizierbaren und kaum monetarisierbaren Kosten- und Nutzenpositionen, die aber eine Aufrechterhaltung des ÖPNV-Angebotes in einem Maße erfordere, das über die Sicherstellung des geforderten sozialpolitischen Minimums weit hinausgehe. Der finanziellen Sicherstellung einer Versorgungsgarantie, insbesonders für ÖPNV-Benutzer ohne Alternative, hätten sich organisatorische Maßnahmen zur Kostensenkung und/oder Erlössteigerung unterzuordnen. Hierzu gehöre auch der Vorschlag, eine flächendeckende Mindestbedienung durch kürzere Lauffristen und Auflagen für Linienkonzessionen anzustreben. Kostensenkungen bei unverändertem oder sogar steigendem Angebot sei in strukturschwachen Räumen besondere Aufmerksamkeit zu schenken, da die voraussichtliche wirtschaftliche Entwicklung diesem Raumtyp keine zusätzlichen Finanzierungsmöglichkeiten aus eigener Kraft gestatten werde. Solange die generelle Unbrauchbarkeit der vielen diskutierten Rationalisierungsvorschläge im ländlichen Raum von unabhängiger Seite nicht überzeugend nachgewiesen sei, sei deshalb der Staat zu ihrer Durchführung geradezu verpflichtet.

Bei Restriktionen des ÖPNV im ländlichen Raum sei aus diesem Grunde analog zu überlegen, inwieweit die substitutive Benutzung des eigenen Pkws nicht die (meist defizitäre) Finanzlage der ÖPNV-Systeme in den zugehörigen Oberzentren und Verdichtungsräumen weiter verschlechtern würde. Zur finanziellen Sicherstellung eines ÖPNV-Basisnetzes für Krisenfälle und zur Abdeckung sozialpolitischen Grundbedarfs wird deshalb verschiedentlich eine erlösverbessernde Änderung des Gemeindeverkehrsfinanzierungsgesetzes diskutiert. Mit der Möglichkeit, laufende Betriebsverluste in begrenzter Höhe aus diesen Mitteln zu subventionieren, dürfte eine längerfristige Grundversorgung auch dünn besiedelter Raumteile möglich sein. Gleichzeitig könnte damit dem häufigen Vorwurf entgegengetreten werden, die derzeitige Investitionsfinanzierung aus dem Gemeindeverkehrsfinanzierungsgesetz begünstige einseitig die Verdichtungsräume (vgl. hierzu die Anregungen von KARL GANSER auf der Fortbildungsveranstaltung der AKADEMIE FÜR RAUMFORSCHUNG UND LANDESPLANUNG (Hannover) am 27. und 28.10.1980 in Kiel, sowie NIKLAS 1980, S. 350).

Die Erhaltung einer hohen Flexibilität von Unternehmen, Staat und ländlicher Verwaltung bilde eine wesentliche Offenheit gegenüber heute noch üblichen traditionellen Angebotsformen und Zuständigkeiten. Ausgehend von diesen Leitbildern lassen sich eine ganze Reihe von *neuen Instrumenten* entwickeln. Das verfügbare und derzeit durchsetzbar erscheinende Instrumentarium zur Struktur- und Prozeßgestaltung ermöglicht wegen seiner relativen Wirkungslosigkeit nur eine vage aktive Raumordnungspolitik, die gemessen am Anspruch ihrer Zielsysteme nur vergleichsweise geringe und zudem abnehmende Zielerreichungsgrade aufweisen dürfte. Dieser Eindruck dominierender Zielabhängigkeit ländlicher Raumordnungs- und Verkehrspolitik von ihren Instrumenten ergibt sich vor allem aus der beschränkten Steuerbarkeit räumlicher Strukturwandlungen in demokratischen offenen Marktwirtschaften, aus den überwiegend starren Angebotsstrukturen im öffentlichen Verkehr, aus der bislang vorherrschenden Anpassungsplanung im Infrastruktursektor wie im Bereich öffentlicher Verkehrsbetriebe und aus der Relativierung nationaler Disparitätendiskussion durch den übernationalen Maßstab europäischer Einigung.

Das gemeinsame Ziel aller Maßnahmen auf der Grundlage der drei Leitbilder ist der verbesserte Zugang der ländlichen Bevölkerung zu Einrichtungen, mit deren Hilfe oder in denen ein breites und qualitativ hochwertiges Aktivitätenspektrum ausgeübt werden kann. Diese Optimierung zwischen dem Nachfragepotential, den Versorgungseinrichtungen und der Raumüberwindung findet im sozioökonomischen Rahmen ländlichen Lebensstils statt, wobei sich aus den Möglichkeiten und Mischformen von Nachfragepotential und Versorgungseinrichtungen einerseits und mobilem oder stationärem Ortsverhalten andererseits, vier Hauptlösungsrichtungen ableiten lassen (MOSELEY 1979, S. 155 ff. und HEINZE 1979):

„1) Eine ortsfeste Wohnbevölkerung erhält einen verbesserten raum-zeitlichen Zugang zu vorhandenen ortsfesten Versorgungseinrichtungen in zentraler Lage. ...

2) Eine ortsfeste Wohnbevölkerung wird besser versorgt durch zusätzliche ortsfeste Einrichtungen in disperser Lage. ...

3) Über Abwanderung ländlicher Bevölkerung in zentrale Orte hoher Stufe wird eine materiell höherwertige Dauerversorgung mit ortsfesten Einrichtungen realisiert. Diese Lösungsrichtung beinhaltet aktiv vor allem das Achsen-Schwerpunkt-Konzept als großräumiges Muster sowie siedlungsplanerische Konzentrationen als kleinräumige, innerörtliche Möglichkeiten.

4) Eine ortsfeste Wohnbevölkerung wird mit Hilfe zusätzlicher mobiler Versorgungseinrichtungen besser versorgt. ... " (HEINZE u. a. 1982, S. 81)

Im einzelnen lassen sich nach der Nähe zum Verkehrssektor folgende Schwerpunktbereiche und Einzelmaßnahmen unterscheiden:

- Änderungen der Siedlungsstruktur durch Förderung punkt-axialer Verdichtung als Auffangstruktur großräumig aktiver Sanierung,
- siedlungsplanerische Maßnahmen zur Verbesserung von Nachfragepotential und Einsatzbedingungen des öffentlichen Straßenpersonenverkehrs,
- zeitliche Abstimmung verschiedener Aktivitäten auf das vorhandene öffentliche Verkehrsangebot,
- Förderung mobiler Güter- und Leistungsversorgung,
- organisatorische Verbesserungen im ÖPNV ländlicher Räume,
- Förderung des ÖPNV durch Gebietskonzeptionen,
- integrierte Personen- und Güterbeförderung,
- integrierter Einsatz von Beschäftigten in verschiedenen öffentlichen Tätigkeitsbereichen,
- erhöhte Bedienungshäufigkeit durch zeitliche Fahrtenkonzentration,
- Einführung bedarfsgesteuerter Bussysteme,
- Einführung von Gemeindebussen,
- Integration von Taxis in das ÖPNV-Angebot,
- Förderung von Fahrgemeinschaften und
- staatliche Förderung des Individualverkehrs.

(HEINZE u. a. 1982, S. 81–96).

Einzelne dieser Instrumente und verschiedene Kombinationen werden im Abschnitt 9.4 an konkreten Beispielen näher behandelt.

9.2 Situation des öffentlichen Verkehrs im ländlichen Raum

9.2.1 Rahmenbedingungen des ÖPNV in der Fläche

Rechtliche Grundlagen

Für den öffentlichen Personenverkehr sind Rechtsgrundlagen der Bundesebene dominierend. Nachgeordnete Zuständigkeiten liegen auf der Länderebene und bei den Kommunen. Allgemeine Rechtsvorschriften, die Zuständigkeiten, Genehmigungsverfahren, Betrieb, Aufsicht, Finanzierung, Beförderungsentgelte, Fahrpläne und Sonderformen des Straßenpersonenverkehrs regeln, sind:

- das Bundesbahngesetz (BbG) für den Schienenverkehr der Deutschen Bundesbahn,
- das Allgemeine Eisenbahngesetz (AEG) für den Schienenverkehr der DB und der NE (nichtbundeseigene Eisenbahnen),
- die Landeseisenbahngesetze für die nichtbundeseigenen Bahnen und
- das Personenbeförderungsgesetz (PBefG) für den Straßenpersonenverkehr mit Straßenbahnen, Bussen, Taxen und Mietwagen

(BUNDESMINISTER FÜR RAUMORDNUNG, BAUWESEN UND STÄDTEBAU 1987, S. 14).

Von besonderer Bedeutung für den ÖPNV im ländlichen Raum sind die folgenden Rechtsvorschriften (BUNDESMINISTER FÜR RAUMORDNUNG, BAUWESEN UND STÄDTEBAU 1987, S. 14 f.):

Genehmigung von Linienverkehren nach PBefG:

Die Genehmigung für die Einrichtung und den Betrieb von Kfz-Linienverkehren wird nach § 11 PBefG durch die von den Landesregierungen bestimmten Behörden erteilt, die bei Vorliegen bestimmter subjektiver (u.a. Eignung und Zuverlässigkeit des Antragstellers) und objektiver Genehmigungsvoraussetzungen (z. B. Notwendigkeit des beantragten Verkehrs, Beachtung des Ausgestaltungsrechts der DB für Schienenersatz- und -parallelverkehr) nach § 13 PBefG die Genehmigung zu erteilen haben. Die Genehmigungsbehörde hat dabei nach § 8 Abs. 2 PBefG „im Interesse der Verkehrsnutzer für die Abstimmung oder den Verbund der Beförderungsentgelte und für die Abstimmung der Fahrpläne zwischen den Unternehmen zu sorgen". Sie hat weiterhin, sofern die öffentlichen Verkehrsinteressen es erfordern, nach § 8 Abs. 3 PBefG für die Einrichtung und befriedigende Bedienung zu sorgen und „dabei auf freiwillige Zusammenarbeit oder Zusammenschlüsse der Unternehmer hinzuwirken und das Entstehen zusammenhängender Liniennetze zu fördern".

Genehmigungsbefreiung für freigestellte Schülerverkehre nach PBefG:

Die entgeltfreie Beförderung von Schülern mit Kraftfahrzeugen durch oder für Schulträger vom und zum Unterricht (freigestellte Schülerverkehre) ist nach § 58 Abs. 1 PBefG in Verbindung mit der Freistellungsverordnung von den Vorschriften des Personenbeförderungsgesetzes befreit. Die Einrichtung von freigestellten Schülerverkehren bleibt dabei den Schulträgern überlassen. Deren Notwendigkeit ist jedoch in einigen Ländern von den nach Landesrecht zuständigen Stellen zu bestätigen, um den Vorrang des ÖPNV zu sichern und eine wirtschaftliche Verkehrsbedienung zu ermöglichen. Die Kosten für die Schulerbeförderung werden den Schulträgern bzw. den Trägern der entgeltfreien Schülerbeförderung von den Ländern erstattet.

Ausgleich gemeinwirtschaftlicher Leistungen nach § 45 a PBefG und § 6 a AEG: In das Personenbeförderungsgesetz wurde im Jahre 1976 die Gesetzesvorschrift des § 45 a aufgenommen, nach der den Verkehrsunternehmen für die Beförderung von Personen mit Zeitfahrausweisen des Ausbildungsverkehrs 50 % der Differenz zwischen Sollkosten und Ertrag durch den Bund bzw. die Länder zu erstatten sind. Die durchschnittlichen verkehrsspezifischen Kosten werden durch Rechtsverordnungen des Bundes und der Länder näher bestimmt. Die Leistungen nach § 45 a PBefG stellen einen wesentlichen Beitrag zur Finanzierung des ÖPNV im ländlichen Raum dar, da hier das Fahrgastaufkommen bis zu 70 % aus dem Ausbildungsverkehr stammt.

Dauernde Einstellung des Betriebs einer Bundesbahnstrecke nach BbG:

Unter Beachtung der Grundsätze aus § 28 BbG kann die DB aus finanziellen und/oder verkehrsstrukturellen Gründen die ganze oder teilweise Einstellung des Personen- und/oder Güterverkehrs auf Schienenstrecken beim Bundesminister für Verkehr beantragen. Dabei sind nach § 44 BbG die obersten Landesverkehrsbehörden anzuhören. Der Bundesminister für Verkehr kann nach § 14 Abs. 3 BbG die Genehmigung erteilen oder insbesondere aus verkehrs-, wirtschafts-, finanz- und sozialpolitischen Gründen versagen, sofern er die damit verbundenen Mehraufwendungen, Investitionsausgaben oder Mindererträge nach § 28 a BbG übernimmt.

Vier Entwicklungen haben in den letzten Jahren die Diskussion um die rechtlichen Rahmenbedingungen des ÖPNV in der Fläche wesentlich beeinflußt:

1. Anträge der DB zur Einstellung des Schienenverkehrs,
2. Angebotsreduzierungen im ÖPNV auf Schiene und Straße in ländlichen Räumen als Folge (oder Ursache) sinkender Erträge,
3. das stetige Anwachsen freigestellter Schülerverkehre, die dem ÖPNV in nennenswertem Umfang Fahrgäste entzogen haben, und die gleichzeitig sprunghaft angestiegenen Kosten für diese Schülerverkehre, und
4. die Bemühungen um ÖPNV-Kooperationen im ländlichen Raum in den Bereichen Verkehrsbedienung, Tarif und Organisation

(BUNDESMINISTER FÜR RAUMORDNUNG, BAUWESEN UND STÄDTEBAU 1987, S. 15).

In der Folge führten diese Entwicklungen zu verschiedenen Gesetzesinitiativen und Beschlüssen des Bundesrates (1985) und des Bundestages (1985). Im Juni 1986 faßte der Verkehrsausschuß des Bundestages den Beschluß

– notwendige zusätzliche Erfahrungen hinsichtlich der zukünftigen Ausgestaltung des in § 8 PBefG verankerten Prinzips der Förderung der freiwilligen Zusammenarbeit der Verkehrsträger im ÖPNV u. a. vor Ort in Modellversuchen zu erproben,

9.2 Situation des öffentlichen Verkehrs im ländlichen Raum

- eine umfassende Novellierung des Personenbeförderungsgesetzes als Bestandteil des vom Deutschen Bundestag mit Beschluß vom 26. Juni 1985 von der Bundesregierung geforderten ÖPNV-Konzeptes vorzubereiten,
- den Abschluß weiterer Rahmenvereinbarungen zwischen der DB und weiteren Ländern im Rahmen der gegebenen Möglichkeiten zu beschleunigen,
- die Auswirkungen dieser Rahmenvereinbarungen auf die Kooperationen im ÖPNV in der Fläche und die ordnungspolitischen Rahmenbedingungen im ÖPNV in einem angemessenen Erfahrungszeitraum zu untersuchen und die Ergebnisse in das vom Deutschen Bundestag geforderte ÖPNV-Konzept für die Fläche einzubeziehen

(BUNDESMINISTER FÜR RAUMORDNUNG, BAUWESEN UND STÄDTEBAU 1987, S. 18).

Sowohl das PBefG als auch das AEG übertragen den Ländern die Zuständigkeiten für den Kfz-Linienverkehr bzw. die nichtbundeseigenen Eisenbahnen, wobei der Bundesminister für Verkehr Aufsichtsbehörde für die Verkehre der DB bleibt (§ 11 PBefG und § 5 AEG).

Die *rechtliche Zuständigkeit* für den ÖPNV wird in den Ländern von den obersten Landesverkehrsbehörden, d. h. von den Ministerien für Wirtschaft und Verkehr (in NRW vom Ministerium für Stadtentwicklung, Wohnen und Verkehr und in Baden-Württemberg vom Innenministerium) wahrgenommen. Während Bund und Länder eine gesetzlich verankerte Verantwortung für den ÖPNV haben, ist die Übernahme einer kommunalen Verantwortung für den ÖPNV freiwillig („Freiwillige Aufgabe"). In der Regel sind die Kommunen (Städte, Gemeinden und Landkreise) für die Organisation und Finanzierung des freigestellten Schülerverkehrs zuständig, sofern sie Träger der Schulen sind oder ihnen diese Aufgabe nach Landesrecht übertragen wurde (BUNDESMINSTER FÜR RAUMORDNUNG, BAUWESEN UND STÄDTEBAU 1987, S. 16/17). Weitergehende Aufgaben und Verpflichtungen werden bei der Vorstellung der alternativen Konzepte (Abschnitt 9.4) deutlich.

Finanzielle Rahmenbedingungen

Die Finanzierung des ÖPNV erfolgt im wesentlichen durch folgende Einnahmen:
- Tarifeinnahmen,
- Abgeltung gemeinwirtschaftlicher Leistungen der Verkehrsunternehmen nach § 45 a PBefG, § 6 a AEG und EG-Verordnung 1191/69,
- Erstattung von Schülerbeförderungskosten,
- Erstattung der Kosten für die unentgeltliche Beförderung Schwerbehinderter nach dem Schwerbehindertengesetz (SchwbG),
- Investitionshilfen des Bundes nach dem Gemeindeverkehrsfinanzierungsgesetz (GVFG) und begleitende Finanzhilfen der Länder, ÖPNV-Finanzierungshilfen der Länder,
- Ausgleich von Verlusten durch die Eigentümer von Verkehrsunternehmen und Subventionen von Kommunen

(BUNDESMINSTER FÜR RAUMORDNUNG, BAUWESEN UND STÄDTEBAU 1987, S. 17).

Einen allgemeinen Überblick über die im Rahmen dieser Finanzierungsmöglichkeiten aufgewendeten Mittel für das Jahr 1984 gibt Tab. 25.

Tab. 25 Finanzleistungen von Bund, Ländern und Kommunen für den ÖPNV 1984

- **Bund**
- 3,5 Mrd. DM Ausgleichsleistungen für gemeinwirtschaftliche Leistungen nach EWGVO 1191, 1192/69, 1107/70 und § 45 a PBefG/6 a AEG
- 1,1 Mrd. DM DB-Verlust
- 1,4 Mrd. DM GVFG-Investitionshilfen

rd. 6,0 Mrd. DM

- **Länder**
- 0,7 Mrd. DM Ausgleichsleistungen für gemeinwirtschaftliche Leistungen
- 0,7 Mrd. DM GVFG-Maßnahmen
- 0,2 Mrd. DM ÖPNV-Finanzierungshilfen

rd. 1,6 Mrd. DM

- **Kommunen**
- 1,6 Mrd. DM ÖPNV-Finanzierungsbeiträge der Kreise bzw. Gemeinden
- 1,1 Mrd. DM Verluste kommunaler/gemeinschaftlicher Verkehrsunternehmen
- 0,4 Mrd. DM GVFG-Maßnahmen

rd. 3,1 Mrd. DM

(Quelle: MONTANA 1987, S. 17)

Neben der Erstattung von Schülerbeförderungskosten und der Kosten für die unentgeltliche Beförderung Schwerbehinderter, die rein quantitativ von großer Bedeutung sind, inhaltlich hier aber weniger interessieren, sind insbesonders die Investitionshilfen des Bundes nach dem GVFG und begleitende Finanzhilfen der Länder zu nennen.

Die Investitionshilfen des Bundes nach dem 1972 verabschiedeten GVFG entfallen etwa zur Hälfte auf den ÖPNV und werden durch komplementäre Finanzmittel der Länder in unterschiedlichem Umfang im Rahmen der kommunalen Finanzausgleichsgesetze verstärkt. Gefördert werden durch diese Finanzhilfen generell nur Vorhaben mit zuwendungsfähigen Kosten von mindestens DM 200.000, der sog. Bagatellgrenze. Als förderungsfähige Vorhaben kommen nach § 2 GVFG

- in Verdichtungsräumen und den zugehörigen Randgebieten der Bau und der Ausbau von Verkehrswegen der Straßenbahnen, Hoch- und Untergrundbahnen, Bahnen besonderer Bauart, NE auf besonderen Bahnkörpern und der Bau und Ausbau von S-Bahnen und
- in allen Gebieten der Bau und Ausbau von zentralen Omnibusbahnhöfen und verkehrswichtigen Umsteigeanlagen sowie von Betriebshöfen, der Bau und Ausbau von „Park-and-Ride"-Plätzen sowie der Bau und Ausbau von besonderen Fahrspuren für Omnibusse in Frage.

Aufgrund dieses Förderungskatalogs und der Bagatellgrenze fließen ca. 85–90 % aller GVFG-Mittel in die Ballungsgebiete (BUNDESMINISTER FÜR RAUMORDNUNG, BAUWESEN UND STÄDTEBAU 1987, S. 19/20).

9.2.2 Ziele und Programme des Bundes und der Länder

Die Situation des ÖPNV in der Fläche und damit in den Landkreisen wird zusätzlich zu den besprochenen verkehrsrechtlichen und finanziellen Rahmenbedingungen vor allem durch die ÖPNV-Zielsetzungen und Programme des Bundes und der Länder bestimmt (BUNDESMINISTER FÜR RAUMORDNUNG, BAUWESEN UND STÄDTEBAU 1987, S. 21 ff.). Der Bund geht dabei generell von dem Grundsatz aus, daß die Ausgestaltung des ÖPNV in erster Linie Sache der Länder, Gemeinden und Gemeindeverbände ist. Der *Beitrag des Bundes* beschränkt sich auf

– die Gesetzgebungszuständigkeit im Rahmen der Eisenbahngesetze und des PBefG,
– die finanzielle Sicherung der Verkehrsbedienung der DB auf Schienenstrecken und Buslinien,
– die Förderung des ÖPNV im Rahmen des GVFG sowie
– die Förderung von ÖPNV-Modellversuchen in beispielhaften Verkehrsräumen der Bundesrepublik (u. a. Hohenlohekreis, Saarland, Wunsiedel, Tübingen und Lippe).

Von Bedeutung ist dabei insbesonders die Zielsetzung der Bundesregierung in Bezug auf die Konsolidierung der Deutschen Bundesbahn (BUNDESMINISTER FÜR VERKEHR 1983). Hier wurde eine politische Vorgabe für eine bestimmte Netzgröße abgelehnt, die Umstellung des Schienenpersonenverkehrs auf Busbedienung bei nicht ausreichenden Verkehrsmengen angekündigt und eine Überprüfung jedes Einzelfalles zugesagt. Der im Mittelpunkt der ÖPNV-Problematik der Bundeszuständigkeit liegende Schienenpersonenverkehr wird im Abschnitt 9.3 ausführlich behandelt.

Von den Einzelprogrammen der *Bundesländer* soll hier nur exemplarisch auf das ÖPNV-Programm Bayerns eingegangen werden, da dieses im weiteren Ablauf noch eine Rolle spielt. Rechtlich ist dieses Programm im Nahverkehrsprogramm Bayern 1972, in den hierzu im Jahre 1977 erlassenen Planungsrichtlinien sowie in dem seit 1979 bestehenden Förderprogramm ÖPNV festgelegt. Das bayerische Nahverkehrsprogramm unterscheidet grundsätzlich zwischen der Nahverkehrsplanung in Verdichtungsräumen und deren Umland (München, Nürnberg, Augsburg, Regensburg, Würzburg) sowie der Planung in schwach strukturierten Gebieten. Es fördert die Landkreise bzw. die betroffenen Regionen bei der Durchführung von Bestandsaufnahmen und -planungen zum Nahverkehr sowie bei der Bildung von Nahverkehrskommissionen, wobei die Zuständigkeit nach PBefG bei den Regierungen verbleibt. Die 1979 begonnene Förderung des ÖPNV in Höhe von ca. 15 Mio. DM im Jahr (1984) hat ihren Schwerpunkt in der Förderung von Verkehrs- und Tarifgemeinschaften, bezieht jedoch auf die Anschaffung von Bussen und die Neueinrichtung und Erweiterung bestehender Linien bei Verkehrsunternehmen in die Förderung ein.

9.2.3 Bestand und Planung

Das raumordnerische Ziel der Gleichwertigkeit der Lebensverhältnisse in ländlichen und verdichteten Räumen beinhaltet eine ausreichende Verkehrsbedienung für den ÖPNV in der Fläche, wobei folgende *Teilziele* zu beachten sind:

- Gute Erreichbarkeit der zentralen Orte im ländlichen Raum im Fern- und Regionalverkehr (insbesonders aller Oberzentren und Mittelzentren),
- gehobener Wagenkomfort (vgl. MKRO-Entschließung zum IC- und IC-Ergänzungsverkehr der DB vom 12.11.1981) und
- flächendeckende ÖPNV-Anbindung der Gemeinden und Wohnplätze des ländlichen Raumes an die benachbarten Ausbildungs-, Dienstleistungs- und Arbeitsplatzschwerpunkte unter Gewährleistung eines ausreichenden Bedienungsstandards und zumutbarer Reisezeiten

(BUNDESMINISTER FÜR RAUMORDNUNG, BAUWESEN UND STÄDTEBAU 1987, S. 27).

Problematisch ist in diesem Zusammenhang die Festlegung der Mindeststandards für ein „ausreichendes ÖPNV-Angebot". Eine allgemeinverbindliche Definition gibt es bislang hierfür nicht. Die Festlegung der Bedienungsstandards erfolgt in den einzelnen Ländern, Kommunen, Verkehrsunternehmen und Verkehrsverbänden nach unterschiedlichen Gesichtspunkten. Als Untergrenze für die Verkehrsbedienung gelten dabei,

- die flächendeckende ÖPNV-Anbindung der Gemeinden und Wohnplätze im öffentlichen Linienverkehr ab ca. 200 Einwohnern (vgl. VÖV-Empfehlungen für den Bedienungsstandard im ÖPNV und vgl. Bayerische Richtlinien zur Nahverkehrsplanung 1977) sowie
- ein Mindestbedienungsstandard von drei Fahrten je Werktag von allen Siedlungseinheiten zum zugehörigen Mittelzentrum (vgl. Entschließung der MKRO zum öffentlichen Personennahverkehr im ländlichen Raum vom 12.11.1979).

Das Leistungsangebot des ÖPNV im ländlichen Raum ist im Gegensatz zum Verdichtungsraum viel stärker an einem nachfrageorientierten Angebot und an der Kostendeckung orientiert (vgl. hierzu VÖV 1981, S. 23). Zur Sicherstellung einer „ausreichenden" Verkehrsbedienung in der Fläche wird aus raumordnerischer Sicht die Notwendigkeit der Zusammenfassung von ÖPNV-Potentialen aus Schüler-, Berufs- und Linienverkehr betont (vgl. Empfehlungen des Beirats für Raumordnung zum Beitrag der DB zur Verkehrserschließung und -bedienung, 1985).

Eine Erhebung der Kommunalentwicklung Baden-Württemberg GmbH (Stuttgart) bei Landkreisen außerhalb der Verdichtungsräume gibt einen Überblick über das Liniennetz und die Mindestbedienungsstandards (MBST) in der Bundesrepublik Deutschland (im Auftrag des EMRBS angefertigte Studie, veröffentlicht in der Schriftenreihe des BMRBS, Reihe 6 (06.064): (BUNDESMINISTER FÜR RAUMORDNUNG, BAUWESEN UND STÄDTEBAU 1987).

Dabei wurden folgende *Kriterien* für die Qualität von Liniennetz und Verkehrsbedienung festgelegt:

9.2 Situation des öffentlichen Verkehrs im ländlichen Raum

- Die Anbindung der Wohnplätze ab 100 Ew (Anschluß kleinerer Siedlungseinheiten),
- Haltestellen in einer maximalen Entfernung von 1000 m zum Wohnort (zumutbarer Fußwegradius der hauptsächlichen ÖPNV-Benutzer),
- Mindestbedienungsstandard von fünf Fahrtenpaaren/Tag von allen Teilorten zum Hauptort bzw. zum nächstgelegenen Zentrum (Sicherstellung der Grundmobilität aller Bevölkerungsschichten), unterschieden nach den Fahrtagen Montag bis Freitag, Samstag, Sonntag,
- Anbindung an das Mittelzentrum mit mindestens drei Fahrten/Tag bei einer maximalen Reisezeit von 45 Minuten (vgl. MKRO-Entschließung von 1979)

(BUNDESMINISTER FÜR RAUMORDNUNG, BAUWESEN UND STÄDTEBAU 1987, S. 28).

Tab. 26 Flächendeckendes Liniennetz und Mindestbedienungsstandard (MBST)

Alle Angaben in %	Länder insges.	Baden-Württ.	Bayern	Hessen	Niedersachsen	Nordrh.-Westfalen	Rhl.-Pfalz	Schl.-Holstein
Anteile der Landkreise mit einem flächendeckenden Liniennetz für								
- alle Gemeinden	85	95	79	75*	85	100*	75	50*
- alle Wohnplätze ab 100 Ew.								
- Montag–Freitag	55	76	41	43	50	82	63	50
- Samstag an Schultagen	46	73	15	50	50	71	63	50
- Samstag an schulfreien Tagen	17	24	5	14	21	47	16	13
- Sonn- und Feiertage	8	10	3	0	12	12	16	0
Anteil der Landkreise								
- ohne flächendeckenden MBST	54	59	48	67*	57	50*	25	100*
- mit flächendeckenden MBST von 5 und mehr Fahrten/Tag zu Hauptorten und Zentren								
- für alle Gemeinden	24	20	5	0*	50	83*	20	0*
- für alle Wohnplätze	10	6	5	0*	38	20*	20	0*
davon								
- Montag–Freitag	18	30	0	0*	36	50*	25	0*
- Samstag	7	13	0	0*	18	0*	25	0*
- Sonn- und Feiertage	1	0	0	0*	9	0*	0	0*
Landkreise mit raumgerechter Fahrtenhäufigkeit: 3 Fahrten/Tag zum Mittelzentrum, max. Reisezeit 45 Minuten**	37	52	20	21	41	71	32	50
Anteile der Landkreise mit überwiegend Sonderverkehr	46	38	49	67	57	24	26	75

* = geringe Anzahl Nennungen, ** = vgl. MKRO
(Quelle: BUNDESMINISTER FÜR RAUMORDNUNG, BAUWESEN UND STÄDTEBAU 1987, S. 28.)

9 Verkehrsstrukturen und Verkehrspolitik im ländlichen Raum

Das Ergebnis dieser Erhebung zeigt, daß nur in wenigen Bundesländern ein annähernd flächendeckendes Liniennetz erreicht wird (Tab. 26). Die mit der Durchführung des Forschungsvorhabens beauftragte Kommunalentwicklung Baden-Württemberg leitet hieraus folgende Aussagen ab:

„– Im Bundesgebiet sind in 85 % der befragten Landkreise alle Gemeinden im allgemeinen Linienverkehr nach § 42 PBefG angebunden.

– Die Anbindung der Wohnplätze ab 100 Einwohner erfolgt montags bis freitags in 55 % der befragten Landkreise. An Samstagen nimmt die Verkehrsbedienung ab (46 % samstags an Schultagen, 17 % an schulfreien Samstagen) und an Sonntagen verfügen noch 8 % der Landkreise über eine Anbindung.

– 46 % der befragten Landkreise verfügen über eine Mindestbedienung von den Teilorten zu den Hauptorten und zum Mittelzentrum.

– Einen flächendeckenden Mindestbedarf von fünf Fahrtenpaaren pro Tag weisen (montags bis freitags) 18 % der Landkreise aus; an Sonn- und Feiertagen sind dies nur noch 1 % der Landkreise.

– Bezogen auf den Mindestbedienungsstandard differiert das ÖPNV-Angebot in den Ländern stark. Nach Angaben der Landreise

  * verfügen Nordrhein-Westfalen und Baden-Württemberg über ein relativ gutes ÖPNV-Liniennetz und einen angemessenen Bedienungsstandard

  * weisen Schleswig-Holstein und Bayern Defizite im Liniennetz und in der Verkehrsbedienung auf.

– Die Anbindung an die Mittelzentren ist sehr unterschiedlich. Eine überdurchschnittliche Anbindung der Mittelzentren weisen die Länder Nordrhein-Westfalen und Baden-Württemberg auf, während Bayern und Hessen unterdurchschnittliche Werte verzeichnen. Im Bundesdurchschnitt verfügen ca. 35 % der Landkreise über angemessene Fahrtenhäufigkeiten (drei Fahrten pro Tag zum Mittelzentrum). Unter raumordnungspolitischen Zielsetzungen werden diese Werte der Funktionshäufung von Mittelzentren in den Bereichen Arbeitsstätten, Verwaltungseinrichtungen, Kultur- und Bildungsstätten und der Versorgung mit Dienstleistungen nicht gerecht" (vgl. im Auftrag des BMRBS angefertigte Studie, veröffentlicht in der Schriftenreihe des BMRBS, Reihe 6 (06.064): BUNDESMINISTER FÜR RAUMORDNUNG, BAUWESEN UND STÄDTEBAU 1987, S. 29/30).

Zusammenfassend kam man zu dem Schluß, daß der ÖPNV in der Fläche den raumordnungspolitischen Anforderungen an Liniennetz- und Verkehrsbedienung (in Teilen der Bundesrepublik) nicht genügt und eine ausreichende Grundmobilität aller Bevölkerungsschichten damit im ländlichen Raum nicht gewährleistet ist (BUNDESMINISTER FÜR RAUMORDNUNG, BAUWESEN UND STÄDTEBAU 1987, S. 30).

Ausgehend von diesem Ist-Zustand stellen sich die Landkreise Schwerpunkte und Ziele der ÖPNV-Planung (Tab. 27).

Tab. 27 Schwerpunkte und Ziele der ÖPNV-Planung in den Landkreisen

Alle Angaben in %	Länder insges.	Baden-Württ.	Bayern	Hessen	Niedersachsen	Nordrh.-Westfalen	Rhl.-Pfalz	Schl.-Holstein
Schwerpunkte:								
- Aufrechterhaltung des ÖPNV-Angebots	86	83	78	79	94	88	100	100
- Verbesserungen im Liniennetz	74	72	71	64	71	88	84	88
- Verbesserungen im Buslinienverkehr	64	72	60	71	68	71	47	75
durch								
a) Erhöhung Fahrtenhäufigkeit	48	48	49	57	38	47	53	50
b) Aufhebung von Bedienungsverboten	40	59	36	43	26	35	47	50
c) Verbesserung der Fahrplanabstimmung	78	86	71	71	76	88	89	75
d) Integration der Sonderverkehre	76	76	75	79	65	82	89	88
- Modernisierung/Erhaltung von Schienenstrecken	42	55	17	64	38	71	58	50
- Einführung unkonv. Bedienungsformen	28	52	8	50	21	59	32	13
- Tarifliche Zusammenarbeit	58	79	41	71	62	65	47	88
- Verbesserung der ÖPNV-Organisation	45	48	22	57	71	65	42	38
- Verbesserung der Fahrgastbedienung	68	90	51	79	80	88	47	63
- Öffentlichkeitsarbeit und Werbung	47	59	25	79	47	71	58	25
- Verbesserung der technischen Infrastruktur	37	59	29	36	21	76	26	38
Ziele:								
- Verbesserungen durch punktuelle Maßnahmen	42	69	42	29	26	35	37	50
- Verbesserungen in Teilräumen	52	76	53	57	38	59	37	25
- grundleg. Neuordnung des ÖPNV	28	14	17	36	44	53	32	25

(Quelle: BUNDESMINISTER FÜR RAUMORDNUNG, BAUWESEN UND STÄDTEBAU 1987, S. 49)

9.3 Schienenpersonenverkehr in der Fläche

Um den Stellenwert des Schienenpersonenverkehrs im ländlichen Raum entsprechend zu würdigen, wird ihm ein eigener Abschnitt gewidmet. Dabei soll zunächst generell die Fernerreichbarkeit im Schienenverkehr und damit die Benachteiligung ländlicher Räume aufgezeigt werden. Im weiteren wird dann konkret auf die regionale Verkehrsbedienung der Deutschen Bundesbahn, deren Angebotsstrategie und die Folgen auf das räumliche Gefüge eingegangen. Wie es auch anders geht, soll abschließend am Beispiel der Schweiz und ihrem Konzept „Bahn 2000" deutlich gemacht werden.

9 Verkehrsstrukturen und Verkehrspolitik im ländlichen Raum

9.3.1 Fernerreichbarkeit im Schienenverkehr

Vor dem Hintergrund der verkehrspolitischen Zielvorstellung, den Mobilitätsbedarf von Wirtschaft und Bevölkerung bei freier Wahl des Verkehrsmittels in allen Regionen verkehrssicher und kostengünstig zu befriedigen, erfolgte in den letzten Jahrzehnten ein umfassender Ausbau des überörtlichen Straßennetzes. Im Gegensatz hierzu wurde das Schienennetz der DB weitgehend vernächlässigt. So produziert die DB ihre Schienenverkehrsleistungen noch immer auf einem Netz, das in der zweiten Hälfte des vorigen Jahrhunderts für die Geschwindigkeiten und die Leistungskraft der Dampflokomotivengeneration konzipiert worden war. Die Investitionen in das Schienennetz zielten im wesentlichen auf dessen Erhalt bzw. hatten Teilmodernisierungen zum Ziel (SCHLIEBE 1986 b, S. 249 – 250).

Während die Gesamtverkehrsleistung der DB im Schienenpersonenverkehr in den vergangenen 25 Jahren relativ gleichbleibend zwischen ca. 35 und 40 Mrd. PKm gelegen haben, ist es innerhalb des Leistungsspektrums allerdings zu erheblichen Verschiebungen gekommen, wobei sowohl die Fernverkehrsleistungen wie auch die Leistungen im S-Bahn-Verkehr deutlich zugenommen haben. Dagegen wurden die Verkehrsleistungen im übrigen Schienenpersonennahverkehr mehr als halbiert (SCHLIEBE 1986 b, S. 250). Vor dem Hintergrund des insgesamt stark gewachsenen Verkehrsmarktes der Bundesrepublik Deutschland wurden die Leistungsanteile der Schiene insbesonders im Personenverkehr deutlich zurückgedrängt.

Die *Schienenerreichbarkeit im Fernverkehr* läßt sich am besten an der Anzahl und der Lage der Gemeinden mit Haltebahnhöfen des IC-Verkehrs und des qualifizierten Zulaufverkehrs ablesen. Hierarchisch lassen sich diese Verkehre in fünf Kategorien einteilen:

– den Systemhalt des IC-Verkehrs,

– den Halt einzelner IC-Züge,

– den Halt im Interregionalverkehr und

– den Umlandgemeinden von Haltepunkten des IC- und IC-Zulaufverkehrs.

Alle übrigen Gemeinden fallen in die Gruppe der Orte ohne qualifizierten Anschluß. Betrachtet man die regionale Verteilung der Gemeinden in den verschiedenen Erreichbarkeitskategorien, so zeigt sich ein überdeutliches Stadt-Land- oder besser Verdichtungsraum – ländlicher Raum-Gefälle.

Durch die Einführung der ICE-Strecken 1991 hat sich diese Situation eher noch verschärft. Die eigentlich gleichzeitig geplante Einführung des Interregio läßt noch auf sich warten.

Recht deutlich wird dabei auch das Schienennetz der „Großen Acht", wie die Hauptstrecken des IC-Netzes über Hamburg, das Ruhrgebiet, Köln, Frankfurt, Würzburg, Nürnberg, München, Stuttgart, Frankfurt und Hannover zurück nach Hamburg auch bezeichnet wird. Erheblich schlechter haben sich demgegenüber die Bedienungsqualitäten im ländlichen Raum entwickelt.

9.3 Schienenpersonenverkehr in der Fläche   195

Dabei zeigt sich, daß der schon vor 1960 besonders schlecht erschlossene südostdeutsche Raum und weite Gebiete Niedersachsens zusätzlich nach 1960 verstärkt Regionen von Streckenstillegungen wurden.

Vor allem betroffen sind bis zum heutigen Tage weite Gebiete des Bayerischen Waldes, Ober- und Unterfrankens, der Pfalz, Westfalens, Niedersachsens und Schleswig-Holsteins. Dabei sind nicht nur die kleineren Orte betroffen, sondern auch größere Städte, wie Celle oder Lüneburg.

Zusammenfassend läßt sich sagen, daß die IC und IC-Zulaufverkehre alle Gebiete mit größeren Bevölkerungskonzentrationen untereinander verbinden. Die Bevölkerungsdichte der Gemeinden mit IC-Systemhalt liegt bei über 1.600 E/qkm, der Gemeinden mit Halt an Zulaufstrecken bei nahezu 500 E/qkm und in deren Umlandbereich bei 180 E/qkm (Bundesdurchschnitt 1985 bei 245 E/qkm). Hohe Bevölkerungskonzentrationen sind demnach Voraussetzung für einen qualifizierten Schienenverkehr (SCHLIEBE 1986 b, S. 255). Auf den übrigen 60 % der Fläche des Bundesgebietes außerhalb der Einzugsgebiete des qualifizierten Schienenverkehrs wohnen mit rund 16 Mio. Einwohnern gerade 27 % der Bevölkerung. Die geringe Bevölkerungsdichte (111 E/qkm) schließt zwar eine größere Nachfrage nach hochqualifizierten Schienenverkehrsleistungen auf einer Vielzahl von Strecken in ländlichen Räumen aus, dies sollte aber trotzdem kein Grund sein, das gesamte Leistungsangebot stillzulegen (SCHLIEBE 1986 b, S. 256).

9.3.2 Regionale Verkehrsbedienung der Deutschen Bundesbahn

Wie es sich gezeigt hat, scheint der Fernverkehr der DB, der die großen Verdichtungsräume miteinander verbindet, immer mehr zum „Paradepferd" im „Stall" der Deutschen Bundesbahn zu werden. Demgegenüber befindet sich die DB in der Fläche seit Jahren auf dem Rückzug. So wurden in den 25 Jahren bis 1985 rund 7.000 km Strecken stillgelegt, wobei insbesondere das Zonenrandgebiet betroffen wurde. In diesen Gebieten wurden seit 1971 allein über 1.000 Streckenkilometer im Personenverkehr eingestellt (HAAR 1986, S. 273). HAAR belegt, daß dieser Rückzug der DB aus der Fläche keine zwangsläufige Entwicklung sein muß (1986, S. 273 – 282). Nach seiner Argumentation ist der Schienenpersonenverkehr in der Fläche jahrelang vernachlässigt worden, was dazu führte, daß die Kunden ausblieben und die Erträge immer geringer wurden. Gleichzeitig stiegen die Betriebskosten als Folge der unterlassenen Modernisierung von Fahrzeugen und Anlagen. Angebotsverbesserungen, wie die Einführung des „Pendolino" blieben bislang trotz des Medienrummels und den politischen Aussagen nicht mehr als Absichtserklärungen, die bislang auf eine Realisierung warten lassen.

Streckenstillegungen schienen bisher die zwangsläufige Folge dieser Entwicklung. Beispiele aus dem Ausland und einige Modellversuche im Inland zeigen, daß diese Entwicklung nicht anwendbar ist. So wie der S-Bahn-Verkehr in den Ballungsgebieten dank umfangreicher Investitionen und einer verbesserten Organisation attraktiv und kostengünstiger wurde, sollte auch in der Region ein neuer Anfang gemacht werden. Dies gebietet vor allem der gemeinwirtschaftliche Auftrag der DB, wonach der Schienenpersonennahverkehr in der Fläche eine von der DB im Auftrag des Staates erbrachte Leistung ist, die nicht zuletzt vor dem Hintergrund des raumordnungspolitischen Oberziels zu sehen ist, gleichwertige Lebensbedingungen für das ganze Bundesgebiet sicherzustellen.

Kernpunkte des von HAAR entwickelten Konzeptes für die Zukunft des SPNV in der Fläche sind demnach Investitionen zur Modernisierung des Betriebs und zur Erhöhung der Attraktivität, wobei diese insbesonders mit organisatorischen Verbesserungen sowohl DB-intern als auch im Verhältnis zu Bus und Fernverkehr verbunden sein müssen. Die finanziellen Grundlagen hierfür sollen durch eine Novellierung des GVFG geschaffen werden. Eine Wiederbelebung des Schienenpersonennahverkehrs in der Region ist also auch unter weitgehender Beachtung der finanzpolitischen Vorgaben eines „marktwirtschaftlich" orientierten DB-Managements möglich. Eine entsprechende Verkehrspolitik des Bundes und die Entwicklung maßgeschneiderter Lösungen „vor Ort" durch die Bundesbahn sind allerdings hierfür Voraussetzungen.

9.3.3 Angebotsstrategien der DB und die Folgen

Die Unternehmensstrategien der DB basieren auf ihrer Markt- und Finanzsituation. Nachdem die Bahn in Deutschland gut einhundert Jahre die führende Position im Verkehrswesen eingenommen hatte, mußte sie insbesondere nach 1950 starke Verluste beim Verkehrsaufkommen hinnehmen: von 1950 bis 1985 sank der leistungsbezogene Marktanteil im Personenverkehr von fast 40 % auf rund 6 % ab (PÄLLMANN 1986, S. 265). Generell führt die DB diese Entwicklung in erster Linie auf die Automobilisierung als europäisches Massenphänomen zurück. Insbesondere habe sie letztendlich entscheidende Vorteile gegenüber den übrigen Verkehrsmitteln an den Individualverkehr mit dem Pkw verloren: die größeren Möglichkeiten hinsichtlich jederzeitiger Verfügbarkeit und Erreichbarkeit (PÄLLMANN 1986, S. 265). Ohne auf eigene Unzulänglichkeiten, wie die völlig unflexible Reaktion auf die veränderten Nachfragestrukturen und den allzu schwerfälligen Verwaltungsapparat einzugehen, wird somit das Kfz zum alleinigen „Sündenbock" für die Misere der deutschen Bundesbahn dargestellt. Hierzu muß angemerkt werden, daß die Entwicklung des Verkehrsmarktes und die immer dominierendere Stellung des Pkws natürlich ein wesentlicher Faktor für die gleichzeitige Verschlechterung der Lage der DB war und auch heute noch ist. Allerdings genügt es nicht, diesen Tatbestand als alleinige Ursache für sich verschlechternde Marktbedingungen darzustellen.

Unabhängig von solchen Schuldzuweisungen, die im Endeffekt die Vergangenheit nicht ändern können, sondern allenfalls helfen sollen, ähnliche Fehler in der künftigen Entwicklung zu vermeiden, bleibt die Tatsache, daß sich die finanzielle Situation der DB in Folge der genannten Entwicklung immer weiter verschlechtert. So stieg der Schuldenstand der DB bei einem Jahresfehlbetrag von 4,1 Mrd. DM 1982 auf 35 Mrd. DM an, obwohl der Bund allein in diesem Jahr 13,5 Mrd. DM Zuschuß leistete.

Ausgehend von dieser Entwicklung wird deutlich, daß bei nahezu konstanten Erträgen nach 1986 mit erheblichen Steigerungsraten der jährlichen Fehlbeträge gerechnet wird, wobei von konstanten Bundesleistungen in Höhe von rund 13,7 Mrd. DM jährlich ausgegangen wird (hierbei ist der Bundesausgleich bereits abgerechnet), also nahezu eine Verdopplung der jährlichen Verluste über nur fünf Jahre.

Nach dieser Berechnung wird für das Jahr 1992 mit einer Gesamtschuldenlast von über 57 Mrd. DM gerechnet (REINHARDT 1988). Aufgrund dieser schwierigen wirtschaftlichen und finanziellen Situation, aus der die DB mit rein internen Anstrengungen keine Konsolidierung erreichen kann, fordert der Vorstand der DB entsprechende flankierende Maßnahmen des Bundes. Diese Forderungen bezogen sich vor allem auf

- die Absicherung der Finanzierung des Streckenausbaus,
- einen Beitrag zur „Entschuldung" der DB, und
- die politische Rückendeckung des Bundes und der Länder bei der Umsetzung der erforderlichen Kapazitätsanpassung in allen Bereichen (PÄLLMANN 1986, S. 267). Bei letzterem Punkt dürfte wohl vor allem die politische Rückendeckung für Streckenstillegungen und Ausdünnungen im ländlichen Raum angesprochen sein. Die strategischen Forderungen als interne Strategieansätze beinhalten
- eine Verbesserung der Wettbewerbsfähigkeit,
- eine Produktivitätssteigerung im Vergleich zu den anderen Wettbewerbern, und
- eine Konzentration der Investitionen auf zukunftsträchtige Bereiche (PÄLLMANN 1986, S. 267).

Die Betonung der Konzentration von Investitionen auf „zukunftsträchtige" Bereiche (hiermit sind wohl insbesonders die IC- und ICE-Strecken gemeint) beinhalten wiederum eine Vernachlässigung des SPNV im ländlichen Raum. Bei allem Verständnis für die finanziellen Probleme der Bahn, ist eine solche Vernachlässigung des gemeinwirtschaftlichen Auftrages keine akzeptable Lösung. Trotz der Einschränkungen einer naiven Vergleichbarkeit zeigt das Konzept der Schweiz „Bahn 2000" sehr wohl Ansätze, daß sowohl betriebswirtschaftliche wie auch gemeinwirtschaftliche Aspekte berücksichtigt werden können.

9.3.4 Das Schweizer Konzept „Bahn 2000"

Die Schweiz hat nach dem Zweiten Weltkrieg in bezug auf die Teilung der Verkehrsmärkte grundsätzlich die gleiche Entwicklung durchgemacht wie alle westeuropäischen Länder (MAUCH u. a 1986, S. 347).

Während der individuelle private Straßenverkehr zunahm, ging gleichzeitig der Anteil des öffentlichen Verkehrs am gesamten Personenverkehr zurück. Diese Veränderung der Verkehrsanteile schlägt sich in der Entwicklung des Eigenwirtschaftlichkeitsgrades der Schweizerischen Bundesbahnen (SBB) nieder.

In den 70er Jahren begegnete die Schiene zunehmenden Schwierigkeiten, ihre eigenen Kostensteigerungen ohne empfindliche Nachfrageverluste auf die Tarife umzulegen und zwar nicht nur im Güter-, sondern auch im Personenverkehr (MAUCH

u. a. 1986, S. 347). Ähnlich wie auch in der Bundesrepublik Deutschland wurden unter dem (auch politischen) Druck wegen der steigenden Defizite der SBB 1977 erste Sanierungsvorschläge ausgearbeitet (SCHWEIZERISCHE BUNDESBAHNEN 1977). Insbesonders wurden auch hier Stillegungen von schwach ausgelasteten Strecken, vornehmlich im ländlichen Raum angesprochen. Aufgrund starker Widerstände in den betroffenen Regionen und Kantonen wurde dieser Vorschlag dann wieder zurückgezogen (MAUCH u. a. 1986, S. 347). Da aber eine Änderung der Bahnkonzeption ein gesamtwirtschaftliches Muß war, griff man auf das Konzept der *„Nachrüstung der Schiene"* zurück, womit vor allem Investitionen in die großen Hauptlinien, vergleichbar mit der „großen Acht" in der Bundesrepublik, gemeint waren.

Dieses Projektkonzept, das 1982 von den SBB unter dem Namen NHT (Neue Haupttransversale) mit einem Budgetvorschlag von etwa 5 Mrd. sFr vorgelegt wurde, scheiterte schließlich am Hauptkritikpunkt, der vor allem von den Kantonen am NHT-Konzept geübt wurde: der allzustarken Ausrichtung auf die Agglomerationen und Zentren bei gleichzeitiger Vernachlässigung der Fläche (MAUCH u. a. 1986, S. 350). In der Folge wurde das Konzept von der SBB in Zusammenarbeit mit den Privatbahnen überarbeitet und 1985 unter der Bezeichnung *„Bahn 2000"* vorgestellt (SCHWEIZERISCHE BUNDESBAHNEN 1985). Dieses neue Konzept legt nun den Hauptakzent auf ein Betriebskonzept mit Stunden- (bzw. Halbstunden-)takt, das über die Hierarchiestufen von den IC-Zügen über Schnellzüge bis zu Regionalzügen (und Bussen) integriert vernetzt werden soll (Abb. 35).

Vor allem sollte die Qualität der Transportketten verbessert werden. Daher werden die Streckenausbauten nicht mehr nach vorgegebenen Maximalgeschwindigkeiten geplant (wie heute noch in der Bundesrepublik), sondern funktional so dimensioniert, daß zwischen möglichst vielen IC- und Schnellzugknoten eine Fahrzeit von knapp unter einer ganzen oder halben Stunde liegen. Das ist die Voraussetzung für ein möglichst vollständiges „Spinnensystem", bei dem die Züge immer knapp vor der vollen (oder halben) Stunde in den Umsteigestationen ankommen und kurz danach von dort wieder ausfahren (Abb. 36) (MAUCH u. a. 1986, S. 350).

So werden systematisch bestmögliche Umsteigeverhältnisse (mit vielen Direktverbindungen) geschaffen, was letztlich die Gesamtreisezeiten und die Reisequalität verbessert. *Zusammenfassend* zeigt dieses Beispiel gute Ansatzpunkte, die auch in anderen Ländern zu einer Verbesserung der Verkehrssituation führen können. Es sollte allerdings bedacht werden, daß Maßnahmen, bezogen auf ein Verkehrsmittel, die Probleme des Verkehrs im ländlichen Raum nicht vollständig lösen können. Zur Verbesserung der Situation, und diese muß in der nächsten Zeit im Hinblick auf die schwerwiegenden Belastungen der Umwelt und damit auch der Volkswirtschaft angegangen werden, ist ein integriertes Gesamtkonzept notwendig. Zur Ergänzung wie auch als Übergangsmöglichkeit bieten vor allem die folgenden alternativen Teilkonzepte große Möglichkeiten.

9.3 Schienenpersonenverkehr in der Fläche 199

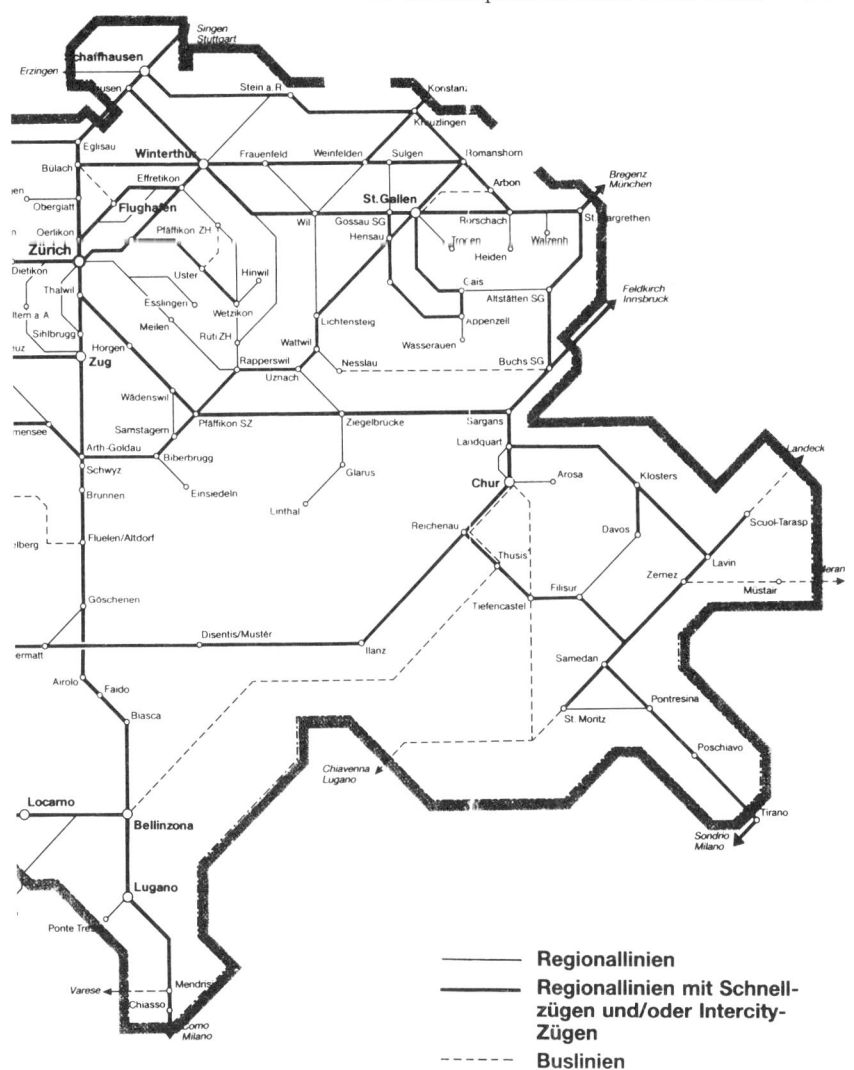

Abb. 35 Graphische Darstellung des Schnellzug- und Regionalnetzes von „Bahn 2000" (Quelle: MAUCH, KELLER und MARTI 1986, S. 349 Ausschnitt Ostschweiz)

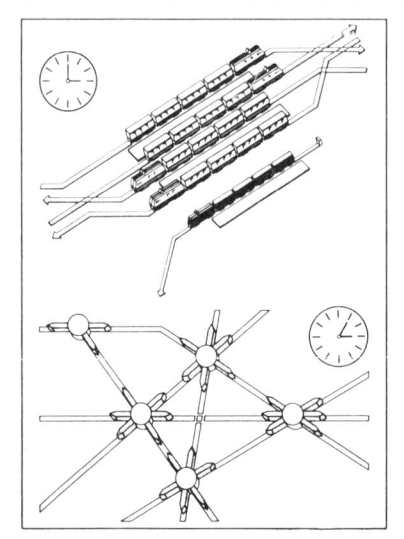

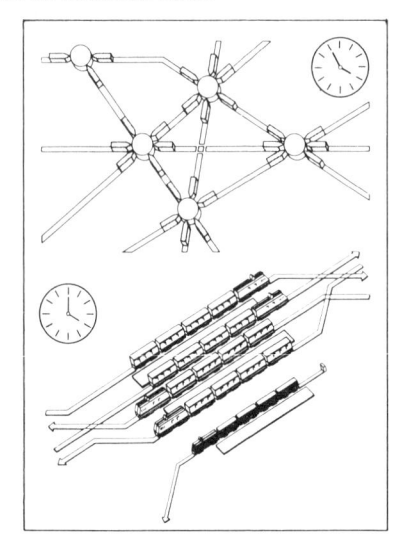

Um 15.00 Uhr stehen alle Züge in den über das ganze Netz verteilten Knotenbahnhöfen. Kurz nach 15.00 Uhr fahren alle Züge möglichst gleichzeitig zu ihren nächsten Knoten, wo sie kurz vor 16.00 Uhr eintreffen, um die nächsten Anschlüsse zu gewährleisten.

Abb. 36 Illustration des Spinnenkonzeptes im Taktfahrplan (Quelle: MAUCH, KELLER und MARTI 1986, S. 350)

9.4 Alternative Konzepte zur flächenhaften Verkehrserschließung

Der spürbare Rückgang der Nachfrage im ÖPNV in der Fläche, also die Problemsituation des konventionellen öffentlichen Verkehrs führte in der Verkehrswissenschaft und Verkehrswirtschaft zu verstärkten Überlegungen zu alternativen bzw. unkonventionellen Angebotsformen in verkehrsschwachen Zeiten und Räumen. Unter dem Sammelbegriff „*Paratransit*" als Mischform des Personenverkehrs zwischen dem Individualverkehr auf der einen und dem konventionellen fahrplan- und liniengebundenen öffentlichen Verkehr auf der anderen Seite fanden diese zunehmend verkehrspolitische Aufmerksamkeit. Andere Begriffe zu ähnlichen Inhalten lauten: „Intermediate Systems", „Unicorporated Transport Sector", „LowCost-Transport-Modes", „Simple Transport", „Informal Transportation Systems", „Unregulated Transport Modes", „Locally Generated Transport Mode" und „Alternative Transportation Technologies" (Aufzählung nach BOVY und KRAYENBUHL 1978, S. 9).

9.4 Alternative Konzepte zur flächenhaften Verkehrserschließung

Innerhalb dieser ersten, recht weitgefaßten Abgrenzung sind unterschiedliche Definitionen des Paratransit-Begriffs festzustellen. Weitgehend wird von der verbreiteten Definition von KIRBY ausgegangen – ohne jedoch die dort enthaltene Einschränkung auf den innerstädtischen Verkehr zu übernehmen, die insbesondere Verkehrsmittel ausschließt, die einen eigenen Verkehrsweg benötigen:

„Paratransit services are not those forms of intra-urban passenger transportation which are available to the public, are distinct from conventional transit (scheduled bus and rail) and can operate over the highway and street system." (KIRBY 1974, zitiert nach: EUROPEAN CONFERENCE OF MINISTERS OF TRANSPORT 1978, S. 143)

Damit ergibt sich eine Abgrenzung des Begriffs „Paratransit" entsprechend Abb. 37.

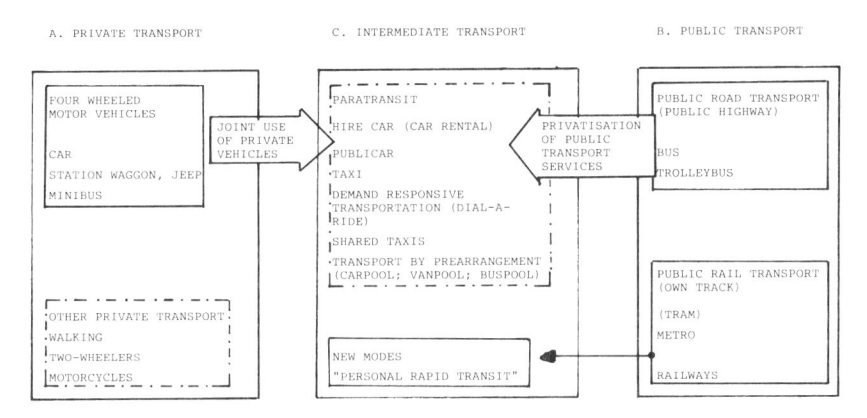

A. PRIVATE TRANSPORT		C. INTERMEDIATE TRANSPORT		B. PUBLIC TRANSPORT
FOUR WHEELED MOTOR VEHICLES CAR STATION WAGGON, JEEP MINIBUS	JOINT USE OF PRIVATE VEHICLES	PARATRANSIT HIRE CAR (CAR RENTAL) PUBLICAR TAXI DEMAND RESPONSIVE TRANSPORTATION (DIAL-A-RIDE) SHARED TAXIS TRANSPORT BY PREARRANGEMENT (CARPOOL; VANPOOL; BUSPOOL)	PRIVATISATION OF PUBLIC TRANSPORT SERVICES	PUBLIC ROAD TRANSPORT (PUBLIC HIGHWAY) BUS TROLLEYBUS
OTHER PRIVATE TRANSPORT WALKING TWO-WHEELERS MOTORCYCLES		NEW MODES "PERSONAL RAPID TRANSIT"		PUBLIC RAIL TRANSPORT (OWN TRACK) (TRAM) METRO RAILWAYS

Abb. 37 Die Einordnung von Paratransit (Quelle: verändert nach BOVY und KRAYENBUHL 1978, S. 13)

Demnach fallen unter Paratransit grundsätzlich nicht die verschiedenen Formen des öffentlichen Verkehrs, die durch die Schaffung neuartiger und technologisch komplexer Verkehrssysteme eine individuellere Verkehrsbedienung anstreben (wie etwa das Kabinentaxi (CAT) als automatische Kleinkabinenbahn mit individueller Zielwahl). Demgegenüber handelt es sich beim Paratransit insbesonders um Änderungen der Bedienungsorganisation und der Angebotsstruktur und die Integration in ein vorhandenes öffentliches Gesamtverkehrssystem mit bereits verfügbarer Technologie auf vorhandener Infrastruktur (HEINZE u. a. 1982, S. 382–383).

Im weiteren wird zunächst auf die verschiedenen Konzeptionen der Kooperationsformen und die Ergebnisse der diesbezüglichen Modellversuche in der Bundesrepublik Deutschland eingegangen. Die auf die Betriebsformen bezogenen unkonventionellen bzw. alternativen Konzepte stehen anschließend im Mittelpunkt der Betrachtungen. Dabei geht es um gebundene, teilgebundene und ungebundene Betriebsformen. Im einzelnen werden hierzu konkrete Fallbeispiele, i. d. R. Modellversuche, vorgestellt.

9.4.1 Kooperationsformen im öffentlichen Verkehr

Kooperationen von ÖV-Unternehmen sollen durch konzeptionell-organisatorische Maßnahmen ein attraktives und leistungsfähigeres, koordiniertes Verkehrsangebot bei gleichzeitig verbesserter Wirtschaftlichkeit ermöglichen (HEINZE u. a. 1982, S. 341). Die Abstimmung der Verkehrsleistungen der Verkehrsträger gehört nach § 8 PBefG zum gesetzlichen Auftrag des Bundes und der Landesregierungen. Diese verfolgen dabei verschiedene Ziele, wie sie zum Beispiel im Nahverkehrsprogramm Baden-Württemberg vom 3. 12. 1976 formuliert wurden:

– Aufhebung von Bedienungsverboten und Parallelverkehren,
– Abstimmung der Fahrpläne und Linienführung unter Einbeziehung des Schienennetzes des Deutschen Bundesbahn,
– einheitliche Tarife (Gemeinschaftstarif, Übergangstarif usw.),
– Schaffung zentraler Omnibusbahnhöfe in zentralen Orten und Hauptumsteigepunkten,
– Herausgabe von Kreis- bzw. Regionalfahrplänen und
– einheitliche Außendarstellung und Öffentlichkeitsarbeit

(BUNDESMINISTER FÜR RAUMORDNUNG, BAUWESEN UND STÄDTEBAU 1987, S. 136). In der Zusammenarbeit der Verkehrsunternehmen im ländlichen Raum gab es in den letzten Jahrzehnten erhebliche Fortschritte: So war z. B. die DB im Bundesgebiet 1986 an ca. 270 Kooperationen unterschiedlicher Intensität beteiligt, von denen 160 im ländlichen Raum lagen. Zudem bestehen in einzelnen Bundesländern nahezu flächendeckend Verkehrsverbünde oder -gemeinschaften (Nordrhein-Westfalen, Hessen, Saarland, Baden-Württemberg und Bayern). Neben den Ländern mit flächendeckenden Kooperationen existieren Verkehrsgemeinschaften bzw. -verbünde in allen großen Ballungsgebieten im Bundesgebiet, die teilweise das jeweilige ländliche Umland miteinbeziehen (Abb. 38).

Während in den Verkehrsverbünden eine Kooperation in allen Bereichen des ÖPNV eingeführt wurde, bilden die Verkehrsgemeinschaften eine einfachere und meist auf bestimmte Aufgaben beschränkte Organisationsform. Entscheidend für die Verkehrsbedienung des ländlichen Raumes sind die planerischen Konzeptionen und die inhaltliche Ausgestaltung der Kooperationen (BUNDESMINISTER FÜR RAUMORDNUNG, BAUWESEN UND STÄDTEBAU 1987, S. 38).

Im Hinblick auf Organisationsmängel und wachsende finanzielle Probleme des ÖPNV forderte der BUNDESMINISTER FÜR VERKEHR schon 1974 „eine Überprüfung des Planungsprozesses und der finanziellen, organisatorischen und rechtlichen Rahmenbedingungen für den ÖPNV ..." (BUNDESMINISTER FÜR VERKEHR 1974). Auf diese Initiative hin wurden unter Beteiligung der Bundesländer Konzepte für die organisatorische Neuordnung des ÖPNV in der Fläche in Form des „Zwei-Ebenen-Modells" bzw. des „Drei-Ebenen-Modells" entwickelt (siehe Abb. 39 und 40).

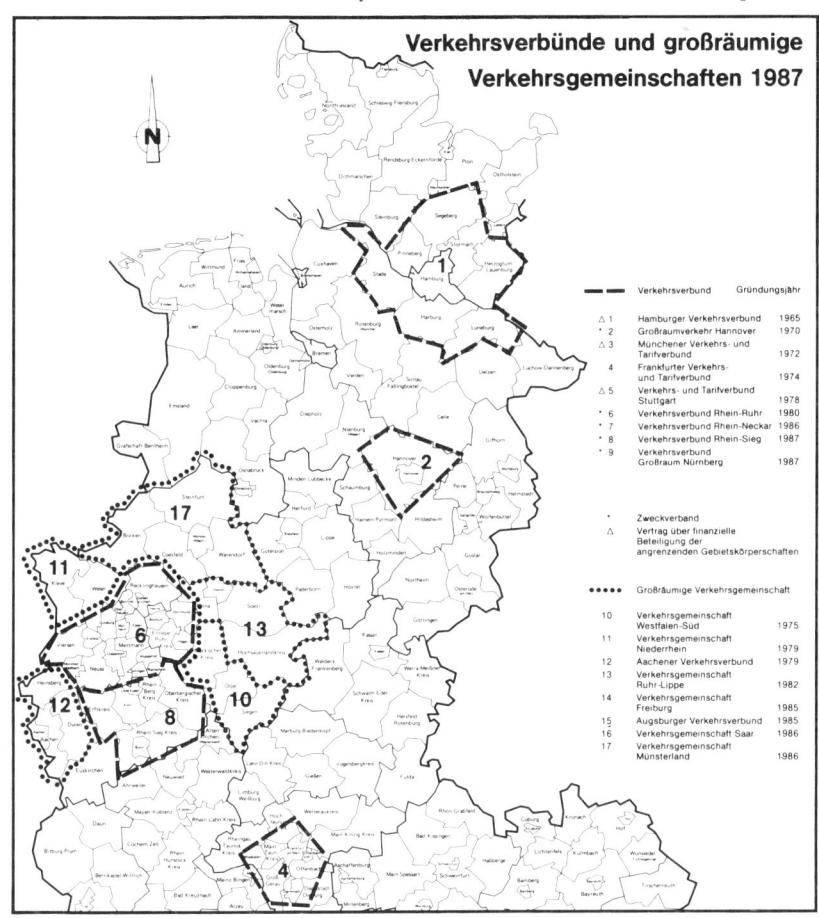

9.4 Alternative Konzepte zur flächenhaften Verkehrserschließung 203

Abb. 38 Verkehrsverbünde und großräumige Verkehrsgemeinschaften 1987 (Quelle: BUNDESMINISTER FÜR RAUMORDNUNG, BAUWESEN UND STÄDTEBAU 1987, S. 37)

Mit dieser Initiative setzte die verkehrspolitische Diskussion über die Abgrenzung der politischen und der unternehmerischen Verantwortung für den ÖPNV in der Fläche ein. Die praktische Erprobung dieser Organisationskonzepte erfolgte im „Nahverkehrsmodell Hohenlohekreis" und anderen Modellvorhaben des Bundes. Als Erkenntnis aus diesen Modellversuchen ist hervorzuheben, daß ÖPNV in der Fläche das Engagement eine Gebietskörperschaft bei Angebot, Finanzierung und Organisation erfordert. Die Übernahme des ÖPNV als freiwillige Aufgabe durch die Kommunen bedeutet eine Anpassung des ländlichen Raumes an die Ballungsgebiete.

204   9 Verkehrsstrukturen und Verkehrspolitik im ländlichen Raum

Ebene 1 → Nahverkehrsverband
(öffentlich-rechtlich)
– gebildet durch Kreise bzw. Gemeinden –

- bestimmt
- beauftragt
- trägt
- vereinnahmt

Planung: Fahrplan | Netz | Tarif

Finanzierung: Investitionen | Defizit (Spitzenfinanzierg.)

Fahrgeld, Abgeltungsleistungen, Zuschüsse von Bund und Land

übertragen Konzessionsrechte

Ebene 2 — Verkehrsunternehmen mit der Produktion von Verkehrsleistungen
- Bundesunternehmen
- Kommunale Unternehmen
- nicht bundeseigene Eisenbahnen
- Private Unternehmen

Konzessionsträger

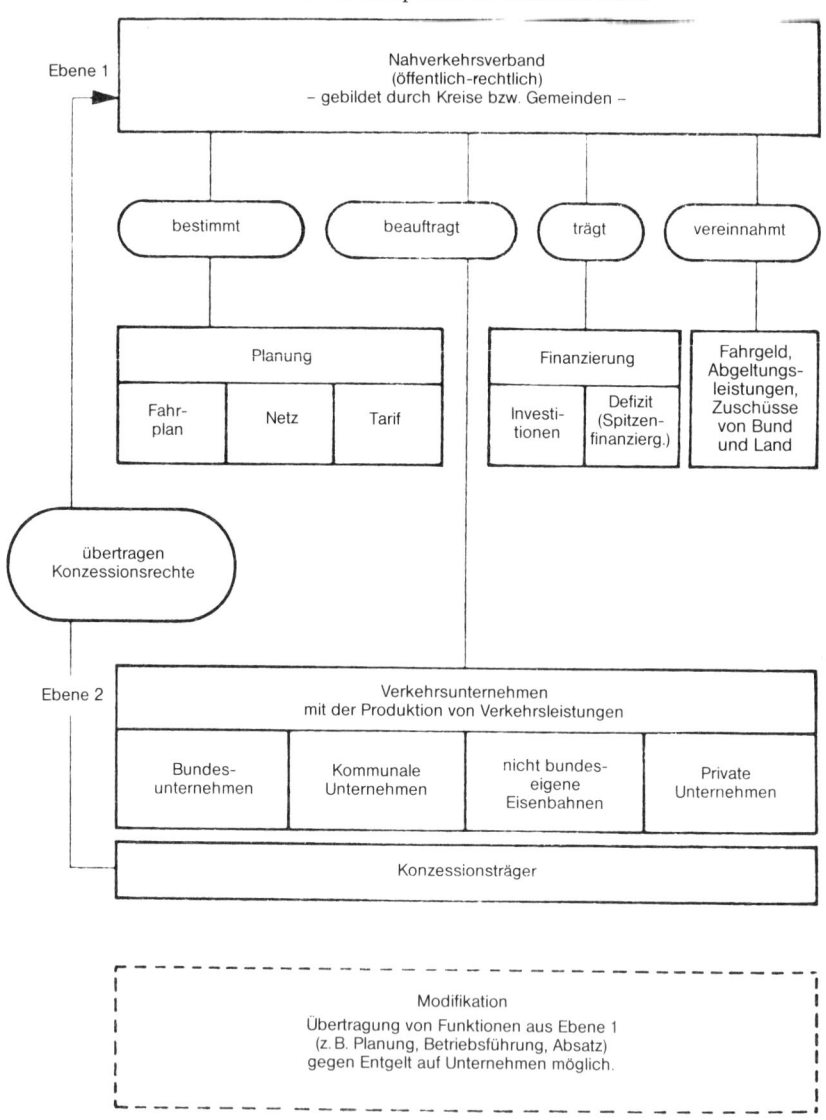

Modifikation
Übertragung von Funktionen aus Ebene 1
(z. B. Planung, Betriebsführung, Absatz)
gegen Entgelt auf Unternehmen möglich.

Abb. 39 Organisationsstruktur des Zwei-Ebenen-Modells (Quelle: BUNDESMINISTER FÜR RAUMORDNUNG, BAUWESEN UND STÄDTEBAU 1987, S. 39)

9.4 Alternative Konzepte zur flächenhaften Verkehrserschließung

Ebene 1

Nahverkehrsverband
(öffentlich-rechtlich)
– gebildet durch Kreise bzw. Gemeinden –

- gibt Zielvorgaben für
- gleicht aus
- unterstützt Gründung

Bereiche: Fahrplan | Netz | Tarif

ungedeckte Kosten (Spitzenfinanzierung) der Nahverkehrsgesellschaft

Ebene 2

Nahverkehrsgesellschaft

- erfüllt
- beauftragt
- vereinnahmt

Aufgaben im Rahmen der Zielvorgaben: Planung | Betriebsführung | Absatz | Investitionen

Fahrgeld, Ausgleichsleistungen, Zuschüsse von Bund und Land

können Konzessionsrechte übertragen

Gründung

Ebene 3

Verkehrsunternehmen mit der Produktion von Verkehrsleistungen

Bundesunternehmen | Kommunale Unternehmen | nicht bundeseigene Eisenbahnen | Private Unternehmen

Konzessionsträger

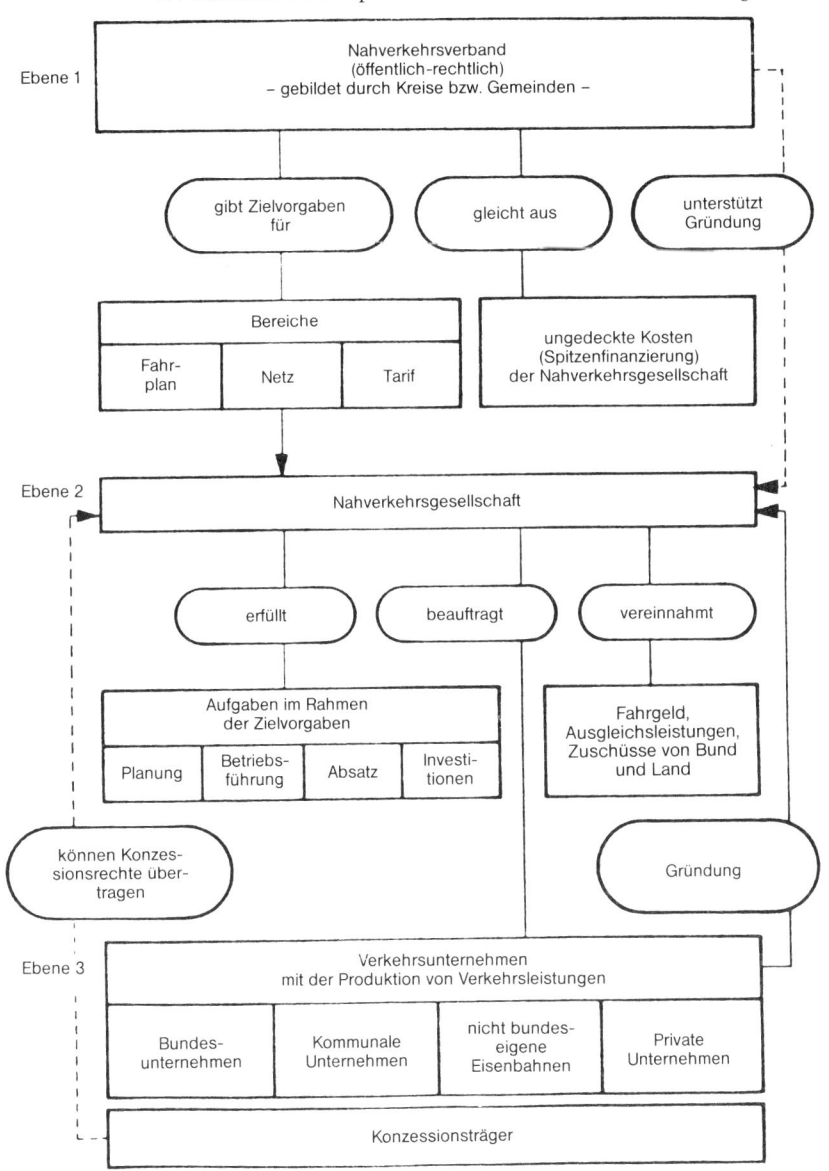

Abb. 40 Organisationsstruktur des Drei-Ebenen-Modells (Quelle: BUNDESMINISTER FÜR RAUMORDNUNG, BAUWESEN UND STÄDTEBAU 1987, S. 39)

Umfassende ÖPNV-Konzepte erfordern eine Kooperation zwischen den kommunalen Gebietskörperschaften, in der Fläche den Landkreisen oder dem Zusammenschluß mehrerer Landkreise, und den Verkehrsunternehmen (BUNDESMINISTER FÜR RAUMORDNUNG, BAUWESEN UND STÄDTEBAU 1987, S. 41). Dies gilt auch und besonders für die im folgenden dargestellten Einzelmaßnahmen.

9.4.2 Differenzierung des öffentlichen Personennahverkehrs in der Fläche

Ein wichtiges Ziel der Differenzierung des ÖPNV in der Fläche ist die Abstimmung im Einsatz aller gewerbsmäßigen und nicht gewerbsmäßigen Bedienungsformen, um möglichst vielen räumlichen und zeitlichen Mobilitätswünschen gerecht zu werden, ohne daß die Verkehrsbedienung von vorneherein unbezahlbar wird (FIEDLER 1982, S. 445). Der Begriff der „differenzierten Bedienung" für das organisierte und koordinierte Miteinander der verschiedenen Bedienungsformen, unterteilt sich in räumlich, zeitlich und konzessions-rechtlich gebundene, teilgebundene und ungebundene Bedienungsformen (siehe Abb. 41) (FIEDLER 1988, S. 8).

Einen inhaltlichen Überblick über die einzelnen Bedienungsformen geben die folgenden Abschnitte, in denen auch neuere Anwendungsbeispiele aufgezeigt werden.

räumlich — zeitlich — konzessionsrechtlich					
gebunden	teilgebunden			ungebunden	
Linienverkehr § 42 Busse, Bahnen, Schiffe — Linientaxen — Bürgerbusse — Anmeldemietwagen **Modifizierter Linienverkehr § 42** Direktverbindungen — Intermittierende Bedienung — Teleskopbedienung — Kombinationsbedienung	**Freigestellter Schülerverkehr** — **Bedarfsgesteuerte Busse § 42** — **Flexible Bedienung mit Sammeltaxen** — Verästelungsbedienung	**Gelegenheitsverkehr** Taxen § 47 Mietwagen § 49 — T-Busse — Frauen-Nacht-Taxen		**Vermittelte Mitfahrten** Mitfahrgelegenheits-Fahrten — Bürger-Sammelautos **Zugewiesene Mitfahrten**	**Abgesprochene Mitnahme** Spontane Mitnahme Zusteige-Mitnahme — Trampen Selbstfahrer
		Anschlußtaxen (Taxi-Ruf-Service)			Pkw, Motorad, Fahrrad
	Festzeit-Sammeltaxen				Kollektive Fahrzeughaltung
	Anruf-Sammeltaxen	Gemeinschaftstaxen			
	Veranstaltungs-Sammeltaxen	Kneipentaxen **Organisierte Fahrdienste**			Park and ride, Bike and ride — Pendelfahrten
					Bringen und Abholen (Kiss and ride)
Sonderformen des Linienverkehrs § 43 Schüler-, Markt- und Theaterfahrten — Werkverkehre — Diskobusse	Sonderfahrten				
	Fahrzeugmitnahme Fahrradmitnahme — Auto-im-Reisezug — Fähren — Rückführungsfahrten Lotsendienste	Gepäckbeförderung Reise- und Handgepäcktransport — Gepäckbusse — Zentrale Zustelldienste Besorgungsdienste		**Fahrgemeinschaften**	Fahrzeuganmietung **Fußgänger**
	gewerbsmäßig			nicht gewerbsmäßig	

Abb. 41 Die Elemente differenzierter Bedienung (Quelle: FIEDLER 1991, S. 163)

9.4 Alternative Konzepte zur flächenhaften Verkehrserschließung

Eine detaillierte Bewertung findet sich bei MEYER (1988, S. 280). Generell sei in Anlehnung an FIEDLER (1988, S. 7) gesagt, daß

- größere Fahrgastmengen nur von den großen Fahrzeugen der gebundenen Bedienungsformen und im freigestellten Schülerverkehr befördert werden können und damit die Verkehrsströme auf wenige Fahrtrelationen beschränkt sein müssen,
- eine flächendeckende Erschließung den Einsatz teilgebundener bzw. ungebundener Bedienungsformen voraussetzt,
- bei großen Nachfrageschwankungen auf Fahrzeuge und Fahrer Dritter zurückgegriffen und jeder Fahrtwunsch vorangemeldet werden muß,
- teilgebundene Bedienungsformen bei großen Fahrtweiten an ihre wirtschaftlichen Grenzen stoßen, und
- ungebundene Bedienungsformen nur dann funktionieren, wenn genügend viele Fahrer unterwegs sind und die gegenseitige Verläßlichkeit der Beteiligten gegeben ist.

Gebundene Bedienungsformen

Die gebundenen Bedienungsformen des ÖPNV lassen sich gemäß Abb. 41 in den Linienverkehr, den modifizierten Linienverkehr und die Sonderformen des Linienverkehrs gliedern.

Linienverkehr

Charakteristisch für den Linienverkehr sind festgelegte Haltestellen und damit Linienverläufe, die nach Fahrplan bedient werden und wegen der bestehenden Betriebspflicht unabhängig von der aktuellen Nachfrage sind. Der Linienverkehr wird nach § 42 PBefG genehmigt. Der Vorschlag geht zurück auf eine Idee von PASCAL (um 1655, FIEDLER 1988, S. 7). Spezielle Formen des Linienverkehrs sind Linientaxis, Bürgerbusse und Anmeldemietwagen. Sie unterscheiden sich insbesonders durch den Einsatz von kleineren Fahrzeugen und einer anderen Organisationsform vom „regulären" Liniendienst. Beim Konzept der Bürgerbusse kommt noch hinzu, daß ehrenamtliche Fahrer eingesetzt werden, um die hohen Personalkosten im Linienverkehr einzusparen. Der Verkehrsbetrieb oder auch eine kommunale Gebietskörperschaft ist Konzessionsträger nach § 42 PBefG und finanziert Wartung und Pflege des Fahrzeugs sowie die Ausrüstung der Haltestellen (FIEDLER 1988, S. 7–9). Die Idee der Bürgerbusse wurde erstmals 1978 in den Niederlanden umgesetzt und in jüngster Zeit auch in einer Reihe von bundesdeutschen Landkreisen angewendet. Erste Ergebnisse aus Schwandorf und Schlier zeigen eine gute Akzeptanz dieses Angebots und lassen auch für die Zeit nach dem Ablauf der Modellvorhaben auf eine finanzierbare Ergänzung der „regulären" ÖPNV-Dienste hoffen (BRECHT 1988 und Erfahrungsbericht Bürgerbusprojekt 1987, S. 316 f.). Auch der 1989 begonnene Modellversuch im Landkreis Bayreuth läßt positive Auswirkungen auf die Bedienungsqualität in dieser Region erwarten (zu den Rahmenbedingungen im Landkreis Bayreuth vgl. SCHMIDT 1988).

Modifizierter Linienverkehr

Die Modifizierung des Linienverkehrs beinhaltet auf der Grundlage des „regulären" Linienverkehrs mit Bussen und Bahnen, den gelegentlichen Einsatz kleinerer Fahrzeuge (wie bei Linientaxis, Bürgerbussen oder Anmeldemietwagen) bzw. den modifizierten Betrieb der Linie. Dabei ist zwischen Direktbedienung (Einsatz von Direkt- oder Eilbussen zwischen einigen wenigen Haltestellen), intermittierenden Bedienungen (Verdichtung der Fahrpläne an bestimmten Wochentagen), Teleskopbedienung (Ausdünnung der Fahrpläne zu verkehrsschwachen Zeiten bis hin zum Einsatz von Anschlußtaxen) und Kombinationstaxen (Zusammenfassung mehrerer Regellinien in verkehrsschwachen Zeiten zu einer Kombinationslinie, z. B. nachts) zu unterscheiden (FIEDLER 1988, S. 9).

Sonderformen des Linienverkehrs

Sonderformen des Linienverkehrs sind sog. Schüler-, Markt- und Theaterfahrten gemäß § 43 PBefG. Aus einem begrenzten Quellgebiet wird dabei i. d. R. zu einer Abfahrtzeit ein bestimmtes Ziel angefahren und umgekehrt (FIEDLER 1988, S. 10). Weitere Sonderformen sind die Werksverkehre zur Beförderung von Werksangehörigen entweder in eigenen oder angemieteten Bussen und die Diskobusse. Letztere werden in der Absicht eingesetzt, junge Menschen auch ohne eigenes oder geliehenes Auto sicher zur Disko und wieder nach Hause zu bringen, wobei insbesonders denjenigen, die sonst auf das Mitgenommenwerden von Freunden oder Bekannten angewiesen sind, eine Alternative geboten wird (vgl. etwa im Landkreis Kronach). Nicht zuletzt soll dieses Konzept die immer höher ansteigenden Unfallzahlen von Jugendlichen auf der Fahrt von und zu Diskotheken Einhalt gebieten.

Teilgebundene Bedienungsformen

Die teilgebundenen Bedienungsformen beinhalten den freigestellten Schülerverkehr, bedarfsgesteuerte Busse, die flexible Bedienung mit Sammeltaxen, Gelegenheitsverkehre und organisierte Fahrdienste.

Freigestellter Schülerverkehr

Der freigestellte Schülerverkehr wird nach der „Verordnung über die Befreiung bestimmter Beförderungsfälle von den Vorschriften des PBefG" (= Freistellungsverordnung) abgewickelt. Die Verkehrsleistungen orientieren sich ausschließlich am Bedarf des Auftraggebers, i. d. R. des Schulträgers, der auch die Betriebskosten in voller Höhe übernimmt. Fahrtentgelte werden nicht erhoben. Die Mitnahme Dritter ist nur in einigen Bundesländern ausnahmsweise erlaubt. Oft besteht der Wunsch der kommunalen Gebietskörperschaften, den Verkehr nach der Freistellungsverordnung in den Linienverkehr zu überführen, um dadurch die ÖPNV-Grundversorgung insbesondere der ländlichen Bevölkerung zu sichern (u. a. auch im „Hohenlohe-Modell" durchgeführt, FIEDLER 1988, S. 11).

9.4 Alternative Konzepte zur flächenhaften Verkehrserschließung

Bedarfsgesteuerte Busse

Bedarfsgesteuerte Kleinbusse oder Taxen verkehren nach vorheriger Anmeldung über Telefon oder Rufsäule zu beliebigen Zeitpunkten von Haltestelle zu Haltestelle. Die eingegangenen Fahrtanmeldungen werden EDV-gestützt disponiert (freie Bedarfssteuerung) und über Datenfunk den Fahrern mitgeteilt (über Display in den Fahrzeugen, FIEDLER 1988, S. 11).

In der Praxis wurde dieses System beim RUFBUS-Friedrichshafen (seit 1977) und beim RETAX-Wunstorf (seit 1978) angewendet. Der Modellversuch in Friedrichshafen wurde 1987 eingestellt, während das Modell Wunstorf 1988 das zehnjährige Betriebsjubiläum feierte.

Aus Kostengründen wird mittlerweile der Richtungsbandbedienung (Bereich eines definierten Bedienungsstreifens) den Vorzug gegeben (FIEDLER 1988, S. 11).

Flexible Bedienung mit Sammeltaxen

Unter der flexiblen Bedienung mit Sammeltaxen wird die Verästelungsbedienung und verschiedene Formen von Sammeltaxen verstanden. Die Verästelungsbedienung beinhaltet, daß auf ohnehin schwach in Anspruch genommenen Zubringerlinien große Busse durch Kleinbusse, Taxen oder Mietwagen, eventuell auch zeitweise ersetzt werden. Diese verkehren im stärker ausgelasteten Linienteil nach Fahrplan von Haltestelle zu Haltestelle, im Linienendbereich nur noch auf Wunsch (z. B. telefonische Anmeldung) von der bzw. bis vor die Haustür (FIEDLER 1988, S. 11–12).

Die bekannteste Sonderform von Sammeltaxen ist das *Anruf-Sammeltaxi* (AST). Dabei werden vorhandene Taxen oder Mietwagen bzw. gelegentlich Kleinbusse als Anrufsammeltaxen eingesetzt. Sie verkehren nur zu fahrplanmäßig bekanntgemachten Abfahrtzeiten i. d. R. von festgelegten Abfahrtstellen in festumrissene Zielgebiete, dort allerdings bis vor die Haustüre. Der Fahrgast muß seinen Fahrtwunsch eine halbe Stunde vor der geplanten Abfahrt telefonisch bei der AST-Zentrale (betrieben von Taxiunternehmern, Verkehrsbetrieb oder Kommune) anmelden. Anruf-Sammeltaxen sind unter Anwendung des § 59a überwiegend nach § 49 PBefG, aber auch nach § 42 oder § 47 konzessioniert worden. Konzessionsträger sind überwiegend die örtlichen Linienverkehrsträger, vereinzelt auch Gemeinden oder Landkreise (FIEDLER 1988). Erste Ergebnisse mit dem Anruf-Sammeltaxi zeigen im Hinblick auf die Wirtschaftlichkeit sehr gute Resultate (so in Idstein 1982, Faufungen 1982, Hameln 1982 u. a., FIEDLER 1988, S. 12).

Festzeit-Sammeltaxen bilden in dieser Form den Vorläufer der Anruf-Sammeltaxen. Wegen der fehlenden Flexibilität des Einsatzes dieser Sammeltaxen mit der Folge geringer Wirtschaftlichkeit wurde dieses Modell kaum praktisch angewendet (FIEDLER 1988, S. 12). Anders als Anruf-Sammeltaxen verkehren Veranstaltungs-Sammeltaxen (z. B. Theater-Sammeltaxen) nicht nach festem Fahrplan, sondern fahren vielmehr etwa 10 bis 15 Minuten nach Abschluß einer Veranstaltung in alle Stadtteile und bringen die Fahrgäste bis vor die Haustür. Veranstaltungs-Sammeltaxen sind außerordentlich wirtschaftlich, teilweise fahren sie sogar mit Kostenüberdeckung. Etwaige Fehlbeträge werden von den Veranstaltern übernommen, die erfahrungsgemäß dadurch zu mehr Besuchern kommen. Sie bedürfen zudem keiner besonderen Genehmigung, weil Bestellung und Bezahlung durch die Veranstalter vorgenommen werden und keine zeitliche Regelmäßigkeit vorliegt. Erfahrungen liegen bislang aus Solingen (1977), Kiel, Bad Wörishofen u. a. vor (FIEDLER 1988, S. 13).

Sonstige teilgebundene Bedienungsformen

Zu den sonstigen teilgebundenen Bedienungsformen zählen insbesonders alle Gelegenheitsverkehre wie beispielsweise im Taxen- und Mietwagenbereich. Nachteil dieser Bedienungsformen sind die relativ hohen Kosten für die Benutzer.

Sonderformen wie *Frauen-Nacht-Taxen, Anschlußtaxen, Gemeinschaftstaxen* und *Kneipentaxen* sind zwar sinnvolle Ergänzungen des, zumindest bis zu Mittelstädten vorgehaltenen regulären Taxiangebots, können aber aufgrund der hohen Kosten und der Notwendigkeit eines relativ großen Kundenpotentials kaum einen Beitrag zur Lösung der ÖPNV-Probleme im ländlichen Raum liefern.

Ungebundene Bedienungsformen

Ungebundene Bedienungsformen reichen von der kommerziell betriebenen Vermittlung von Mitfahrgelegenheiten durch Mitfahrzentralen (vornehmlich im Fernverkehr), über zugewiesene Mitfahrten, Fahrtgemeinschaften, abgesprochene Mitnahme und spontane Mitnahme (vor allem Zusteiger-Mitnahme mittels gekennzeichneter Zusteigestellen und der Ausgabe von Zusteiger-Lichtbildausweisen sowie dem Trampen) bis hin zu Selbstfahrern mit Pkw, Motorrad und Fahrrad, wobei auf das Park-and-Ride-System und Pendelfahrten hinzuweisen ist (FIEDLER 1988, S. 15–19).

9.4.3 Fazit: Mehr Flexibilität = Mehr ÖPNV in der Fläche

Die Ausführungen im vorangegangenen Abschnitt haben die Vielzahl und die Vielschichtigkeit der unterschiedlichen Bedienungsformen gezeigt, die dem Verkehrsplaner heute zur Verfügung stehen. In Form der „Differenzierten Bedienung" oder zumindest durch einzelne Elemente dieses Ansatzes sollte es künftig möglich sein, die vielfältigen ereignisbezogenen Beförderungswünsche der unterschiedlichen Personengruppen in zumutbarer Weise zu befriedigen (ARBEITSAUSSCHUSS ÖFFENTLICHER VERKEHR DER FORSCHUNGSGESELLSCHAFT FÜR STRASSEN- UND VERKEHRSWESEN 1986). Dabei wird man das Hauptaugenmerk auf Räume und Zeiten schwacher Verkehrsnachfrage richten müssen, weil hier die erheblichen betriebswirtschaftlichen Verluste entstehen. Dies setzt wiederum ein Umdenken bei den Verkehrsbetrieben (privaten wie öffentlichen) voraus. Auch wenn der Linienverkehr das Grundgerüst öffentlicher Verkehrsbedienung bleiben wird, sollten die Verkehrsplaner doch folgende Punkte berücksichtigen:

9.4 Alternative Konzepte zur flächenhaften Verkehrserschließung

- Sie sollten sich für alle Bürger und Bürgerinnen als potentielle Kunden rund um die Uhr als Anbieter verkehrlicher Dienstleistungen zuständig und verantwortlich fühlen.
- Sie sollten in anderen Verkehrsträgern, wie dem Taxen- und Mietwagengewerbe, aber auch in der Zusteiger-Mitnahme nicht länger Konkurrenten, sondern Partner sehen.
- Sic sollten Angebotsplanung und Koordination von Betriebsabläufen über den engeren Zuständigkeitsbereich hinaus als logistische Aufgabe verstehen und abwickeln.
- Sie sollten dabei stärker als bisher mit den kommunalen Planungsgremien und örtlichen Interessengruppen zusammenarbeiten (FIEDLER 1988).

Das führt zwangsweise zu einem veränderten Planungsansatz, der „*kommunizierenden Planung*". Diese versucht, die Wünsche der Betroffenen von vorneherein in alle Planungsüberlegungen einzubeziehen und sie in regelmäßiger gegenseitiger Abstimmung auf das Machbare zurückzuführen. Wichtig ist, daß sie sich bei der Umsetzung ganz flexibel an die veränderten Situationen, die sich aus dem Nutzerverhalten ergeben können, anpaßt (FIEDLER 1988).

Dieser Vorschlag von FIEDLER ist in seinen Grundtendenzen, insbesonders in seiner Forderung nach mehr Flexibilität in der Verkehrsplanung positiv zu werten. Um die Probleme des ÖPNV in der Fläche effizient zu lösen, geht er allerdings nicht weit genug. Ein Lösungsansatz, der regelmäßige gegenseitige Abstimmung von Angebot und Nachfrage fordert, kann nicht vor der verwaltungsinternen Abstimmung Halt machen. So ist es erforderlich, für eine „integrierte Nahverkehrsplanung" im ländlichen Raum, wie sie in den letzten Jahren immer häufiger gefordert wurde, die Verwaltungsstrukturen an eine solche Aufgabe anzupassen.

Das übliche „Ressortdenken" muß hierfür unbedingt überwunden werden, so daß die Verkehrsplanung tatsächlich, über eine reine Kommunikation hinausgehend, mit allen anderen relevanten Ressortplanungen (wie der Wirtschaftsförderung, der Finanzplanung, dem Umweltschutz sowie der Orts- und Regionalplanung) verwaltungsintern koordiniert wird. Zusätzlich ist eine verstärkte vertikale Zusammenarbeit zwischen den Verwaltungsebenen (angefangen vom Bund bis hinunter zu den Kommunen) erforderlich. Da solch umfassende Veränderungen in der Verwaltung bei den stark verfestigten Denkstrukturen nicht von heute auf morgen durchgeführt werden können, bietet eine Politik der kleinen Schritte die realistischsten Möglichkeiten zu einer verbesserten ÖPNV-Versorgung im ländlichen Raum zu gelangen. Hier bieten die einzelnen Maßnahmen, wie z.B. das Bürgerbus-Konzept gute Ansatzpunkte zu einer flexibleren Verkehrsplanung und dadurch zu einer qualitativ wie quantitativ verbesserten öffentlichen Verkehrsbedienung im ländlichen Raum zu gelangen.

10 Verkehrsaktivitäten, Energie und Umwelt

Der Themenkomplex „Verkehrsgeographie, Verkehrsplanung und Verkehrspolitik" wäre sicherlich nicht sachgerecht abgeschlossen, wenn nicht auch der Fragenkreis der Umweltbelastungen durch den Verkehr im weitesten Sinne behandelt würde. Nicht zuletzt wird dies, wie Prognosen gezeigt haben, durch die immer noch wachsende Zahl an Pkws und die damit weiterhin hohe Bedeutung des Individualverkehrs besonders herausgestrichen. Dies hat selbstverständlich erhebliche Auswirkungen auf den Energieverbrauch, wobei das Hauptproblem darin besteht, den hohen Anteil des Mineralöls weiterhin zu senken.

Im folgenden soll deshalb zunächst auf die einzelnen Umweltbereiche eingegangen werden, auf die sich der Verkehr auswirkt: Lärm, Luft, Boden, Wasser und Landschaftsbild. Zudem werden hier auch die Sekundäreffekte und sozialen Folgewirkungen der Umweltbelastungen durch den Verkehr behandelt. Der Energieverbrauch im Verkehrsbereich wird im anschließenden Abschnitt behandelt. Ein wichtiger Aspekt dieses Themenkomplexes steht dann im Mittelpunkt der weiteren Betrachtungen: die Maßnahmen zur Vermeidung von Umweltbelastungen im Verkehrssektor.

10.1 Umweltbelastungen durch den Verkehr

Mit der Steigerung des Verkehrsaufkommens, insbesonders des Individualverkehrs, und dem ständigen Neubau entsprechender Infrastruktureinrichtungen wuchsen auch die negativen Einflüsse auf die Umwelt. Dabei wird im wesentlichen zwischen anlage- und betriebsbedingten Auswirkungen unterschieden (MICHELSEN 1984, S. 109).

Durch die Anlage von Verkehrsinfrastruktureinrichtungen kommt es u. a. zu Flächenbeanspruchungen, Trennwirkungen, ästhetischen Beeinträchtigungen, kleinklimatischen Veränderungen, Bodenverdichtungen und Beeinflussungen des Wasserhaushalts. Hierzu zählen beispielsweise die Neutrassierung von Straßen, insbesonders Bundesfernstraßen und Schienenstrecken, der Ausbau von Flußkanalisierungen und Flughafenausbauten (sowohl Aus- als auch Neubauten).

Auf Probleme bei Aus- und Neubauten von Großinfrastruktureinrichtungen wurde bereits in Kapitel 5 anhand einiger praktischer Beispiele hingewiesen. Bei den Wirkungen durch den Betrieb handelt es sich vor allem um Lärm- und Schadstoffemissionen, wobei letztere neben der Luft auch das Wasser, den Boden sowie die Fauna und Flora belasten können. Besonders anzuführen sind hier die Umweltbeeinträchtigungen durch Kraftfahrzeuge, aber auch andere Verkehrsmittel, wie z. B. das Flugzeug, gehören zu den problematischen Schadstoffemittenten.

10.1.1 Lärmbelastungen

Unter Lärm werden allgemein unerwünschte, störende oder gesundheitsschädliche Geräuschimmissionen verstanden, die das seelische, körperliche und soziale Wohlbefinden beeinträchtigen. Die hierdurch hervorgerufenen Wirkungen reichen von der Störung der Kommunikation über die Beeinträchtigung von Schlaf und Entspannung, bis hin zu Veränderungen der Kreislauffunktionen und am vegetativen Nervensystem (BUNDESMINISTER FÜR VERKEHR 1982, S. 165). Mögliche Reaktionen des menschlichen Organismus auf unterschiedliche Lärmbelastungen zeigt Tab. 28.

Diesem Tatbestand entsprechend gehen auch die Vorschläge zur Festlegung von Grenz- und Richtwerten von unterschiedlichen Flächennutzungsempfindlichkeiten

Tab. 28 Reaktionen des menschlichen Organismus auf Lärm

Schallpegel Dezibel	Schallquelle	psychische, physische und vegetative Reaktionen des menschlichen Organismus
20–30	Blätterrauschen, Flüstersprache, tickende Armbanduhr	psychologisch nur störend, wenn subjektiv die Lärmquelle als Störfaktor empfunden wird
45–50	ruhige Wohnlage mit eindringendem Lärm bei geschlossenen Fenstern, Unterhaltungssprache, leise Musik, Bürolautstärke	50 % (von Versuchspersonen) haben Schlafstörungen, verändertes Einschlafverhalten, Ärger über unerwünschte Lärmquelle
65–70	Lärm einer verkehrsreichen Straße, Staubsauger, Schreibmaschinensaal (Telefonbenutzung wird schwierig)	Lärmträgheit, Erweiterung der Pupillen, Ansteigen des Blutdrucks, Herabsetzung des Herzschlagvolumens, vermehrtes Ausscheiden von Nebennierenhormonen, Erschrecken, Angst, Flucht, Herzklopfen, Veränderung der Atmung
70–90	Großstadtverkehr, Motorfahrzeuge, Werkstattgeräusche, Baustelle mit Preßlufthammer, Eisenbahnzug	Bei langeinwirkenden Schallimmissionen von 85 dB = Schwerhörigkeit, bei 90 dB = überproportionale Verminderung der Durchblutung des Menschen
90–120	Motorrad, Kreissäge, Flugplatzlärm, Diskothek	Bei kurzfristiger Einwirkung = Gehörvertaubung, die sich in ruhiger Umgebung wieder zurückbildet, bei 120 dB = Lähmung und Tod weißer Mäuse (4 min. Schalleinwirkung bei 11 500 Hz), Unbehaglichkeitsschwelle
120	Düsentriebwerk, Sirene, Artilleriefeuer, Preßlufthammer in zwei Meter Entfernung	kein Gehörempfinden, Schmerzgefühl, individueller Hörschutz unbedingt erforderlich

(Quelle: SCHEMEL 1985, S. 364)

Tab. 29 Orientierungswerte für zumutbare Lärmwirkung

Nutzungsart	Planungsrichtpegel DD 18005, Entwurf 1976		Immissionsrichtwerte „Außen" VDI-Richtlinie 2058 1973		Immissionsgrenzwerte VLärmSchG, Entwurf 1979	
	Tag	Nacht	Tag	Nacht	Tag	Nacht
1 Reines Wohngebiet	55 dB(A)*	45 dB(A)*	50 dB(A)	35 dB(A)	62 dB(A)	52 dB(A)
2 Allgem. Wohngebiet, Kleinsiedlungsgebiet	55 dB(A)	45 dB(A)	55 dB(A)	40 dB(A)		
3 Dorfgebiet, Mischgebiet	60 dB(A)	50 dB(A)	60 dB(A)	45 dB(A)	67 dB(A)	57 dB(A)
4 Kerngebiet	65 dB(A)	55 dB(A)				
5 Gewerbegebiet	65 dB(A)	55 dB(A)	65 dB(A)	50 dB(A)	72 dB(A)	62 dB(A)
6 Industriegebiet	keine Richtpegelangabe		70 dB(A)			
7 Sondergebiete	45–70 dB(A) je nach Nutzungsart	35–70 dB(A)	45 dB(A)**	45 dB(A)**	60 dB(A)***	50 dB(A)***

* auch für Wochenendhausgebiete
** für Kurgebiete, Krankenhäuser, Pflegeanstalten
*** an Krankenhäusern, Kurheimen, Altenheimen
(Quelle: SCHEMEL 1985, S. 365)

aus (Tab. 29). Trotz dieser Richtwerte wird Lärm von mehr als 8 Mio. Bundesbürgern als erhebliche Belastung empfunden, wobei aus zahlreichen Untersuchungen hervorgeht, daß der *Straßenverkehr* als Quelle an erster Stelle steht. Deswegen werden etwa ein Drittel aller Balkone und Gärten nur noch eingeschränkt oder gar nicht mehr benutzt (MICHELSEN 1984, S. 190). Besonders störend sind die Straßenverkehrsgeräusche im innerstädtischen Bereich, vor allem aufgrund der häufigen Brems-. und Anfahrvorgänge sowie der hohen Verweil- und Stauzeiten. Bei 210 Pkw pro Stunde ist in einer Stadtstraße mit 60 dB(A) zu rechnen. 1000 Pkw pro Stunde verursachen 67 dB(A), wobei sich diese Werte je nach Lkw-Anteil um bis zu 6 dB(A) erhöhen können (BUNDESMINISTER DES INNEREN 1979, S. 222). Ein nicht zu vernachlässigender Teil der Lärmemissionen wird dabei durch das Fahrverhalten sowie durch eine mangelhafte Wartung des Auspuff- und Ansaugsystems hervorgerufen.

Die Zunahme des Straßennetzes hat auch dazu geführt, daß der Verkehrslärm in bisher „unbelastete" Gebiete vorgedrungen ist, und so die Refugien der Ruhe immer weniger werden. Die Länge des Autobahnnetzes etwa wurde seit 1965 auf fast 7.000 km verdoppelt, was bei freier Schallausbreitung folgende Verlärmungsbänder bedingt:

10.1 Umweltbelastungen durch den Verkehr

- Dauerschallpegel von 70–80 dB(A) 90 m beiderseits,
- Dauerschallpegel von 60–70 dB(A) 500 m beiderseits und
- Dauerschallpegel von 50–60 dB(A) 1.500 m beiderseits der Fahrbahn

(SCHEMEL 1985, S. 369).

Aber auch Lärmpegel, die niedriger als 50 dB(A) liegen, können erhebliche Belästigungen bedeuten, z. B. in Erholungsgebieten.

Neben den Straßen gehören insbesonders *Flugzeuge* zu den Hauptemittenten von verkehrsbedingten Lärmbelastungen (zumindest für die Anwohner von Flugplätzen). Obgleich durch die Festlegung lärmmindernder Einflugverfahren und die technische Entwicklung neuartiger Triebwerke die Lärmbelastungen bereits reduziert werden konnten, ist der Gesamtschallpegel für die Flughafenanwohner infolge des enorm gestiegenen Flugbewegungsaufkommens eher noch größer geworden.

Aufgrund einer Bestimmung der amerikanischen Bundesluftfahrtbehörde (FAA = Federal Aviation Administration) wurden seit 1969 keine neuen Flugzeugtypen mehr zugelassen, deren Lärmpegel oberhalb der mit FAR 36 gekennzeichneten Grenzlinie liegt. Die Großraumflugzeuge halten diese Grenze alle ein, wobei der Airbus A 300 B besonders gut abschneidet. Geplante Verschärfungen dieser Grenzwerte liegen bereits als Empfehlungen vor. Diese berücksichtigen auch die Anzahl der Triebwerke (TW) (RELLS 1978, S. 199).

Die Bezugspunkte, an denen jeweils die Lärmentwicklung gemessen wird und an denen der Lärmpegel bestimmte Höchstwerte nicht überschreiten darf, sind in den Lärmbestimmungen der amerikanischen Bundesluftfahrtbehörde (Part 36 of the Federal Aviation Regulation = FAR 36) genannt. Die in der FAR 36 festgelegten Bestimmungen zum Lärmschutz entsprechen nahezu den auch in der Bundesrepublik gültigen Richtwerten des ICAO Annex 16 von 1973 und 1978 (RELLS 1978, S. 199). Da zum einen diese Bestimmungen nicht in allen Ländern gelten und zudem noch eine ganze Anzahl älterer Flugzeugtypen, für die die Bestimmungen bei ihrer Zulassung noch nicht galten, die Flugplätze anfliegen, sind weitere Regulierungen notwendig, um den Fluglärm auf ein halbwegs erträgliches Maß zu reduzieren.

Eine Möglichkeit zur Regelung dieser Problematik liegt im Gesetz gegen den Fluglärm aus dem Jahr 1971. Die Regelungen dieses Gesetzes, die den raumordnerischen Maßnahmen zugeordnet werden können, bestimmen für die Umgebung der Flughäfen sog. Schutzzonen. Sie betreffen den Lärmschutzbereich für einen Dauerschallpegel über 67 dB(A). Die Schutzzone 1 ist dabei das Gebiet, in dem der äquivalente Dauerschallpegel größer als 75 dB(A) liegt. Für die Schutzzone 2 liegt der Grenzwert bei 67 dB(A). Für die einzelnen Schutzzonen wird im Gesetz die Zulässigkeit bzw. die Unzulässigkeit von bestimmten baulichen Maßnahmen festgelegt (vgl. Gesetz zum Schutz gegen Fluglärm; zitiert in: ATZKERN 1988, S. 84).

In Anbetracht des lange zurückliegenden Inkrafttretens dieses Gesetzes und der veränderten Rahmenbedingungen erscheint die Forderung der Bundesvereinigung gegen Fluglärm e. V. zu einer Novellierung dieses Gesetzes verständlich (BUNDESVEREINIGUNG GEGEN FLUGLÄRM e. V. 1985). Zusätzlich zu diesen gesetzlichen Regelungen werden die Entwicklungen der Lärmpegel von den Flughafenbetreibern laufend überwacht. Auf die dort ermittelten Werte abgestimmte An- und Abflugrouten sind wichtige Instrumente zur Verbesserung der Situation. Nachtflugverbote und die finanzielle Förderung leiserer (entsprechend ICAO Annex 16) Flugzeuge durch verbilligte Landegebühren gehören ebenfalls zu den praktizierten Maßnahmen zur Lärmdämpfung.

Auf andere Lärmquellen im Verkehrsbereich, wie etwa der *Schiffahrt* auf den großen Binnenwasserstraßen oder hochfrequentierte Schienenstrecken soll hier nur kurz hingewiesen werden. So liegt der Einzelschallpegel z. B. in 25 Metern Entfernung von einer Schienenfernverkehrsstrecke bei der Vorbeifahrt eines 160 km/h schnellen D-Zuges zwischen 83 und 94 dB(A), womit er sogar über den Spitzenwerten des Kraftfahrzeugverkehrs liegt.

10.1.2 Luftbelastungen

Von den verkehrsbedingten Luftverunreinigungen läßt sich der größte Teil dem Straßenverkehr zuordnen, also vor allem den Personenwagen und Nutzfahrzeugen mit Verbrennungsmotor. Demgegenüber verursacht der gesamte militärische und zivile Luftverkehr nur etwa 1 % der Schadstoffemissionen in der Bundesrepublik Deutschland. Diese verhältnismäßig geringen Werte verteilen sich allerdings nicht gleichmäßig, sondern treten in sehr hohen Konzentrationen in der Umgebung der Flughäfen auf. Zudem gefährdet der Schadstoffeintrag in großen Höhen die ohnehin stark belastete Atmosphäre.

Von der Menge und den Gefahren für die Umwelt überwiegt dessen ungeachtet der Gebrauch von *Verbrennungsmotoren* in Kraftfahrzeugen. Durch die Zusammenführung von Kraftstoff und Luft zu einem zündfähigen Gemisch und dessen anschließender Verbrennung liefert dieser Antrieb die für die Fortbewegung notwendige Fahrtenergie. Da dieser Vorgang im chemischen Sinne unvollständig verläuft, enthalten die Motorabgase neben Kohlendioxid, Wasserdampf, Stickstoff und dem zugesetzten Blei eine Anzahl anderer Substanzen, die zum Teil hochgiftig ·sind (GWINNER u. a. 1984, S. 20). Insgesamt werden durch den Verbrauch von ca. 40 Mrd. Litern Kraftstoff jährlich etwa 420 Mrd. m³ Abgas freigesetzt, die sich aus mehr als 200 verschiedenen Stoffen zusammensetzen. Von der Gesamtmenge der Luftverunreinigungen entfallen auf den Straßenverkehr:

- ca. 60 % der Kohlenmonoxide   (Gesamtverkehrssektor: 65 %)
- ca. 45 % der Stickoxide   (Gesamtverkehrssektor: 55 %)
- ca. 37 % der Kohlenwasserstoffe   (Gesamtverkehrssektor: 39 %)
- ca. 4 % der Ruße   (Gesamtverkehrssektor: 9 %) und
- ca. 2 % der Schwefeldioxide   (Gesamtverkehrssektor: 3 %)

(UMWELTBUNDESAMT 1984, S. 160 und MICHELSEN 1984, S. 110).

Was die Konzentration und die Ausbreitung dieser Schadstoffe entlang der Straßen anbelangt, so hängt dies sowohl vom Verkehrsaufkommen, der Geschwindigkeit und dem Verkehrsfluß als auch von der Lage der Straße, den Windverhältnissen und dem Straßenrandbewuchs ab. Als Hauptbelastungszone können hierbei die ersten 200 Meter beiderseits vom Straßenrand angesehen werden, wobei die Immissionswerte mit zunehmender Entfernung abnehmen, in 100 Meter z. B. auf rund 20 % des ursprünglichen Wertes (SCHEMEL 1985, S. 373).

Bei Inversionswetterlagen können die Schadstoffkonzentrationen in 100 Metern Entfernung aber noch genauso hoch sein wie bei normalen Wetterlagen in 10 Metern Entfernung. Da die Kraftfahrzeugabgase relativ bodennah emittiert werden, ist ihre Reichweite geringer als bei Schadstoffen, die aus Kraftwerken über hohe Schornsteine in die Atmosphäre gelangen und so auch noch in größeren Entfernungen zu Belastungen führen – einem Umstand, der durch die hohe Straßendichte allerdings kaum von großer Bedeutung sein dürfte, da sich auch so die Schadstoffe entlang der vielen Verkehrswege relativ gleichmäßig über das ganze Land verteilen.

Vor allem in innerstädtischen Gebieten mit hoher Verkehrsdichte und ungünstigen Luftaustauschverhältnissen sind Fahrzeuginsassen, Passanten und Straßenanwohner hohen Konzentrationen an Abgasinhaltsstoffen ausgesetzt. Messungen haben ergeben, daß sich die Schadstoffe in beträchtlichem Umfang auch im Wageninneren ansammeln. Demnach sind mehr noch als die Fußgänger die Autofahrer selbst betroffen. In gering verdichteten Gebieten, wo sich die Emissionen schneller verflüchtigen, sind daher die verkehrsbedingten Schadstoffkonzentrationen weitaus geringer als in den Agglomerationsräumen (NEUMANN 1980, S. 70 – 71).

10.1.3 Boden- und Wasserbelastungen

Der Beitrag des *Straßenverkehrs* zur Verunreinigung von Boden und Wasser wird eher als gering eingestuft, dennoch belasten die dort auftretenden Schadstoffe wie Blei, Cadmium, Schmieröle und Gummiabrieb die beiden Medien (vgl. BUNDESMINISTER FÜR VERKEHR 1982, S. 165). Denn diese werden durch das Niederschlagswasser von den Verkehrsflächen abgeschwemmt und gelangen so über die Kanalisation in das Oberflächenwasser oder über das Erdreich in das Grundwasser, was beides zu einer Beeinträchtigung der Trinkwasserqualität führen kann.

Nicht zu vergessen sind in diesem Zusammenhang die Immissionen, die im Winter durch die eingesetzten Auftausalze entstehen. Der Großteil des Salzes wird dabei mit dem Fahrbahnwasser in die Gräben gespült, wo es entweder im Boden versickert oder in nahe Entwässerungsanlagen gelangt. Im Boden kann das Salz die Pflanzen durch Wasserentzug oder nach Aufnahme durch die Wurzeln unmittelbar schädigen, aber auch die Verschiebung des Nährstoffgleichgewichts belastet langfristig die Vegetation (SCHEMEL 1985, S. 390 – 391 und BUNDESMINISTER FÜR VERKEHR 1982, S. 165).

218 10 Verkehrsaktivitäten, Energie und Umwelt

Gefahren ergeben sich weiterhin beim Transport wassergefährdender Stoffe. Allein 1981 gab es 272 Unfälle bei derartigen Transporten im Straßenverkehr, wobei rund 2.500 m³, vor allem leichtes Heizöl und Dieselkraftstoffe ausliefen. In 31 dieser Fälle waren Wasserversorgungsanlagen unmittelbar betroffen (MICHELSEN 1984, S. 110).

Zu den Verunreinigern fließender Gewässer zählt in erster Linie die *Schiffahrt,* und zwar durch

- die unerlaubte Einleitung von Mineralölprodukten, die beim Betrieb der Schiffs-Dieselmotoren als Rückstände anfallen (Bilgenöle),
- Stoffe, die bei Unfällen, während des Transports bzw. beim Laden oder Löschen ins Wasser gelangen,
- Überbordwerfen von Schiffsmüll und die unerlaubte Beseitigung von Schiffsabwasser (BUNDESMINISTER DES INNERN 1979, S. 53).

Im Bereich der Hochseeschiffahrt kommen noch erlaubte wie unerlaubte Einleitungen von flüssigen Abfallstoffen (Stichwort: Verklappung von Dünnsäure in der Nordsee, seit 1991 nicht mehr erlaubt) und die Gefahren von Schiffsunglücken (wie 1988 die Havarie des Öltankers Exon Valdes vor der Küste Alaskas) mit beträchtlichen Schäden der nahegelegenen Küstenabschnitte und des betroffenen Seegebietes hinzu. In der Regel gestaltet sich gerade bei der Schiffahrt das Problem der Kontrolle und der Nachweis unerlaubter Einleitungen auf offener See sehr schwierig.

10.1.4 Landschaftsbelastungen

Ungefähr 4,7 % der Gesamtwirtschaftsfläche der Bundesrepublik sind dem Verkehr zugeordnet, wobei der Hauptteil auf Straßen und Wege entfällt (75 %). Deren Gesamtlänge liegt bei 468.000 km (1982), und zwar ausschließlich der land- und forstwirtschaftlichen Wege. Für eine vierspurige Straße etwa sind bei einem Regelquerschnitt von 29 Metern ca. 4 ha/km notwendig, bei Dämmen und Einschnitten muß mit einer Verdopplung dieses Wertes gerechnet werden. Weiterhin kommt noch der Flächenbedarf für die Nebeneinrichtungen, wie Parkplätze, Aus- und Einfahrten oder Autobahnkreuze bzw. -dreiecke. So benötigen die Autobahnkreuze vom Typ „Kleeblatt" 20–25 ha, das Autobahnkreuz München-Nord sogar 53 ha (SCHEMEL 1985, S. 361).

Wenn man von *Flächenbeanspruchungen* durch den Verkehr spricht, dann ist es auch notwendig die Flächenentwertung, etwa durch Lärm- und Abgasemissionen mit einzubeziehen. Bei dieser Betrachtungsweise würde der Flächenverlust immerhin 8,3 % der Gesamtfläche der Bundesrepublik betragen (MICHELSEN 1984, S. 110). In diesem Zusammenhang sei auch darauf hingewiesen, daß sich durch den Bau neuer Straßen die Umweltbedingungen für bestimmte Teilbereiche verbessern lassen, indem z. B. der innerörtliche Durchgangsverkehr durch die Errichtung einer Umgehungsstraße entlastet wird (SCHEMEL 1985, S. 405 ff.). Wie man sieht, ergeben sich also auch innerhalb des Teilbereichs Ökologie Konflikte. So kann in dem vorangegangenen Beispiel der Umgehungsstraße der Wegfall der lärmimmanenten innerörtlichen Durchgangsstraße mit der Zerstörung eines Biotops erkauft werden. Auch hier muß die Suche nach der bestmöglichen Lösung mit einem Kompromiß enden, will man nicht alle Verkehrswege von vorneherein abschaffen.

Abschließend sei zu dem Thema der visuellen Störungen durch Verkehrswege gesagt, daß diese auch von der Binnenschiffahrt ausgehen können, z. B. dann, wenn aus Gründen der verkehrlichen Nutzung der natürliche Verlauf eines Gewässers verändert wird, etwa wenn man das Ufer mit Beton einfaßt. So verändert der Main-Donau-Kanal mit seiner 55 Meter breiten, vier Meter tiefen und weitgehend asphaltierten Rinne die bis dahin weitgehend naturbelassene Flußlandschaft des Altmühl-, Ottmaringer- und Sulztals, wodurch Feuchtgebiete, Biotope und Altwässer verloren gehen. Schwerwiegend sind auch die Eingriffe im Tal der Donau, die unter anderem zwischen Straubing und Vilshofen ausgebaut wird. Dies macht deutlich, daß jeder Verkehrsweg als Baukörper auch einen Eingriff in das ökologische Wirkungsgefüge des Landschaftshaushalts darstellt (KRAUSE 1980, S. 397).

10.1.5 Sekundäreffekte und soziale Folgen

In den bisherigen Abschnitten wurden in erster Linie die direkten Umwelteinwirkungen des Verkehrs dargestellt. Darüberhinaus treten aber auch eine Reihe von indirekten Effekten auf. So kann beispielsweise die Umweltqualität durch eine Fernstraße aufgrund der Folgenutzungen auch mittelbar Schaden nehmen, etwa infolge von Wohnbebauung oder Freizeitaktivitäten. SCHEMEL führt hier den Bau der Autobahn München – Garmisch-Partenkirchen an, die den ökologisch hochempfindlichen Raum der Osterseen einer erheblichen zusätzlichen Belastung durch Freizeitaktivitäten ausgesetzt hat (SCHEMEL 1985, S. 418).

Über diese sekundären Effekte hinaus können verkehrsbedingte Umweltbelastungen auch soziale Auswirkungen nach sich ziehen. Dies kann unter anderem dann der Fall sein, wenn hierdurch Wanderungsvorgänge ausgelöst werden, z. B. wenn Bewohner, die sich durch Verkehrslärm gestört fühlen, in ruhigere Gebiete umziehen. Als Folge bleiben daraufhin vor allem einkommensschwächere Schichten zurück, die sich einen Umzug in Gebiete mit besserer Umweltqualität nicht leisten können (HEITFELD und ROSE 1978, S. 22).

10.2 Energie und Verkehr

In engem Zusammenhang zu den Umweltauswirkungen des Verkehrs ist insbesonders der Energieverbrauch der Verkehrsmittel zu nennen. Dabei geht es fast ausschließlich um den Verbrauch (knapper) fossiler Brennstoffe (Benzin und Dieseltreibstoff) und der überwiegend mit fossilen Brennstoffen erzeugten elektrischen Energie im Bereich der schienengebundenen Verkehrsmittel (Eisenbahn, S- und U-Bahn). Andere Energieträger, wie die Solarenergie stehen zwar gelegentlich in den Schlagzeilen der Medien, etwa bei Weltrekordversuchen mit solargetriebenen Fahrzeugen, spielen aber insgesamt eine verschwindend geringe Rolle.

220 10 Verkehrsaktivitäten, Energie und Umwelt

Der Energieverbrauch des Verkehrsbereichs in der Bundesrepublik Deutschland ist zwischen 1960 und 1973 stetig angestiegen, seitdem hält er sich auf dem erreichten hohen Niveau relativ konstant. Stärkeren Schwankungen ist demgegenüber der Mineralölanteil am Primärenergieverbrauch unterzogen. Betrug er 1960 noch 21 %, so stieg er in den folgenden zwölf Jahren stetig auf 55,4 % an. Seitdem sind die Anteilswerte wieder stark zurückgegangen. 1980 lagen sie bereits unter 50 % und betrugen 1984 sogar nur noch 42 % (BUNDESMINISTER FÜR VERKEHR 1985 a, S. 251). Die Entwicklung des absoluten Endenergieverbrauchs nach Wirtschafts- und Verkehrsbereichen geht aus Tab. 30 hervor.

Tab. 30 Endenergieverbrauch nach Wirtschafts- und Verkehrsbereichen – ohne Bunkerungen von seegehenden Schiffen – in Petajoule[1]

Jahr	Insgesamt	nach Wirtschaftsbereichen		Verkehr	davon				außerdem Bunkerungen seegehender Schiffe
		Industrie	Haushalte[2]		Schienenverkehr[3]	Straßenverkehr	Luftverkehr	Binnenschifffahrt[4]	
1960	4 269	2 072	1 536	661	250	372	10	29	108
1965	5 398	2 307	2 207	884	175	647	30	32	149
1966	5 409	2 227	2 248	934	147	715	38	34	164
1967	5 422	2 210	2 271	941	126	736	46	33	141
1968	5 818	2 383	2 444	991	119	786	51	35	155
1969	6 371	2 550	2 764	1 057	114	850	58	35	167
1970	6 753	2 661	2 934	1 158	118	936	67	37	155
1971	6 762	2 585	2 931	1 246	108	1 019	79	40	155
1972	7 033	2 626	3 104	1 303	102	1 075	86	40	164
1973	7 443	2 802	3 300	1 341	98	1 111	86	46	152
1974	7 140	2 805	3 051	1 284	89	1 067	90	38	129
1975	6 859	2 462	3 042	1 355	78	1 154	85	38	117
1976	7 291	2 588	3 282	1 421	73	1 219	91	38	114
1977	7 307	2 582	3 224	1 501	69	1 298	95	39	123
1978	7 604	2 597	3 420	1 587	70	1 374	104	39	117
1979	7 892	2 699	3 549	1 644	75	1 419	107	43	123
1980	7 530	2 582	3 282	1 666	74	1 447	109	36	120
1981	7 222	2 482	3 130	1 610	72	1 392	110	36	132
1982	6 888	2 254	3 016	1 618	58	1 421	105	34	114
1983	6 918	2 222	3 045	1 651	58	1 454	106	33	106
1984	7 175	2 298	3 177	1 700	57	1 497	113	33	97

[1] 1 Mill. t SKE = 29,308 Petajoule.
[2] Einschl. gewerbl. Kleinverbraucher und militärischer Dienststellen.
[3] Seit 1982 Energieverbrauch der Triebfahrzeuge (bis 1981 einschl. stationärer Anlagen).
[4] Einschl. Hafen- und Küstenschiffahrt.
(Quelle: BUNDESMINISTER FÜR VERKEHR, 1985 a, S. 252)

10.3 Maßnahmen zur Vermeidung von Umweltbelastungen 221

Im Unterschied zum Primärenergieverbrauch ist der Anteil des Verkehrssektors am gesamten Endenergieverbrauch von 1960 bis 1984 stetig angestiegen (von 15,5 % 1960 auf 23,7 % 1984). Zu erklären ist dieser Zuwachs vor allem durch den sprunghaften Anstieg des Endenergieverbrauchs im Straßenverkehr. Der Anteil dieses Verkehrsbereichs am Endenergieverbrauch des gesamten Verkehrssektors ist von 56,4 % 1960 auf über 88 % 1984 angestiegen. Gebremst wurde diese Entwicklung nur durch den starken Rückgang des Energieverbrauchs im Schienenverkehr. Die Anteile der verschiedenen Energieträger am Endenergieverbrauch des Verkehrs wird in Abb. 42 verdeutlicht.

Anteile der Energieträger

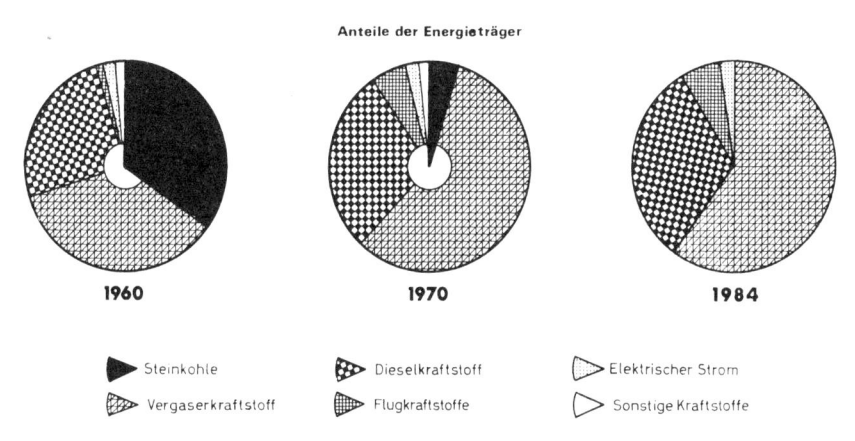

| 1960 | 1970 | 1984 |

▶ Steinkohle ▶ Dieselkraftstoff ▷ Elektrischer Strom
▶ Vergaserkraftstoff ▶ Flugkraftstoffe ▷ Sonstige Kraftstoffe

Abb. 42 Endenergieverbrauch des Verkehrs (Quelle: BUNDESMINISTER FÜR VERKEHR 1985 a, S. 254)

Hier wird die Behauptung des überwiegenden Anteils fossiler Brennstoffe am Endenergieverbrauch des Verkehrs bestätigt. Bemerkenswert ist dabei insbesondere der Rückgang des Energieträgers Steinkohle zwischen 1960 und 1984 auf nahezu Null.

10.3 Maßnahmen zur Vermeidung von Umweltbelastungen

10.3.1 Technische Maßnahmen

Technische Maßnahmen zur Reduzierung von verkehrsbedingten Umweltbelastungen beziehen sich zum einen auf die Möglichkeiten emissionsmindernder Maßnahmen an Kraftfahrzeugen (insbesondere die Einführung des Katalysators) und zum anderen auf technische und bauliche Maßnahmen zur Minderung der verkehrsbedingten Lärmentwicklung.

Emissionsmindernde Maßnahmen an Fahrzeugen

Wie die gegenwärtige Entwicklung vermuten läßt, wird das Kraftfahrzeug als individuell zu nutzendes Verkehrsmittel auf absehbare Zeiten nur in sehr begrenztem Ausmaß durch den öffentlichen Verkehr zu ersetzen sein. Vor diesem Hintergrund ist es notwendig, den bestehenden Verkehr umweltfreundlicher zu gestalten. Dies bewirken u. a. technische Maßnahmen, die von der Abgasentgiftung bis hin zur Entwicklung schadstoffarmer und sparsamer Antriebe reichen. Reine Anpassungen des Motors, wie z. B. eine verbesserte Steuerung des Warmlaufs oder der Gemischregelung, reichen jedoch bei der Vorgabe verschärfter Emissionsanforderungen nicht mehr aus. Daher müssen zusätzlich abgasnachbehandelnde Techniken eingeführt werden.

Im Mittelpunkt des Interesses steht in der Bundesrepublik die katalytische Nachverbrennung, die in den USA und Japan aufgrund der dortigen Abgasgesetzgebung bereits seit 1974 bzw. 1976 in Serienfahrzeugen anzutreffen ist. In der Chemie versteht man unter einem Katalysator einen Stoff, der die Reaktion in Gang setzt oder beschleunigt, selbst aber unverändert bleibt. In der Kfz-Technik wird hiermit jenes Gefäß in der Abgasleitung von Ottomotoren bezeichnet, das auf seiner möglichst großen Innenfläche Katalysatorsubstanzen wie Platin oder Rhodium enthält. Durch eine Erhöhung der Reaktionsgeschwindigkeit sollen diese die schädlichen Abgasbestandteile Kohlenmonoxid, Kohlenwasserstoff und Stickoxide in Kohlendioxid, Wasser und Stickstoff umwandeln (OBLÄNDER und NAGEL 1984, S. 44/45 und KATALYSE UMWELTGRUPPE 1985, S. 206 f.). Die moderne Variante ist hierbei der Dreiwege-Katalysator, der alle drei Reaktionen vollzieht, wobei die Umwandlungsrate vor allem dann hoch ist, wenn das Luftkraftstoffverhältnis durch einen elektronisch geregelten Vergaser oder eine elektronisch geregelte Einspritzung gesteuert wird (die elektronische Regelung erfolgt über die λ-Sonde, KATALYSE-UMWELTGRUPPE 1985, S. 207). Mit einer solchen Anlage, die sich auch noch nachträglich einbauen läßt, werden rund 90 % der drei Hauptschadstoffe in unschädliche Gase umgewandelt. Wegen der ausgeprägten Bleiempfindlichkeit müssen katalysatorbestückte Motoren aber mit unverbleitem Benzin betrieben werden. Im Unterschied hierzu ist die Abgasrückführung bei Dieselmotoren die einzige Methode, die Stickoxidemission zu verringern.

Aber nicht nur durch die Abgasreinigung läßt sich der Schadstoffausstoß reduzieren, sondern auch durch den Einsatz von Kraftstoffen, die sauber verbrennen, wie etwa Autogas. Ende 1981 gab es in Westeuropa 1,2 Mio. Pkw mit Autogasbetrieb, davon 400.000 in den Niederlanden, jedoch nur 15.000 in der Bundesrepublik, wobei hier aufgrund der geringen Tankstellendichte meistens noch die Benzinanlage beibehalten wird (KATALYSE-UMWELTGRUPPE 1985, S. 42). Die Vorteile für die Umwelt liegen darin, daß die Kohlenmonoxid- und Kohlenwasserstoffemissionen reduziert werden und bei letzteren vor allem weniger gefährliche Komponenten anfallen. Der Stickoxidausstoß ist dagegen etwa gleich hoch wie beim Benzinbetrieb, er ließe sich aber ebenfalls mit der Katalysatortechnik reduzieren.

10.3 Maßnahmen zur Vermeidung von Umweltbelastungen

Technische und bauliche Maßnahmen zur Verkehrslärmminderung

Da in einem dicht besiedelten Land wie der Bundesrepublik und vor allem in Innerortsbereichen das Abrücken eines Verkehrsweges von einer Bebauung meistens ein störendes Heranrücken an andere Bebauungen zur Folge haben würde, erscheinen technische und bauliche Maßnahmen zur Lärmreduzierung vielfach unverzichtbar. Hierbei kann zwischen einem aktiven und passiven Lärmschutz unterschieden werden. Erster zielt darauf ab, durch geeignete Konstruktion und Betriebsweise die Geräuschemission am Verursacher selber zu verringern. Beim Automobilbau stellt vor allem die Kapselung des Motors eine Möglichkeit zur Schalldämmung dar, also die Umhüllung der Geräuschquelle mit Absorbtionsmaterial. In der Praxis erreichen beispielsweise Lkw mit gekapselten Motoren eine Reduzierung der Schallemissionen von 81 bis 83 dB(A) auf 77 bis 79 dB(A), was allerdings Mehrkosten von 5.000 bis 8.000 DM verursacht (KATALYSE-UMWELTGRUPPE 1985, S. 205). Stadtomnibusse werden bereits seit 1972 mit geräuschgekapselten Motoren angeboten, wobei diese um 9 dB(A) leiser sind als ungekapselte. Unter passivem Schallschutz versteht man demgegenüber die Verminderung der Schallausbreitung sowie architektonische und bauliche Maßnahmen an Gebäuden. Was die Schallabschirmung anbelangt, so wird die Weiterleitung des Schalls durch Hindernisse beeinflußt, wobei der Geräuschpegel um so stärker abnimmt, je größer der von den Schallwellen zurückgelegte Weg ist. Dies läßt sich im Straßenbau insbesondere durch

- Schallschutzwände,
- Schallschutzwälle,
- Trassen in Tief- oder Troglagen,
- Abdeckung von Straßen als Tunnel oder Abkapselungen und
- Bepflanzungen erreichen (SCHEMEL 1985, S. 444).

Hiermit kann jedoch keine totale Schallabschirmung bewirkt werden, da ein gewisser Anteil der Schallwellen durch deren Beugung um die Hindernisse herumgelenkt wird. Darüberhinaus kann ihr Einsatz aber auch aufgrund anderer Kriterien zu Problemen führen, etwa im Hinblick auf die Stadt- und Landschaftsgestaltung, die Trennwirkung, die Verkehrssicherheit, die Kosten oder den Flächenbedarf. Wenn die Bewohner durch derartigen baulichen Lärmschutz oder auch durch Umgehungsstraßen oder verkehrsberuhigende Maßnahmen nicht geschützt werden können, ist es möglich den Lärm durch bauliche Maßnahmen am Haus selbst abzumildern, etwa mit Lärmschutzfenstern, die den Geräuschpegel je nach Konstruktionsweise bis zu 50 dB(A) mindern, wobei sich verschiedene finanzielle Hilfen in Anspruch nehmen lassen, etwa in den Lärmschutzzonen um die Flughäfen oder im Rahmen des bayerischen Schallschutzfensterprogrammes an verkehrsreichen Straßen.

10.3.2 Verhaltensändernde Maßnahmen

Außer technischen Maßnahmen, die zudem im Abgasbereich erst in einigen Jahren Wirkung zeigen werden, führt auch eine allgemeine Geschwindigkeitsbeschränkung zu einer umweltschonenderen Nutzung der Autos. Denn eine solche Reduzierung der Fahrgeschwindigkeit erscheint nicht nur aus Gründen der Verkehrssicherheit angebracht, sondern sie würde auch zu einer Minderung des Kraftstoffverbrauchs, der Emissionen, des Lärms sowie des Flächenverbrauchs beitragen. So steigt der Flächenverbrauch einer Straße mit der Geschwindigkeit, für die sie konzipiert wird, da höhere Geschwindigkeiten auch größere Kreuzungsbauwerke, Aufschüttungen und Einschnitte erfordern. Bei einer Entwurfsgeschwindigkeit von 50 km/h beträgt der Radius einer Kurve mindestens 75 Meter, bei 100 km/h aber bereits 475 Meter (MICHELSEN 1984, S. 291). Ähnliches gilt für die Fahrbahnbreite, die bei einer vierspurigen Autobahn bei 26 Metern liegt, bei einer zweispurigen Stadtstraße dagegen nur bei sechs Metern. Ferner braucht man zum schnellen Fahren nicht nur breitere, sondern auch mehr Fahrspuren.

Nach Berechnungen, die auf Messungen des Schweizer Bundesamtes für Umweltschutz beruhen, ergeben sich bei einer Geschwindigkeitsbegrenzung auf 100 km/h auf Autobahnen eine Reihe von Emissionsveränderungen. Im einzelnen würde sich der Kraftstoffverbrauch um 20 %, die Kohlenwasserstoffe um 13 %, die Stickoxidemissionen um 30 % und die Kohlenmonoxidemissionen um 40 % verringern (LUDWIG 1985, S. 75).

Für die Geräuschentwicklung spielt die individuelle Fahrweise eine wichtige Rolle, denn die Reduzierung der Schallemissionen fällt noch deutlicher aus, wenn im selben Getriebegang langsamer gefahren wird. Erfahrungsgemäß schalten aber viele Autofahrer bei verminderter Geschwindigkeit noch zurück, d. h. wird im zweiten Gang mit 30 km/h gefahren, dann fällt die Lärmminderung geringer aus als beim Fahren mit dem dritten Gang. Darüber hinaus ermöglicht eine Reduzierung der Geschwindigkeit auf 30 km/h eine schmalere Fahrbahnanlage, so daß Flächen für Geh- und Radfahrwege oder Grünflächen gewonnen werden können.

Ein weiteres Maßnahmenpaket, den Verkehr umweltfreundlicher zu gestalten, besteht darin, den motorisierten Individualverkehr in nicht-motorisierten Verkehr umzuwandeln bzw. auf öffentliche Verkehrsmittel zu verlagern. So benötigt ein mit zwei Personen besetzter Pkw im städtischen Verkehr doppelt soviel Energie wie ein nur zu 25 % ausgelasteter S-Bahnzug und dreimal soviel wie ein zu 20 % besetzter Bus pro Person und Kilometer (MICHELSEN 1984, S. 290). Öffentliche Verkehrsmittel benötigen auch nur etwa ein Zehntel der Fläche, die ein Auto in Anspruch nimmt. Eine Vernetzung des ÖPNV-Angebots ist also in jedem Fall ein wichtiger Beitrag für die Umwelt. Um eine verstärkte Nutzung des öffentlichen Verkehrs anzuregen, müssen allerdings geeignete Angebote und Rahmenbedingungen geschaffen werden, die das Umsteigen erleichtern oder gar erst ermöglichen (vgl. hierzu Kapitel 8 und 9).

10.4 Fazit: Verkehr und Umwelt – unvermeidlicher Gegensatz?

Betrachtet man die angeführten Aussagen zu den vielfältigen Umweltbelastungen durch den Verkehr, so stellt sich die Frage, ob es überhaupt möglich ist, Verkehr und Umwelt für beide Seiten befriedigend miteinander zu vereinbaren. Innerhalb des Verkehrssektors stellt der individuelle Straßenverkehr das Umweltproblem Nummer eins dar, denn er bedingt nicht nur schwerwiegende Eingriffe in das ökologische Wirkungsgefüge der Landschaft, sondern er führt vor allem in Siedlungsbereichen in erheblichem Ausmaß zu Umweltbelästigungen in Form von Lärm und Luftverunreinigungen.

Bei den genannten Maßnahmen zur Eindämmung dieser Wirkungen geht es jedoch weniger darum, den Straßenbau abzuschaffen, als vielmehr darum, die Umweltbeeinträchtigungen hierdurch zu senken und die spezifischen Vorteile der anderen Verkehrsträger besser zu nutzen. Gerade aufgrund der Tatsache, daß die Transport- und Versorgungsfunktion des Straßenverkehrs zur Zeit auf andere Weise noch nicht auszufüllen sind, muß dieser besser an den Menschen und die Umwelt angepaßt werden, und nicht umgekehrt. Hier spielt auch die Aufklärung und Beratung eine nicht zu unterschätzende Rolle, da jeder Einzelne durch sein Verhalten zu einer umweltfreundlicheren Gestaltung des bestehenden Verkehrs beitragen kann. So läßt sich bereits durch die Fahrweise viel für die Lärmminderung und die Schadstoffreduzierung tun.

11 Der Stellenwert der Verkehrsgeographie in Wissenschaft und Praxis

11.1 Beiträge der Verkehrsgeographie zur Verkehrstheorie

In diesem abschließenden Abschnitt geht es im wesentlichen um die Frage, welchen Beitrag die verschiedenen Ansätze der Verkehrsgeographie für die Entwicklung und die Inhalte der Verkehrstheorie geleistet haben.

Im Rahmen der *standorttheoretischen Überlegungen* sind insbesonders die Partialmodelle von WILHELM LAUNHARDT (1887) und ALFRED WEBER (1922) zu nennen. LAUNHARDT hat dabei erstmals die Bedeutung der Transportkosten für die Abgrenzung der Absatzgebiete von über den Raum verteilten Anbietern untersucht. Auch WEBER hebt die Bedeutung der Transportkosten für die industrielle Standortwahl hervor, wobei er die Minimierung der Transportkosten neben der Minimierung der Arbeitskosten als wesentliches Element nennt. Die transportkostenminimale räumliche Verteilung der Produktionsstätten und ihre standortbildenden Bestimmungsfaktoren (wie etwa der Einfluß von Agglomerationen) stehen dabei im Vordergrund. Zu kritisieren ist, in Anlehnung an FRITZ VOIGT (1973, S. 565 f.), vor allem die Reduzierung der Einwirkungen des Verkehrssystems auf den Transportkostenaspekt und die Annahme einer homogenen, gleichmäßig mit Verkehrsmitteln erschlossenen Fläche.

Neben den industriellen Standortlehren leisten auch die „Siedlungs- und Landschaftsstrukturmodelle" von THÜNEN, CHRISTALLER und LÖSCH sowie die Weiterentwicklung von BÖVENTER einen Beitrag zur Verkehrstheorie. Bei allen vier Autoren spielt das Entfernungskriterium für die räumliche Struktur von Angebot und Nachfrage eine wesentliche Rolle. Der THÜNENSCHEN Theorie der räumlichen Ordnung der Landwirtschaft liegt dabei zugrunde, daß zur Versorgung der jeweiligen Märkte mit Agrarerzeugnissen die Distanz zwischen Produktionsfläche und Absatzort ein wesentlicher Bestimmungsfaktor für die Art der anzubauenden Früchte darstellt (über die Transportkosten in einem isolierten Staat) (THÜNEN 1930).

Die Zuordnung der einzelnen Fruchtarten erfolgt demnach in Abhängigkeit von der Höhe der Transportkosten und damit von der Entfernung vom Marktort (bei der Annahme einer homogenen Fläche), wobei sich um jeden Ort Ringe gleichartiger, wenn auch in ihrer Art unterschiedlicher Nutzung ergaben. Für den Bereich des Angebots von Dienstleistungen und Gütern sieht auch CHRISTALLER (1933) das Entfernungskriterium als bestimmenden Faktor. Er betont ausdrücklich die Abhängigkeit der Leistungsfähigkeit der einzelnen zentralen Funktionen vom finanziellen und zeitlichen Aufwand für die Distanzüberwindung. Aus dieser Abhängigkeit entwickelte er sein hierarchisches System der verschiedenen Güter- und Leistungskategorien (OTREMBA 1978, S. 174 ff.) mit dem Ergebnis, daß er für jede dieser Kategorien typische Reichweiten, „qualifizierte Distanzen" festlegen konnte. Dabei unter-

11.1 Beiträge der Verkehrsgeographie zur Verkehrstheorie

strich er den Zusammenhang zwischen der Qualität der Verkehrserschließung und den Kosten der Distanzüberwindung auf der einen und der abhängigen Leistungsfähigkeit der zentralen Funktionen auf der anderen Seite. Demnach sind die weiter von den Standorten der Versorgungsfunktion entfernten Räume aufgrund des höheren Verkehrsaufwandes durch eine insgesamt schlechtere Versorgung gekennzeichnet.

LÖSCH (1940) legt, wie auch CHRISTALLER die alte Voraussetzung der homogenen Fläche an sein Modell an, wobei insbesonders die Annahme der gleichmäßigen Verkehrserschließung als unrealistisch angesehen werden muß. Während aber z. B. bei v. THÜNEN die Höhe der Transportkosten als einzige Determinante der räumlichen Struktur galt, berücksichtigten CHRISTALLER und LÖSCH bereits interne Ersparnisse, die aus den Vorteilen der Massenproduktion entstehen („economies of scale"). Daneben unterscheidet LÖSCH zusätzlich außerökonomische Determinanten der Raumstruktur, die dann auftreten, wenn die Annahme der homogenen Fläche fallengelassen wird (VOIGT 1973, S. 569).

Neben den Transportkosten und den internen Ersparnissen kamen bei BÖVENTER (1962) noch externe Ersparnisse als weiterer standortbestimmender ökonomischer Faktor hinzu. Diese entsprechen etwa den Agglomerationvorteilen bei ALFRED WEBER und entstehen durch die Ballung mehrerer Betriebe am selben Standort (locational und urbanizational economies of scale) (VOIGT 1973, S. 569). Die Kritik an den Landschaftsstrukturmodellen von CHRISTALLER, LÖSCH und BÖVENTER faßt VOIGT wie folgt in drei Punkten zusammen:

1. Die Annahme bezüglich der Transportkosten in der homogenen Fläche (Transportkosten je km sind in jedem Teil des Raumes gleich hoch) wird als unrealistisch angesehen.

2. Die Mobilität von Gütern und Faktoren wird zwar als begrenzt angesehen, sie gilt aber als eine Funktion der Transportkosten, obwohl in der Realität auch die Marktverhältnisse und die Kostenverläufe eine Rolle spielen.

3. Als Haupteinwand wird, wie bei den industriellen Standorttheorien auch, die Vernachlässigung fast aller dynamischen Faktoren angesehen (VOIGT 1973, S. 571).

Wie bei diesen standorttheoretischen Modellen spielt die Entfernungsüberwindung auch bei den *Theorien der Erschließungssysteme, -formen, -typen* eine wichtige Rolle. Geht man von der Aufgabe des Verkehrs aus, je nach regionalen Anforderungen eine entsprechende Erschließung des Raumes zu gewährleisten, so müssen eine ganze Reihe von Faktoren, wie etwa die technische Leistungskapazität der Strecken, die Fähigkeit zur Netzbildung oder die Schnelligkeit der Verkehrsmittel berücksichtigt werden.

Der Bau von Verkehrswegen selbst wird zum einen durch die Minimierung des Aufwandes für die Verkehrswege und zum anderen durch die Vorgabe bestimmt, alle Punkte auf möglichst kürzestem Weg miteinander zu verbinden. Bei den Erfordernissen flächenhafter Verkehrserschließung besteht somit ein grundsätzliches Spannungsverhältnis zwischen möglichst kurzen, Agglomerationen verbindenden, gebündelten Verkehrsströmen und der Verzweigung der Verkehrswege zur Verbindung mit flächenhaft gestreuten Standorten (VOPPEL 1980, S. 32). Dieses Problem wird bereits deutlich, wenn nur drei Punkte miteinander verbunden werden sollen. Hierfür gibt es grundsätzlich zwei Lösungsansätze: die Delta-Lösung und die Ypsilon-Lösung (VETTER 1970, S. 28).

Während die Delta-Lösung für die Betriebskosten zwischen den drei Verkehrspunkten am günstigsten ist, wird die Ypsilon-Lösung für die Baukosten zwischen den drei Punkten am optimalsten sein (VETTER 1970, S. 29).

Je mehr Punkte miteinander verbunden werden, desto schwieriger und differenzierter wird das Problem. In der Praxis wird dabei ein Mittelweg zwischen den beiden Extremlösungen angestrebt. Für mehrere Verkehrspunkte zeigt VOPPEL drei Möglichkeiten der Verkehrserschließung auf (Abb. 43).

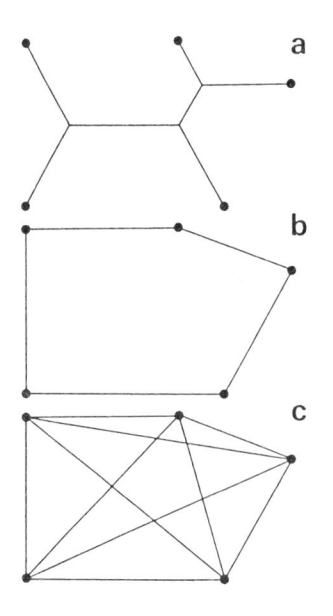

Abb. 43
Modelle der Raumerschließung Legende: a) Minimierung des Streckennetzes, Maximierung der Summe der Entfernungen zwischen allen Eckpunkten (zugleich Sonderfall der kommerziellen Trasse LAUNHARDTS) (entspricht der Ypsilon-Lösung bei drei Eckpunkten). – b) Die sog. Route der Handlungsreisenden (FLOOD, M.W., The travelling salesman problem, in: Journal of the Operations Research Society of America 4, 1956). – c) Minimierung der Entfernungen zwischen allen Eckpunkten, Maximierung des Streckennetzes (entspricht der Delta-Lösung bei drei Eckpunkten). (Quelle: VOPPEL 1980, S. 35).

Solche modelltheoretischen Abstraktionen zur Raumerschließung tragen zum Verständnis verkehrsgeographischer Zusammenhänge und Entwicklungen bei. Die Ableitung optimaler Verkehrsnetzstrukturen ist dabei immer in Verbindung mit der ökonomischen Grundhaltung zu sehen, wobei die Betriebskosten oder der Aufwand für die Überwindung von Distanzen möglichst gering gehalten und so die Leistungsfähigkeit einer Volkswirtschaft im ganzen und in ihren einzelnen Teilen gewährleistet werden soll. Demnach ist das Bestreben zu einer verbesserten Verkehrsstruktur umso größer, je höher der Anteil der Transportkosten an den Gesamtkosten, je größer der Zeitaufwand im Personenverkehr und je höher der Aufwand zum Bau und zur Unterhaltung von Verkehrswegen und -mitteln ist. Inso-

11.1 Beiträge der Verkehrsgeographie zur Verkehrstheorie

weit stehen auch die Gesetzmäßigkeiten zur Netzgestaltung im Zusammenhang mit den Standort- und Landschaftsstrukturmodellen von WEBER, CHRISTALLER und LÖSCH (VOPPEL 1980, S. 37).

Die verkehrsgeographische Lage und die Funktion des Verkehrsnetzes bestimmen schließlich den Erschließungstyp. Verkehrspunkte in Randlagen dienen als Sammelstellen, auf die sich die Verkehrsmittel konzentrieren, wobei je nach Verkehrsablauf auf zwei Formen unterschieden werden können: der gebrochene Verkehr, wie z.. bei Seehäfen oder Flugplätzen und der ungebrochene Verkehr an Staatsgrenzen oder in Gebirgslagen (Gebirgspaßorte).

Andere Erschließungskategorien werden in Agglomerationsräumen gebildet. Hier unterscheidet man im wesentlichen drei Typen:
1. die radiale Verkehrsrichtung auf den Kern bezogen, wobei die Außengrenzen durch die Reichweiten der städtischen Funktionen bestimmt werden,
2. die axiale oder Banderschließung, wobei die Hauptverbindungen gleichzeitig Entwicklungsachsen darstellen und
3. besondere Erschließungstypen in inner- oder zwischenstädtischen Netzen (VOPPEL 1980, S. 38/39).

Um nun fortführend Fragen der Erreichbarkeit bzw. der relativen Erreichbarkeit verschiedener Knotenpunkte innerhalb eines Netzwerkes zu beantworten, kann man einen Zweig der Geometrie, nämlich die Topologie heranziehen, die sich mit der „Verknüpftheit" (engl.: connectivity) befaßt. Die erste und auch bekannteste geographische Anwendung ist das „Königsberger Problem". Hierbei versuchte der Schweizer Mathematiker EULER in einem Netzwerk, den sieben Brücken Königsbergs, einen Pfad durch alle verschiedenen Stadtteile zu finden, ohne eine Brücke zweimal benutzen zu müssen (Abb. 44).

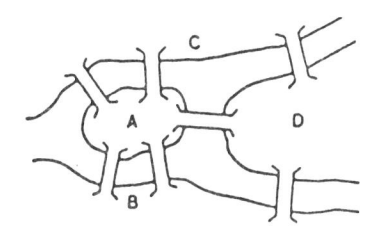

Abb. 44 „Königsberger Problem" (Quelle: VETTER 1970, S. 20)

Aus den Überlegungen zu diesem (unlösbaren) Problem entstand die *Graphentheorie*. Um die Graphentheorie anwenden zu können, müssen die Netzwerke zu Graphen vereinfacht werden, d. h. ein Großteil der Informationen über Ströme und Straßencharakteristika wird vernachlässigt. Nur die wesentlichen räumlichen Faktoren, die Knotenpunkte und Verbindungsstrecken werden beibehalten, wobei Knotenpunkte die End- oder Kreuzungspunkte eines Graphen darstellen. Sie können durch Lage, Ausmaß oder Verkehrsvolumen beschrieben werden (z. B. Städte, Straßenkreuzungen oder Bahnhöfe). Die Verbindungen sind Strecken oder Routen innerhalb eines Netzwerkes, denen Werte zugeordnet werden, die sich aus Länge, Lage, Ausmaß oder Kapazität der Strecken ergeben (VETTER 1970, S. 30 ff.). Durch die Anzahl der mindestens notwendigen Verbindungen zwischen zwei Knotenpunkten kann auf die Konnektivität geschlossen werden. Dabei werden allerdings Faktoren, wie die Oberflächenform oder mengenstatistische Angaben weitgehend außer Betracht gelassen.

Die Graphentheorie stellt also nur einen ersten Schritt zur Analyse von Transportsystemen dar. Um eine Gesamtanalyse durchführen zu können, mußten weitere Instrumente, wie die Kosten-Nutzen-Analyse oder räumliche Allokationsmodelle herangezogen werden. Beispiele für die Anwendung der Graphentheorie im verkehrsgeographischen Bereich finden sich vor allem in der Untersuchung von Schienennetzen (VETTER 1970 und SCHICKHOFF 1978).

Setzt man einen homogenen Raum voraus, in dem geographisch bedingte Umwege ausgeschlossen sind und der geometrische Konfigurationen von Knoten und Kanten erst möglich macht, so haben Verkehrsnetze, die die Merkmale eines Graphen erfüllen, modellhaften Charakter und können als Netzmodelle bezeichnet werden (VETTER 1970, S. 32). Die solchermaßen bestimmten Modelle können als Wege, Bäume oder Kreise dargestellt werden.

Die Analyse der Netze mittels Indexzahlen gibt Aufschlüsse über ihre spezifischen Strukturen, wie z. B.

- die Konnektivität als Grad der Verknüpfung der Kanten, der um so höher sein muß, je besser das Verkehrsnetz entwickelt ist,
- die „Assoziierte" oder Königszahl als die topologische Distanz (Anzahl der berührten Knoten) in einem Netz von jedem einzelnen zum entlegensten Ort des Netzes, wobei der zentralste Ort die niedrigste Königszahl hat und
- der Durchmesser des Netzes als Anzahl der Kanten auf dem kürzesten Weg zwischen den entferntesten Knoten.

Bei der Vielzahl der in realen Netzen vorkommenden Knoten und Kanten ist die quantitative Analyse nur mittels elektronischer Datenverarbeitung (Matrizenrechnung) machbar (SCHLIEPHAKE 1982, S. 84). Wertvolle Hilfe bei der qualitativen Analyse liefern die Methoden und Verfahren des Operations Research. Deren Aufgaben können durch drei Punkte charakterisiert werden:

- sie dient der Entscheidungsvorbereitung,
- sie beinhaltet immer eine Optimierung und
- sie verwendet mathematische Methoden und Modelle.

Die lineare Programmierung, die verschiedenen Formen der Netzplantechnik und Simulationsverfahren sowie stochastische Methoden finden dabei auch im Bereich der Verkehrsgeographie Anwendung.

Anwendungsbeispiele finden sich u. a. bei der Streckenplanung der DB (LASCHET 1979, wobei die Netzmodelle nur eine Grundlage für eine Diskussion um die Streckenführung der Bahn bilden, selbst aber keine endgültigen und definitiven Lösungen vorgeben), der Optimierung von Wartungs- und Überwachungstouren (SAHLING 1983), etwa für Straßenmeistereien oder die Fahrzeugeinsatzplanung in Wirtschaftsunternehmen (WEBER 1984).

Daneben finden die Verfahren des Operations Research auch in den Bereichen Straßen- und Luftverkehrsplanung Verwendung.

Die Anwendungsbereiche erstrecken sich dabei auf vier große Gruppen:
- überwiegend technische Probleme,
- Zuweisungs- und Transportprobleme,
- Kapazitätsbestimmungsprobleme und
- Probleme der Wirtschaftlichkeitsbestimmung (ZIMMERMANN 1971, S. 224–227).

Problematisch ist bei den OR-Verfahren die Interpretation der Lösungen, da bei der Suche nach Problemlösungen meist mathematische Standortmodelle abgebildet werden und die erhaltene Lösung erst auf das reale Problem übertragen werden muß. Da Interpretationsfehler dabei nicht ausgeschlossen werden können, ist der Anspruch der Optimierung nur eingeschränkt haltbar.

11.2 Positionsbestimmung der Verkehrsgeographie

Zum Abschluß der Darstellungen soll noch kurz eine Positionsbestimmung der Verkehrsgeographie, insbesonders der angewandten Konzeption vorgenommen werden. Das Selbstverständnis der Wissenschaftsdisziplinen an den Hochschulen ist trotz unterschiedlicher theoretischer und methodischer Schwerpunkte der einzelnen Wissenschaftler durch die Beschwörung der Einheit und dem Fremdimage im Alltagsleben geprägt. Damit neigt es zu wechselnden Orientierungen an aktuellen Forschungsrichtungen und Wissenschaftsphilosophien.

Die Suche nach der eigenen Position, zwischen dem Anpassen an Trends aus anderen Disziplinen, manchmal nur wenige Jahre anhaltend, kann deshalb auch als ein Kennzeichen der Verkehrsgeographie angesehen werden.

Die *Verkehrsgeographie als Teil der Wirtschaftsgeographie* entspricht in ihrer Entwicklung und den heutigen Forschungsschwerpunkten durchaus dem Charakter einer Disziplin im Grenzbereich. Sie wird teils mit besonderer Betonung wirtschaftlicher Kategorien und in enger Verwandtschaft zu den Wirtschaftswissenschaften gesehen, teils aufgrund der Analyse wirtschaftlicher, sozialer und politischer Probleme in enger Verbindung zur Verkehrspolitik betrachtet.

Die Aufgabenfelder reichen deshalb von der Darstellung der Verkehrsstrukturen, des Verkehrsangebots und der Regionalstrukturen bis hin zu den Umweltauswirkungen sowie den daraus zu folgernden verkehrs- und regionalpolitischen Strategien und Maßnahmen.

Wie andere Wirtschaftsbereiche auch ist der Verkehrssektor von der Entwicklung der Rahmendaten, wie der Bevölkerungsentwicklung, der Wirtschaftsentwicklung, dem technischen Fortschritt, der allgemeinen gesellschaftlichen und politischen Lage und der Entwicklung der Einstellung der Bevölkerung zu Fragen der Umweltqualität und des Wohlstandes abhängig. Diese Rahmenbedingungen haben sich in den letzten Jahren teilweise bereits signifikant verändert, und auch für die Zukunft muß hier mit einer ganzen Reihe von gesellschaftlichen, politischen, technischen und wirtschaftlichen Neuerungen gerechnet werden, die über kurz oder lang das Bild des Verkehrs noch viel deutlicher verändern werden als es bereits in den letzten Jahren geschehen ist. Die Entwicklung neuer Verkehrsmittel wie der Magnetschwebebahn Transrapid, die Umwälzungen im Bereich der Flugsicherung, neue Überlegungen zu integrierten Verkehrskonzepten und Verkehrsnetzen sowie die gesamte Entwicklung der neuen Informations- und Kommunikationstechnologien sind nur einige Beispiele für den Verkehr der Zukunft.

In diesem Zusammenhang muß zwischen den bereits *heute absehbaren Entwicklungen* und den *längerfristigen Visionen* einer Verkehrszukunft im Rahmen einer umfassenden gesellschaftsutopischen Vorstellung unterschieden werden. Letztere soll hiermit gewiß nicht in eine unwissenschaftliche, trivialliterarische „science fiction"-Ecke abgedrängt werden, es gibt schließlich eine ganze Reihe langfristiger, wissenschaftlich seriöser und politisch wie gesellschaftlich absolut notwendiger Utopien, soll aber u. a. aufgrund der allzugroßen Ungewißheit im Rahmen dieses Lehrbuchs nicht Gegenstand der Betrachtungen sein. Vielmehr soll hier eine teilweise schon in Gang gesetzte bzw. für die nähere Zukunft absehbare Entwicklung angedeutet werden. Aus der Vielzahl der möglichen und wahrscheinlichen Entwicklungen bieten sich in diesem Rahmen die Formen, Inhalte und möglichen Auswirkungen der EG-weiten Liberalisierung der Verkehrsmärkte vor allem aus zwei Gründen an:

Zum ersten ist die Liberalisierung bereits offiziell beschlossen und wird ab 1993 im gesamten EG-Gebiet wirksam. Sie steht damit im Mittelpunkt aktueller verkehrspolitischer Diskussion. Zum zweiten erscheinen die durch die Liberalisierung induzierten Veränderungen nicht nur für den Verkehrssektor gravierend, sondern werden auch in anderen Bereichen, wie der Umwelt und der allgemeinen Lebensqualität nachhaltige Folgen haben.

Ganz allgemein geht es bei der EG-weiten Liberalisierung der Verkehrsmärkte darum, die bislang national stark reglementierten Verkehrsteilmärkte einheitlich von diesem Druck zu entlasten. Die Liberalisierung besteht also aus zwei Elementen: erstens einer Deregulierung von stark reglementierten Verkehrsmärkten und zweitens einer Vereinheitlichung der neuen Marktordnung für alle Mitgliedstaaten. Übergeordnetes Ziel ist es, vor dem Hintergrund der heutigen Engpässe, das Verkehrswesen so leistungsfähig wie möglich zu gestalten und dies zu den geringsten Kosten für die Allgemeinheit (KOMMISSION DER EUROPÄISCHEN GEMEINSCHAFTEN 1984, S. 6). Generell gilt dabei der Grundsatz der Freiheit des Verkehrs, d. h. wo es nicht unbedingt erforderlich ist, wird der Verkehrsmarkt nicht mehr reglementiert. Die Ordnung des Verkehrsmarktes, die nun gemeinschaftlich organisiert wird, um die Vielzahl von Hindernissen innerhalb der EG auf ein Minimum zu reduzieren, erstreckt sich u. a. auf den Zugang zum Beruf, die freie Niederlassung, die Beförderungskapazität, den Preis, die staatlichen Eingriffe und die Marktbeobachtung (KOMMISSION DER EUROPÄISCHEN GEMEINSCHAFTEN 1984, S. 26).

Zudem sollen Bedingungen für die Zulassung von Verkehrsunternehmen zum Verkehr innerhalb eines Mitgliedstaates, in dem sie nicht ansässig sind, festgelegt werden. Wesentliches Element der Liberalisierung in den einzelnen Verkehrsbereichen ist dabei die Sicherstellung des weitgehend freien Marktzugangs für die Verkehrsunternehmen. Während der private Personentransport, d. h. der Individualverkehr durch die Liberalisierung der EG-Verkehrsmärkte nur indirekt betroffen wird (durch überfüllte Autobahnen und Behinderungen infolge einer ansteigenden Lkw-Dichte auf den europäischen Transitstraßen), sind die Auswirkungen auf die verschiedenen Teilaspekte des bislang sehr stark reglementierten grenzüberschreitenden öffentlichen Verkehrs gravierend.

Literaturverzeichnis

AJO, H.: Telephone Call Markets. Fenniae 1962, S. 14 ff.

ALEXANDERSON, G. und G. NORSTRÖM: World Shipping. An Economic Geography of Ports and Seaborne Trade. London 1963

AMMON, A.: Eliten und Entscheidungen in Stadtgemeinden. Soziologische Abhandlungen (Berlin), 1967, H. 8

APEL, D. und K. ERNST: Mobilität. Grunddaten zur Entwicklung des städtischen Personenverkehrs. Berlin (DIFU) 1980

ARBEITSAUSSCHUSS ÖFFENTLICHER VERKEHR DER FORSCHUNGSGESELLSCHAFT FÜR STRASSEN- UND VERKEHRSWESEN: Handbuch „Öffentlicher Personennahverkehr in Räumen und Zeiten schwacher Verkehrsnachfrage – Fakten und Lösungen". Köln 1986

ARBEITSGEMEINSCHAFT DEUTSCHER VERKEHRSFLUGHÄFEN (ADV): Bauinvestitionen und Arbeitsplätze. Stuttgart 1982

ARBEITSGEMEINSCHAFT DEUTSCHER VERKEHRSFLUGHÄFEN (ADV): Jahresstatistik. Stuttgart (verschiedene Jahrgänge)

ARNOLD, H.: Das System der zentralen Orte in Mitteldeutschland. Berichte zur deutschen Landeskunde, Bd. 9 (1951), H. 2, S. 353 – 362

ATZKERN, H.-D.: Regionalluftverkehr – Im Spannungsfeld der Interessen. Möglichkeiten und Grenzen einer nachfrageorientierten Flugstreckenplanung. Raumforschung und Raumordnung, 47. Jg. (1989), H. 1, S. 32 ff.

AUST, B., Stadtgeographie ausgewählter Sekundärzentren in Berlin/West. Berlin 1970

BACHMANN, K., H. FOCKE, E. URBATZKA und D. WILKEN: Perspektiven im Linien- und Charterluftverkehr des Landes Nordrhein-Westfalen. Köln 1986

BARTELS, D.: Raumwirtschaftliche Aspekte sozialer Disparitäten. Mitteilungen der Österreichischen Geographischen Gesellschaft, Bd. 120, Wien 1978, S. 227 – 242

BARTELS, D.: Wirtschafts- und Sozialgeographie. in: Handwörterbuch der Wirtschaftswissenschaften, 23. Lieferung, Stuttgart 1980, S. 44 – 55

BAYERISCHES STAATSMINISTERIUM FÜR LANDESENTWICKLUNG UND UMWELTFRAGEN: Zentrale Orte und Nahbereiche in Bayern. München 1972

BAYERISCHES STAATSMINISTERIUM FÜR LANDESENTWICKLUNG UND UMWELTFRAGEN: Landesentwicklungsprogramm Bayern. München 1984

BAYERISCHES STAATSMINISTERIUM FÜR WIRTSCHAFT UND VERKEHR: Binnenhäfen in Bayern. München 1976

BAYERISCHES STAATSMINISTERIUM FÜR WIRTSCHAFT UND VERKEHR: Richtlinie zur Nahverkehrsplanung. Erläuterungen. München 1977

BAYERISCHES STAATSMINISTERIUM FÜR WIRTSCHAFT UND VERKEHR: Bayerische Verkehrspolitik. Textauszug aus dem Generalverkehrsplan Bayern 1985. München 1985

BAYERISCHES STAATSMINISTERIUM FÜR WIRTSCHAFT UND VERKEHR: Binnenhäfen in Bayern. München 1987 a

BAYERISCHES STAATSMINISTERIUM FÜR WIRTSCHAFT UND VERKEHR: Information zum Main-Donau-Kanal. München September 1987 b

Literaturverzeichnis 235

BAYERISCHE STAATSREGIERUNG: Raumordnungsbericht 1971. München 1972 a

BAYERISCHE STAATSREGIERUNG: Nahverkehrsprogramm Bayern vom 27.6.1972 b

BAYERISCHE STAATSREGIERUNG: Gesamtverkehrsplan Bayern 1980. München 1980

BAYERISCHE STAATSREGIERUNG: 8. Raumordnungsbericht 1983/84. München 1984

BAYERISCHE STAATSREGIERUNG: 9. Raumordnungsbericht 1985/86. München 1987

BENNERTZ, J.: Der moderne Nachrichtenverkehr. Köln 1961

BESCH, H.W.: Geographische Aspekte bei der Einführung von Dorf-Gemeinschaftsschulen in Schleswig-Holstein. Kiel 1966

BIDINGER, H.: Kommentar zum Personenbeförderungsgesetz. o.O. 1980

BOBEK, H.: Grundfragen der Stadtgeographie. Geographischer Anzeiger, (28. Jg.) 1927, S. 213–224

BOBEK, H.: Die Theorie der zentralen Orte im Industriezeitalter. In: Tagungsberichte und wissenschaftliche Abhandlungen des deutschen Geographentages, Bd. 35, Wiesbaden 1969, S. 199–207

BOCKELMANN, W.: Leitgedanken zur Verkehrsplanung in Frankfurt. Der Städtetag, 1965, H. 1, S. 3 ff.

BOESCH, M., Innenwelt/Außenwelt – Die Entwicklung der Geographie als Spiegel ihrer Umwelt, in: Geographica Helvetica (1992), Nr. 1, S. 41–47

BÖVENTER, E. v.: Die Struktur der Landschaft. Ein Versuch einer Synthese und Weiterentwicklung der Modelle J. H. v. Thünens, W. Christallers und A. Löschs. In: Optimales Wachstum und optimale Standortverteilung, Schriften des Vereins für Socialpolitik, N.F. 27, Berlin 1962

BORCHERDT, Chr.: Zentrale Orte und zentralörtliche Bereiche. Geographische Rundschau, 22. Jg. (1970), H. 12, S. 433–473

BOUSTEDT, O.: Zentrale Orte in Bayern. Zeitschrift des Bayerischen Statistischen Landesamtes, 84. Jg. (1952), H. I/II, S. 1–6

BOUSTEDT, O.: Grundriß der empirischen Regionalforschung. Hannover 1975

BOVY, PH. H. und V. KRAYENBUHL: Introductory Report. In: European Conference of Ministers of Transport. Paratransit, Report of the Fortieth Round Table on Transport Economics, Paris 1978, S. 9 ff.

BOYSEN, L.: Schiffs-, Tonnen- und Personenfrequenzen auf dem atlantischen Ozean. Diss. Berlin 1980

BRECHT, P.: Bürgerbus Schlier, Vortrag zum Seminar: Öffentlicher Personennahverkehr auf dem Lande – kein Grund zur Mutlosigkeit am 5.–7.9.1988 in Wuppertal

BRÖSSE, V.: Raumordnungspolitik. Berlin 1975

BUCHANAN, C.: Verkehr in Städten. Essen 1964

BUCHHOLZ, H. G.: Formen städtischen Lebens im Ruhrgebiet. Bochumer Geographische Arbeiten, H. 9, Bochum 1966

BÜRGEL, H.: Grundlagen deutscher Verkehrspolitik. Darmstadt 1983

BULLINGER, D.: Klein und dezentral? Zentralisierungs- und Dezentralisierungswirkungen neuer Informations- und Kommunikationstechnologien. Die neue Gesellschaft (30. Jg.) 1983, S. 709–717

BUNDESFORSCHUNGSANSTALT FÜR LANDESKUNDE UND RAUMORDNUNG (Hrsg.): 4. Kolloquium zum Forschungsvorhaben „Flächenhafte Verkehrsberuhigung". Ergebnisse aus drei Modellstädten. 2 Bde.: Buxtehude 26./27. Mai 1988, Bonn 1988

236 Literaturverzeichnis

BUNDESMINISTER DES INNEREN: Was Sie schon immer über Umweltschutz wissen wollten. Stuttgart 1979

BUNDESMINISTER FÜR FINANZEN: Bundesfinanzbericht 1987. Bonn 1987

BUNDESMINISTER FÜR RAUMORDNUNG, BAUWESEN UND STÄDTEBAU (Hrsg.): Programmatische Schwerpunkte der Raumordnung. Bonn 1985 a

BUNDESMINISTER FÜR RAUMORDNUNG, BAUWESEN UND STÄDTEBAU (Hrsg.): Verkehrsberuhigung und Stadtverkehr. Bonn 1985 b

BUNDESMINISTER FÜR RAUMORDNUNG, BAUWESEN UND STÄDTEBAU (Hrsg.): Raumordnungsbericht 1986. Bonn 1986 a

BUNDESMINISTER FÜR RAUMORDNUNG, BAUWESEN UND STÄDTEBAU (Hrsg.): Städtebauliche Integration von innerörtlichen Hauptverkehrsstraßen. Bonn 1986 b

BUNDESMINISTER FÜR RAUMORDNUNG, BAUWESEN UND STÄDTEBAU (Hrsg.): Situation und Verbesserungsmöglichkeiten des öffentlichen Personennahverkehrs in der Fläche. Bonn 1987

BUNDESMINISTER FÜR VERKEHR: Vorschläge für eine Neuordnung des organisatorischen Rahmens für den öffentlichen Personennahverkehr. Bonn 1974

BUNDESMINISTER FÜR VERKEHR (Hrsg.): Bericht über die Verwendung der Finanzhilfen des Bundes zur Verbesserung der Verkehrsverhältnisse der Gemeinden für das Jahr 1978. Bonn 1980

BUNDESMINISTER FÜR VERKEHR: Dokumentation der neuen Langfristprognosen bis 2000 für Personen- und Güterverkehr. Ref. A25, Bonn Stand Januar 1981 a

BUNDESMINISTER FÜR VERKEHR: Bericht über den Fortgang der Verkehrserschließung des Zonenrandgebietes vom 7.1.1981. Bundestagsdrucksache 9/81 b

BUNDESMINISTER FÜR VERKEHR (Hrsg.): Einbeziehung von Umweltgesichtspunkten in der Generalverkehrsplanung. Forschung Stadtverkehr, H. 31, Bonn 1982

BUNDESMINISTER FÜR VERKEHR: Leitlinien zur Konsolidierung der Deutschen Bundesbahn. Bonn 23.11.1983

BUNDESMINISTER FÜR VERKEHR: Verkehrsbericht. Bonn 1984

BUNDESMINISTER FÜR VERKEHR: Verkehr in Zahlen 1985. Bonn 1985 a

BUNDESMINISTER FÜR VERKEHR: Bundesverkehrswegeplan 1985 laut Beschluß der Bundesregierung vom 18. September 1985 b

BUNDESMINISTER FÜR VERKEHR: Fünfjahresplan für den Ausbau der Bundesfernstraßen in den Jahren 1986 bis 1990. Bonn 1986

BUNDESMINISTER FÜR VERKEHR: Straßenbaubericht 1986. Bonn 1987

BUNDESMINISTER FÜR VERKEHR: Bericht über den öffentlichen Personennahverkehr in der Fläche. A 22/20.00.15-30-105, Bonn 1989

BUNDESVERBAND SPEDITIONEN UND LAGEREI (BSL) (Hrsg.): Strukturen aus Spedition und Lagerei 1985. Bonn 1986

BUNDESVEREINIGUNG GEGEN FLUGLÄRM e.V.: Forderungen zur Reduzierung des Fluglärms und zur Novellierung des Fluglärmgesetzes, einstimmiger Beschluß anläßlich der Mitgliederversammlung vom 27.–29. September 1985 in Hannover

BUTZIN, B.: Elemente eines konfliktorientierten Basisentwurfs zur Geographie des Menschen. In: SEDLACEK, P. (Hrsg.), Kultur/Sozialgeographie. Paderborn 1982, S. 93–124

CARPRASSE, A.: Kooperationen im öffentlichen Personennahverkehr „ÖPNV". Der Städtetag, 1977, H. 7, S. 388 ff.

Literaturverzeichnis

CHRISTALLER, W.: Die zentralen Orte in Süddeutschland. Jena 1933

CHRISTALLER, W.: Die Parallelität der Systeme des Verkehrs und der zentralen Orte. In: Tagungsberichte und Abhandlungen des deutschen Geographentages Frankfurt 1951, Remagen 1953, S. 159 ff.

DEUTSCHES INSTITUT FÜR WIRTSCHAFTSFORSCHUNG (DIW): Die voraussichtliche Entwicklung des Personenverkehrs in der Bundesrepublik Deutschland bis 2000. DIW-Wochenberichte 34, 47. Jg. vom 21. 8. 1980

DEUTSCHES INSTITUT FÜR WIRTSCHAFTSFORSCHUNG (DIW): Zur Auslastung des Main-Donau-Kanals. DIW-Wochenbericht, Berlin 15/82

DEUTSCHES INSTITUT FÜR WIRTSCHAFTSFORSCHUNG (DIW): Berechnung der Kosten für die Wege des Eisenbahn-, Straßen-, Binnenschiffs- und Luftverkehrs der Bundesrepublik Deutschland für das Jahr 1981. Berlin 1983

DEUTSCHES INSTITUT FÜR WIRTSCHAFTSFORSCHUNG (DIW): Regionale Struktur des Personenverkehrs in der Bundesrepublik Deutschland im Jahre 1980. Berlin 1985

DÖLDISSEN, A. u. a.: Forschungsvorhaben „Flächenhafte Verkehrsberuhigung". Zwischenbericht zu den Modellplanungen. In: BUNDESMINISTER FÜR RAUMORDNUNG, BAUWESEN UND STÄDTEBAU (Hrsg.): Verkehrsberuhigung und Stadtverkehr. Bonn 1985, S. 60 ff.

DOSTAL, W.: Auswirkungen der neuen Techniken auf Beschäftigung und Arbeitsmarkt. In: AKADEMIE FÜR RAUMFORSCHUNG UND LANDESPLANUNG (Hrsg.): Auswirkungen neuer Technologien auf den Raum unter besonderer Berücksichtigung der Informations- und Kommunikationstechnik. Nr. 111, Hannover 1986

EBERLE, D.: Entwicklung eines komplexen theoretischen Erklärungskonzeptes für räumliches Verkehrsverhalten und seine Umsetzung in Forschungsansätze für Siedlungsachsen. In: Zur Problematik von Entwicklungsachsen. Forschungs- und Sitzungsberichte der Akad. f. Raumforschung und Landesplanung, Bd. 113, Hannover 1976, S. 241–253

ENGELHARDT, J.: Die Nachverkehrsprogramme der Länder, gezeigt am Beispiel Bayerns. Kurzfassung eines Vortrags beim verkehrswissenschaftlichen Seminars der Deutschen Verkehrswissenschaftlichen Gesellschaft e.V. (DVWG). Bielefeld 1982

ERLER, B.: Tödliche Hilfe: Bericht meiner letzten Dienstreise in Sachen Entwicklungshilfe. Freiburg 1985

ERZNER, F.: Die Stellung Bochums und Dortmunds im Interaktionsfeld des Flughafens Düsseldorf. Bochum 1987

EUROPÄISCHE GEMEINSCHAFTEN – KOMMISSION: Die Verkehrspolitik der Europäischen Gemeinschaft. Luxemburg 1984

EUROPÄISCHE GEMEINSCHAFTEN – KOMMISSION: Die Europäische Gemeinschaft und die Verkehrspolitik. Stichwort Europa 10/85, Brüssel 1985

EUROPEAN CONFERENCE OF MINISTERS OF TRANSPORT: Paratransit. Report of the Fortieth Round Table on Transport Economics. Paris 1978

FEUCHTINGER, M.-E.: Verkehrsstockungen im Stadtzentrum. Der Städtetag, 1957, H. 7

FIEDLER, J.: Das differenzierte Bedienungsmodell. Ein Vorschlag zur wirtschaftlichen Verkehrsbedienung ländlicher Gebiete. Der Landkreis, 1982, H. 8/9, S. 445 ff.

FIEDLER, J.: Differenzierte Bedienung. Ein Anwendungsfall logistischen Handelns im öffentlichen Verkehr. Vortrag zum Seminar: Öffentlicher Personennahverkehr auf dem Lande – kein Grund zur Mutlosigkeit vom 5. bis 7. 9. 1988 in Wuppertal

FIEDLER, J.: Das mehrstufige differenzierte Bedienungsmodell: Eine neue ÖPNV-Konzeption für ganze Landkreise. In: Der Landkreis, 1991, S. 162–165

FINGER, H.-J.: Kommentar zum Allgemeinen Eisenbahngesetz und Bundesbahngesetz. Landau 1982

FISCHER, K.: Telekommunikation, Raumordnung und regionale Strukturpolitik. Köln u. a. 1984

FLUGHAFEN FRANKFURT-MAIN AG: Airport FRA. Frankfurt 1985

FLUGHAFEN KÖLN/BONN GmbH: Daten, Fakten, Zahlen. Jahresstatistik 1984. Köln 1985

FLUGHAFEN MÜNCHEN GmbH (Hrsg.): Flughafen München. München 1987

FRANZ, J. C. (Hrsg.): Der Containerverkehr aus geographischer Sicht. Beiträge zur Strukturveränderung durch ein neues Transportsystem. Nürnberg 1981

FRANZ, J. C. und K. SIEMSGLÜSS: Das Containerverkehrssystem. In: FRANZ, J. C. (Hrsg.): Der Containerverkehr aus geographischer Sicht. Beiträge zur Strukturveränderung durch ein neues Transportsystem. Nürnberg 1981

FRAUNHOFER-INSTITUT FÜR SYSTEMTECHNIK UND INNOVATIONSFORSCHUNG: Ausbau und Anwendung der schmalbandigen Netze und Dienste als Aufgabe der regionalen Wirtschaftspolitik. unveröffentlichtes Manuskript. Karlsruhe 1984

FRIEDMAN, J. A.: A general theory of polarized development. In: HANSEN, N.M. (Hrsg.): Growth centres in regional economic development. New York 1972, S. 82–107

FRITSCH, M. und H. J. EWERS: Telematik und Raumentwicklung. Bonn 1985

GAERTNER, K.: Der Hamburger Verkehrsverbund. Frankfurt 1974

GANSER, K.: Pendelwanderungen in Rheinland-Pfalz. Struktur, Entwicklungsprogrozesse und Raumordnungskonsequenzen. Mainz 1969 a

GANSER, K.: Planungsbezogene Erforschung zentraler Orte in einer sozialgeographisch prozentualen Betrachtungsweise. Münchner Geogr. Hefte, H. 34, Kallmünz, Regensburg 1969 b, S. 45–56

GANSER, K.: Energieeinsparung im Verkehr – neue Nachteile für den ländlichen Raum? Die Mineralölabhängigkeit des Verkehrs. Innere Kolonisation 1980, H. 1, S. 27 ff.

GEIPEL, R.: Sozialräumliche Strukturen des Bildungswesens. Frankfurt 1965

GEIPEL, R.: Der Standort der Geographie des Bildungswesens innerhalb der Sozialgeographie. Kallmünz-Regensburg 1968, S. 155 ff.

GESELLSCHAFT FÜR VERKEHRSBETRIEBSWIRTSCHAFT UND LOGISTIK (Hrsg.): Eigen- oder Fremdtransport – die Antwort aus betriebswirtschaftlicher Sicht. Frankfurt 1981

GIRNAU, G.: Öffentlicher Personennahverkehr in Verdichtungsräumen. Der Städtetag 1980. H. 7, S. 430 ff.

GRABOW, B. und E. NOPPER: Zum Stellenwert der neuen Technologie bei der räumlichen Entwicklung. RaumPlanung (32) 1986, S. 7 ff.

GRÄF, P.: Raumrelevanz infrastruktureller Maßnahmen. Kallmünz-Regensburg 1978

GRÄF, P.: Grundlagen einer „Geographie der Kommunikation". Dokumente und Informationen zur Schweizerischen Orts-, Regional- und Landesplanung (DISP), Nr. 94, 1988, S. 39 ff.

GRESSER, K. und P. KESSEL (Beratergruppe Verkehr und Umwelt, BVU): Auswirkungen von Flughäfen auf die regionale Entwicklung. Freiburg 1983

GRIMME, L.: Ein Versuch zur Erfassung und Bewertung der zentralörtlichen Ausstattung der Gemeinden in Bayern auf der Grundlage der Ergebnisse der Arbeitsstättenzählung 1061. Diss. TH München 1971

GRÜNARML, F.: Der innerstädtische Verkehr. Marburg 1971

GSCHAIDER, P.: Bildung einer Investitionsgüterinnovation. Frankfurt/M. 1981

GUSTAFSSON, K.: Zentralitätsanalyse mit Hilfe der Diskriminanzanalyse. In: Forschungs- und Sitzungsberichte der Akademie für Raumforschung und Landesplanung, Bd. 72, Hannover 1972, S. 49–70

GUTMANN, G.: Volkswirtschaftlehre. Eine ordnungspolitische Einführung. Stuttgart u. a. 1981

GWINNER, D. u. a.: Luftverunreinigungen durch Kraftfahrzeugabgas und Beurteilung möglicher Gesundheitsrisiken. In: Automobil und Umwelt (Hrsg.: Daimler Benz AG), Düsseldorf 1984

HAAR, E.: Die regionale Verkehrsbedienung der Deutschen Bundesbahn. Eine gemeinwirtschaftliche Aufgabe. Informationen zur Raumentwicklung. 1986, H. 4/5, S. 273 ff.

HÄNGERSTRAND, T.: What about people in regional science? Papers of the Regional Science Association, Vol. 24, 1970 a, S. 7–21

HÄNGERSTRAND, T.: Aspekte der räumlichen Struktur von sozialen Kommunikationsnetzen und der Informationsausbreitung. In: BARTELS, D. (Hrsg.): Wirtschafts- und Sozialgeographie. Köln-Berlin 1970 b, S. 367–379

HAHN, W., J. MÜLLER und G. WEITZEL: Der Main-Donau-Kanal. IFO-Studie zur Verkehrswirtschaft. Bd. 14, München 1982

HAHN, W. und R. RATZENBERGER: Nachfragerückgang verlangt Reform des öffentlichen Personennahverkehrs. IFO-Schnelldienst 16/89, S. 6–20

HALDENWANG, H.: Auswirkungen der neuen Techniken, insbesonders der Telekommunikation auf strukturschwache Gebiete. Beispiel Ostbayerisches Grenzland. In: Akademie für Raumforschung und Landesplanung (Hrsg.): Auswirkungen neuer Technologien auf den Raum unter besonderer Berücksichtigung der Informations- und Kommunikationstechnik. Nr. 111, Hannover 1986, S. 89–112

HANSMANN, K.: Kurzlehrbuch Prognoseverfahren. Wiesbaden 1983

HARD, G.: Die Geographie. Eine wissenschaftstheoretische Einführung. Berlin-New York 1973

HARRAL, C. G.: Transport Research in the World Bank. An Overview. World Bank, Washington D.C. July 1978

HARTKE, W.: Pendelwanderungen und kulturgeographische Raumbildung im Rhein-Main-Gebiet. Petermanns Geographische Mitteilungen, 85. Jg. (1939), H. 6, S. 185–190

HARTKE, W.: Gliederung und Grenzen im Kleinen. Erdkunde, 1948, Bd. 2, S. 174 ff.

HARTKE, W.: Die Zeitung als Funktion sozialgeographischer Verhältnisse im Rhein-Main-Gebiet. Rhein-Mainische Forschungen, H. 32, Frankfurt/Main 1962, S. 7–32

HASSERT, K.: Allgemeine Verkehrsgeographie. Leipzig 1913 (2. Aufl. Berlin 1932)

HAUSHOFER, M.: Eisenbahngeographie. Eine Darstellung des modernen Weltverkehrs mit besonderer Berücksichtigung der Eisenbahnen. Stuttgart 1875

HAYUT, Y.: Containerization and the Load Center Concept. Economic Geography (57. Jg.) 1981, S. 167 ff.

HEIDTMANN, W. und W. ALTKRÜGER: Auswirkungen der Mineralölsteuer auf den ländlichen Raum. Informationen zur Raumentwicklung 1976, H. 1/2, S. 14 ff.

HEINZE, G. W.: Entwicklungstendenzen der Nahversorgung in ländlichen Räumen. In: Strukturgefährdete ländliche Räume. Forschungs- und Sitzungsberichte der Akademie für Raumforschung und Landesplanung, Bd. 128, Hannover 1979

HEINZE, G. W.: Disparitatenabbau und Verkehrstheorie. In: Verkehrssysteme im Wandel. Verkehrswissenschaftliche Forschung Bd. 39, Berlin 1980, S. 462 ff.

HEINZE, G. W.: Zur Evolution von Verkehrssystemen. Perspektiven der Telekommunikation. In: KLATT, S. (Hrsg.): Perspektiven verkehrswissenschaftlicher Forschung. Berlin 1985, S. 271 – 322

HEINZE, G. W. und D. KANZLERSKI: Wirkungen der Mineralölsteuererhöhung auf die räumliche Entwicklung in der Bundesrepublik Deutschland. Informationen zur Raumentwicklung 1974, H. 1, S. 30 ff.

HEINZE, G. W. u. a.: Verkehr im ländlichen Raum. Hannover 1982

HEITFELD, E. und H. H. ROSE: Umweltverträglichkeitsprüfung eines Generalverkehrsplans, durchgeführt am Beispiel des Generalverkehrsplans Bergkamen. Karlsruhe 1978

HENCKEL, D., R. NOPPER und N. RAUCH: Informationstechnologie und Stadtentwicklung. Stuttgart 1984

HEROLD, A.: Die Rhön- und Spessartautobahnen. Würzburger Geographische Arbeiten, H. 37, Würzburg 1972, S. 223 – 256

HETTNER, A.: Der gegenwärtige Stand der Verkehrsgeographie. Geographische Zeitschrift (3. Jg.), Berlin 1897, S. 624 – 634 und S. 699 – 704

HIDBER, C.: Die raumplanerischen Leitbilder der Schweiz unter besonderer Berücksichtigung des Teilleitbildes Verkehr. Schweizerisches Archiv für Verkehrswissenschaft und Verkehrspolitik, H. 26, 1976, S. 157 ff.

HILSINGER, H. H.: Das Flughafen-Umland. Paderborn 1976

HOBERG, R.: Raumwirksamkeit neuer Kommunikationstechniken. Raumforschung und Raumordnung (1983), S. 211 – 222

HOFFMANN, R.: Verkehrsflughafen. In: Akademie für Raumforschung und Landesplanung (Hrsg.): Handwörterbuch für Raumforschung und Raumordnung. Hannover 1970, Sp. 3550 ff.

HOLLATZ, J. W.: Die Verbesserung des Straßenverkehrs in den Städten. Der Städtetag, 1954, H. 9, S. 421 ff.

HOPF, R.: Analyse und Projektion der Personenverkehrsnachfrage in der Bundesrepublik Deutschland bis zum Jahr 2000. Berlin 1982

HOPFINGER, H. (Hrsg.): Franken – Planung für eine bessere Zukunft? Ein Führer zu Projekten der Raumplanung. Nürnberg 1986

HOTZ-HART, B.: Diffusion von Informations- und Kommunikationstechnologien und Regionalentwicklung. In: HOTZ-HART, B. und A. SCHMID (Hrsg.): Neue Informationstechnologien und Regionalentwicklung. Zürich 1987 a, S. 8 ff.

HOTZ-HART, B.: Telematikpolitik und Regionalentwicklung. In: HOTZ-HART, B. und A. SCHMID (Hrsg.): Neue Informationstechnologien und Regionalentwicklung. Zürich 1987 b

HÜBL, L. und W. SCHEPPERS: Strukturwandel und Strukturpolitik. Darmstadt 1983

HÜBL, L. und U. HOHLS: Regionalwirtschaftliche Bedeutung des Flughafens Hannover-Langenhagen. Hannover 1984

HÜBNER, E. und H.-H. ROHLFS: Jahrbuch der Bundesrepublik Deutschland 1987/88. München 1987

IFO-INSTITUT FÜR WIRTSCHAFTSFORSCHUNG, Ergebnisse der Verkehrsprognose Bayern 2000. Kurzfassung in: BAYERISCHES STAATSMINISTERIUM FÜR WIRTSCHAFT UND VERKEHR (Hrsg.): Verkehrsprognose Bayern 2000. Politische Schlußfolgerungen. München 1985

Literaturverzeichnis 241

ILLERIS, S. und P. O. PEDERSEN: Central Places and Functional Regions in Denmark. Factor Analysis of Telephone Traffic. Geografisk Tidskrift, 67. Jg.: 1968, S. 1–18

ILLGEN, K.: Zum Problem der funktionalen Reichweite zentraler Einkaufsorte. Geographische Berichte (60. Jg.) 1971, H. 3, S. 193–202

INSTITUT FÜR ANGEWANDTE SOZIALWISSENSCHAFT: Berufsweg und Verkehrsmittel aus der Sicht der Verkehrsteilnehmer. Bad Godesberg 1970

JANELLE, D. G. und H. A. MILLWARD: Locational conflict patterns and urban ecological structure. Tijdschrift voor economische en sociale geografie, 1976, H. 2, S. 102–113

JANZ, K. u. a.: Frankfurt – Parkierungskonzepte für innenstadtnahe Altbaugebiete. Vortrag zum Kolloquium „Parkraummanagement und Parkraummarketing in Stadtzentren" an der Universität Bayreuth am 2. und 3. Dezember 1988

JAUMANN, A.: Wirtschafts- und Verkehrspolitik in Bayern – Reden 1985. Die Chancen des Wandels nutzen. Haushaltsreden 1985/86 vor dem Bayerischen Landtag am 21. 3. 1985

JAUMANN, A.: Verkehrsprognose Bayern 2000 und politische Schlußfolgerungen. Ausführungen vor dem Presse-Club e.V. am 6. Juli 1984. In: BAYERISCHES STAATSMINISTERIUM FÜR WIRTSCHAFT UND VERKEHR (Hrsg.): Verkehrsprognose Bayern 2000. Politische Schlußfolgerungen. München 1985

JESCHKEIT, V. und U. WEISSER: Untersuchung des innerdeutschen Luftverkehrs am Beispiel ausgewählter Verkehrsrelationen unter Berücksichtigung des Einsatzes unterschiedlicher Luftfahrzeugtypen. Studienarbeit, Berlin 1982

JOCHIMSEN, R. und K. GUSTAFSSON: Infrastruktur. In: Akademie für Raumforschung und Landesplanung (Hrsg.): Handwörterbuch für Raumforschung und Raumordnung. 2. Aufl.: Hannover 1972, Sp. 1318–1320

JOHN, G.: Integrierte Langfristprognose für die Verkehrsnachfrage im Güter- und Personenverkehr in der Bundesrepublik Deutschland bis zum Jahr 1990. DIW, Berlin 1977

KANNENBERG, E. G.: Zur Methodik der Ermittlung von zentralen Orten und von Beurteilungsgrundlagen für Fördermaßnahmen. Informationen, 15. Jg.: H. 13, S. 393–404

KATALYSE-UMWELTGRUPPE (Hrsg.): Umweltlexikon. Köln 1985

KIEPE, F.: Stadt und Verkehr. Der Städtetag, 1986, H. 7, S. 455 ff.

KIRBY, R. F.: Paratransit. Neglected Options for Urban Mobility. The Urban Institute, o.O. 1974

KLEMMER, P. und D. KRAEMER: Regionale Arbeitsmärkte. Ein Abgrenzungsvorschlag für die Bundesrepublik Deutschland. Bochum 1975

KLINGBEIL, D.: Zur sozialgeographischen Theorie und Erfassung des täglichen Berufspendelns. Geographische Zeitschrift, 57. Jg. (1969), S. 108–131

KLINGBEIL, D.: Aktionsräume im Verdichtungsraum. München 1978

KLUCZKA, G.: Zentrale Orte und zentralörtliche Bereiche mittlerer und höherer Stufe in der Bundesrepublik Deutschland. Forschungen zur deutschen Landeskunde, Bd. 104, Bad Godesberg 1970, S. 8 ff.

KOCH, M.: Neue Technologien und Stadtentwicklung: neue Probleme – neue Perspektiven. In: HOTZ-HART, B. und A. SCHMID (Hrsg.): Neue Informationstechnologien und Regionalentwicklung. Zürich 1987

KOETZLE, M.: Zwei Koffer aus Kentucky. Nahverkehrsuntersuchung Westmittelfranken – Eindrücke während der Bestandaufnahme vor Ort. Informationen zur Raumentwicklung, 1986, H. 4/5, S. 373–375

KÖHLER, S.: Liste regional differenzierte Bestandaufnahme von Informations- und Kommunikationstechniken. Raumforschung und Raumordnung, (43. Jg.), 1985, S. 308 ff

KOHL, J. G.: Der Verkehr und die Ansiedlung der Menschen in ihrer Abhängigkeit von der Gestaltung der Erdoberfläche. Darmstadt-Leipzig 1841

KORDEY, N.: Raumstrukturelle Wirkungen neuer IuK-Technologien. Frankfurt 1986

KRAFTFAHRTBUNDESAMT FLENSBURG (Hrsg.): Bestand an Kraftfahrzeugen und Kraftfahrzeuganhängern am 1. Juli 19.. (1964–1978). Bonn-Bad Godesberg, verschiedene Jahrgänge

KRAUSE, E.: Problematik und Lösungsversuche der Straßenplanung. Grundlagen und Verfahren der ökologischen Risikoeinschätzung von Straßen. In: BUCHWALD, K. und W. ENGELHARDT (Hrsg.): Handbuch für Planung und Gestaltung und Schutz der Umwelt. Bd. 3, Die Bewertung und Planung der Umwelt. München 1980, S. 395 ff.

KRELL, K.: Lärmschutzmaßnahmen an Straßen. In: Energie und Umweltschutz. Wirkungen und Maßnahmen in der Stadt- und Verkehrsplanung. Hannover 1980

KREITMAYER, E.: Karlsfeld – Strukturbild einer Stadt-Rand-Gemeinde. Arbeitsmaterialien zur Raumordnung und Raumplanung, Bd. 1, Bayreuth 1979

KREUTZER, C. und J. MAIER: Öffentlicher Personennahverkehr im peripheren Raum. Beispiele aus Oberfranken. Bayreuth 1986

KUBICEK, H. und A. ROLF: Mikropolis. Hamburg 1985

KUTTER, E.: Demographische Determinanten städtischen Personenverkehrs. Braunschweig 1972

LANGE, S. u. a.: Telematik und regionale Wirtschaftspolitik. Berlin 1985

LASCHET, W.: Ansätze zu einer optimalen Strecken- und Netzplanung der Deutschen Bundesbahn, dargestellt am Beispiel Nordrhein-Westfalen. Opladen 1979

LAUNHARDT, W.: Der zweckmäßigste Standort einer gewerblichen Anlage. Zeitschrift des Vereins der gewerblichen Ingenieure (Berlin), 26. Jg. (1887)

LAUSCHMANN, E.: Grundlagen einer Theorie der Regionalpolitik. Hannover 1976

LEDERGERBER, O. A.: Fragen einer regionalen Gruppierung öffentlicher Verkehrsmittel. In: Sonderreihe Verkehrswirtschaft. Nr. 3, St. Gallen 1974

LEHNER, F.: Verkehr und Städtebau. Probleme der Gegenwart. o. O. 1967

LEIBFRITZ, W. und S. TESCHNER: Der Einfluß des Steuersystems und des kommunalen Finanzsystems auf die Landesentwicklung. Berlin 1981

LEIN, J.: Wohin geht die Entwicklung im ländlichen Raum. Bayreuth 1984

LESER, A. u. a.: Wörterbuch der Allgemeinen Geographie. München-Braunschweig 1984

LIENEMANN, F.: Zur Verwendung langfristiger Szenarios als Grundlage für regionalisierte Zielprojektionen. Informationen zur Raumentwicklung, 1975, H. 4/5, S. 201 ff.

LINDEN, W.: Grundzüge der Verkehrspolitik. Wiesbaden 1961

LÖSCH, A.: Die räumliche Ordnung der Wirtschaft. Jena 1940

LOSCH, H.: Die Erwerbstätigen mit anderem Wohn- als Arbeitsort. Württembergisches Jahrbuch für Statistik und Landeskunde, 1922. S. 237–248

LUDWIG, K. H.: Die Herrschaft des Autos in Frage stellen, nicht nur die Abgase. In: GRUMBACH, F. (Hrsg.): Grünbuch Ökologie. Köln 1985, S. 75 ff.

LUTTER, H.: Umsetzung der Ziele der Bundesraumordnung in die lang- und mittelfristige Maßnahmenbewertung der Bundesfernstraßenplanung. In: RUPPERT, E.: Raumplanung und Verkehr. Dortmund 1978

LUTTER, H.: Raumwirksamkeit von Fernstraßen. Bonn 1980

MACHTEMES, A.: Raum für Fußgänger. Teil 2, Dortmund 1977

MÄCKE, P. A.: Analyse- und Prognosemethoden des regionalen Verkehrs

MAIER, J.: Zur Geographie verkehrsräumlicher Aktivitäten. Theoretische Grundlagen und empirische Überprüfung am Beispiel Südbayerns. Münchner Studien zur Sozial- und Wirtschaftsgeographie, H. 17, Kallmünz-Regensburg 1976 a

MAIER, J.: Die Leistungskraft einer Fremdenverkehrsgemeinde. München 1976 b

MAIER, J.: Sozialgeographie. Braunschweig 1977

MAIER, J.: Geographie der Freizeitstandorte und des Freizeitverhaltens. In: Sozial- und Wirtschaftsgeographie, Bd. 2, München 1982, S. 160–276

MAIER, J. und C. RADENZ: Autobahnbau zwischen Schweinfurt und Bamberg (A70 Maintalautobahn). Eine verkehrs- und regionalpolitische Bewertung. Gutachten im Auftrag des Bezirktages Oberfranken und der IHK Oberfranken. Sonderheft 2 der Arbeitsmaterialien zur Raumordnung und Raumplanung, Bayreuth 1983

MAISTRE, G.: Pour une géographie des communications de masse. Revue de géographie alpine, Tome 59 (1971), H. 2, S. 215–228

MARCINOWSKI, B.: Der Containerverkehr der Deutschen Bundesbahn und seine Organisation. In: FRANZ, J. C. (Hrsg.): Der Containerverkehr aus geographischer Sicht. Nürnberg 1981

MARTI, P. und S. MAUCH: Wirtschaftlich-räumliche Auswirkungen neuer Kommunikationsmittel. Bern 1984 a

MARTI, P. und S. MAUCH: Aspekte der Diffusion neuer Informations- und Kommunikationstechniken. Wirtschaftlich, sozial, räumlich. Zürich 1984 b

MARSHALL, E.: Bundesfernstraßengesetz. Köln 1977

MATTRISCH, G.: Überlegungen zur Praxis und Theorie der Verkehrsberuhigung. Gemeinde-Stadt-Land, 1981, H. 7

MAUCH, S., M. KELLER und P. MARTI: Die Bahn im ländlichen Raum in der Schweiz, Informationen zur Raumentwicklung, 1986, H. 4/5, S. 347 ff.

MAYER, H. M.: Some Geographical Aspects of Technological Change in Maritime Transportation. Economic Geography, 49. Jg. (1973), H. 2, S. 145–155

MAXFIELD, D. W.: Spatial Planning of School Districts. Annals of the Association of American Geographers, Vol. 62, 1972, No. 4, S. 582–589

MELCHER, J.: Der öffentliche Nachrichtenverkehr der Bundesrepublik Deutschland. Methoden und empirische Erfassung seiner ökonomischen Leistungsfähigkeit. Bonn 1973

MENKE, D.: Verkehr als Instrument der Raumordnungspolitik. Diss. Göttingen 1969

MENKE, D.: Stadtverkehrsplanung. Stuttgart 1975

MEYER, S.: Bedarfsorientierte ÖPNV-Bedienung in der Fläche. Erfahrungen mit neuartigen Bedienungsformen in der Bundesrepublik Deutschland und in den Niederlanden. Verkehr und Technik, 1988, H. 7, S. 280 ff.

MEYNEN, E., R. KLÖPPER und J. KÖRBER: Rheinland-Pfalz in seiner Gliederung nach zentralörtlichen Bereichen. Forschungen zur deutschen Landeskunde, Bd. 100, Remagen 1957

MICHELSEN, G. (Hrsg.): Der Fischer-Öko-Almanach. Daten, Fakten, Trends der Umweltdiskussion. Frankfurt 1984

MONHEIM, H.: Die städtebauliche Einbindung des öffentlichen Personennahverkehrs. Chancen für einen besseren Stadtverkehr. Der Nahverkehr, 1984, H. 6

MONHEIM, H.: Öffentlicher Personennahverkehr in der Stadt. In: BUNDESMINISTER FÜR RAUMORDNUNG, BAUWESEN UND STÄDTEBAU (Hrsg.): Verkehrsberuhigung und Stadtverkehr. Bonn 1985 a, S. 119 ff.

MONHEIM, H.: Verkehrsberuhigung – Von verkehrstechnischen Einzelmaßnahmen zum städtebaulichen Gesamtkonzept. In: BUNDESMINSITER FÜR RAUMORDNUNG, BAUWESEN UND STÄDTEBAU (Hrsg.): Verkehrsberuhigung und Stadtverkehr. Bonn 1985 b, S. 5 ff.

MONHEIM, R.: Fußgängerbereiche. Stand und Entwicklung. Köln 1975

MONHEIM, R.: Der Fußgängerbereich in der Nürnberger Altstadt. In: HOPFINGER; H. (Hrsg.): Franken – Planung für eine bessere Zukunft. Nürnberg 1986, S. 89 – 112

MONHEIM, R.: Thesen zur Verkehrserschließung von Stadtzentren. Vortrag zum Kolloquium „Parkraummanagement und Parkraummarketing in Stadtzentren" an der Universität Bayreuth am 2. und 3. Dezember 1988 a

MONHEIM, R.: Verkehrsplanung und Verkehrsentwicklung einer Universität am Beispiel Bayreuth. Bayreuther Geowissenschaftliche Arbeiten Bd. 12, Bayreuth 1988 b

MONHEIM, R.: Die Kombination von Fußgängerbereich und Verkehrsberuhigung – Erfahrungen mit neuen Konzepten für Geschäftsstraßen in Kleinstädten. In: BUNDESFORSCHUNGSANSTALT FÜR RAUMORDNUNG UND LANDESKUNDE (Hrsg.): Verkehrsberuhigung und Entwicklung von Handel und Gewerbe – Materialien zur Diskussion. Bonn 1988 c, S. 164 – 178

MONHEIM, R.: Verkehrswissenschaft und Verkehrsplanung im Spannungsfeld von Trends und Zielen. Der Städtetag, 11/1989, S. 691 – 696

MONHEIM, R. und R. SONNTAG: Verkehr in der Kurstadt Bad Kissingen. Arbeitsmaterialien zur Raumordnung und Raumplanung Heft 71, Bayreuth 1989

MONHEIM, R.: u. a.: Ausbildungsverkehr in Bayreuth. ARR H. 45, Bayreuth 1986

MOSELEY, M. J.: Acassibility: The Rural Challange. London 1979

MÜLLER, U. und J. NEIDHARDT: Einkaufsort-Orientierung als Kriterium für die Bestimmung von Größenordnung und Struktur kommunaler Funktionsbereiche. Stuttgart 1972

MURDIE, R. A.: Cultural differences in consumer travel. Economic Geography, 1965, Vol. 41, S. 211 – 233

NEEF, E.: Das Problem der zentralen Orte. Petermanns Geographische Mitteilungen, 94. Jg. (1950), S. 6 – 18

NEUMANN, R.: Ökologie und Verkehr. Praktische Bedeutung und theoretische Einordnung verkehrsinduzierter Umweltschäden. Bonn 1980

NICLAS, J.: Plädoyer für einen konzeptionellen Neuansatz im ÖPNV. In: Aktuelle Probleme des Stadtverkehrs. Köln 1980, S. 127 – 136

NICLAS, J.: Soll sich der öffentliche Nahverkehr am Angebot oder an der Nachfrage orientieren? Vierteljahreshefte zur Wirtschaftsforschung (DIW), Berlin 1980, H. 3/4, S. 350 ff.

NUHN, H.: Der Hamburger Hafen. Geographische Rundschau (41) 1989, H. 11, S. 646 – 654

NYSTUEN, J. D.: Bestimmung einiger fundamentaler Raumbegriffe. In: BARTELS, D. (Hrsg.): Wirtschafts- und Sozialgeographie. Köln-Berlin 1970, S. 85 – 94

OBLÄNDER, K. und A. NAGEL: Möglichkeiten der Minderung von Kraftfahrzeug-Emissionen. Einführung von unverbleitem Benzin in Europa. In: DAIMLER-BENZ-AG (Hrsg.): Automobil und Umwelt. Düsseldorf 1984, S. 41 ff.

Literaturverzeichnis 245

OBST, E.: Allgemeine Wirtschafts- und Verkehrsgeographie. 3. Aufl.: Berlin 1965/67

OBST, E.: Möglichkeiten zur Ermittlung von Aktionsreichweiten durch Nachrichtenströme im Fernsprechverkehr. Münchner Studien zur Sozial- und Wirtschaftsgeographie, Bd. 9, Kallmünz-Regensburg 1972

OECD (Hrsg.): Deregulation and Airline Competition. Paris 1988

OETTLE, K.: Grundirrtümer moderner Verkehrspolitik. Wirtschaftsdienst, 47. Jg. (1967 a), H. 21, S. 555–561

OETTLE, K.: Verkehrspolitik. Sammlung Poeschel P54, Stuttgart 1967 b

OLLICK, F.: Die Bedeutung von Verkehrswegeinvestitionen für den regionalen Entwicklungsprozeß, dargestellt am Beispiel der geplanten A 31. Diss. Köln 1979

OTREMBA, E.: Allgemeine Geographie des Welthandels und des Weltverkehrs. Erde und Weltwirtschaft. Bd. 4. Stuttgart 1957 (2. Aufl. 1961)

OTREMBA, E.: Allgemeine Agrar- und Industriegeographie. Erde und Weltwirtschaft. Bd. 3. Stuttgart 1960

OTREMBA, E.: Verkehrsgeographische Forschung. In: VOIGT, F.: Verkehrswissenschaftliche Arbeiten in der Bundesrepublik Deutschland. Eine prognostische Bilanz. Köln 1969, S. 435 ff.

OTREMBA, E.: Handel und Verkehr im Weltwirtschaftsraum. Stuttgart 1978

OVERBECK, H.: Die Entwicklung der Anthropogeographie (insbes. in Deutschland) seit der Jahrhundertwende und ihre Bedeutung für die geschichtliche Landesforschung. Blätter der deutschen Landesgeschichte, 91. Jg.: 1954, S. 188–244

PÄLLMANN, W.: Aktuelle Angebotsstrategien der Deutschen Bundesbahn. Informationen zur Raumentwicklung, 1986, H. 4/5, S. 265 ff.

PAMPEL, F.: Integration des Verkehrs und Gedanken zur Finanzierung. Öffentlicher Personennahverkehr in Stadt und Region, Köln 1974, S. 9 ff.

PARTSCH, D.: Daseinsgrundfunktionen. In: Akademie für Raumforschung und Landesplanung (Hrsg.): Handwörterbuch für Raumforschung und Raumordnung. Bd. 1, Hannover 1970, Sp. 428–430

PETER, F. v.: Güterverkehrszentren – ein Mittel zur künftigen Organisation des Transports. Der Städtetag 10/1989, S. 633–634

PLANCO-CONSULTING GmbH: Nutzen-Kosten-Untersuchung: Main-Donau-Kanal. Hamburg 1981

PLOGMANN, F.: Die Bedeutung der Verkehrsinfrastruktur für das regionale Entwicklungspotential. München 1980

POHL, A.: Fernstraßenplanung und Naherholung. Dortmund 1981

POLUMSKY, D.: Begriffe und Symbole. Aachen 1979

PRIEBS, A. und M. SINZ: Datenbasis und ausgewählte Ergebnisse der KONTIV-Sonderauswertung „Pkw-Verkehr". Informationen zur Raumentwicklung, 1979, H. 9/10, S. 659–668

PREDÖHL, A.: Verkehrspolitik. Göttingen 1958

RAABE, C. und H. J. ZICKERT: Ein universales Transportgefäß nach dem Baukastenprinzip. In: Die Welt vom 11. 2. 1976, S. 17

RADENZ, C.: Auswirkungen von Autobahnen im peripheren Raum. Heft 30 der Arbeitsmaterialien zur Raumordnung und Raumplanung, Bayreuth 1984

RAHN, T.: Das betriebswirtschaftlich optimale Netz der Deutschen Bundesbahn. Methodische Grundlagen seiner Abgrenzung. In: Deutsche Verkehrswissenschaftliche Gesellschaft (DVWG): Das betriebswirtschaftlich optimale Netz der deutschen Bundesbahn als Problem der Regionalpolitik. Köln 1977, S. 25-34

RAY, M.D.: Cultural differences in consumer travel behaviour in eastern Ontario. The Canadian Geographer, 11. Jg. (1967), H. 3, S. 143-156

REINHARDT, P.: Perspektiven des modernen Eisenbahnverkehrs in der Bundesrepublik Deutschland unter besonderer Berücksichtigung der Anbindung von Oberfranken. Vortrag vor dem Verkehrsausschuß der IHK für Oberfranken in Bayreuth am 22. Juni 1988

RELLS, K. J.: Klipp und klar. 100 x Luftverkehr. Mannheim 1978

RICHTHOFEN, F. v.: China. Ergebnisse eigener Reisen und darauf folgende Studien. 2 Bde.: Berlin 1877 und 1833

RITTER, W.: Die Innovation des Containerverkehrs und ihre geographischen Auswirkungen. In: FRANZ, J. C. (Hrsg.): Der Containerverkehr aus geographischer Sicht. Nürnberg 1981, S. 5-12

ROLAND BERGER GmbH: Wirtschaftsfaktor Flughafen Frankfurt-Main. Vertiefungsstudie. Frankfurt 1980, Kurzfassung in: Flughafen Frankfurt-Main AG (Hrsg.): Multiplikatoreffekte durch am Flughafen ausgezahlte Löhne, Gehälter und Auftragssummen. Reihe Fachthemen, Heft 4, Frankfurt 1982

RUPPERT, K.: Die gruppenspezifische Reaktionsreichweite. Münchner Studien zur Sozial- und Wirtschaftsgeographie, H. 4, Kallmünz-Regensburg 1968, S. 171-176

RUPPERT, K.: Raumplanung und Verkehr. Dortmund 1978

RUPPERT, K. u. a.: Planungsregionen Bayerns. Gliederungsvorschlag des Wirtschaftsgeographischen Instituts der Universität München. Gutachten für das Bayerische Staatsministerium für Wirtschaft und Verkehr. München 1969

RUPPERT, K. u. a.: Wirtschaftsgeographische Planungsgrundlagen für den bayerischen Alpenraum. Unveröffentlichtes Gutachten, München 1973

RUPPERT, K. und J. MAIER: Zum Standort der Fremdenverkehrsgeographie. Münchner Studien zur Sozial- und Wirtschaftsgeographie, Bd. 6, Kallmünz-Regensburg 1970

RUPPERT, K. und F. SCHAFFER: Zur Konzeption der Sozialgeographie. Geographische Rundschau, 1969, H. 6, S. 208 ff.

RUPPERT, K. und F. SCHAFFER: Stichwort Sozialgeographie. In: Handwörterbuch für Raumforschung und Raumordnung, 2. Aufl.: Hannover 1972, Sp. 978-984

RUSKE, W.: Darstellung von Verkehrserzeugung und Verkehrsverteilung durch verhaltensorientierte Modellansätze. In: Deutsche Verkehrswissenschaftliche Gesellschaft (DVWG) (Hrsg.): Grundsatzprobleme bei Langfristprognosen im Personenverkehr. Köln 1974, S. 186 ff.

RUSKE, W.: Verkehrsverteilung unter besonderer Berücksichtigung der Raumstrukturen. Bonn 1978

RUWENSTROTH, G. u. a.: Fahrradverkehr und Stadtentwicklung. In: BUNDESMINISTER FÜR RAUMORDNUNG, BAUWESEN UND STÄDTEBAU (Hrsg.): Verkehrsberuhigung und Stadtverkehr. Bonn 1985, S. 147 ff.

SAHLING, M.: Optimierung von Wartungs- und Überwachungstouren. In: Tagungsmappe der Veranstaltung HEUREKA 1983 der Forschungsgesellschaft für Straßen- und Verkehrswesen, Arbeitskreis Entscheidungs- und Optimierungsmodelle, Karlsruhe 10. - 12. 3. 1983

SAPPER, K.: Allgemeine Wirtschafts- und Verkehrsgeographie. 2. Aufl. Leipzig 1930

SAVIRANTA, J.: Der Einpendelverkehr von Turku. Fenniae, 100. Jg. 1970-1971, S. 1-136

SAX, E.: Die Verkehrsmittelwahl in Volks- und Staatswirtschaft. 2. Aufl. 3 Bde.: Berlin 1918-1922

SCAPPA, L.: Die gerade Straße. Stadtbauwelt 83, 1984, S. 287 ff.

SCHAECHTERLE, K.: Verkehrsentwicklung in deutschen Städten, Stuttgart 1970

SCHÄTZL, L.: Wirtschaftsgeographie. Bd. 1, Paderborn 1978

SCHAMPP, E.: Grundsätze der zeitgenössischen Wirtschaftsgeographie. Geographische Rundschau, 1983, H. 2, S. 74-80

SCHARB, A. O. und M. SCHMIDBAUER: Bildungsbewegung und Raumstruktur. Stuttgart 1969

SCHEMEL, H.-J.: Die Umweltverträglichkeitsüberprüfung (UVP) von Großprojekten. Grundlagen und Methoden sowie deren Anwendung am Beispiel der Fernstraßenplanung. Beiträge zur Umweltgestaltung Bd. A 97, Berlin 1985

SCHEU, E.: Deutschlands wirtschaftsgeographische Harmonie. Breslau 1924

SCHEUCH, E. K.: Soziologie der Freizeit. In: KÖNIG, R. (Hrsg.): Handbuch der empirischen Sozialforschung. Stuttgart 1969

SCHICKHOFF, I.: Graphentheoretische Untersuchungen des Schienennetzes der Niederlande. Duisburg 1978

SCHLIEBE, K.: Industrieansiedlungen. Bonn 1982

SCHLIEBE, K.: Einführung zum Themenheft: „Schienenverkehr in der Fläche ohne Zukunftsperspektive". Informationen zur Raumentwicklung, 1986 a, H. 4/5, S. 111

SCHLIEBE, K.: Qualitätsstrukturen der regionalen Schienenerreichbarkeit. Informationen zur Raumentwicklung, 1986 b, S. 249 ff.

SCHLIEPHAKE, K.: Verkehrsgeographie. In: Sozial- und Wirtschaftsgeographie. Bd. 2, München 1982, S. 39-159

SCHLÜTER, O.: Die Ziele der Geographie des Menschen. München-Berlin 1906

SCHLÜTER, O.: Über die Aufgabe der Verkehrsgeographie im Rahmen der „reinen Geographie". Petermanns Geographische Mitteilungen, Ergänzungsheft Nr. 209, Gotha 1930

SCHMACKE, E. (Hrsg.): Die großen 500. Deutschlands führende Unternehmen und ihr Management. Neuwied 1976, Aktualisierung 99 vom 6. 12. 1985 und Aktualisierung Nr. 125 vom 17. 12. 1987

SCHMIDER, H. und R. BECKER: Material für die Analyse politischer Machtstrukturen. Eichholz 1968

SCHMIDT, D.: Analyse der Verkehrsnachfrage im ländlichen Raum. Perspektiven für alternative ÖPNV-Konzepte. Unveröffentlichtes Manuskript, Bayreuth 1988

SCHMIDT, H.-G.: Die Erfassung des Güterverkehrs zum Zwecke seiner expliziten Berücksichtigung in Verkehrsprognosen. Aachen 1988

SCHMIDT, U.: Der Fernsprechdienst der Deutschen Bundespost. Nürnberg 1977

SCHNEIDER, M. und E. WIRTH: Binnenschiffahrtskanäle in Franken. Vom Karlsgraben bis zum Kanalbau der Gegenwart. In: HOPFINGER, H. (Hrsg.): Franken - Planung für eine bessere Zukunft? Ein Führer zu Projekten der Raumplanung. Nürnberg 1986, S. 11-38

SCHÖLLER, P.: Einheit und Raumbeziehungen des Siegerlandes. Versuche zur funktionalen Abgrenzung. In: Das Siegerland, Münster 1955, S. 75-122

SCHREIBER, U.: Handlexikon Wirtschaft. München 1987

SCHUBERT, M.: Die kultur- und wirtschaftsfördernde Bedeutung der Post. Ein Überblick. ZPF 1952, H. 8, S. 272–275

SCHUBERT, H.: Generalverkehrsplan Bayreuth. 1. Fortschr.: Teil 1, Bayreuth 1973

SCHÜLER, J.: Die Wohnsiedlung im Ruhrgebiet. Ein Beitrag zur Soziologie des Wohnens im industriestädtischen Ballungsraum. Ökologische Forschungen, Schriftenreihe der Arbeitsgemeinschaft für Wohnungswesen, Städteplanung und Raumordnung der Universität Bochum, Bd. 1, Bochum 1971

SCHWEIZERISCHE BUNDESBAHNEN (Hrsg.): Mögliche Angebotskonzeptionen der SBB und flankierende Maßnahmen. Bericht 77, Bern 1977

SCHWEIZERISCHE BUNDESBAHNEN (Hrsg.): Bahn 2000. In: SBB Magazin, Bern 1985, H. 2

SEDLACEK, P.: Zum Problem interurbaner Zentralorte. Münster 1973

SEIDENFUS, U.: Handlexikon Wirtschaft. München 1987

SIEBECK, J. E.: Die Verkehrsströme des Personenluftverkehrs der Bundesrepublik Deutschland unter besonderer Berücksichtigung der Verkehrsflughäfen und deren Einzugsbereiche. Düsseldorf 1981

SIEMSGLÜSS, K.: Der Containerterminal von Bremerhaven, seine überseeischen Liniendienste und binnenwärtigen Zubringer. In: FRANZ, J. C. (Hrsg.): Der Containerverkehr aus geographischer Sicht. Nürnberg 1981

SINZ, M.: Fahrtzeit- und Entfernungsstrukturen des Pkw-Verkehrs im regionalen Vergleich. In: HEINZE, G. W. u. a.: Verkehr im ländlichen Raum. Hannover 1982, S. 545–558

SOCIALDATA: Kontinuierliche Erhebung zum Verkehrsverhalten 1975/76 (KONTIV '75/76). München 1977

SOCIALDATA: Kontinuierliche Erhebung zum Verkehrsverhalten 1982 (KONTIV '82). München 1984

SPEHL, H.: Denkmodelle zu den Auswirkungen der Telekommunikation. Komplementär- und Substitutionsbereiche, Hannover 1985

SPEHL, H.: Räumliche Wirkungen der Telematik., Raumforschung und Raumordnung (43) 1985, S. 254 ff.

STADT NÜRNBERG: Hearing zu Fragen der Flughafenplanung am 10. und 11. Mai 1973. Nürnberg 1973

STADT WEIDEN: Generalverkehrsplan Stadt Weiden 1962/64

STADTVERWALTUNG BAYREUTH (Hrsg.): Generalverkehrsplan. Information 1 zum Flächennutzungsplan Bayreuth. Bayreuth 1975

STADTPLANUNGSREFERAT MÜNCHEN: Fortschreibung des Gesamtverkehrsplans. München 1969

STANLEY, K. C.: Cycleways. The Institution of Municipal Engeneers. London o. J.

STATISTISCHES BUNDESAMT (Hrsg.): Personenverkehr der Straßenverkehrsunternehmen. Wiesbaden 1983

STATISTISCHES BUNDESAMT (Hrsg.): Statistisches Jahrbuch der Bundesrepublik Deutschland. Mainz-Stuttgart 1985

STATISTISCHES BUNDESAMT (Hrsg.): Datenreport 1987. Bonn 1988

STEIERWALD, G. und P. TREUNER: Zur Raumwirksamkeit der Mineralölsteuer. Informationen zur Raumentwicklung, 1974, H. 1, S. 17 ff.

STEIN, A. und F. VOIGT: Verfahren zum Vergleich von räumlich-zeitlich-sachlich verschieden disponierten Verkehrsprognosen. Aachen 1978

STERKAMP, W.: Kooperationen im Öffentlichen Personennahverkehr. Der Landkreis, 1986, H. 1, S. 16 ff.

STIESCH, H.: Die Bedeutung der gemeinsamen Verkehrspolitik der Europäischen Wirtschaftsgemeinschaft für die Entwicklung der Raumstruktur in der Bundesrepublik Deutschland. Berlin 1971

STORBECK, D.: Telekommunikation und Siedlungsstruktur. Archt, 75/76, 1984, S. 53–55

STUTZ, F. P.: Distance and Network on Urban Social Travel Fields. Economic Geography, Vol. 49 (1973), S. 134–144

TAUBMANN, W.: Bayreuth und sein Verflechtungsbereich. Forschungen zur deutschen Landeskunde, Bd. 163, Bad Godesberg 1968

TEHNIK, K.: Konzept zur Parkraumbewirtschaftung der Münchner Innenstadt. Vortrag zum Kolloquium „Parkraummanagement und Parkraummarketing in Stadtzentren" an der Universität Bayreuth am 2. und 3. Dezember 1988

TETSCH, F.: Zur regionalpolitischen Bedeutung der neuen Techniken zur Individualkommunikation (Telematik). Raumforschung und Raumordnung (43. Jg.) 1985, S. 273 ff.

THOENES, H. und H. J. KURTH: Die regionalen Effekte durch den Bundesfernstraßenbau. Raumforschung und Raumordnung (36. Jg.) 1978, H. 3, S. 115 ff.

TOUMINEN, O.: Das Einflußgebiet (am Beispiel der Stadt Turku). Fenniae (71. Jg.) 1949, S. 1–138

THÜNEN, J. H. v.: Der isolierte Staat in Beziehung auf Landwirtschaft und Nationalökonomie. Jena 1930

TÜRKE, K.: Die Entwicklung von Siedlungen, Verkehr und Informationstechniken. Zeitschrift für Verkehrswissenschaft, 1984, S. 226–239

UHLIG, K.: Die fußgängerfreundliche Stadt. Stuttgart 1979

UMWELTBUNDESAMT (Hrsg.): Daten zur Umwelt. Berlin 1984

UTHOFF, D.: Der Pendelverkehr im Raum Hildesheim. Eine genetische Untersuchung zu seiner Raumwirksamkeit. Göttingen 1967

VAJNA, T.: Prognosen für die Politik. Köln 1977

VEREINIGUNG DER STADT-, REGIONAL- UND LANDESPLANER e.V./MÜNCHNER FORUM, Tagungsunterlagen zum Fachgespräch: Kooperatives Verkehrsmanagement – High-Tech-Träume oder echte Chance für den Stadtverkehr? München am 31.1.1992

VERKEHRSVERBAND WESTFALEN MITTE e.V.: Allgemeine Luftfahrt in Westfalen. 3. Aufl. Dortmund 1983

VERLAQUE, C.: Géographie des transports maritime. Paris 1975

VESTER, F.: Ballungsgebiet in der Krise. München 1983

VETTER, F.: Netztheoretische Studien zum niedersächsischen Eisenbahnnetz. Berlin 1970

VOGEL, H.-J.: Münchens Verkehrsprobleme und die Wege zu ihrer Lösung. Der Städtetag, 1961, H. 4, S. 179 ff.

VOGEL, W.: Wegewahl und Raumwahrnehmung. Ein Arbeitsbericht über Untersuchungen an Gymnasiasten der 11. und 12. Klassen von fünf Erlanger Gymnasien. Unveröffentlichte Diplomarbeit, Erlangen 1973

Voigt, F.: Verkehr, Bd. 1: Die Theorie der Verkehrswirtschaft. Berlin 1973

Voigt, F.: Regionale Wirkungen des Bundesfernstraßenbaus. Schriftenreihe des Bundesministers für Raumordnung, Bauwesen und Städtebau, 06.024, Bonn 1978

Voppel, G.: Wirtschaftsgeographie. Stuttgart 1970

Voppel, G.: Verkehrsgeographie. Darmstadt 1980

Wagner, H.-G.: Wirtschaftsgeographie. Braunschweig 1981

Walprecht, D.: Das Gemeindeverkehrsfinanzierungsgesetz. Göttingen 1976

Weber, A.: Über den Standort der Industrien, Teil 1: Reine Theorie des Standortes. Tübingen 1922

Weber, H.: Einführung in das besondere Steuerrecht. München 1977

Weber, J.: Der Unternehmer als Entscheidungsträger regionaler Arbeitsmärkte. Bayreuth 1980

Weber, J.: Kostenorientierte Fahrzeugeinsatzplanung des Personentransports in der Bauindustrie. Bayreuth 1984

Weber, M.: Wirtschaft und Gesellschaft. In: Winkelmann, J.: Grundriß der verstehenden Soziologie. Studienausgabe, Köln-Berlin 1964, S. 678 ff.

Weber, M. M.: Geographie des Eisenbahnwesens. In: Vom rollenden Flügelrad, Berlin 1882

Weiger, H. (Hrsg.): Der Rhein-Main-Kanal. Das Für und Wider seiner Fertigstellung. München 1983

Wilken, D., K. Bachmann, E. Urbatzka und H. Focke: Der gewerbliche Luftverkehr der Bundesrepublik 1975 – 1990 – 2000. Köln 1981

Wilken, D. und K. Bachmann: Die Luftverkehrsnachfrage im Personenverkehr der Bundesrepublik 1990 – 1995 – 2000. Fortschreibung der Luftverkehrsprognose der DFVLR. Köln 1985

Winter, D.: Verkehrliche Verbesserungen im öffentlichen Personennahverkehr und ihre Realisierungsmöglichkeiten. In: VÖV-Tagung '78, Vorträge – Podiumsdiskussionen, Schriftenreihe für Verkehr und Technik, H. 67, S. 69 ff.

Wirth, E.: Theoretische Geographie. Stuttgart 1979

Witt, D. und W. Zettl: Möglichkeiten der Beeinflussung von Verkehrsströmen durch eine differenzierte Mineralölsteuer und eine Ballungsabgabe. Raumforschung und Raumordnung 1976, H. 1/2, S. 16 ff.

Wittöft, H. J.: Container. Transportrevolution unseres Jahrhunderts. Herford 1977

Wolf, K.: Die Konzentration von Versorgungsfunktionen in Frankfurt am Main. Frankfurt 1964

Woll, U.: Wirtschaftslexikon. München-Wien 1987

Zeitvogel, M.: 10 Jahre A-Bus-Betrieb. Erkenntnisse, Erfahrungen, Perspektiven. Hannover 1988

Zimmermann, H.-J.: Einführung in die Grundlagen des Operations Research. Aachen 1971

Zoll, R. u. a.: Wertheim 111 – Kommunalpolitik und Machtstruktur. Bd. 10, München 1974

Güterverkehr in Norddeutschland. Nachrichten der Akademie für Raumforschung und Landesplanung, Nr. 42, Mai 1988, S. 30 f.

Mitteilungsblätter des Deutschen Kanal- und Schiffahrtsverein Rhein-Main-Donau, Nr. 53/54, Nürnberg 1986

Erfahrungsbericht Bürgerbusprojekt: Bürgerbusse im Landkreis Schwandorf im 1. Berichtsjahr erfolgreich. Der Landkreis 1987, H. 7, S. 316 f.

VÖV-Empfehlungen für den Bedienungsstandard im ÖPNV. Köln 1981

Empfehlungen des Beirats für Raumordnung zum Beitrag der DB zur Verkehrserschließung und -bedienung, 1985

Entschließung der MKRO zum Öffentlichen Personennahverkehr im ländlichen Raum vom 12.11.1979

Richtlinie über die Zulassung des interregionalen Linienflugverkehrs zur Beförderung von Personen, Post und Fracht zwischen den Mitgliedstaaten vom 25. Juli 1983 (83/416/EWG)

Bayerische Richtlinie zur Nachverkehrsplanung 1977

EWG-Vertragstext, BGBl. 11, 19.8.1957, S. 766 ff.: BGBl. 5.11.1957, S. 1678–1679 (Teil IV: Der Verkehr, Art. 74–84)

Luftverkehrszulassungsordnung (LuftVZO) i.d.F.d.B. vom 13.3.1979, BGBl. 1 S. 308, BGBl. III 96–18

Gesetz zum Schutz gegen Fluglärm vom 30.3.1971, i.d.F. vom 18.12.1986, BGBl. 1 S. 282

Stichwortverzeichnis

aktionsräumlicher Ansatz 18
Allgemeines Eisenbahngesetz 185
angewandte Regionalforschung 13
anpassungsinterventionistische Konzeption 182
Autobahn- und Fernstraßenbau 102
autogerechte Planung 146
– Stadt 144
Automobilindustrie 74

Bahn 2000 197
Bedarfsdeckungsprinzip 123
bedarfsgesteuerte Busse 209
Beschäftigungs- und Einkommenseffekte, direkte 95
–––, indirekte 96
bildungsorientierte Verkehrsbewegungen 34
Binnenhäfen 84
Boden- und Wasserbelastungen 217
Bundesbahngesetz 186
Bundesverkehrswegeplanung 103
Bundesverkehrswegeplan 117

Container-Verkehr 41

Dekonzentrationsthese 68
Deutsche Bundesbahn 45, 174
Dezentraslisierungsthese 69
differenzierte Bedienung 206, 210
Drei-Ebenen-Modell 172

emissionsmindernde Maßnahmen 222
Energieverbrauch 219
entscheidungs- und konfliktorientierter Ansatz 19
Entwicklungsprognose 133
erhaltungsinterventionistische Konzeption 182
Erreichbarkeit 179
Erschließungskategorien 226

erwerbs- und berufsorientierter Bereich 27
Europäische Gemeinschaft 115
expressive Verkehrskreise 52
Extrapolationsverfahren 133

Fachgesetze 118
Finanzierung 187
Flächenbeanspruchung 218
flächenhafte Verkehrsberuhigung 155
Flugplätze 88
freigestellter Schülerverkehr 208
freizeitorientierter Verkehrsbereich 37
Funktionstrennung 146
Fußgängerzonen 157

gebundene Bedienungsformen 207
Gelegenheitsverkehre 210
Gemeindeverkehrsfinanzierungsgesetz 117, 187
gemeinsamer Binnenmarkt 115
gestaltungsintervionistische Konzeption 181
Graphentheorie 229
Großinfrastruktur 73
Großschiffahrtsstraßen 78
Grundfunktionen 23
Güterverkehr 39

handlungsorientierter Ansatz 22
Hierarchisierungsthese 69

Ideologie 76
Informations- und Kommunikationstechniken 56
Infrastrukturinvestitionen 76
Innovationswirkung 69

Kommunikation 52
Kommunikationsstrukturen 58
kommunizierende Planung 211

Konfliktelemente 107
Konzentrationsthese 68
Kooperationsformen 210

Landesplanung 121
Landesverkehrspolitik 119
Landschaftsbelastung 218
Lärm 213
Lärmreduzierung 223
Liberalisierung 232
Linieninfrastruktur 75
Linienverkehr 207
Luftfrachtverkehr 91
Luftverkehrsprognose 140
Luftverunreinigung 216

Massenmedien 53
materielle Infrastruktur 72
Mindeststandard 190
Mineralölsteuer 125
modifizierter Linienverkehr 208

Nachrichtenverkehr 52
Nahverkehrsprogramm Bayern 120
Netzmodelle 230
Netzplantechnik 230
Nivellierungsthese 69

öffentlicher Personennahverkehr 123, 175
– – in der Fläche 189
ökonometrische Verfahren 134
Operations Research 230
Ordnungspolitik 110

Paratransit 200
Parkierungskonzept 167
Parkraum-Management 166
– -Marketing 166
Parkraumbewirtschaftung 168
personelle Infrastruktur 73
Personenbeförderungsgesetz 185
Personenverkehrsprognose 134
Planungskonzeption 149
Planungsphilosophie 77, 143

Polarisierungsthese 69
Positionsbestimmung 231
Prachtstraße 145
Prognosearten 132
Punktinfrastruktur 75

Radverkehrsanlagen 163
Radverkehrsplanung 161
Radwegekonzept 165
räumliche Entscheidungsträger 55
Raumordnung 121
Raumwirksamkeit der Mineralölsteuer 126
Rechtsgrundlagen 155
regionale Einzugsbereiche 92
– Strukturpolitik 121
Regionalentwicklung 174
regionalisierte Mineralölsteuer 130
Rhein-Main-Donau-Kanal (Main-Donau-Kanal) 77
ruhender Verkehr 166

Sammeltaxen 209
Schienenerreichbarkeit 194
Schienenpersonenverkehr 193
Seehäfen 49
Siedlungs- und Landschaftsstrukturmodelle 226
Siedlungsstruktur 177
soziale Kommunikationsnetze 53
Stadtverkehrsplanung 143
Steuern 124
Steuersystem 125
Steuermöglichkeiten 108
Straßengestaltung 151
Streckenstillegungen 195
Strukturpolitik 113
Szenario 134

Tarifgemeinschaft 171
Technologiefolgenabschätzung 65
teilgebundene Bedienungsformen 208
Transportkosten 39, 226

Umweltauswirkungen 100
Umweltbeeinträchtigungen 103

Umweltbelastungen 212
ungebundene Bedienungsformen 210
Unternehmensstrategie der DB 196

verhaltensändernde Maßnahmen 224
Verkehrsangebot 72
Verkehrsberuhigung 148
Verkehrsberuhigungsmaßnahmen 149
Verkehrsfinanzierungsgesetz 129
Verkehrsgemeinschaft 171
Verkehrsinfrastruktur 72
Verkehrsplanung 117
Verkehrspolitik 109
–, neue Instrumente 183
Verkehrsprognosen 131
verkehrsräumliche Aktivitäten 25
Verkehrsszenario 141

Verkehrstheorie 226
Verkehrsträgergesetz 117
Verkehrsverbünde 171, 202
Verkehrsversorgung 179
versorgungsorientierter Verkehrsbereich 32

Wachstumseffekte, direkte 98
–, indirekte 98
Wasserwirtschaft 81
wissenschaftshistorische Phasen 14

Zentralisierungsthese 69
Zielkonflikt zwischen Landesentwicklungspolitik und Verkehrsplanung 124
Zielprognose 133
Zwei-Ebenen-Modell 172

Elisabeth Lichtenberger

Stadtgeographie

Band 1: Begriffe, Konzepte, Modelle, Prozesse
Von Prof. Dr. E. Lichtenberger, Universität Wien
2., überarbeitete und erweiterte Auflage. 1991.
303 Seiten mit 115 Abbildungen und 12 Tabellen. Kart. DM 39,—

Aus dem Inhalt:
Zur Terminologie und Modelle von Stadt und Agglomeration – Kategorien städtischer Systeme – Begriffe und Konzepte der Zeit – Raumbegriffe – Räumliche Basiskonzepte – Determinanten von Strukturen und Prozessen im Stadtraum – Stadtverfall und Stadterneuerung – Prozesse auf der Makroebene von städtischen Systemen.

„Wegen des Mangels an guten deutschsprachigen Lehrbüchern zur Stadtgeographie war das Studienbuch lange erwartet worden. Der nunmehr erschienene erste Band des zweibändig konzipierten Werks behandelt zunächst allgemeine Begriffe, Modelle und Konzepte der Stadtgeographie, geht dann auf wesentliche politisch-administrative, planerische, technologische und ökonomische Determinanten der Stadtstruktur ein, befaßt sich mit der Segregation als räumlichem Organisationsprinzip der urbanen Gesellschaft und zeigt schließlich grundlegende Entwicklungsprozesse auf der Makroebene städtischer Systeme auf. Der angekündigte zweite Teil wird die Mikro- und Mesoebene von Städten, d. h. die Betrachtungsebene der Haushalte, Gebäude, Betriebe, Zentren, Viertel usw., behandeln.
Das Buch bietet weit mehr, als ein in traditionellen Kategorien denkender Geograph unter dem Titel „Stadtgeographie" erwarten dürfte, nämlich eher eine „Geographie der urbanen Gesellschaft". Charakteristisch für die Sicht- und Darstellungsweise der Autorin ist eine komplexe Verknüpfung ökonomischer, sozialer, politischer, historischer und kultureller Einflußfaktoren und Prozesse, eine die Fächergrenzen weit überschreitende Literaturgrundlage sowie ein Faible für internationale und interkulturelle Vergleiche, insbesondere zwischen der nordamerikanischen, der westeuropäischen sowie der osteuropäisch-sozialistischen Stadt.
Für die Forschung bildet das Studienbuch ohne Zweifel einen wichtigen Markstein, da es zu einer sozialwissenschaftlichen Erweiterung und Fundierung der Stadtgeographie beiträgt und neue Frage-Horizonte eröffnet . . ."

Hans H. Blotevogel, ERDKUNDE

B. G. Teubner Stuttgart